曹雪芹傳

樊志斌 著

上册

目录

上 册

序：回到作者的"历史现场" ………………………… *1*

引言：想见其为人………………………………… *1*

  一、闲谈不说《红楼梦》，读尽诗书是枉然 …… *1*

  二、《红楼梦》是曹雪芹的《红楼梦》，而不是读者的

     《红楼梦》：不知其人其事，不能"懂"其书 … *4*

  三、如何撰写曹雪芹的"传" ………………… *6*

  四、每个研究者都在路上 ……………………… *8*

  五、凤鸣九霄：曹雪芹之不可及 ……………… *10*

第一章 金陵岁月（一到十四岁）………………… *13*

第一节　雪芹出生 ··· 13

一、一说曹雪芹出生在苏州 ······················· 14

二、满月与抓周 ··· 20

第二节　生活与教育 ··· 23

一、曹霑的生活：家族、家风 ······················· 23

二、曹霑的教育：开蒙、入塾 ······················· 33

三、曹寅、李煦的书房与曹家的家风：读书射猎，

自无两伤 ··· 46

四、家族史 ··· 51

五、见识：洋货与洋人 ································· 56

六、学问与见闻 ··· 58

第三节　历劫：革职、抄家、返京 ······················· 63

一、康熙晚期的弊政与新皇帝的改革 ············ 64

二、皇帝的南巡与曹李两家的接驾、亏空 ······ 67

三、苏州织造李家的革职抄家 ······················· 70

四、江宁织造曹家的处境 ······························ 73

五、曹頫在皇帝心中的印象不好了 ··············· 77

六、祸不单行：吴老汉案与李煦案 ··············· 81

七、风口上的失误：骚扰驿站与革职 ············ 84

八、好防元宵佳节后，便是烟飞火灭时：转移家产

与抄家 ··· 92

第二章 京师纵歌（十四到十九岁） …… 97

第一节 崇文门外 …… 98
一、回京与崇文门外十七间半 …… 99
二、家里的生活来源 …… 102

第二节 京师亲戚与交游 …… 107
一、平郡王家族 …… 107
二、曹氏家族 …… 111
三、傅鼐、昌龄家族 …… 112
四、李鼎家族与庄亲王家族 …… 116

第三节 咸安宫官学 …… 120

第四节 时　代 …… 123
一、清代知识分子与四书、理学、八股文 …… 123
二、传统哲学巅峰和社会主导思想：程朱理学 …… 126
三、坐集千古之智：文化集大成的时代 …… 129
四、曹荃的《四言史征》与"御赐萱瑞堂"印 …… 132

第五节 旗　人 …… 136
一、旗人的头饰 …… 137
二、旗人的服饰 …… 138
三、旗人的饮食与习惯 …… 139
四、旗人的住与行 …… 144
五、康雍时期旗人的性格 …… 145

第六节　行走平王府 ·················· 150
　一、铁帽子王：平郡王府 ············· 151
　二、四大王府 ··················· 153
　三、王府的规矩 ·················· 154
　四、雍正十一年敲诈隋赫德案 ··········· 156

第三章　风月真可鉴（二十至二十四岁）········ 165

第一节　京　西 ···················· 166
　一、暂避京西 ··················· 166
　二、怡王府、寿安山、白家疃 ··········· 168

第二节　傅鼐、福彭 ·················· 175

第三节　《风月宝鉴》················· 176
　一、生活、小说 ·················· 178
　二、风月与《风月宝鉴》············· 180
　三、西山景物入慧目 ··············· 183

第四节　新　政 ···················· 192
　一、乾隆新政与曹頫得释 ············· 192
　二、福彭、傅鼐受到重用 ············· 194

第五节　功　名 ···················· 197
　一、好言善辩的曹霑 ··············· 198
　二、功名：贡生 ·················· 200
　三、福彭退出协办总理事务处 ··········· 203

下 册

第四章 红楼梦正长（二十五至三十九岁）…… 207

第一节 乾隆初的政治 …… 207

一、诸宗室阿附庄亲王案与弘晳案 …… 208

二、平郡王福彭退出政务与曹雪芹的侍卫生涯 … 212

第二节 学术、曹雪芹、《红楼梦》的书写 …… 220

一、三教归一、理学 …… 220

二、清初学界对朱子学术的回归 …… 225

三、开笔《红楼梦》：曹雪芹的生活与思想的变化 …… 229

四、四书、理学、《红楼梦》 …… 231

五、圣贤的"存天理、灭人欲"和无为法、理学、《红楼梦》 …… 239

六、李渔的"情"、曹雪芹的"意淫" …… 247

七、何以以女性为写作对象 …… 252

八、空空道人与情僧 …… 254

九、三教异同、三教归一、《红楼梦》 …… 258

十、自然随顺：焚书、醉金刚、娄真人 …… 262

第三节 生活、见闻与书写 …… 267

一、礼出大家 …… 267

二、四时风俗 ·················· 274

三、雍、乾时代中国文化艺术的集大成特色 ··· 279

四、侠也者：三官保、张凤阳、醉金刚倪二 ··· 289

五、天才：以中国画技法入小说写作 ·············· 298

六、《红楼梦》中的满汉习俗 ·············· 303

第四节 宗学、亲友 ·················· 312

一、亲友、宗学 ·················· 312

二、宗学、友人 ·················· 317

三、骚达子 ·················· 321

四、什刹海、天香楼 ·················· 324

五、鹡鸰之悲、棠棣之威 ·············· 326

第五节 离城 ·················· 329

一、觉悟、离城 ·················· 329

二、白旗生活：正白旗、健锐营、曹雪芹 ····· 338

三、《红楼梦》的修改、传播与亲友的批评 ··· 343

第五章 隐居西郊（四十至四十八岁） ·············· 349

第一节 妻子亲友 ·················· 349

一、妻子、地藏沟 ·················· 350

二、曹雪芹、僧舍、曹頫 ·················· 351

三、都云作者痴、谁解其中味：经典的目的、指向与
    传播悖论 ………………… 352

四、脂砚、畸笏 ………………… 354

第二节 迁居 ………………… 364

一、公主坟、北上坡、镶黄旗 ………………… 365

二、风筝、《南鹞北鸢考工志》 ………………… 366

三、徙居白家疃 ………………… 373

四、生死与生活 ………………… 378

五、笔山、绘画 ………………… 380

六、会于景廉处 ………………… 383

七、懋斋集会 ………………… 388

八、访张宜泉 ………………… 398

第三节 南游、再娶 ………………… 401

一、南 游 ………………… 401

二、再 娶 ………………… 408

第四节 交 游 ………………… 415

一、曹雪芹、陈浩与《李谷斋墨山水陈紫澜字
    合册》………………… 416

二、新工作又紧接着展开 ………………… 420

三、种芹人曹霑画册 ………………… 424

四、游广泉寺 ………………… 428

五、寻诗人去留僧舍 …………………… 432

　　六、独坐幽篁图 …………………… 437

　　七、聚敦诚处 …………………… 439

　　八、知君诗胆昔如铁 …………………… 441

第五节　《废艺斋集稿》 …………………… 444

　　一、《废艺斋集稿》 …………………… 444

　　二、聚　饮 …………………… 450

第六章　魂归青山兮（四十八到四十九岁）…… 453

第一节　没有定局的后四十回 …………………… 453

　　一、后四十回 …………………… 454

　　二、入　京 …………………… 457

第二节　伤　逝 …………………… 458

　　一、丧　子 …………………… 458

　　二、伤　逝 …………………… 460

　　三、余音：寡妇飘零、书页散落 …………………… 462

跋：身后与今日 …………………… 467

附：雪芹年谱 …………………… 473

序：回到作者的"历史现场"

一、读原典，要想办法读懂他的"个性"

正如台湾学人罗德湛所云，笔者不是曹雪芹的后人，也从未在《红楼梦》的发行中获得稿费，没有必要替曹雪芹发声。

但是，作为一个学习清史出身的学人，作为一个传统文化的研究者，深刻地知道，古人所处的环境、生活的节奏、学术的背景、学养的结构、思想的认同、审美的倾向……与当下读者有着怎样的天渊之别。

有一种说法，吃鸡蛋，知道鸡蛋好吃就好了，不必要知道下蛋的母鸡。

对一般作品，这也许是可以的。

但对经典的解读而言，这绝对是个谎言，或者说是不求上进的懒症。

因为我们要解决的不仅是母鸡是谁，更要解决的是，何以这只母鸡生的这只鸡蛋最好吃？好吃到任何一只鸡蛋都远逊于它！

也就是说，研究经典作品的作者、作者时代、家族、见闻、学术……目的是研究经典作品的个性是什么，以及产生这种个性的原因？

一个吃一盘美味，只沉浸在美味的口感、摆盘、色香味协调上的食客，只是二流的食客；只有关注了食品，还要关注厨子、关注厨子的理路、关注食材、关注食材生产之土壤环境的食客，才算得上美食家，配得上高级厨师的点头示意。

"谁解其中味"是曹雪芹创作时设下的挑战！

二、要了解作者，必须回到作者的"历史现场"

还有一种说法，读者永远回不到作者，因为历史是一维的，作者已死（罗兰·巴特《作者之死》）。

话听起来，似乎很对。

但是，与诸多乍听起来有道理的胡扯一样，这里混淆了两个答案：回不到、要不要回。

这本不是一回事。

"五十步笑百步"是可以理解的，但是，一百步笑五十步成为流行，才是学术的悲哀，才该受到指责，而不是相反。在山脚下的人，是永远没有资格指责爬到山腰的人的，即使山腰上的人永远到不了山顶。

解读经典，就是要回到作者，就是回到作者的"历史现场"，也就是作者的时代、空间、交游、见闻……将之与经典文本对看，才能食髓知味。

归结到经典或者《红楼梦》的阅读，不外乎两种解读方式：

我读经典，就是为了自己开心。《红楼梦》如何读、如何讲都可以，无所谓对错，只要我自己开心。

这是典型的功利主义，也无可厚非，绝大多数读者和研究者都是这样做的，他们也从中找到了《红楼梦》对他们的价值。但是，他们也应该知道，他们喜欢的，与曹雪芹要表达的很可能完全不是一回事。

再一种解读方式是，我读经典，想知道作者的准确表达目的，想知道《红楼梦》中的元素何来、《红楼梦》何以如是生动细腻、何以如此写作……

这，就需要"回到作者的历史现场"：要研究他的时代、所处地域、风俗、思想等等。

这是你要达到这个目的唯一的通途。你知道的越清楚，就越"可能"靠近或者回到作者。

这两种截然不同的解读方式，选哪一种，不过是你自己的爱好和定位罢了。

三、《红楼梦》不是小说

更有一种可笑。

他们说，《红楼梦》就是一部小说，所以，所有的研究仅需围绕小说的语言、结构、技法进行，其他都是枝节儿，或者根本没有研究的必要。

他们可能因为眼光的狭隘,从来没有想过相关问题,难不成《庄子》只是一部散文集,《论语》只是聊天记录,《华严经》只是一个故事……

思想和体裁从来不是一回事。

文如果就是道,韩愈又何必谈"文以载道"的问题?!诗如果就是志,诗又哪里会有言志的问题?!

文以载道,在他们那里,只是个口号罢了。

一部书,能引起诸多关注、研究,以至于称之为"学"的程度,在中国的经典传播史上并不多,也不过就诗学、易学、许学(研究许慎《说文解字》)、选学、红学几部而已。《红楼梦》何以被千百万人喜欢、关注、解读?正如清人明斋主人所云:

> 《石头记》一书,脍炙人口,而阅者各有所得:或爱其繁华富丽;或爱其缠绵悱恻;或爱其描写口吻——逼肖,或爱其随时随地各有景象;或谓其一肚牢骚;或谓其盛衰循环,提醒觉瞆;或谓因色悟空,回头见道;或谓章法句法本诸盲左腐迁。
>
> 亦见浅见深,随人所近耳。

"见浅见深,随人所近",八字说尽天下事理:欲穷千里目,更上一层楼。此间理,惟佛佛相知,不足为外人道也。

《红楼梦》当然是一部小说,我又没傻到那个份儿上,连这也不懂,但《红楼梦》又不仅是一部小说,小说承载的或者说小说故事背后隐藏的道理是什么才是那个"味"。

直白的说，曹雪芹写《红楼梦》就是给大家讲一个了却前缘的三角恋爱吗？他想表达的是因果关系，还是对爱情的讴歌，还是社会的批判，还是其他什么？

这是每一个想深入了解《红楼梦》的人，想要知道的答案。

基于此，我要高喊：《红楼梦》不是一部小说！！！

通达的老夫子们都是不想说话的。但他们参透了多情，偏偏又多情，这种多情表现为对可救大众的慈悲。

正是因为如此，他们才年复一年、日复一日的说话、求仕、著书。他们那么智慧、那么通达，也当然知道他们的思想不容易被大众接受，甚或会被大众扭曲，故而，又多对未来表示担忧。《论语·阳货》载：

> 孔子曰："予欲无言。"子贡曰："子如不言，则小子何述焉？"子曰："天何言哉？四时行焉，百物生焉，天何言哉？"

曹子曰："都云作者痴，谁解其中味？"

予岂好辩哉？予不得已也。

四、新　版

我在2010年前后，撰得《曹雪芹传》，于2012年在中华书局出版。

刊印以来，社会反响颇佳。

那本书的学术价值、在学界的质量，自己是知道的。

那本书的问题，自己也是知道的。最大的遗憾有二：

（一）对曹雪芹生活描述的单薄

（二）对曹雪芹思想解读的浅陋

这当然是当时自己学养不足所致。

十年来，余孜孜于曹雪芹、《红楼梦》研究，阅读、学习、参考参考书籍、文章十百数，自撰研究论文数十，出版图书十余部，对以上两个方面进行了更为努力、深入的研究、撰写，"自觉"对曹雪芹、《红楼梦》的了解更深了一层、更近了一步。

因为有那十来本书、六七十篇论文垫着，本书的写作心态、笔法也能比较从容。少论证，而多叙述，感慨随之，大众的阅读体验也会轻松一些。这样，整本书的写法与书中几处事实无据、写作困难，以小说笔法撰述的章节，风格也更统一，整本书的风格也会显得更加协调些。

至于对真实感兴趣、想关注论证过程的读者，对注释、引文和那些论著多加留意即是。

曹雪芹当然是不可及，不可解、不可靠近的。

因为我们生活于后世，不能穿越回他的时代、他的身边，亲自聆听他的讲解，进而真正了解他，更因为我们这个时代的人，对曹雪芹生活时代的传统文化综合修养既窄且浅，且不自知。

稍微懂点历史的人，就会知道曹雪芹生活的十八世纪的中国，文化是怎样的灿烂繁荣、高不可及，那个时代出现了多少超级的学人。

抬杠的人会说，我们会的很多他们也不会，这当然是的，但是，我要提醒这些人，曹雪芹不需要了解我们，而我们想了解他，所以，他会的我们就必须去努力了解一些。

我是从来不敢说懂曹雪芹、懂《红楼梦》的。

但，正如答记者"你是否觉得你懂曹雪芹"这个问题时，我的回答：我觉得，我离他更近了，近到似乎可以感知，可以触摸。

兹将二十年来努力获得的这种印象形诸于文字，贡献于读者。亦望读者批之、判之。

樊志斌
二〇二〇年四月十日

引言：想见其为人

《红楼梦》乃开天辟地，从古到今第一部好小说，当与日月争光、万古不磨者，恨贵邦人不通中语，不能尽其妙也……论其文章，宜与左、国、史、汉并妙。

——《黄遵宪与日本友人笔谈遗稿》

我总认为倘要论文，最好顾及全篇，并且顾及作者的全人，以及他所处的社会状态，这才较为确凿，要不然，是近乎"说梦"的。

——鲁迅：《"题未定"草》

一、闲谈不说《红楼梦》，读尽诗书是枉然

乾隆中叶，一部叫作《红楼梦》的小说在京师横空出世。

很快的，这部书便从第一个读者迅速传播到他最亲密的亲戚朋

友手中，并以同样的节奏从亲朋那里传播向亲朋的亲朋。

很快，这部书得到了京师读者的认同。当然，最初的读者或者是旗人，或者是上层。

他们惊讶于这部作品描写生活的广博、惊讶于这部作品描摹社会的细腻，当然，他们也惊讶于这部作品对古往今来学问的通透，他们更惊讶于作者对世事人情的洞悉……

总之，人人传颂、赞叹，向他人推荐。

不过，一部七八十万字的作品，小楷抄录总是很慢，总有读者耐不得等待。慢慢的，社会上竟然出现了以抄录《红楼梦》售卖的差事。据说，一部抄录的八十回作品，在市面上，可以卖到二三十两银子——一个五口小康之家的年消费。

可惜的是，这部书只有前八十回，有些书上虽有一百二十回的目录，正文却也只是八十回。

这时候，一个超级《红楼梦》发烧友出现了，他叫程伟元，苏州人氏，据说是北宋大哲学家、教育家程颐、程颢的后代。这个人学问很好，与旗人上层也有交往。

在他看来，既然有一百二十回的目录，必定就会有八十回后的内容，哪怕只有几回或者几十回。因此，他发动力量，处处搜寻，数年间，陆续得到二十多回。某日，在收售古董、字画的小贩担子上，程伟元见得一堆纸稿，拿来翻阅，发现竟是《红楼梦》后四十回的内容，且与自己收藏的文字可以前后连贯。

兴奋不已的程伟元请来了自己科举落榜的朋友高鹗，二人合力，整理出一百二十回《红楼梦》。至乾隆五十六年（1791），二人主持以木活字印刷了这部全本《红楼梦》。

印刷本的质量或者不如抄录，但数量总是大大增加了，《红楼梦》以前所未有的速度广泛传播开来，并赢得了知识界的广泛欣赏与欢迎。著名经学家山东人郝懿行在他的《晒书堂笔录》卷三中写道："余以乾隆、嘉庆间入都，见人家案头必有一本《红楼梦》。"

　　读《红楼梦》、谈《红楼梦》成为知识界的一时时尚，民间甚至出现了"闲谈不说《红楼梦》，读尽诗书是枉然"的说法[①]。

　　自此以后，小说再也不是不入上层知识分子法眼的"小道"了[②]！

　　这是一部千古奇书，读《红楼梦》的人都发出这样的感叹。清末著名诗人黄遵宪甚至认为，《红楼梦》"乃开天辟地、从古到今第一部好小说，当与日月争光、万古不磨。"作《中国小说史》的鲁迅，则从中国小说史的发展着眼，指出：

　　自有《红楼梦》出来以后，（中国小说）传统的思想和写法都打破了——它那文章的旖旎和缠绵，倒是还在其次的事。

　　实际上，作为小说家、小说史研究者的鲁迅，还有一句评价《红楼梦》的话，同样也很出名。在《且介亭杂文·草鞋脚》中，鲁迅说：

[①] 得舆：《京都竹枝词》（亦名《草珠一串》），嘉庆二十二年刊本。
[②] 西清《桦叶述闻》载："《红楼梦》始出，家置一编。"缪良《文章游戏》载："《红楼梦》一书，近世稗官家翘楚也。家传户诵，妇竖皆知。"李慈铭《越缦堂日记补》记咸丰十年事云："《红楼梦》甫出，即名噪一时，至今风流不绝，裙屐少年以不知此者为不韵。"—粟编：《红楼梦资料汇编》，中华书局，1964年。

自从十八世纪末的《红楼梦》以后，实在也没有产生什么较伟大的作品。

《红楼梦》不仅让中国人惊讶，也让外国人叹服。嘉庆初年，俄国汉学家瓦西里耶夫以中西兼通的素养和审美眼光，在他的《论圣彼得堡大学的东方藏书》一文中写道：

《金瓶梅》通常被誉为（中国）小说的代表作，其实《红楼梦》更高一筹，这本书语言生动活泼，情节引人入胜。坦率地说，在欧洲很难找到一本书能与之媲美。

窥斑知豹。

由以上通人的评价，《红楼梦》在中国文学史、世界文学史的地位，可见一斑。由它出现一门"学"，也就不足为奇了。

二、《红楼梦》是曹雪芹的《红楼梦》，而不是读者的《红楼梦》：不知其人其事，不能"懂"其书

自《红楼梦》在社会上流传，谁写作了这样一部奇书，他何以能够取得如此的成就，就成了人们心中不解的疑惑。

《孟子·万章》云："颂其诗，读其书，不知其为人，可乎？"《史记·屈原贾生列传》则云："余读《离骚》《天问》《招魂》《哀郢》，悲其志；适长沙，观屈原所自沉渊，未尝不垂涕，想见其为人。"

可见，读好书后，想了解作者，是人们普遍的心理。

这种想法，既是人们对伟人的仰慕，也包含着通过了解作者，进而深入理解作者作品所要表达的"原始意图"（相对于读者通过纯粹阅读的理解而言）的探索。

同样是面对《红楼梦》后四十回中贾宝玉出家前中举、别父情节，俞平伯认为肉麻、主观，林语堂则批评他的这种主观，云：

俞平伯意思，这宝玉决不应赴考得功名，以报父母养育之恩，又在雪途中，在出家以前，最后一次看见父亲，与他诀别，应当不拜，应当是掉头不顾而去，连睬都不一睬，这样写法，才是打倒孔家店《新青年》的同志，才是曹雪芹手笔。何以见得十八世纪的曹雪芹，必定是《新青年》打倒孔家店的同志？[①]

那么，如何走近作者，走进作者的作品，而不是凭着自己的学养、爱好，去"强暴"《红楼梦》？

在《"题未定"草》中，鲁迅先生凭借自己对中国小说史发展研究、小说创作的双重丰富经验，对"论文"一事有极其精道的见解：

倘要论文，最好顾及全篇，并且顾及作者的全人，以及他所处的社会状态，这才较为确凿，要不然，是近乎说梦的。

很多人说，鲁迅评价时人刻薄。

实际上，仅从这一句话，就可以看到这位伟大思想家的温情。他只是含蓄地说，没有《红楼梦》作者生平、时代研究作为基础，

---

① 林语堂：《论晴雯的头发》，《平心论高鹗》，群言出版社，2010年。

《红楼梦》的相关"论文"是"近乎说梦",老人家并没有直接将那些"研究"斥为胡扯。

著名的比较文学研究家李辰冬,更是把作者生活的时代意识、作者的个人意识与作品的个性意识加以区分和比较,认为没有前二者,单凭对作品进行解读,是难以准确地做作品意识的研究的。

不可否认,作者的"原始意图"不可能完全追溯——之所以如此,既有研究者与作者时代的差异、水准的差异,也有不可起作者于地下、互相对质的现实原因。

但是,也必须承认,追寻作者原意和纯粹的作品赏析有层次之别:一是真理(学问,回归原典)的追寻,一是个人的理解与需要(传播,体现时代),此不可混为一谈,亦不当以"我不欲知,故尔等不需研究"为辞,排斥对作者"原始意义"的探索。

既然要探求作者的文心,则要了解作者的生平、思想,也要了解作者生活的时代与家族。

三、如何撰写曹雪芹的"传"

曹雪芹的"传"委实已经出过几部,但"真正的传"不能以想象为基础,更不能以《红楼梦》中的贾宝玉与曹雪芹进行比附,这不能叫"传",只能叫作"传记文学"。

"传"之所以为"传",强调的是传记、而非文学。一部真正的"传",一定是以时代为背景、材料为基础、辨析为思想、综合架构为手段撰写出来的。

如此这般,才有可能撰写一部"传",这就要求撰写者必须有相应的知识储备与知识辨析能力。

所谓知识储备，即作传者应当熟悉关于作者的资料（文献资料、文物资料、口碑资料等）、作者家族资料（部分涉及作者生活时代和家族文化传承、教育等）、时代诸多方面（政治、经济、民族、文化、思想等）资料（原始记载、学界最新的客观研究）等。

知识辨析，即是说撰写者应当具备分辨、梳理、辨析关于作者、家族、时代资料的能力：何谓一手资料、何谓二手资料，如何对待一手资料和二手资料，如何对待孤证，如何对待多重证据，资料之间存在怎样的关系，一手资料为什么会在传播中产生"异化"等等。

也就是说，作传者必须是曹雪芹、《红楼梦》两方面的研究专家，否则，不足以作一部曹雪芹的传记。

这就涉及到诸多关于曹雪芹的专题研究，比如如何看待《红楼梦》的著作权问题，比如如何看待曹雪芹的口碑资料和文物资料问题，比如如何看待曹雪芹的思想与当时时代的思想问题，比如如何看待曹雪芹的所谓"民族问题"……

幸运的是，过去的十几年中，我对这些问题都进行过专门的研究，《曹学十论》《红学十论》（新华出版社2017年版）、《曹雪芹传》（中华书局2012年版）就是这些探索的成果。

实则，关键在于两点认识：一是必须要把作者当作历史的人物，而不是我们身边的人物看待；二是如何看待口碑资料、文物资料。

永远不要将十八世纪的曹雪芹视作我们同时代的人，不管是看他的学养、思想，还是看他的表达和《红楼梦》的写作目的——因为我们的人文学修养与他相差太远。

如果，我们想要在了解曹雪芹生活时代的社会背景的基础上，结合各种资料，对他的个人素养、生活情况、娱乐方式进行考察——就应该大量借助于清史学界对曹雪芹生活时代政治、经济、文化、风俗的最新研究成果；并将最新的曹学、红学资料辨析纳入曹雪芹生平与思想的研究。这样，一个比较有立体感的曹雪芹，就会比较清晰的站在人们的面前。虽然这个形象的一些细节还有些模糊。

至于曹雪芹的口碑资料，除吴恩裕、徐恭时外，绝大多数研究者多加排斥，认为其中虚妄信息不少。

然而，我们应该清醒地意识到，我们平时常引为证据的文人笔记提供的信息，跟口碑资料相比，也难称准确，甚至政府官书中的记载也历来为人们所诟病。

资料的存在是一个客观的问题，如何使用和研究，则在于研究者的学识与眼力。学识、眼力的不同，从而引发学术的争论，进而从各个角度推动学术的研究。

此外，一百年来，曹雪芹相关文物出现不少，争议颇多，何取何弃，原则是什么？余有《曹雪芹文物研究》一书（北京联合出版公司，2020年）专论此等事情。

当我们把有关曹雪芹时代的研究成果、曹雪芹的文献资料、口碑资料、文物资料综合起来分析，就会发现，祖先留给我们的有关曹雪芹生平的信息并不少。我们少的，只是如何把它们更好的三维连接起来。

四、每个研究者都在路上

每个写作者都清楚地知道，在当前情况下，任何一部曹雪芹的传记都会引起争议。

但是，伸向远方的路需要不断有人来探索，即便走错了，他也证明有一条路不通,何况他还有踏上光明前路的可能。

曹雪芹给国人带来了那么多的欢乐,那么多的思考,我们应该试着去了解他,应该把这种研究告诉《红楼梦》的读者。

牛顿说,他之所以能够取得一些成绩,是因为站在巨人的肩膀上。我不知道,自己是否能够取得成绩,但我将努力站到巨人的肩膀上,以使自己看得远些,再远些……

做传者应当尽可能多的吸收既有的研究成果,唯有如此,他的写作才有可能具备高度与深度,不至于离传主的实际过远。

比如,近年来发现的《李谷斋墨山水、陈紫澜字合册》第八幅陈浩书李白《秋登宣城谢朓北楼》诗后跋:"曹君芹溪携来李奉常仿云林画六幅质予,并索便书。秋灯残酒,觉烟云浮动在尺幅间,因随写数行。他时见谷斋,不知以为何如也。生香老人再笔"①,以及重新引起人们关注的贵州博物馆藏《种芹人曹霑画册》(第六幅瓜图下落款为"曹霑并题"),都是极其珍贵的历史文献,足以对曹雪芹的研究产生重大影响。

学如积薪,后来居上。

每一个研究者都应该站在巨人的肩膀上,也应该把肩膀留给后人、作为远望的基础,作为传灯途中的一棒。

---

① 张大庸:《自怡悦斋书画录》卷十九"册页类"第一件,道光十四年甲午刊本。

五、凤鸣九霄：曹雪芹之不可及

曹雪芹是不世出的文学天才，其不可企及，不仅在于今世，即便在他生活的年代，他也是那样的卓尔不群，堪称人群中的龙凤、鸡群中的野鹤，吾以其为中国思想界、文学界的凤凰，故曾想是书名为《凤鸣九霄——曹雪芹传》。

在某些研究者看来，曹雪芹不过是一个成功的小说家而已，认为不能过高评价曹雪芹；或者称，曹雪芹没有那么伟大。

曹雪芹的高度有多高，一方面来说，要看研究者的学养是否足以一定程度上抵近曹雪芹，是否有能力足以评价曹雪芹；另一方面来说，《红楼梦》的经典性，已经经历了无数高智商人群二百余年的洗涤，似乎不需要今人再为其做什么重新的评估与定位。

周汝昌先生在评价很多人不懂曹雪芹、《红楼梦》时，很不客气地指出，研究者不要看曹雪芹过低，看自己过高。

笔者学习、研究历史学二十余年，专门研究曹雪芹十数年，越发感到曹雪芹之不可企及。

2012年，余作《曹雪芹传》在中华书局出版，因考虑学界、大众对曹雪芹家世、生活时代了解颇少，且多舛讹，故上卷为"百年家世"，叙文近四万字，本非吾愿，不得已也，今则简化、贯穿于曹之生平与创作。

又，近年曹雪芹相关资料亦时有新发现，吾人对清代社会、哲学、曹雪芹文物生平、《红楼梦》思想等问题的认知亦有新进步，故更作修改，而成此书，视为中华版《曹雪芹》之再版可，视为新作亦可。然初版之结构、资料、辨析确有其功，不可废也，或与此版当并行。

《红楼梦》、曹雪芹高居十八世纪中国传统文化集大成时代之顶峰，当代文人欲近之，殆不可得，正如孔子学生之评论孔子："瞻之在前，忽焉在后。"

余辈小子，深叹作者"都云作者痴，谁解其中味"，何敢自谓"读懂"二字，惟愿努力再努力，少做摸象人也。更愿后人努力，此书传薪之功自在矣。

又，雪芹名霑，此众所周知，成年后，以"雪芹"名世，此亦众所周知，书中以方便为基本原则，书曹霑、雪芹，不必一定拘于成年与否。

樊志斌

二〇二〇年正月初二日于曹雪芹纪念馆①

---

① 书中相关知识，参樊志斌著《曹学十论》《红学十论》，新华出版社，2017年；《曹雪芹生活时代北京的自然与社会生态》，新华出版社，2018年；并近年相关论文，见《曹雪芹研究》相关文章。相关文物信息辨证见樊志斌《曹雪芹文物研究》，北京联合出版公司，2020年。

第一章

金陵岁月（一到十四岁）

康熙五十四年至雍正六年：曹雪芹一到十四岁

第一节　雪芹出生

奴才之嫂马氏，因现怀妊孕已及七月。

——康熙五十四年三月初七日《江宁织造曹頫代母陈情折》

一九六二年之前，笔者听陈子彝先生谈曹雪芹若干口碑，他说在抗战以前听苏州老一辈者说，曹雪芹是生在苏州织造府里。那时，他母亲跟她婆婆李氏住在李煦家里而诞生的。

——徐恭时：《那无一个解思君——李煦史料新探》

一、一说曹雪芹出生在苏州

（一）诞生

康熙五十四年六月的一天，位于苏州葑门内带城桥下塘的苏州织造署中，空气似乎凝滞了一般，满院子里只见来来往往的人，却听不到一点声音，喜悦与焦虑两种截然相反的神色挂在每一个人的脸上。

上房里，苏州织造李煦，李煦的族妹、前江宁织造曹寅的寡妻李氏，李煦的妾室詹氏、范氏，并一干使唤丫头，正焦急地等待，不时传婆子来问些什么。

之所以一家人喜忧参半，是因为李氏的儿媳、前江宁织造曹颙的太太马氏正在内室待产。这个孩子是李氏亲孙子辈中的第一个，意义自然不同。人们都在期盼生产顺利、母子康健，最好能生个男娃，为曹家添丁、延续香火。

孩子的父亲，也就是马氏的丈夫曹颙，本年初死在京师，死的日子是正月初八，还未出十五，这在彼时的中国来说，是非常不吉的事情；况且距离其父曹寅去世、距离他接任江宁织造也才不过两年半的时间。

实际上，就在曹颙在京染疾辞世时，他在江宁（南京）的妻子马氏已有数月的身孕。据曹颙过继的弟弟、继任江宁织造曹頫说，到康熙五十四年（1715）三月，他接任江宁织造时，他的嫂子马氏已有七月的身孕，其前家族中并无任何男性后裔长成。①

曹家自备有传达通讯的马匹、奴才，曹颙离世的消息传到江宁是在一月底。

听闻此信，经历过诸多世面的李氏、和未经什么世面的马氏，顿时就陷入了悲痛与无措，悲凉顿时笼罩了刚刚还在年节气氛中的江宁织造府。

李氏毕竟年长见多，最先清醒过来，先是安抚儿媳一番，别影响孩子，又一面唤来仆人，让他北上京师，告诉哥哥，自己立刻赴京。

李煦、曹頫将李氏即将进京的消息奏报皇帝后，皇帝令李煦、曹頫传令给李氏，命其不必来京，自己会安排好曹家后事。李氏与传信人相逢途中，得到皇帝命令，复调转车头，回到江宁待命。

二月底，曹頫抵达江宁，传达皇帝圣旨，将皇帝令自己承嗣曹寅、继任江宁织造的意思说明。

曹頫是曹寅、李氏一直带在身边长大的侄子，好学能文，人也忠厚老实，素来受曹寅两口子的喜爱，如今作了曹寅的嗣子，皇帝又让继任江宁织造，这在一定程度上冲淡了曹颙去世给织造府上上下下带来的悲痛气息。

之所以，李氏带着儿媳马氏到苏州待产，是考虑曹頫年轻，之

---

① 康熙五十四年三月初七日《江宁织造曹頫代母陈情折》："奴才之嫂马氏，因现怀妊孕已及七月，恐长途劳顿，未得北上奔丧，将求倘幸而生男，则奴才之兄嗣有在矣。"本书档案资料据故宫博物院明清档案部编《关于江宁织造曹家档案史料》，中华书局，1975年；故宫博物院明清档案部编《李煦奏折》，1976年；各杂志载档案资料并康雍乾三朝《实录》。

前从无从政经验，初任江宁织造，难免支应乏力，为了让曹頫能够安心为皇上效力，也为了让马氏能有一个安心静养的场所，李氏便与哥哥李煦、儿子曹頫商量，带马氏到苏州安心待产。

到这时，李氏婆媳已经在苏州哥哥家住了一个多月。

最紧张在意的人自然是李氏，毕竟是自己儿子的后代。如果母子平安，马氏的后半生就算有了依靠；如果生个男孩，能够顺利长大，江宁织造曹家就算再有了一重保障。

时间慢慢的过去，终于听到了那声盼望已久的"哇"声。家里上上下下悬着的心顿时放了下来，紧接着就是"生了""生了"的欢呼。①

久经世面的李煦等人自然不能如此的不淡定，但也都欢喜地站起来，向外张望。不一会，稳婆在丫鬟的簇拥下，抱着一个包袱包裹的娃娃来到正室，一家人赶忙围上去端详。

男孩儿，典型的旗人模样，四方大脸，浓眉大眼，头发浓密，五官清朗。

"嗨，这小子长得还真像他老子。"李煦哈哈笑道。

"就是，就是，虎头虎脑的。"别人也都跟着附和。

"来人，准备纸笔，写信给江宁送去。"李煦又嘱咐道，随即走向书房。又转头对幕友道："李先生，请帮我安排孩子洗三的事情。费心。"

---

① 彼时习俗，孩子生下后，稳婆抱起孩子，用竹篦切断胎衣，用绸子将脐带的切口扎好。然后，用手指将婴儿口中的淤血弄干净，防止他呼吸受到影响，再用早已准备好的甘草汤擦洗婴儿的身体。等到婴儿的身体擦洗干净后，稳婆用襁褓把婴儿包好，抱着给外面等候的一家老小报喜。

（二）习俗

马氏的产房里，稳婆正在忙着照顾产妇。

按照江南的习俗，稳婆让使女扶持着马氏，把她转移到产屋的产台①上坐下。一家老小看着稳婆给负责守候的丫环、婆子交待注意事项：太太需要在产台上修养七到十天，其间不得平卧；如果没有血晕症状，等五、六天后，才可以让她平卧休息。

婴儿产下，不能立即喂奶。首先要让他喝牛黄黄莲汤，用以驱除胎毒。出生一整天后，母亲才可以对婴儿加以哺乳。

实际上，清初旗人妇女多身体壮实，生育孩子没有那么多讲究，但是，入乡随俗，毕竟是在南京生活了几十年的人家，气候、饮食与北方都不一样，仔细点当然好。

稳婆又让使女去请示老爷，问问胎儿的胎衣如何处理。

江南习俗，胎儿生下后，需将胎衣放入瓷罐，加盖包好，埋藏在宅中洁净空地处，永不移动。②

李煦指示，按照成例，把婴儿胎衣装进干净瓷罐中，埋到织造署花园中一块干净的空地上。

像曹、李两家这样的大族，在产妇饮食上，自然不敢有丝毫闪失。于是，稳婆又特意嘱咐，如何注意产妇的饮食：食品以糯米粥为主，进食应该分时逐次少量进行，不可一餐过多。产后七日内，产妇应忌食姜、辛、咸的食物，七日后，可以少量食用咸食。为

---

① 所谓产台，就是在床的左右两侧叠放起多层的被褥，产妇安坐其间，这是清代江浙地区一种辅助产妇恢复的东西。参见（日）中川忠英编著，方克、孙玄龄译：《清俗纪闻》卷六《生诞·生产》，中华书局，2006年。

② （日）中川忠英编著，方克、孙玄龄译：《清俗纪闻》卷六《生诞》，中华书局，2006年。

了防止产妇血晕,要用砂糖或蜂蜜煮益母草,让产妇服用。另外,三十天内,忌食鱼肉油腥。

除此以外,还要留心不要让产妇受风、受寒;家中应保持安静,不要高声喧哗,使产妇充分静心安卧,保养身体如此等等。

(三)洗三与取名:曹霑是其正名

李煦安排家人速速前往江宁,将马氏生子的消息通知曹頫;又派幕友、家人将这一消息知会自己的亲朋好友。

曹、李两家,虽然在江南生活了几十年,但到底还保存了诸多旗人的习俗。孩子放在摇车内就是其一。

所谓摇车,就是用桦树皮和木板、皮带做成的,可以悬挂于房梁上,可以摇晃的容器。在东北地区,本来是用来避野兽侵扰的工具。儿童置于摇车内,母亲可以一边摇晃摇车,一边作自己的事情。

衣服当然也是旗人儿童最常见的样式。

孩子出生的第三天,称作"三朝"。

这一天,亲朋好友从各地赶到,庆祝府上添丁。按照当地风俗,这天要用面粉作饼以示庆祝。因而,这天的聚会也被称作"汤饼会"。

会上,亲友们赠送三个或五个染红的鸡鸭蛋,主人家则赠送蛋、饼作为回礼。汤饼会上,要当众用温水给出生幼儿沐浴,穿上带袖的衣服,并综合大家的意见,为孩子起名,这套礼仪被称作"洗三"。

彼时,大户人家起名,讲究来历,注重从四书五经中寻找合适的、富有寓意的字词为孩子起名。

曹家人的名和字大多用《诗经》《尚书》《易经》中的字词，比如，孩子的爷爷曹寅，字子清，出自《尚书》"夙夜惟寅，直哉惟清"。叔爷曹宣，字子猷，出自《诗经》"秉心宣猷（猷）"，犹、猷通用。父亲曹颙，字孚若，出自《易经》"盥而不荐，有孚颙若"。叔叔曹頫，字昂友，出于《易经》"仰（昂）以观于天文，俯（頫）以察于地理。"昂、仰通用，頫、俯通用。

经过商量、反复挑选，李煦、李氏、曹頫、马氏最终决定，给这个孩子起名为"霑"，典用《诗经·小雅·信南山》"既霑既足，生我百谷"句。①

家人希望，小曹霑将来能继续"霑"得皇家的恩德，能够飞黄腾达，光宗耀祖，把曹家的繁荣一代代传下去。

不过，曹霑的长辈们绝对没有想到的是，这个孩子让他们家族被历史记忆的，不是他在政治上的飞黄腾达，而是普遍为当时社会所欢迎、却被主流士大夫所不屑、被视作"小道"的传奇创作。②

---

① 曹雪芹生年学界向有，或云曹生于康熙五十四年；或云，曹雪芹生于雍正二年。按，曹雪芹友人云其年未五旬而卒，而《红楼梦》的"脂批"中曾屡屡提到某事作者经历过，加之，作者在作品中细腻准确地描写了富贵家族生活方方面面，因此，学界更倾向于曹雪芹生于康熙五十四年，他的父亲是曹颙，母亲为马氏这一观点。

② 历史上的小说，说的是对街谈巷议的记述，如志怪之书、志人之书，像干宝《搜神记》、刘义庆《世说新语》，清代蒲松龄的《聊斋志异》、纪晓岚的《阅微草堂笔记》等都属此类，此类书籍重在记述，也就是"记""志"；而发轫于唐代的传奇则注重的是作家好作大语的创作。因此，在小说和传奇中间，有着本质的区别。宋明以后，尤其是清代，一般文人称传奇类文学著作为"小说"、小的戏剧本子为传奇，实是误解了这两个词汇的意思。曹雪芹有着和纪晓岚一样明确的概念界定，他在《红楼梦》中借石头之口写道："此系身前身后事，倩谁记去作奇传。"用以说明，《红楼梦》并不是一部具有传记性质的、叙述历史的"小说"，而是充满了想象与创作的传奇之作。

二、满月与抓周

周岁时（指第一周年），为观察婴儿之成长方向，于厅上设桌，上铺毛毡，列置笔墨、书籍、金银、算盘等物，令婴儿抓取。如取笔墨，则将善于文章；抓书籍，则将爱好学问，以后则教以书法、训以儒学。

——（日）中川忠英编著：《清俗纪闻》卷六《生诞·周岁拿周》

（一）满月

"满月"这天，李煦遍请亲朋，为小曹霑举办庆祝酒宴。

皇上的心腹、钦差官员要为外孙举办酒宴，哪个官员不来捧场？！再加上李煦向来人缘极佳，即便出于报恩、结交的目的，该不该来的人都愿意来凑个热闹。

这一天，苏州织造署里热闹非凡，来的既有亲戚、也有朋友，自然也少不了溜须拍马的下属。

按照当地的习俗，有人带来了小孩儿穿着的鞋袜、肚兜、衣服，有人提来了新鲜的鸡鸭鱼肉。

李煦让保姆抱出小曹霑，与众人见面。大家见这小孩眼大额宽，这么大的场面竟然不急不闹，都朝着李煦、曹頫等人一顿猛夸。

曹霑的长相，时人并无文字的记载；但是，曹霑友人的后裔裕瑞在《枣窗闲笔》有过曹霑"身胖头广而色黑"的记载。据裕瑞说，他对曹霑的了解，是"闻前辈姻亲有与之交好者"所云，可信度当然很高。

《红楼梦》第一回《甄士隐梦幻识通灵　贾雨村风尘怀闺秀》中

写道:"俄见一僧一道远远而来,生的骨骼不凡,风神迥别。""戚序本"《石头记》此处有"脂批"写道:

这是真像,非幻像也。

"靖藏本"《红楼梦》此处也有"脂批",云:"作者自己形容"。曹霑早年及中年后的英姿,大约可以想见。

按照江南的风俗,满月这天,要当众为新生儿剃除胎发。

剃发之后,还要用温水给孩子把头洗干净,并用杏仁、薄荷涂抹在孩子头上。剃下的胎发,则要团起来,用五色丝线捆扎成束,挂在曹霑睡觉的帐子内[①]。

尔后,保姆还要抱着小曹霑参拜寿星菩萨,祈求菩萨保佑他能够长命百岁。当然更需要拜旗人信奉的佛陀妈妈(柳树神,主管生育)和列祖列宗。

到曹霑出生百日时,这样的庆祝活动还要再次举行,其间的热闹,不必细说。不过,那样的庆祝当是在南京的江宁织造府举办了。

(二)抓周

日子在不知不觉中过去。

转眼间,小曹霑已经一周岁了。

在中国人的心目中,周岁要比满月、百日这样的日子更为重要,

[①](日)中川忠英编著,方克、孙玄龄译:《清俗纪闻》卷六《生诞》载,寿星菩萨安放在各地寺院中,用于表示南极星;小儿头上或用杏仁、薄荷涂抹,或将茶叶嚼碎涂抹。中华书局,2006年。

也更有象征意义，因为在这一天要为新生儿举办预测未来命运的"抓周"仪式。

曹頫在织造署办下宴席，邀请亲朋，为侄儿举办"抓周"。

大厅当中摆放着一张方桌，桌子上铺着毡毯，毡毯上摆放着各种笔墨、书籍、金银、算盘等物……这些都是为小曹霑准备的。

抓周时，母亲抱着孩子，当众在桌子上抓取一个物件。众人从他抓取的物件，判断孩子的前程：一般说来，小孩儿若取笔墨，则意味着孩子将来善于文章；抓取书籍，则将爱好学问；抓取算盘，则意味着将来能够经商致富。

很难说，这天孩子抓起的东西就能准确预示孩子的将来，因此，作父母的也不会就孩子抓起的东西而对他进行专业的培训。但是，由于这个游戏切合了国人望子成龙的心理，备受欢迎，不论达官贵人，还是小户人家，都要在孩子周岁这天举办这一仪式。

这一天，江宁织造署里自然热闹。李煦夫妇、李鼎夫妇、李氏、马氏、曹頫夫妇，大家围坐在厅中的方桌旁，穿红着绿，喜气洋洋，热切地等待看曹家小公子的表现。曹頫请示母亲、舅舅的意见，令仆妇把小曹霑抱来。

我们可以想象那一时刻的情景：小曹霑好奇的转动着两只黑黢黢的大眼睛，瞅着桌子上那些他或见或没有见过的玩意儿，不知该干些什么。在长辈们的反复示意和鼓励下，伸出手去，在桌子上一番折腾，拿起来又放下去，扔下去又拿起来。最后，左手扯起了一本书，在大家啧啧赞叹的时候，右手抓起了一支笔。

一家人欢喜不已，这个刚刚一岁的孩子在"抓周"的当日表现出众，似乎意味着他在将来必能金榜题名、报效国家了。

第二节　生活与教育

一、曹霑的生活：家族、家风

曹玺，字完璧，宋枢密武惠王裔也。及王父宝宦沈阳，遂家焉；父振彦，从入关，仕至浙江盐法道，著惠政。

——于成龙纂修：《江宁府志》卷十七《宦迹》

他从小儿跟着太爷们出过三四回兵，从死人堆里把太爷背了出来，得了命。自己挨着饿，却偷了东西来给主子吃。两日没得水，得了半碗水给主子喝，他自己喝马溺。不过仗着这些功劳情分，有祖宗时都另眼相待，如今谁肯难为他去？

——《红楼梦》第七回《送宫花贾琏戏熙凤　宴宁府宝玉会秦钟》①

所谓日月如梭，时光飞逝。

展眼间，就过去了一千个日夜，小曹霑长到三岁了。

这个年龄段的孩子，已经懂得了很多东西，小曹霑眼睛里看到的，除了高大的房屋、漂亮的花园、精美的陈设、美味的饮食、迷人的玩具，就是家里的祖母、舅祖、妈妈、叔叔、婶婶等人和成群的奶妈、保姆、丫鬟、仆人。

家里人，包括那些照看他的保姆、仆人开始给曹霑讲述各种器具玩物，教他识字，当然也会有意无意的讲到家族的坎坷往事与辉

---

① 黄霖霖校点：《红楼梦》，齐鲁书社，1994年。本书《红楼梦》引文俱准该本。

煌，什么铁岭啦、辽阳啦、京师啦、包衣啦、主子啦、皇帝啦、内务府啦……于是，百年的家族历史和那些陌生名词就成了小曹霑经常听到的事情。

（一）历任织造：从曾祖父曹玺、祖父曹寅，到父亲曹颙、叔叔曹頫

曹家历任江宁织造，至叔叔曹頫，已经是第四代，这在那个时代是极其了不起的事情。

曹家第一位织造就是曹霑的曾祖父曹玺。某种程度上说，曹家的"真正荣耀"是从这位曾祖父开始的。

曹玺的父亲曹振彦随顺治皇帝入关，以贡生身份，出任山西吉州府（今山西吉县）知府，转阳和府、大同府知府，最后做到浙江盐运使。生有两个儿子，老大曹玺，文武双全，先为多尔衮侍卫，后成为顺治皇帝侍卫、銮仪卫治仪正（正五品武官），转内务府（原内务府惜薪司，顺治十八年改称内工部，改称营造司）；康熙二年（1663），出任江宁织造，系曹家首任江宁织造，累官至正一品；次子曹尔正，一直在京，后任正白旗包衣第五参领所属第三旗鼓佐领。

织造是钦差，本职自然是负责皇家、官府用丝绸的织造。

传统时代，衣冠黼黻极其重要，不同的材质、纹饰意味着极为严格的等级，丝毫不可有误。

由于满人重视主奴关系，奴才要不时向主子请安，具体到曹家，就是外放到南京，也要不时给皇帝写信，请安奏报，其中就不免涉及地方信息奏报，皇帝又想了解地方事宜（雨雪、吏治、民情等），因此折奏就成为政府信息最可靠的来源，具有折奏权的人也就有了

威慑地方官员的潜在权力①。

曹玺之于曹家，不仅在于其能干忠心，能够确保仕途平顺，更在于他娶了康熙皇帝幼年的保姆孙氏（皇子幼时有八乳母、八保姆）。

旗人上到皇帝，下到达官显贵无不有保姆、乳母。乳母负责喂奶，保姆负责教养幼儿。也有的乳母兼保姆的，乳母的孩子与少主人就是奶兄弟关系。

满人极重保姆、乳母。看看《红楼梦》中，王熙凤对贾琏乳母的态度就知道了。康熙自然也是如此，自然重视曹玺、孙氏，自然也重视他们的孩子。

曹玺的长子曹寅，长于诗书，先为皇帝侍卫，后任职内务府，监修康熙皇帝海淀畅春园的附园西花园，康熙二十九年外放苏州织造，三十二年转江宁织造，曾与妻兄李煦一起参与皇帝后四次南巡接驾工作，奉皇帝命令，二人轮替十年为两淮巡盐御史，曾负责刊刻《全唐诗》，两个女儿全都被皇帝指婚给满洲王子——《红楼梦》中的元妃省亲即是结合康熙南巡和曹寅二女为王妃创作而来的。

曹玺的次子曹宣先为皇帝侍卫，后任职内务府，长于绘画，曾任康熙皇帝《南巡图》监画，有讲述中国历史的科普图书《四言史征》传世，也曾在皇帝南巡过程中临时担任巡盐御史。

曹寅就是曹霑的爷爷，这是小曹霑最常听祖母念叨的人名。

从祖母、叔叔、舅爷的口中，小曹霑知道爷爷是当世知名的诗

---

① 作为皇帝包衣的织造人员，还要负责向皇帝进贡地方特产，办理皇帝钦点的诸项紧急要务，如赈灾、搜集地方信息、协力军务、资助地方文化事业等。

人、书法家、藏书家、刊书家,是织造、是巡盐御史、是皇帝的亲信,是江南文坛领袖,与诸多遗民、名士、进士都是好友,他在的时候,江宁织造府往往人来人往,是江南士人聚会的基地……

因为曾祖母是皇帝的幼年保姆,爷爷跟皇帝关系好,又接驾有功,皇帝破天荒的将曹霑的两个姑姑指婚给满蒙王子为嫡福晋。按照那时候的制度,包衣人女儿一般给主人作妾。

平郡王纳尔苏就是曹霑的长姑父,他的王府就在西单一带。平郡王与礼亲王、顺承郡王都出自礼亲王代善一支,都属于清朝八大铁帽子王(世袭罔替)。爷爷还曾给当时作皇帝侍卫的二姑父在东华门买房。

除了这两位王爷姑父,曹家在京城还有其他或远或近的亲戚。

父亲曹颙,曹霑从来没有见过,祖母、母亲自然也会告诉他一些情况。按照皇帝的评价,曹颙"看起来生长的也魁梧,拿起笔来也能写作,是个文武全才之人。他在织造上很谨慎。"皇帝甚至说:"朕所使用之包衣子嗣中,尚无一人如他者……朕对他曾寄予很大的希望。"[①]可知也是有才子和能吏的潜质的。可惜天妒英才。

叔叔曹頫是叔爷曹荃的四子,生于康熙三十五年(1696),自幼被曹寅"带在江南抚养长大"[②],秉性忠厚朴实,尤喜理学,愿学圣人、君子之道[③],深受曹寅夫妇的喜爱。曹家在京的老家人也说:"我主人所养曹荃的诸子都好,其中,曹頫为人忠厚老实,孝顺我的女

---

① 康熙五十四年正月十二日《内务府奏请将曹頫给曹寅之妻为嗣并补江宁织造折》。
② 康熙五十四年七月十六日《江宁织造曹頫覆奏家务家产折》。
③ 唐开陶等纂修:《上元县志》卷十六《人物传》云:"頫,字昂友,好古嗜学,绍闻衣德,识者以为曹氏世有其人云。"康熙六十年刊本。

主人，我女主人也疼爱他。"

曹颙死后，内务府官员遂题请以"曹頫给曹寅之妻为嗣，并补放曹颙江宁织造之缺，亦给主事职衔。"时年，曹頫才二十岁。

也就是说，到康熙六十一年，曹霑八岁时，曹頫也不过二十八岁而已，正是年轻有为的时候。

（二）包衣：皇帝眼中的奴才和外人眼中的满洲

除了爷爷、接驾这些事情外，小曹霑听到最多的特有词汇，就是"包衣""奴才"两个词了。叔叔给皇帝写奏折，自称"奴才"，家里的仆人对着叔叔、自己也自称"奴才"。

"奴才"两个字，听起来低贱无比。

实际上，真说起来，却复杂得很。包衣①完全隶属于主子，主子可以任意处置包衣；但是，由于满人早期的渔猎和战争，包衣往往与主人同生共死，从而使得这种主奴关系又有不同寻常的地方。

皇帝内务府与宗室王公属下包衣奴仆的"奴仆身份"，只是针对"本人主子家"而言的。在社会上，包衣与一般旗分佐领下人地位相同，②甚至更是可以外放作封疆大吏。天命六年（1621）努尔哈赤的谕旨就清楚地讲明了满人与包衣这种"特殊的依附关系"：

天命之汗，恩养大臣，大臣敬汗而生，乃礼也！贝勒爱诸申，诸申爱贝勒。阿哈爱额真，额真爱阿哈。阿哈耕种之谷，与额真共

---

① 包衣，是包衣阿哈的简称，满义读作 booi aha，意为家奴。
② 杜家骥：《杜家骥讲清代制度》，天津古籍出版社，2014年。

食，额真阵获之财物，与阿哈共用，猎获之肉，与阿哈共食。

额真是女真语"Ejen"的音译，是与阿哈的对称，意思是主人，后来用作官衔，如固山额真、牛录额真等，仍是"主人"一意的引申使用。诸申，即满人中的自由民阶层。

天命六年的谕旨还强调，在今年粮棉收获以后，阿哈如果仍然缺衣少食，可以向汗上诉。努尔哈赤将为之做主，将其从虐待他们的额真手中解救出来，使他们脱离与原属额真的关系，并将之交给能够善养他们的额真。

战争中，女真人的这种主奴关系表现得更加突出。当时，亲见此情的朝鲜人写道："出兵之时，无不欢悦，其妻子亦皆喜乐，唯以多得财物为愿。如军卒家有奴四五人，皆争偕赴，专为抢掠财物故也。"①《红楼梦》中的焦大就是贾府里的一名老奴：

他从小儿跟着太爷们出过三四回兵，从死人堆里把太爷背了出来，得了命。自己挨着饿，却偷了东西来给主子吃。两日没得水，得了半碗水给主子喝，他自己喝马溺。不过仗着这些功劳情分，有祖宗时都另眼相待，如今谁肯难为他去？

而他也视自己受到的待遇为理所应当，面对少主人的斥责，他：

那里把贾蓉放在眼里，反大叫起来，赶着贾蓉叫："蓉哥儿，你别在焦大跟前使主子性儿。别说你这样儿的，就是你爹，你爷爷，

---

① 李民寏：《建洲闻见录》，吉林省博物馆，1963年，第34页。

也不敢和焦大挺腰子!不是焦大一个人,你们就做官儿,享荣华,受富贵?你祖宗九死一生挣下这家业,到如今了,不报我的恩,反和我充起主子来了。不和我说别的还可,若再说别的,咱们红刀子进去白刀子出来!"①

像曹家这样最早成为满人包衣的汉人,在长期的生活中,深受女真习俗的影响,被后世专家称作"满洲化的汉人"。他们在满人势力的发展过程中,深受重用,因此,他们对旗主的感情,也是后来人所无法想象的。

懂了这些,就能对曹寅、李煦奏折中屡屡出现的"包衣下贱""包衣老奴"能有切实的理解。也正是因为如此,曹霑在他后来的《红楼梦》中,借赖嬷嬷之口说出了那番非"深懂满洲主奴关系"者不能了然的话语:

说着才要回去,只见一个小丫头扶了赖嬷嬷进来。凤姐儿等忙站起来,笑道:"大娘坐。"又都向他道喜。

赖嬷嬷向炕沿上坐了,笑道:"我也喜,主子们也喜。若不是主子们的恩典,我们这喜从何来?昨儿奶奶又打发彩哥儿赏东西,我孙子在门上朝上磕了头了。"李纨笑道:"多早晚上任去?"

赖嬷嬷叹道:"我哪里管他们,由他们去罢!前儿在家里给我磕头,我没好话,我说:'哥哥儿,你别说你是官儿了,横行霸道的!你今年活了三十岁,虽然是人家的奴才,一落娘胎胞,主子恩典,放你出来,上托着主子的洪福,下托着你老子娘,也是公子哥

---

① 《红楼梦》第七回《送宫花贾琏戏熙凤 宴宁府宝玉会秦钟》。

儿似的读书认字,也是丫头、老婆、奶子捧凤凰似的,长了这么大。你那里知道那'奴才'两字是怎么写的!只知道享福,也不知道你爷爷和你老子受的那苦恼,熬了两三辈子,好容易挣出你这么个东西来。从小儿三灾八难,花的银子也照样打出你这么个银人儿来了。到二十岁上,又蒙主子的恩典,许你捐个前程在身上。你看那正根正苗的忍饥挨饿的要多少?你一个奴才秧子,仔细折了福!如今乐了十年,不知怎么弄神弄鬼的,求了主子,又选了出来。州县官儿虽小,事情却大,为那一州的州官,就是那一方的父母。你不安分守己,尽忠报国,孝敬主子,只怕天也不容你。'"①

历来,学界解读这段话语,以为赖嬷嬷回顾家族为奴的辛苦,曹霑借赖嬷嬷之口、发出的对自身包衣身份的痛斥;却忽略了赖嬷嬷说这番话的对象,是自己的主子李纨和王熙凤。作为奴才的赖嬷嬷,岂有对着自己的主子痛诉奴才身份痛楚的道理?赖嬷嬷要说的不过是自己的孙子赖尚荣:

上托着主子的洪福,下托着你老子娘,也是公子哥儿似的读书认字,也是丫头、老婆、奶子捧凤凰似的,长了这么大。你那里知道那"奴才"两字是怎么写的!只知道享福,也不知道你爷爷和你老子(跟着主子一起)受的那苦恼,熬了两三辈子,好容易挣出你这么个东西来。从小儿三灾八难,花的银子也照样打出你这么个银人儿来了。

---

① 《红楼梦》第四十五回《金兰契互剖金兰语 风雨夕闷制风雨词》。

这里充满了夸耀的语气，夸耀自己家族作为贾府奴才跟主子一起奋斗，建立起血液相融的亲密关系，进而一起享受荣华富贵后，对祖先辛苦的感慨和感激。

赖嬷嬷类似的话是祖母常讲起的，不仅讲祖上如何跟随皇帝入关，讲如何随着主子去山西征战，也会讲祖上是怎么外放为官的。

不仅仅讲到以前，也会讲到近年，讲到爷爷、姑姑的荣光。

（三）爷爷接驾、姑妈为王妃

长辈讲故事，会讲到爷爷接驾的事情，也会讲到当下爷爷欠下的亏空、皇帝令继任两淮巡盐御史帮助添补的情况。每说到此处，一会儿喜笑颜开，一会儿垂泪不语。

当然也会讲到那两个经老皇帝亲自指婚嫁给王爷的两个姑姑，讲到本家是如何从包衣变成宗室贵戚的荣耀和世人的艳羡。每言及此，必拱手盛赞当今皇上对曹家的恩德。

这种情绪和经历，曹霑在后来的《红楼梦》第十六回《贾元春才选凤藻宫　秦鲸卿夭逝黄泉路》"甲戌本"回前批写道："借省亲事写南巡，出脱心中多少忆昔感今。"正文中写道：

赵嬷嬷道："阿弥陀佛！原来如此。这样说，咱们家也要预备接咱们大小姐了？"贾琏道："这何用说呢！不然，这会子忙的是什么？"

凤姐笑道："若果如此，我可也见个大世面了。可恨我小几岁年纪，若早生二三十年，如今这些老人家也不薄我没见世面了。说起当年太祖皇帝仿舜巡的故事，比一部书还热闹，我偏没造化赶上。"

赵嬷嬷见证过当年太祖皇帝巡行（即康熙皇帝南巡江浙地方，《红楼梦》作于乾隆初，满洲又以大舜东夷后裔自居），她满怀感情地回忆其当时的盛况：

赵嬷嬷道："嗳哟哟，那可是千载希逢的！那时候我才记事儿，咱们贾府正在姑苏、扬州一带监造海舫，修理海塘，只预备接驾一次，把银子都花的像淌海水似的！说起来……"

……

赵嬷嬷道："……还有如今现在江南的甄家，[甲戌侧批：甄家正是大关键、大节目，勿作泛泛口头语看。]嗳哟哟，好势派！独他家接驾四次，[庚辰侧批：点正题正文。]若不是我们亲眼看见，告诉谁谁也不信的。别讲银子成了土泥，凭是世上所有的，没有不是堆山塞海的，'罪过可惜'四个字竟顾不得了。"[庚辰侧批：真有是事，经过见过。]①

接驾的花费自然庞大，事儿是曹家、李家办，风光是皇帝的，当然也是曹、李两家的，银子却是皇帝的：

凤姐道："常听见我们太爷们也这样说，岂有不信的。只纳罕他家怎么就这么富贵呢？"赵嬷嬷道："告诉奶奶一句话，也不过拿着皇帝家的银子往皇帝身上使罢了！谁家有那些钱买这个虚热闹去？"

也就是说，曹、李两家接驾的银子来自织造府的公款、来自两

---

① 黄霖校本中部分脂批原在页脚，为阅读方便，改为正文中。

淮盐政的羡余。"拿着皇帝家的银子往皇帝身上使罢了！谁家有那些钱买这个虚热闹去"处，"甲戌本"《脂砚斋重评石头记》侧批云："是不忘本之言。"又一条侧批云："最要紧语。人苦不自知。能作是语者吾未尝见。"

可见，这些情况，不仅曹霑知道，《红楼梦》的早期读者中，也即曹霑的家人或亲友也有深知其情的，故有这些批语。

二、曹霑的教育：开蒙、入塾

（一）开蒙与入塾

日月如梭。

展眼，时间就到了康熙五十七年（1718），小曹霑已经四虚岁了。这年的秋天，叔叔曹頫准备为他开蒙。

所谓开蒙，也就是幼童开始读书识字，意味着他将要通过学习告别幼年蒙昧的状态，故云。

一般人家开蒙受学都在六岁，不过，曹家人历来聪慧，曹霑的爷爷曹寅四岁时就已经能够"通四声"了①。

所谓"四声"，是古代汉语中的四种声调，即平声、上声、去声、入声（现代汉语中声调的阴平、阳平、上声、去声即是古四声演变而来）。《康熙字典》前面载有一首《分四声法》的歌诀，简明地讲述了四声的特点：

---

① 唐开陶等纂修：康熙《上元县志》卷十六《人物传·曹玺》载"寅，字子清，号荔轩，四岁能辨四声。"

平声平道莫低昂，上声高呼猛烈强。
去声分明哀远道，入声短促急收藏。

辨四声是掌握平仄的前提，同时，四声还关系着诗文的押韵。

一般说来，不同声调的字词不能算作押韵，因此，能辨四声是写作格律严格的旧体诗文的前提；而写作格律严格的诗歌，不仅是当时文人的一种基本修养，也是社交活动的一项基本技能。

因此，除了识字、描红（将有字的外形勾出，小孩往里填墨），字的声调也是曹霑幼年教育的基础知识。

曹霑是家里本支的长孙，祖、父又亡，所以，祖母、叔叔、母亲对他的教育不敢有丝毫的马虎。尤其是叔叔曹頫对曹霑寄予了极大的希望，在请示过母亲、嫂嫂后，公务之余，曹頫就不时抽出时间，给小曹霑开蒙上课。

开蒙的教材，一如社会通行的那样，从"三百千"开始。

所谓"三百千"，是对古代幼童启蒙教材《三字经》《百家姓》《千字文》的简称。

《三字经》一书出于南宋中叶[①]，每句三字，明代开始流行，成为传统时代最为重要的蒙学教材，堪称蒙学第一书。初始大体内容先论人性与教育的关系，所谓：

人之初　性本善　性相近　习相远
苟不教　性乃迁　教之道　贵以专

[①] 张如安：《历史上最早记载〈三字经〉的文献——〈三字经〉成书于南宋中期新说》，《北京大学学报》2009年第二期。

次论父子师生之道、学习的重要：

养不教　父之过　教不严　师之惰
子不学　非所宜　幼不学　老何为
玉不琢　不成器　人不学　不知义
为人子　方少时　亲师友　习礼仪

次则讲习天文、物候与人文伦理的关系，也即"三纲五常"的来由和内容：

首孝弟　次见闻　知某数　识某文
一而十　十而百　百而千　千而万
三才者　天地人　三光者　日月星
三纲者　君臣义　父子亲　夫妇顺

曰春夏　曰秋冬　此四时　运不穷
曰南北　曰西东　此四方　应乎中
曰水火　木金土　此五行　本乎数
曰仁义　礼智信　此五常　不容紊

下面讲生活中所遇到的基本常识"六谷""六畜""七情""八音"：

稻粱菽　麦黍稷　此六谷　人所食

马牛羊　鸡犬豕　此六畜　人所饲
曰喜怒　曰哀惧　爱恶欲　七情具
匏土革　木石金　与丝竹　乃八音

从自然写到社会，讲述人与人之间的"九族"和人伦中的"十义"：

高曾祖　父而身　身而子　子而孙
自子孙　至玄曾　乃九族　人之伦
父子恩　夫妇从　兄则友　弟则恭
长幼序　友与朋　君则敬　臣则忠

最后写及经典与沿革，先云："凡训蒙，须讲究，详训诂，明句读。"此是小学（低层次学习）的内容。"为学者，必有初。小学终，至四书。"

四书之名出自南宋大教育家、思想家朱熹，他将记叙孔子与弟子言论的《论语》、记叙孟子与弟子言论的《孟子》，和从《礼记》中抽出的《大学》《中庸》两篇，合在一起，加以注释，名《四书集注》。

论语者　二十篇　群弟子　记善言
孟子者　七篇止　讲道德　说仁义
作中庸　子思笔　中不偏　庸不易
作大学　乃曾子　自修齐　至平治

《四书》讲人修身、齐家、治国、平天下的道理和次第。除了修身、立志之外,还要有方法,那就要学习六经"(诗、书、礼、易、乐、春秋)。

"六经"篇幅长、文字古奥,不易学习,需待儿童年岁相当后方学,也即"孝经通,四书熟,如六经,始可读":

诗书易　礼春秋　号六经　当讲求
有连山　有归藏　有周易　三易详
有典谟　有训诰　有誓命　书之奥
我周公　作周礼　著六官　存治体
大小戴　注礼记　述圣言　礼乐备
曰国风　曰雅颂　号四诗　当讽咏
诗既亡　春秋作　寓褒贬　别善恶

《春秋》是孔子以鲁国历史文献为基础,参合他国历史编著的一部史书,集中表明了孔子的价值观,即所谓"寓褒贬"的微言大义(用特别词汇表达对人事的看法),一定程度上不全等于客观记录,故孔子有"知我者其为春秋乎,罪我者其为春秋乎"的感慨。《春秋》复有"三传":"三传者,有公羊、有左氏、有谷梁"。左丘明《左传》重在补充《春秋》的史实,以明白孔子《春秋》记事的前因后果;公羊、穀梁传则重在解释《春秋》的词汇,并阐释《春秋》的思想与笔法。

这些经典不仅是读书识字的根本,也是塑造士人道德、能力的基本教材,在知识分子的学习和人生中扮演最为重要的角色。

学完这些后,继续讲知识分子需要学习阅读的子书、史书的范畴和中国历史沿革等内容，并以著名历史人物的案例，鼓励幼童勤于学习。

《三字经》以三言形式出现，三个字一句，四句一组，读来轻松愉快，符合儿歌的特点，所以明朝赵南星称其"句短而易读，殊便于开蒙"。

《百家姓》是一部广见闻的书籍，记述中国各姓氏，成书于北宋初。原收集姓氏411个，后增补到504个，其中单姓444个，复姓60个。是学生增加见闻、以便日后交往的基础知识。

《千字文》，由南北朝梁朝散骑侍郎、给事中周兴嗣纂就，以王羲之书法作品中1000个不重复的汉字编纂成文。全文以"天地玄黄、宇宙洪荒、日月盈昃、辰宿列张、寒来暑往、秋收冬藏、闰馀成岁、律吕调阳"起，以"束带矜庄、徘徊瞻眺、孤陋寡闻、愚蒙等诮、谓语助者、焉哉乎也"终，涵盖天文、地理、自然、社会、历史等多方面的知识，全为四字句，对仗工整，条理清晰，易诵易记，是我国早期最重要的蒙学教材之一。

也许是遗传了曹家优良的基因，年幼的小曹霑对学习有着强烈的兴趣。正所谓"不待扬鞭自奋蹄。"在叔叔、祖母、妈妈、保姆等一家老小的教育、督促下，不久之后，小曹霑就已经能够认识百十个汉字、背诵几十段诗歌了。

生活上的技艺、理解也需要逐步学习：

男子至三、四岁能自己吃饭时，置于母亲附近，由母亲首先教会用右手持箸，左手持饭碗之正确用饭方式。用饭只限于一日三餐，不可任意零食。父亲则教以各种礼仪之道，如亲戚等来到之际，作揖、叉手、叩首等做法，以及尊敬长者、兄弟和睦互让之道理。①

一般有条件读书的孩子，都是六岁开蒙，曹霑算是早学的。八九岁，学习"四书"、学习写诗写信；十来岁开始接触"五经"，十二三岁学习写作八股文（一种规定结构的文章）的写作技法，为即将来的科举作基础的准备工作。

康熙五十九年秋，曹霑已经六岁了。这说明他的教育应该系统起来了。曹頫在家里设立私塾，聘请专门的先生，教育曹霑。一起陪读的，还有家里、族里的孩子，包括家中几个得力奴仆的孩子。

入塾的孩子，先要恭恭敬敬地给孔夫子的画像行礼，而后给教书的先生行礼，大家各自回到自己的座位上，很快进入功课。

功课不过是读书、传授句读、认字、写字、先生提问、讲授文章。

所读之书有《三字经》《百家姓》《千字文》《幼学琼林》《千家诗》《神童诗》《唐诗三百首》《龙文鞭影》等蒙学教材，不少书，曹霑在入学前都已经有不错的底子了。

除了读书外，还要进行基本的书法练习，也即描红，练习写字的手感，逐渐形成使用毛笔书写的习惯。

对中国人来说，字可不只是写、记那么简单。书写不仅是技能，更是修身的手段，人们相信字如其人。

一笔好字是知识分子不可或缺的，关系着门面。除了勤奋练习外，还需要读帖，学习历代书法名家的书风，以便取长补短，逐渐

---

① 中川忠英著，方克、孙玄龄译：《清俗纪闻》，中华书局，2006年。

形成自己的书写风格。字帖,曹家是不缺的。等到有条件,他还可以到各地名胜去看碑,进一步提高自己的书法造诣。

(二)江南、饮食、游戏、风俗

江宁织造曹家是一个有着一百多口人的大家庭,负责各项事务的仆人、丫鬟不时穿梭其间。他们为曹霑提供各种服务与保护,吃的、玩的都由他们完成。

游戏是儿童的天性,也是锻炼身体的好办法。曹霑也不例外。

江南儿童日常游戏有"纸鸢、筝琴、见踢"等[①]。见踢,就是毽子,纸鸢就是风筝。不过,作为大族的公子,曹霑的玩具自然要比民间孩子的更为精致。纸鸢是曹霑最为喜欢的一项游戏。

江南民俗,每年"正月、二月、三月之间,儿童扬放纸鸢——纸鸢一名鹞子,有人形、蝴蝶及鱼、鸟各种形状,大小不一。"

风筝是能发出响声的纸鸢,"将竹条弯成弓状,并以宽为二三分纶子、纱绫等细条张为弦,绑于纸鸢头上,放起后受风而响,故称'风筝'。"[②]

曹霑之所以喜欢纸鸢,不仅是因为好玩儿,纸鸢上画着的那些漂亮的鹰、鱼、燕、美人诸色图案和放飞的技术很能吸引他。

纸鸢飘摇在天际,上面的图案似乎一下子都活了起来。技术高

[①] 北京孔祥泽家族所传风筝,即系根据曹雪芹《废艺斋集稿·南鹞北鸢考工志》制作,做工精巧、绘制精美,惹人喜爱。这种风筝,是曹雪芹在结合北京天气的基础上对江南风筝进行改造后的样式。曹雪芹还在《废艺斋集稿》中写到各种融合南、北的技艺,江南十三年的生活,祖父、舅祖那些珍贵、丰富的藏书给予他的影响,可以想见。

[②] (日)中川忠英编著,方克、孙玄龄译:《清俗纪闻》卷一《年终行事·春天游戏》,中华书局,2006年。

超的放纸鸢者能作出各种动作,让纸鸢在天空中模仿各种动物、人的样子,作出各式的姿势,忽高忽低,忽疾忽缓,忽如苍鹰缚兔、忽若神仙腾空……

除了一般江南儿童的玩具,旗人也玩儿羊拐、马拐——这与他们饮食中多吃羊肉、家庭养马有关。

羊拐,也叫嘎拉哈。吃羊肉时,把羊关节儿处的圆形骨头取出,洗干净、晾干。玩时,向空中抛掷一尺上下,用各种手势接住。娴熟的人玩耍起来,满空飞舞、手法多样,非常好看。妈妈、婶婶、表妹自然都会得紧。

曹霑平时好问,家里的少爷问话,自然下人们是知无不言,不知道,也得想办法知道。

久而久之,曹霑对江宁、苏州、扬州一带的风物、名胜、饮食都有了很多的了解。

(三)从《千家诗》到《楝亭集》

儿童五六岁开始读书写字,八九岁时,就需要开始学着作诗作文了。

诗歌在传统社会不算大道,但却是颂圣记事、咏叹抒怀不可或缺的文体,故历来很受教育者的重视。

要学诗,就要通"四声";此外,还要多读古来名作佳篇。

在那个时代,与"三百千"齐名的蒙学教材就是《千家诗》。

坊间先后出现过两种千家诗,即署宋谢枋得选《重定千家诗》(皆七言律诗)和王相选注的《新镌五言千家诗》。再后,书坊将两者合刊,即通行版本的《千家诗》了。

康熙四十五年,曹寅曾将他的十二种古代藏书刊刻,冠以《楝亭十二种》的名目,其中就有《分门纂类唐宋时贤千家诗选》,署"后村先生编集"("后村先生"即南宋诗人刘克庄,字潜夫,自称后村居士。不过,此署名或为坊间选家托名而作)。

通行本《千家诗》二十二卷,录诗一千二百八十一首,诗人一百二十二家(唐代六十五家,宋代五十二家,五代一家,明代两家,无从查考年代的无名氏作者两家),其中选诗最多的是杜甫(杜诗以诸体皆能、忠君爱民著称),共二十五首,其次是李白,共八首;女诗人只选了宋代朱淑真的两首七绝。

今录其卷一"五绝"诗歌数首,以见其基本面目:

春晓

孟浩然

春眠不觉晓,处处闻啼鸟。
夜来风雨声,花落知多少。

访袁拾遗不遇

孟浩然

洛阳访才子,江岭作流人。
闻说梅花早,何如此地春。

送郭司仓

王昌龄

映门淮水绿,留骑主人心。

明月随良掾,春潮夜夜深。

洛阳道
储光羲
大道直如发,春来佳气多。
五陵贵公子,双双鸣玉珂。

独坐敬亭山
李　白
众鸟高飞尽,孤云独去闲。
相看两不厌,只有敬亭山。

登鹳雀楼
王之涣
白日依山尽,黄河入海流。
欲穷千里目,更上一层楼。

观永乐公主入番
孙　逖
边地莺花少,年来未觉新。
美人天上落,龙塞始应春。

伊州歌
盖嘉运
打起黄莺儿,莫教枝上啼。

啼时惊妾梦,不得到辽西。

左掖梨花
丘 为

冷艳全欺雪,余香乍入衣。
春风且莫定,吹向玉阶飞。

思君恩
令狐楚

小苑莺歌歇,长门蝶舞多。
眼看春又去,翠辇不曾过。

题袁氏别业
贺知章

主人不相识,偶坐为林泉。
莫谩愁沽酒,囊中自有钱。

夜送赵纵
杨 炯

赵氏连城璧,由来天下传。
送君还旧府,明月满前川。

竹里馆
王 维

独坐幽篁里,弹琴复长啸。

深林人不知,明月来相照。

送朱大入秦
王 维
游人五陵去,宝剑值千金。
分手脱相赠,平生一片心。

长干行
崔 颢
君家在何处,妾住在横塘。
停船暂借问,或恐是同乡。

咏史
高 适
尚有绨袍赠,应怜范叔寒。
不知天下士,犹作布衣看。

曹霑的爷爷是国初著名的诗人,与诸多诗文大家交游甚密,他的诗文被当时很多文坛大家所赞赏。著名诗人朱彝尊评价其诗文时说:

无一字无熔铸,无一语不矜奇。盖欲抉破藩篱,直窥古人突奥。当其称意,不顾时人之大怪也。先生于学博综,练习掌故,胸中具有武库,浏览全唐诗派,多师以为师。①

祖父的诗文先后结集,题名为《荔轩草》《西农集》《楝亭集》《楝亭诗钞》(附词钞)刊刻流传。最后结集的是《楝亭集》,包括《楝亭诗抄》八卷、《楝亭诗别集》四卷、《楝亭词抄》《楝亭词抄别集》《楝亭文抄》。

这些,无疑是曹家处处可见的藏品,也是曹霑幼年教育的重要内容。

三、曹寅、李煦的书房与曹家的家风:读书射猎,自无两伤

(一)曹家的家风与曹寅的书房

曹家文武传家,以读书射猎作为家风。

旗人以弓马取天下,皇帝极为重视旗人的骑射训练,加之,雪芹曾祖曹玺、祖父曹寅皆曾为皇帝侍卫,弓马自然娴熟,曹寅"好骑射,自云'读书射猎,自无两妨'"②,也要求后世勤加习练。

江宁织造府里就建有马道,用以演习骑射。③作为内务府的包衣,作为家里的男丁和未来的希望,曹霑也得熟悉骑射。

不过,由于年龄尚小,骑马自然不必着急,但要练习骑羊,待年纪差不多了再换小马、大马。《红楼梦》中贾宝玉、茗烟小小年纪,出行动辄用马,就是旗人的习惯。射箭更要早早练习,力气不

---

① 朱彝尊:《楝亭诗抄·序》,康熙五十一年刻本。
② 《清史列传·曹寅传》,中华书局点校本,1987年。
③ 《红楼梦》里,曹雪芹写贾兰闲来在院子里演习骑射,正是旗人子弟(曹家)日常的训练科目的一种真实反映。

足,先用小弓,但对练习姿势、技巧都是必须的,慢慢的再逐步增加弓劲。

曹霑的爷爷、父亲、叔父都是读书的好手,不仅在旗人中出类拔萃,即便与那些汉人宿儒相提并论,也不逊色。大名士韩菼撰《织造曹使君寿序》,称赞曹寅:"善读书者,其取之博,盖七略四部十二库无不窥也。"①

祖父确立的家风,是祖母、叔叔时时说起的事情,早已深深印入了小曹霑的脑海。祖父的书法作品在家里醒目悬挂,书房里有他的诗集,有他收藏的图书,这些都是曹霑的挚爱。那些书上有祖父的印章,有的还题有祖父的序跋。印章精致,书法飘逸。所有的一切,都让他感到兴奋。

闲暇之余,曹霑就偷偷钻进爷爷的书房,在书的世界里寻找属于自己的快乐。那些大部头的书籍,不过随便翻翻,还看不明白。

爷爷的藏书中小说、戏曲、饮馔之类的书籍不少,叔叔一般禁止他看那些东西,说以后再看不迟,当下就是要在四书五经、书法、诗歌上用力。但是,小孩子哪里是管得了的?那些常人视作闲书的图书,让曹霑了解了不少在叔叔和家塾先生那里不曾知道的事情。

久而久之,小曹霑的大脑袋里边装进了很多内容各异、见解不同的各色学问。也许是遗传的关系,小曹霑还对那些"杂学"深感兴趣,雕刻啦、绘画啦、草编啦,似乎他能见到的所有东西都能够引起他的兴趣。

---

① 《有怀堂文稿》卷六,康熙四十二年刻本。

（二）舅爷李煦、苏州、曹霑

曹霑的舅爷李煦，跟曹家一样，也是内务府正白旗包衣汉人。李煦极爱曹霑，不时接他去苏州长住。

李煦居住的一处地方，本是苏州名园拙政园的一部分。拙政园为江南名园，曹霑的祖父曹寅担任苏州织造时，斥资购买了该园的一部分，后来，祖父转任江宁，就把这部分家产转给李煦①。

年轻时，李煦曾经出任广东韶州府知府、浙江宁波府知府，康熙皇帝的畅春园一建好，皇帝就调他入京，先为畅春园郎中，不久又任第一任总管，他跟皇帝的关系只比曹寅好，不比曹寅差。康熙南巡，李煦与曹寅一起四次接驾，也奉旨和曹寅一起轮管两淮巡盐十年，实际上，加上各种后续，零零总总作两淮盐政长达八年，简直是官场上的奇迹。

舅爷李煦跟爷爷曹寅一样，既是个藏书家，也是个善于舞文弄墨的妙人。他"好藏书，积几万卷，间落笔为诗文，泠泠然有爽气，字有米友仁意。"②名士汤右曾有《赠两淮巡卤》诗，称李煦"上至窥皇坟，下遂逮子史。余事为诗言，雅音披宫徵。银钩勤翰墨，灿灿光照几。"

舅爷极大的书库里满藏着各种书籍、字画，有一些祖父的书

---

① 徐恭时：《那无一个解思君——李煦史料新探》载，道光十四年（甲午，1834），清代著名画家费丹旭到苏州，住在拙政园，听当地老人传说，曹雪芹写大观园景物某些特景即取材于此园，并听说雪芹曾住过此园。《红楼梦集刊》第五辑，上海古籍出版社，1980。又，吴恩裕著：《曹雪芹、〈红楼梦〉琐记》一三一节《雪芹早年在苏州之见闻》载，"余于一九七四年五月去沪，初识陈从周同志。从周告以吴中故老传说，谓雪芹曾游拙政、狮子林诸名园。"《曹雪芹佚著浅探》，天津人民出版社，1979年。

② 李果：《在亭丛稿》卷十一《前光禄大夫户部右侍郎管理苏州织造李公行状》，乾隆刻本。

库中都没有；舅爷的书房里不仅有书籍、字画，还有大量的印章与印谱。

李煦也和当世知识分子交往颇多，尤其是与诗坛名士赵执信的交往更是让人赞叹。不过，与曹寅喜欢群贤毕至自己高谈阔论不同——曹寅好禅宗，喜欢自然随性，李煦更喜欢看别人吟诗作赋，虽然，他自己也长于此，大概跟他好道家的清净有关，跟他历任地方官吏好清静无为一以贯之。

听戏是当时人们最大的爱好，也是大族最常见的愉悦心情、联络亲情的活动之一。当时，兴盛的是雅致柔美的昆腔，江西的弋阳腔也因热闹异常，深受欢迎，还有种种地方戏，都各自拥有听众。

曹、李两家这样的大族很少到外边听戏，他们都养着自己的戏班子，曹霑的舅舅李鼎（一名李以鼎，一弟名李以鼐）是个超级戏迷，自己曾排演《长生殿》，光置办戏装就花了四五万两银子。

曹家本来经常演戏，曹霑的祖父不仅长于诗文，而且也擅长戏曲创作，这虽算不得大道，但在当时也算是雅士中的"显学"。

爷爷曾跟著名的戏剧家洪生有过交往，爷爷让家里的戏班排演《长生殿》，他就和洪生一边观看欣赏，一边修改戏词，成为一时的佳话。爷爷还与苏州名士尤侗等人来往密切，他的《后琵琶》就受尤侗《吊琵琶》的影响。除《后琵琶》外，爷爷还留下了《北红拂记》《虎口余生》等几个本子。他自己评价说："吾曲第一，词次之，诗又次之。"[1] 可见，对自己的曲作还是颇为重视满意的。

但是，曹寅死后，叔叔年轻，没人主持，家里就很少唱戏了，除非是老太太心情好，非要点出什么戏听的时候，大家才能一饱耳

---

[1] 曹寅：《楝亭集》，上海古籍出版社，1978 年。

福。舅祖李煦家就不同了,还是常年有戏,尤其是逢年过节,必定是几出大戏连轴演①。

李煦是个好戏之人,加上,他在江南又是一时人望,家里经常有戏看。每到这个时候,舅祖就让小曹霑坐在自己边上,一边看,一边给他讲述戏文、动作、唱腔的妙处。多少年下来,小曹霑对戏曲竟也有了些了解。

舅爷还带他参观苏州的名园,还带他去扬州、镇江等地游玩。没空时,就让老家人带他出去。因而,还不到十岁的小曹霑就已遍览了江宁、姑苏、扬州、镇江各地名胜。②

游览不仅让曹霑看到了如画的景色、新奇的玩具,也了解了那里悠久的历史、新鲜的风俗、动人的传说……

"读万卷书,行万里路。"江浙一带的繁华胜地,大大开阔了曹霑的眼界,深深的影响了他的童年。虽然,在当时,他还未必意识到这些。

在拙政园、在苏州织造府、在江宁织造府、在江浙的名胜中,小曹霑度过了他的童年。

---

① 徐恭时《那无一个解思君——李煦史料新探》载"曹寅故世后,曹家就不再演戏,而李煦家则仍经常演出,少年时的雪芹曾居李家,每喜观剧。"《红楼梦集刊》第五辑,上海古籍出版社,1980年。吴恩裕:《曹雪芹佚著浅探》引徐恭时撰《芹红新语》,云"闻诸姑苏古老相传,曹寅、李煦先后任苏州织造时,正值拙政园散为民居。该园曾一度归曹寅,后为李煦家属居住。当时园中除少数主人外,尚有仆妇、丫环甚众。曹雪芹十岁前后,曾由南京随其家属数度去苏州,住拙政园。"天津人民出版社,1979年。

② 徐恭时:《那无一个解思君——李煦史料新探》,《红楼梦集刊》第五辑,上海古籍出版社,1980年。

四、家族史

家族的事情,随着曹霑年龄的增长,他听到的也就更多。

长辈们经常会说到,咱家本朝定鼎以来,已近百年。

百年,听起来不长,想起来不短,那是怎样的一段历史呢?

曹家世代为江宁织造,家族的历史与荣耀是祖母、叔叔并一干家人常常念叨的事情。

之所以如此,不仅让他知道今天生活的来之不易,更要让他知道自己是什么样的人儿:曹家是皇帝的包衣,他将来要肩负起家族的使命。

(一)家族:战争改变了曹家的身份——从明朝官员到清人的包衣

曹家本住铁岭,籍贯却在辽阳——因当时辽阳是明朝在关外最大的城市和政治中心,而铁岭却更多的只有军队和商人。

明末清初,曹霑的四世祖曹世选到沈阳为官,将家从铁岭迁到沈阳[①],据说官声不错。

不巧的是,这时候,占据东北一带的女真人迅速崛起,在他们杰出领袖努尔哈赤的领导下,不断威胁着明政府在东北一带的军政据点。

天启元年(1621)二月十一日,大金国主努尔哈赤统率诸王、大臣领兵数万攻击沈阳。三月十二日,破之。在沈阳的曹世选一家被俘:曹世选、妻子、曹振彦无一幸免。

---

① 樊志斌:《曹雪芹家族世系考》,《曹雪芹家族文化探究》,当代中国出版社,2011年。

这时的金国，还处于奴隶社会。

在征服者看来，战争中俘虏的人众和财物、牛马一样，都是可以分配的财产。金兵在沈阳停留五天，论功行赏，将俘获的人口牛马分给众军，令其先行返回都城赫图阿拉（今辽宁省抚顺市新宾县境内）。

于是，曹世选一家三口就被分到了满洲正黄旗下。

所谓八旗，是努尔哈赤建立的、兵民合一的一项制度。在八旗下，牛录是最基本的组织单位，每一牛录管辖三百人①。牛录之上有甲喇、固山：五牛录为一甲喇，五甲喇为一固山——固山，就是旗。也即，一旗有兵7500人。

"一国之众，八旗分隶。"② 八旗兵丁由努尔哈赤和他的子侄分领。凡有兵役徭役，八旗分出；但有斩获，八旗均分。这时，领有正黄旗的是努尔哈赤的两个幼子阿济格、多尔衮兄弟，最小的儿子多铎领镶黄旗。

这种北疆少数民族长子析产、幼子守产制度，在曹霑后来的《红楼梦》中也有反映，贾府的老太君贾母就是跟随幼子贾政生活的，当然这是后话。

战争中被俘虏的汉人，被分到各王、贝勒旗下，他们被称作"包衣"，即"包衣阿哈"的简称，意思是"家里的"，指供女真人役使的奴隶。

一说，曹世选后来作了阿济格府上的管家。这倒是可以想象的，毕竟曹世选是读过书、管过人的。

---

① 牛录后更名为"佐领"。为了授官推恩，每个佐领的人数陆续降低，康熙间，曾将至100人为一佐领，乾嘉时期改为150人一佐领。

② 《东华续录·天命》卷四，上海古籍出版社，2008年。

此后，随着金人的征战和迁都，曹家人从赫图阿拉又迁到辽阳、沈阳；此外，随着皇帝的更迭，金人（皇太极后改国号清）有过两次换旗事件，最终曹家的旗籍落到了内务府正白旗。①

（二）曹振彦：正白旗、内务府、仕途

曹世选籍籍无名，但他的儿子曹振彦是个能干的家伙。至天聪三年（1629），辽阳玉皇庙重建碑文阴面题名处已经有了"致政""曹振彦"的名字。

曹振彦因为自己的能干，至天聪八年（1634），就已经作到"墨尔根戴青贝勒多尔衮属下旗鼓牛录章京"的位置，并因"有功加半个前程。"所谓旗鼓牛录，《御制增订清文鉴》解释说，"包衣汉人编立的佐领，叫旗鼓佐领。"②牛录章京，即一牛录的长官后，更名佐领。

崇祯十七年（1644）九月十九日，顺治皇帝的车驾到达北京。十月初一日，皇帝到天坛，行祭天大礼，即皇帝位。十月，在京畿各州县圈占无主土地，分给来京八旗诸王、勋旧、兵丁。在宝坻，曹家也分到了属于自己的一份土地③。

---

① 皇太极登基后，还将多铎的镶黄旗与自己的正白旗旗蠹互易，将阿济格的正黄旗与自己的镶白旗旗蠹互易。于是，曹家的身份就由正黄旗下包衣变成了镶白旗下包衣。顺治继位后，为了提高自己的政治地位，很快，多尔衮便将自己的镶白旗与多铎的正白旗旗蠹互易。多尔衮死后，正白旗被收归顺治皇帝亲领。

② 昭梿：《啸亭杂录》第10卷第13页。道光年间宗室奕赓在《寄楮备谈》中写道："内务府三旗汉军佐领俱名旗鼓佐领，旧作齐固佐领。"在古汉语中，旗鼓有"姿势""架势"的意思。因此，清入关前的旗鼓牛录很可能是用于旗主仪仗、护卫以及旗主家庭事务的处理包衣组织。

③ 曹寅：《东皋草堂记》："予家受田亦在宝坻之西"，《楝亭文钞》，《楝亭集》，康熙五十一年刻本。

五年后，也即顺治六年（1649），清政府特命廷试八旗通晓汉文人员，择其"文理优长者，准作贡士，以州县即用。"就是在这次廷试中，曹振彦因为家学的缘故，被皇帝选中，获得"贡士"的身份，被外放到山西平阳府吉州知州（今山西临汾吉县）任上，为一方父母。①

俗话说，天有不测风云。

不过，不测的风云却未必一定是坏事。

顺治八年（1651）十二月初九日，摄政王多尔衮病逝于喀喇城（今河北省承德市滦平县滦平镇）。随后，十三岁的顺治皇帝亲政，先治多尔衮兄长英亲王阿济格"谋乱"之罪；次年，复治多尔衮"阴谋篡逆"之罪，并将多尔衮的正白旗收归皇帝亲自掌控，与正黄、镶黄两旗，并称"上三旗"。

正是因为这一变故，曹家从此由摄政王府的包衣变成了皇家内务府（清朝掌管宫廷所有后勤机构）的奴才。如果说，被满人俘虏、成为包衣，改变了曹家的命运；那么，成为皇帝亲管的包衣，就奠定了曹家飞黄腾达的基础。

凭自己的能力、凭清初的形势，曹振彦最终作到从三品的浙都转盐运使司盐运使。

曹振彦是曹雪家族在清朝第一位成为政府官员，并身居高位、声名显赫、官声颇佳的历史人物，曹家在清朝的辉煌也就由此拉开大幕。

---

① 张书才：《曹振彦档案史料的新发现》，《曹雪芹家世生平探源》，白山出版社，2009年。嘉庆《山西通志》卷八十二《职官》叶五十六载："吉州知州：曹振彦，奉天辽阳人，贡士，顺治七年任。"

曹振彦给后代子孙留下了三份财富："文武传家"的传统、忠心事主的作风和正白旗包衣旗籍，这决定了曹氏家族在未来的崛起和发达[①]。

（三）皇帝的保姆、接驾、萱瑞堂

皇帝南巡、曹家接驾的故事，不同的人讲了一遍又一遍。

也难怪，天底下有谁家住过皇帝呢？

接驾是荣耀的，其中最荣耀的，当属皇帝给曹霑的曾祖母孙氏题写"萱瑞堂"和爷爷曹寅救下清官陈鹏年的事情。

那是在康熙四十四年（1705）。

这一年，皇帝启动第五次南巡。时任两江总督的阿山，闻知皇帝南巡消息，召集各有关官员商议，准备在百姓缴纳赋税中增收三分，以为皇帝修葺行宫、添置物件之用。"有司皆慑服唯唯，独（江宁知府陈）鹏年不服否否。总督泱泱，议虽寝，则欲抉去鹏年矣。"

因江宁龙潭湖行宫规制草创，不合规制，阿山便以此激怒皇上，随驾前来的太子胤礽更是怒不可遏，认为陈鹏年眼中没有自己，必欲杀之而后快。

四月二十二日，皇帝车驾至江宁，驻跸织造府。

是年，曹霑的父亲曹颙已经十七岁，伯伯曹欣（曹荃寄养在江宁的老三）更大一点。只有叔叔曹頫年纪尚幼，爷爷曹寅交教给他

[①] 忠心事主、满洲包衣使他们成为皇帝的心腹人，这使他们能够成功地获得参选大清众多官职的身份；文武传家，则让他们在众多的候选者中脱颖而出，使他们能够真正去面对官场上所要应对的各种任务、规则和令人头疼的各种势力。

一项重大任务：

> 一日，织造幼子嬉而过于庭，上以其无知也，曰："儿知江宁有好官乎？"曰："知有陈鹏年。"

已经致仕的前大学士张英是胤礽的师傅，前来朝见皇上。当被问及陈鹏年时，张英回奏陈为贤臣，乃江宁第一廉吏。于是，康熙责问太子，"而师傅贤之，如何杀之？"

胤礽尤不肯罢休，曹寅赶忙跪下，"免冠叩头为鹏年请。"当时，曹寅的大舅哥、苏州织造李煦正跪在曹寅身后，"见寅血被额，恐触上怒，阴曳其衣警之。寅怒而顾之曰：'云何也？'复叩头，阶有声，竟得请。"

曹寅出来后，正遇上好友江苏巡抚宋荦迎面入内，对曹寅道："君不愧朱云折槛矣。"①

家族的历史与辉煌，深深地镌刻在小曹霑的脑海之中，那是一种记忆，更是一种荣耀。

五、见识：洋货与洋人

这个皇朝国家是以一条五爪金龙为之象征的，龙是传说中的一

---

① 《耆献类征》卷一六四《陈鹏年传》，广陵书社，2007年。《汉书·朱云传》载，汉成帝时安昌侯张禹（丞相）以帝师位特进，朱云上书，以朝廷大臣不能匡主益民，请斩张禹。成帝大怒，御史拉朱云下殿，朱云拉住门槛，相持不下，门槛竟然折断。左将军辛庆忌为之请，得免死。

种爬虫类,从创世以来并未存在过的动物。这个国家的种种物产中以柞蚕丝为最享盛名。这使她赢得了东方的"丝绸之乡"的称号。作为我们的传家之珍宝,一直还保藏着一件江宁织造局手工制成的带有龙凤图纹的织品,几经兵燹,此品竟得历劫幸存。

当我祖父菲利普经营纺织商业而居留中国时,他有幸结识了当时的江宁织造监督曹𬱖先生,并在曹先生的邀请下担当了纺织工艺的技术传授人。这位东道主人极其慷慨好客,常常即席赋诗,以展情抱。

为了酬答盛意,我祖父就宣讲《圣经》并为之详述莎士比亚戏剧的情节故事,讲得绘声绘色,十分生动。然而作为听众的,儿童和妇女是不得在其列的,而曹先生的娇儿爱子,竟因偷听之故而受了责打训教。

——《Dragon's Imperial Kingdom》①

家里的厅堂上,陈设着一些西洋、东洋来的各种玩意儿,什么鼻烟儿盒、玻璃镜子、洋绒毯子、银匣子、自鸣钟等等,各式各样,令人新奇。

家人告诉曹霑,这些都是远渡重洋而来的商品,贵得很,随便一件拿出去,就是几十两、几百两银子,因而,要轻拿轻放,格外小心。

---

① 1947年,金陵大学的研究生黄龙为了研究莎士比亚,到中央图书馆(今为南京图书馆)查阅书籍。不经意间,他发现了一本书名为《Dragon's Imperial Kingdom》的英文书籍,其中有一处写到莎士比亚,并涉及曹𬱖和他的"娇子",是当事人的孙子菲利普所著。于是,就辑录了一张卡片。事隔三十几年,无意中,黄龙又发现了这张卡片,遂写了《曹雪芹与莎士比亚》一文,发表于1982年7月31日的《南京日报》增刊《周末》上。

西洋、东洋，那都是遥远的名字，摆在眼前的这些东西才是实在的。虽然，看到这些东西，也会偶尔想到那些怪异的国名。

曹霑甚至还在暗地里见过一个金发碧眼的洋人。

那人叫作菲利普，他到曹家、拜见叔叔。

洋人长得很奇怪，跟曹霑见过的人都不一样，高耸的鼻子，头上卷曲的头发，两只灰蓝色的眼睛，就像图画中的鬼怪一般。更让曹霑惊奇的是，这个鬼一般的洋人能说一口流利的汉语。

叔叔和菲利普在客厅落座。

这种正式场合，曹霑与堂弟是不被允许在场的；但是，好奇心促使他们去偷听。他们从后门溜进客厅，躲在帐子后面，听到叔叔跟那洋人谈些什么孔子、耶稣、李白、莎士比亚之类的事情。

谈得高兴了，两人还不时站起来唱一段。他们谈得高兴，曹霑哥儿俩听得也兴奋不已。

忽然，不知道是谁不小心碰到了什么，躲在帐子后面的兄弟二人被叔叔发现，受到一顿呵斥，被赶回了后院。

六、学问与见闻

试思凡稗官写"富贵"字眼者，系皆庄农进京之一流也。盖此时彼实未身经目睹，所言皆在情理之外焉。

——"甲戌本"《脂砚斋重评石头记》第三回
《金陵城起复贾雨村 荣国府收养林黛玉》"眉批"

(一)学问

七八岁时,家人不断教育曹霑以各种修身、正行,尊敬祖先以及致力于家之道。① 读的书也越来越难。

在叔叔塾师的严格教育下,曹霑奠定了坚实的儒学基础,《论语》《孟子》《大学》《中庸》都已经极熟了,《易》《尚书》《诗经》《礼记》《春秋》也已通读,《老子》《庄子》《楚辞》《全唐诗》《文心雕龙》《昭明文选》《黄帝内经》也或多或少有了些涉猎。

其他的,如历朝的传奇、杂剧、小说、各种典籍也是小曹霑日常娱目的东西,书房里、床头上堆得到处都是。

七八岁的曹霑已经开始学习写诗作对儿、讲习程朱一派的理学,并努力学习标准八股文的写作。

理学与诗学不仅是社会通行的学问,也是曹家的家学。文献记载说,曹寅"偕弟子猷讲性命之学,尤工于诗,伯仲相济美"②。

曹霑也能谈吐,说起话来,头头是道,毫不怯场,似乎祖父曹寅的风采在他身上复活了一般。《红楼梦》第二十九回《享福人福深还祷福 痴情女情重愈斟情》中写清虚观打醮。张道士所言或者就是这种祖孙相类的反映:

张道士道:"前日我在好几处看见哥儿写的字,作的诗,都好的了不得,怎么老爷还抱怨说哥儿不大喜欢念书呢?依小道看来,也就罢了。"又叹道:"我看见哥儿的这个形容身段,言谈举动,怎么

---

① (日)中川忠英编著,方克、孙玄龄译:《清俗纪闻》卷七《冠礼·各种礼仪》,中华书局,2006年。
② 唐开陶等纂修:《上元县志》卷十六《人物传·曹玺》,康熙刻本。

就同当日国公爷一个稿子!"说着两眼流下泪来。

贾母听说,也由不得满脸泪痕,说道:"正是呢,我养这些儿子孙子,也没一个像他爷爷的,就只这玉儿像他爷爷。"

那张道士又向贾珍道:"当日国公爷的模样儿,爷们一辈的不用说,自然没赶上,大约连大老爷、二老爷也记不清楚了。"

(二)见闻

与曹霑的叔叔一样,曹霑的祖母、母亲也对他的成长有着潜移默化的的影响。

每天,祖母、母亲、婶母都会抽时间纺些线、做些针织。

曹霑不知道她们为什么要做这些,因为,在他的印象里,家里有的是丫鬟,穿戴似乎不需要祖母、母亲、婶母亲自制作的这些东西。祖母知道他的心思,告诉他,这是曹门的家风,是女人必须会的东西。

祖母会讲到,曹霑的曾祖母做过皇帝的保姆,本可以养尊处优,但是,仍坚持每天纺线不止。在她六十大寿那天,她曾说:"吾闻诸《考工》矣,'坐而论道,谓之王公;作而行之,谓之士大夫;置丝麻以成之,谓之妇工。'……吾为命妇,敢忘丝麻之治乎?"① 于是,从那时起,纺线、女红这些事情就成为曹家妇女必不可少的功课。

曹霑的母亲也会看书,不过,不是曹霑看的那些,她看的是《女孝经》《女四书》……母亲告诉他,这些书告诉女人,应该如何作一个世人眼中的好女人。曹霑忽然意识到,表妹似乎看的也是这些东西。

人们有理由相信,多年后,曹霑在《红楼梦》中创作的李纨可

---

① 尤侗:《曹太夫人六十寿序》,《艮斋倦稿》卷四,康熙刻本。

能就有母亲马氏的影子。李纨没有读过多少书,因为他的父亲信奉"女子无才便有德",所以,"只不过将些《女四书》《列女传》《贤媛集》等三四种书,使他认得几个字,记得前朝这几个贤女便罢了,却只以纺绩井臼为要。"①

在中国传统社会,男人出门谋生,女人在家打理生活、孝养父母、教育孩子。常规情况下,人们反对她们读书识字,因为害怕她们看到一些闲书,害了心性,进而做出一些不得体、有辱门风的举动;但是,男主外、女主内的现实生活格局,又要求女人必须具备一定的知识素养:她们被要求举止端庄、谈吐优雅,她们需要具备古籍中称扬的那些优秀女子一样的美德。因此,她们也就有了受一定水平教育的权利。

这种教育一部分来自长辈的言传身教,一部分来自她所能接触到的社会上出版的书籍读物:

不少知识分子在他们的母亲病故后,会沉痛的回想起他们早年怎样在文学和道德方面受到母亲的巨大影响。因此,受过教育的女性,在道德和相夫教子、处理婆媳关系等方面具备更多优势,也更加为人们所看重和接受。②

当时的江南,不少女性接受了更高层次的教育。她们不仅读书识字,而且还投入到文学创作之中,日常生活中,"或读书、或写

---

① 《红楼梦》第四回《薄命女偏逢薄命郎 葫芦僧乱判葫芦案》。
② 曼苏恩著,定宜庄、严宜葳译:《缀珍录——十八世纪及其前后的中国妇女》认为,明末清初,繁荣的出版业不但导致了一个读者大众群的出现,甚至还推动了女性读者兼作者的诞生。江苏人民出版社,2005年。

字,或弹琴下棋,作画吟诗,以至描鸾刺凤,斗草簪花,低吟悄唱,拆字猜枚,无所不至。"①

在男性的帮助下,她们甚至可以将自己的作品结集出版,《诗女史》《淑秀总集》《名媛玑囊》《名媛诗归》等纷纷出版。康熙五十五年(1716),也就是曹霑两岁时,胡抱一主编了《本朝名媛诗抄》,仅康熙年间的女性诗人,即达五十七名。

即便曹霑笔下读书甚少的李纨,也能轻松地作出合乎韵律的诗文、能够评判诗歌的审美与层次。既然,曹霑曾祖母能够讲出那么富有哲理的言语,再考虑到曹家历来重视教育的门风,那么,作诗这种事情,想来他的祖母、母亲、婶母等人应该也是不在话下的。

《红楼梦》中的宝钗,"品格端方,容貌丰美",举止娴雅,"行为豁达,随分从时"②,"令其读书识字,较之乃兄竟高过十倍"③。宝玉、黛玉到十三四岁才看到的《西厢记》《牡丹亭》,宝钗早在七八岁时就已通览;平时作诗,用典奇巧,顺手拈来,丝毫不见费力。

实际上,这样的女子在曹霑生活时代的江南也不少见。看来,曹霑在《红楼梦》中创作的"金陵十二钗",正是那一时代上层家庭女性形象的真实艺术再现,而不是曹霑坐在屋子里凭空想象创造出

---

① 柳素平:《追求与抗争——晚明知识女性的社会交往》,郑州大学出版社,2016年。
② 《红楼梦》第五回《游幻境指迷十二钗　饮仙醪曲演红楼梦》。
③ 《红楼梦》第四回《薄命女偏逢薄命郎　葫芦僧乱判葫芦案》。

的"海上仙姬"①。他的朋友曾在《红楼梦》中赞扬曹霑的见闻与写真的能力，当然是从嘲讽那些没有见闻、胡编乱造作家的角度说的：

近闻一俗笑语云，一庄农人进京，回家，众人问曰："你进京去，可见些个市面否？"农人曰："连皇帝老爷都见到了。"众哗然问曰："皇帝如何境况？"农人曰："皇帝左手拿一金元宝，右手拿一银元宝，马上捎这一口袋人参，行动人参不离口。一时要屙屎了，连擦屁股都用的是鹅黄段子，所以，京中掏茅厕的人都富贵无比。"试思凡稗官写"富贵"字眼者，系皆庄农进京一流也。盖此时彼实未身经目睹，所言皆在情理之外焉。②

第三节　历劫：革职、抄家、返京

上谕内阁、九卿、詹事、科道：历年户部库银亏空数百万两，朕在藩邸知之甚悉，此乃国帑所关，极为重大。故朕特令怡亲王管理清查，并谕怡亲王，尔若不能清查，朕必另遣大臣，若大臣再不能清查，朕必亲自查。

——《上谕内阁》"雍正二年十一月十三日"条

---

① 冯梦龙《情史·情痴类》载："嘉靖间，海宇清谧，金陵最称富饶，而平康亦极盛，诸妓著名者，前则刘、董、罗、葛、段、赵，后则何、蒋、王、杨、马、褚，青楼所称十二钗也。"平康，唐长安丹凤街有平康坊，为妓女聚居之地。唐孙棨《北里志．海论三曲中事》："平康：入北门，东回三曲，即诸妓所居。"元李好文《长安志图》："平康为朱雀街东第三街之第八坊。"后因以为妓女所居的泛称。

② "甲戌本"《脂砚斋重评石头记》第三回《金陵城起复贾雨村　荣国府收养林黛玉》"眉批"。

一、康熙晚期的弊政与新皇帝的改革

（一）康熙晚年弊政

康熙六十一年（1722）十一月十三日，康熙皇帝在畅春园驾崩，享年六十九岁。

其后，康熙的皇四子胤禛继位，是为雍正皇帝。

无论从哪个方面说，康熙皇帝都是那个时代、世界上最伟大、最成功的君主之一。他一生，除鳌拜、平三藩、治黄河、疏通漕运、东收台湾、西平准噶尔，将大清的江山打造的如同铁壁铜墙。

但是，晚年的康熙思想渐趋保守，面对朝野存在的吏治腐败、税收短缺、国库空虚、地方绅衿鱼肉百姓，贫者愈贫、富者愈富的现实，这位曾经叱咤风云的老皇帝沉浸于以往的成绩而无动于衷。康熙五十年（1711）三月，他对大臣们说："今天下太平无事，以不生事为贵。兴一利，即生一弊。古人说多一事不如少一事，即此意也。"康熙五十六年（1717），他进一步重申，什么叫好君主，那就是安静不生事，不要以标新立异为能，更不要夸夸其谈，博取虚名。这些话当然不能说不对，但面对社会现实，不思问题解决之道，终非美事，从这些话我们只能够看到一个暮气沉沉的老人，哪里还能看到当年那个杀伐决断、果敢勇毅的少年？

（二）新皇帝的改革

传统社会，新皇帝继位，即要大赦天下，释放罪囚，普减钱粮，以示自己的仁慈。雍正皇帝也不例外，甫继位，即命相关人员拟定大赦范围。

大赦的范围大多都是固定的，皇帝一般都会恩准。但当雍正皇帝看到恩诏中有豁免官员亏空一条时，顿生不满。在他看来，赦免贪官，就是鼓励官吏贪污，这会极大败坏官场风气。当即命令相关人等将恩诏中这条赦免官员亏空的内容删掉。

胤禛四十五岁才继承皇位。作皇子时，康熙皇帝就让他处理政务，历练治国理政之能。因此，他对国家政局洞若观火，所有情弊了如指掌。雍正认为，官吏舞弊营私、贪污挪用，实为"负国营私"的大恶，大清要巩固百年基业，就必须铲除这种现象。

十二月十三日，即位还不到一个月的雍正皇帝，就给户部下达了全面清查政府亏空的上谕。

在谕旨中，雍正皇帝详细分析了造成钱粮亏空的原因，和弥补钱粮对国家大政的重要意义，并为弥补亏空提出了具体的实施方案。谕旨指出，钱粮是国之根本："自古惟正之供，所以储军国之需，当治平无事之日，必使仓库充足，斯可有备无患。"

近日，道府州县亏空钱粮者，正复不少。揆厥所由，或系上司勒索，或系自己侵渔，岂皆因公挪用？伊等每恃皇考宽容，毫无畏惧，恣意亏空，动千累万。

……

督抚明知其弊，曲相容隐，及至万难掩饰，往往改侵欺为挪移，勒限追补，视为故事，而全完者绝少，迁延数载，但存追比虚名，究竟全无着落。新任之人，上司逼受前任交盘，彼既畏大吏之势，虽有亏空，不得不受，又因以启效尤之心，遂借此挟制上司，不得不为之隐讳，任意侵蚀，辗转相因，亏空愈甚。

皇帝表示："朕深悉此弊，本应即行彻底清查，重加惩治，但念

已成积习,故从宽典。"皇帝要求:

> 除陕西省外,限以三年,各省督抚将所属钱粮严行稽查,凡有亏空,无论已经参处与否,三年之内,务期如数补足,毋得借端遮饰,限满不完,从重治罪!①

雍正元年(1723)正月初一日,雍正皇帝连下十一道谕旨,要求各地督抚、督学、提督、布政使、按察使等官各自安守职分,为国效力,振饬风纪。

为了大清的万年江山,新皇帝要以自己坚忍不拔的毅力、强有力的中央机器、灵活的用人机制,对影响大清王朝的种种时弊开战。正月初一的诏谕就是开战的宣言,标志着全方位国政整顿即将在大清国内全面展开。

为了顺利完成清查、弥补国库亏空的任务,雍正元年(1723)正月十四日,雍正皇帝命令在中央设立会考府,负责清查政府各部财务亏空。

会考府事务由皇帝最信赖的怡亲王允祥、舅舅隆科多、大学士白潢、尚书朱轼四人会同办理。

会考府的设立把奏销大权由各部院收归皇帝直管的清查机构,各部官员再也无法暗动手脚,为了自己的官位,更为了自己的脑袋,只好咬着牙,将自己挪用的公款老老实实的填补回去。

清理财务亏空的行动很快就有了成效,仅雍正元年因被清查出亏空而革职查封家产的就有湖广布政使张圣弼、粮储道许大完、湖

---

① 《世宗宪皇帝上谕内阁》卷二"康熙六十一年十二月"条,乾隆刻本。

南按察使张安世、广西按察使李继谟、直隶巡道宋师曾、江苏巡抚吴存礼、布政使李世仁、江安粮道王舜、江南粮道李玉堂等一系列封疆大吏。

户部被查出亏空白银达二百五十万两，雍正皇帝命其中的一百五十万两由户部历任尚书、侍郎、郎中、员外郎、主事等相关责任官员摊赔，其余一百万两则由户部现任官员负责赔补。

（三）新政的成效

由于雍正的坚持，有些王公贵戚、达官显宦，不得不通过典卖家产以弥补亏空。康熙皇帝的十二皇子履郡王允祹曾经主管内务府事务，雍正帝追查他的亏空，他没有办法补齐，只好将家用器皿摆到大街上出售，以便凑钱补空。内务府官员李英贵伙同张鼎鼐等人，冒支正项钱粮一百万两，由于没钱补足，雍正帝毫不留情地抄了他们的家。

整顿亏空的工作开展到第五年，政府储银由康熙六十一年（1722）的八百万两增至五千万两；同时，官场风气得以改变，官员们再也不敢肆意贪墨，以致有"雍正一朝，无官不清"的说法。

话说得也许夸张了点，但有清一代近三百年，雍正朝吏治清廉当属第一，却是没有任何争议的事情。

二、皇帝的南巡与曹李两家的接驾、亏空

（一）清初的低俸制与官场境况

作为康熙朝最重要的官员，曹、李两家自然也有亏空，但是，李、曹两家去职抄家的情况却不尽相同。

康熙时期延续明朝政策,实行官员低俸制,官员收入不高。从康熙三十七年(1698)五月安徽巡抚陈汝器的奏报,我们知道,身为江宁织造的曹寅"每年应支俸银壹百伍两外,全年心红纸张银壹百捌两,奉裁不支,理合登明。月支白米伍斗。"① 也就是说,曹寅一年的实际收入,只有银一百零五两,米六十斗而已。

这笔收入用来维持官员家庭生活当然没有问题,但是,如果靠它保持优裕的生活、与朋友的宴饮听戏、买书刻书、上下级基本往来这些大量耗费银子的事情,那显然是不可能的,何况还要应付各种勒索和打抽风呢?

因此,收取下级官员的报效,挪用甚至贪污公款,就成为清初官员很正常的一种行为,即便最清廉的官员也不例外,不过数量多少而已。

(二)曹寅、李煦的亏空

作为织造,曹、李两家奴仆众多、生活奢华,加之,物价上涨、办理各种公务等诸多事宜,事事都需要钱,所以,李煦、曹寅都落下不少亏空。尤其是,皇帝的后四次南巡,曹寅、李煦都是主要接驾人员。皇帝南巡的开支本身就大,再加上皇帝随行,尤其是随行皇子们的勒索,无疑是雪上加霜。②

"祸兮,福之所倚;福兮,祸之所伏。"

---

① 康熙三十七年五月二十二日《巡抚安徽陈汝器奏销江宁织造支过俸饷文册》。

② 康熙四十七年九月二十三日《八贝勒等奏查报讯问曹寅李煦家人等取付款项情形折》。太子胤礽的乳公(乳母的丈夫)灵普曾一次敲诈曹家白银五万二千九百零四两,又在李煦那里拿走了三万二千八百五十六两,其余皇子勒索数量虽不尽相同,但累计算下来都是天大的数字。

正如同老子说的，福祸相依。四次接驾给曹家、李家带来了无比的荣耀，同时，也给两家留下了沉重的负担。

康熙皇帝是何等明白的人，他当然知道接驾花费巨大，他当然也知道，曹寅、李煦即便挪光织造府的银两也不够添补。为了保证南巡的顺利进行，也为了使织造能够正常运转，他让曹寅、李煦轮管两淮盐务（产盐区分布于江苏长江以北、黄海沿岸，淮河故道入海口南北，入海口以北称淮北盐场，入海口以南称淮南盐场，盐销售区遍布长江两岸区域），要他们用巡盐御史每年所得的四、五十万两"羡余"（盈余）去支应各种差事。

（三）曹寅、李煦轮任十年两淮巡盐御史

历史上，两淮是重要的产盐大区，为了管理这里的盐业经营，清政府在扬州设立两淮（淮南、淮北）巡盐御史，统辖江南（含现在的江苏、安徽二省）、江西、湖广、河南四省三十六府商纲亭户的赋税出入，督销额运；察照户部的定运司分司盐灶、官丁、亭户，严行卫所有司缉捕私贩。[①]《红楼梦》里黛玉的父亲林如海，就作过这个职务。也就是说，曹、李两家接驾的主要费用都来自国家。

这些事情，大家心知肚明，只是不愿说出来罢了。《红楼梦》里赵嬷嬷道："偌不是我们亲眼看见，告诉谁，谁也不信。别讲银子成了土泥，凭是世上所有的，没有不是堆山塞海的，'罪过可惜'四个字竟顾不得了。"凤姐疑惑，问道："常听见我们太爷们也这样说，岂有不信的。只纳罕他家怎么就这么富贵呢？"赵嬷嬷道："告诉奶奶一句话，也不过是拿着皇帝家的银子往皇帝身上使罢了！谁家有

[①] 雍正九年后，两淮巡盐御史改称盐政，或称盐道、盐课。

那些钱买这个虚热闹去？"①

至在康熙五十六年（1717），曹、李两家亏空终于弥补干净。本年七月十三日，李煦的奏折中写道，江宁、苏州织造衙门亏项"目下已经全完"，"将来巡盐御史无欠可补"②。

为了在法律上将曹、李两家与亏空事情一笔撇清，康熙皇帝让大学士马齐与户部官员议覆李煦赔付亏空清楚一事。

康熙五十六年（1717）十月十九日，马齐折本请旨，谓："江宁、苏州织造衙门所欠银两，今已照数全还，此后商人但交正项钱粮及织造所用额银，并无欠项。"

三、苏州织造李家的革职抄家

（一）曹、李两家弥补亏空

雍正初年，在清理经济亏空、打击贪污腐化的行动中，身为织造的李煦、曹頫也被卷入其中。

我们不禁疑惑，早在康熙五十六年（1717）七月，曹、李两家已经将亏欠钱粮补齐交部③，那么，新的亏空又是怎样产生的呢？

在江南时，曹寅陆续给家里置下数百间房产、几十顷良田，每年都会有一定的进项；但是，跟这点收入相比，曹家日常的开销还是太大了，仅需要养活的男女仆妇就有一百多口，李煦家里更甚，

---

① 《红楼梦》第十六回《贾元春才选凤藻宫　秦鲸卿夭逝黄泉路》。
② 康熙五十六年七月十三日《苏州织造李煦奏巡盐任内补欠已完听部拨解折》。
③ 康熙五十六年七月十三日《苏州织造李煦奏巡盐任内补欠已完听部拨解折》载，至康熙五十六年七月，江宁、苏州织造衙门亏项"目下已经全完"，"将来巡盐御史无欠可补"。

上下竟有二百余人。

一家人要维持舒适安逸的生活①，还要应付官场上的种种应酬，加之，俸禄不高，物价又在不断上涨，不挪用公款、不亏空，简直是不可能的事情②。因此，织造府又陆续产生新的亏空。

现在，新皇帝要在全国范围内彻查亏空问题，曹家、李家自然也必须尽快将近几年的亏空还上，才是上策。

（二）李煦贸然上奏、苏州织造府抄家

不过，首先倒霉的是苏州的李家。

原因，却不是亏空导致的。

雍正上任之初，着力整顿各机构弊政。为皇家各项事务服务的内务府，也成为重点整顿对象。

内务府在东北打牲乌拉的采参事务，由内务府包衣人王修德等负责，王修德等因站队、办事问题，受到斥责。

或许同是内务府人的原因，或是出于其他原因，总之，雍正元年（1723）正月初五日，李煦上了一折，为王修德等采参事进行辩护。

内务府认为，"采参之事甚为繁乱，请宁古塔将军宗室巴赛，盛

---

① 雍正皇帝训诫孙文成云："受朕之恩，万不可大胆放纵，就是你织造府一切人与你家子侄，严加约束，安分知足，大家学好，崇尚节俭，不可溺于声色嬉戏，则可以永永保全体面矣"，要其详查"浙江人情风俗，绅衿议论，百姓情形。旗人嬉戏奢靡之风，较前光景如何，据实奏闻。"可见，江南旗人生活奢靡、不崇尚节俭，是正常的事情，何况三织造这样的家庭了。见《孙文成奏折》，台湾文史哲出版社，1978年。

② 明朝实行官员低俸制，很多官员都靠贪污纳贿和挪用公款生活，清朝延续使用这一制度，直到雍正皇帝改革，给官员补发数目很大的"养廉银"，然后配以峻法，才算解决了四百年来官员靠挪用公款、贪污纳贿生活的历史。

京副都统来文、阿沙那，会同户部，公同详加议定。"

接到内务府官员奏折，雍正皇帝下旨给内务府，云：

王修德等六人，俱系大乱之人，实为六光棍，现将此等人立即拿获，交慎刑司，将伊等先前所欠之银，严加追还。伊等若全部交出，再奏闻；若不全交完，断不得宽宥伊等，定严加治罪。

注意"王修德等六人，俱系大乱之人，实为六光棍"这十七个字的分量和性质。雍正用这样的口气形容王修德等，参考当时政治形势，颇疑王修德等为皇八子允禩一党，故而，受到皇帝的怒斥。

素来对政治风向看得很准的李煦，不知是因为利益攸关，一损俱损，不得不奏，还是因为年老昏聩，判断失误，竟贸然为王修德等上奏。

总之，倒霉随之而来。皇帝写道：

李煦，伊不安分，仍然替此等六光棍如此具奏，甚属不合。

伊谎用、亏空织造衙门之银亦不少，理应将李煦立即拿获，严加治罪，惟伊为皇父有稍尽力之处，且已年迈，将此交内务府总管大臣议罪可也，钦此。

内务府官员倒没有根据皇帝的意思落井下石，他们上奏称："近年李煦疾病缠身，糊涂，凡事不能亲办，皆交其子、家人等办理，方谎用、亏空如许钱粮。由此观之,显为其子、家人从中克取。"①

清制,凡官员因侵欺、透支、挪移、拖欠公项钱粮,造成亏空库帑者,均革职追赔,定限完补,直至抄没家产,以资抵偿。其确系侵吞入己者,除本官严行治罪追赔外,如家产尽绝,而未能完补数量,则由其该官上司各官按成分赔。

经请示皇帝,内务府决定,解除李煦苏州织造之职,所欠亏空由其家房屋、产业、买卖、铺子、贷出之银等项折变弥补,家中奴仆男女二百余口则在苏州售卖,以售得之银弥补亏空。

四、江宁织造曹家的处境

（一）曹家弥补亏空的举措

曹頫年轻,自知说话在皇帝那里没用,因而,安分守己,并没有跟随李煦参与到王修德的案子中,这就暂时保全了曹家上下。

雍正元年（1723）末,曹頫给皇帝上折,"以织造补库一事,具文咨部,求分三年带完。"转过年来,曹頫又折奏:

接部文,知已题请,伏蒙万岁浩荡洪恩,准允依议,钦遵到案。

窃念奴才自负重罪,碎首无辞,今蒙天恩如此保全,实出望外。奴才实系再生之人,惟有感泣待罪,只知清补钱粮为重,其馀家口妻孥,虽至饥寒迫切,奴才一切置之度外,在所不顾。②

---

① 雍正元年正月初十日《内务府奏请拿获李煦之子及管事家人等并查明其家产折》。

② 雍正二年正月初七日《江宁织造曹頫奏谢准允将织造补库分三年带完折》。

（二）皇帝的指示

不久以后，按照惯例，曹𫖯又向皇帝上请安折。在折子后，雍正皇帝有一段长长的朱批，云：

朕安。

你是奉旨交与怡亲王、传奏你的事的，诸事听王子教导而行。你若自己不为非，诸事王子照看得你来；你若作不法，凭谁不能与你作福。不要乱跑门路，瞎费心思、力量买祸受。除怡王之外，竟可不用再求一人拖累自己。为什么不拣省事有益的做，做费事有害的事？

皇帝的意思很明白，我要求天下官员弥补亏空，你江宁织造府只管弥补亏空就是，凡事请示怡亲王，不用找人、托关系，那些都不管用！

皇帝深知吏治民情，深怕有人借官员弥补亏空之际，敲诈勒索，直接对曹𫖯说：

因你们向来混帐风俗惯了，恐人指称朕意撞你，若不懂不解，错会朕意，故特谕你。若有人恐吓诈你，不妨你就求问怡亲王，况王子甚疼怜你，所以朕将你交与王子。

主意要拿定，少乱一点。坏朕声名，朕就要重重处分，王子也救你不下了，特谕。①

---

① 雍正二年《江宁织造曹𫖯请安折》。

什么叫做"混账风俗惯了"？就是不顾法度，找关系、托门路，妄图逃避应行之事。可知，康熙晚期，官场形势之一斑。

按常规，曹頫织造衙门的亏空案应由内务府会同户部办理；但是，雍正皇帝担心相关人等可能会恐吓、敲诈曹家，特命自己的心腹、十三弟允祥负责此案，并特意嘱咐曹頫，"除怡王之外，竟可不用再求一人"，"若有人恐吓诈你，不妨你就求问怡亲王"。如果不行正路，犯法行事，即便是自己的奴才，破坏当下弥补亏空的大局，"坏朕声名，朕就要重重处分。"

（三）怡王

雍正皇帝深恨臣下结党营私，尤其不许臣工阿附王室，惟对允祥信任有加、不加防范。他认为，允祥最能忠于自己，与之心灵相通，绝无蒙蔽皇帝之心；且行事谨慎，廉洁奉公，绝无欺罔朝廷之事。因此，有些皇帝不方便直接插手的事情，往往交与允祥，借允祥之手进行实施。

比如，在雍正二年（1724）十二月十三日，皇帝朱谕河道总督齐苏勒："尔与王无交接"，今令你同他交往，"不必疑虑，可于奏折之便，时通音问亲近之。保于尔有益无损也。"[①] 雍正二年十一月十三日，谕直隶总督李维钧云：

> 诸王大臣中秉公为国家爱惜人才者，惟怡亲王一人。卿倘有不便达朕琐屑之隐情，怡亲王尽能照拂，并可为卿周全，卿何不乐为

---

① 雍正《朱批谕旨》雍正二年十二月十三日"齐苏勒"条，北京图书馆出版社，2008年。

此不但干系之坦途耶?①

几处文字互相比较,可见皇帝对曹家给予的关照。

新皇帝对年轻的织造谆谆教导,希望他能尽心职务、弥补所欠亏空,与朝廷一心,而不负自己和怡王对他的厚爱。②

(四)李家抄家的后续

曹頫一面督造织物,一面向皇帝请求延期弥补亏空,还要一面打听苏州李家的消息,心中自然慌乱,这种情绪也影响到整个织造府。

原来,苏州李家抄家后,仆从"男女大小人中,除去年以来已经死去者外",共有二百余口,交与苏州地方出售;然而,"在苏州地方卖人有一年,虽对当地人再三晓谕,但皆言伊等为旗人,而无一人敢买……"

针对这种情况,两江总督查弼纳提出:"将应审之人暂停质审,而其余人俱行造册,由臣资助盘费,坐船乘驿,押送内务府。"③

皇帝认同这个提议。于是,李煦家属十五名、二百余口男女仆从被一并送往京师。

十月十六日,李煦家人及仆妇共二百二十七名至京,押解途

---

① 雍正《朱批谕旨》雍正二年十一月十三日"李维钧"条。
② 清代雍正、乾隆二帝视臣下若奴仆,动辄有"蠢材""丧尽天良""无耻""不可为人"等朱批斥责,但这并不意味着皇帝已经痛恨臣下。雪芹的表哥平郡王福彭,是雍正皇帝的亲信宗室,就曾因小事受到雍正此等词汇的训斥。福彭不仅从未因此受罚,反而在雍正朝始终得到重用。
③ 雍正二年闰四月初一日《两江总督查弼纳奏请将李煦家人押送内务府折》。

中，病故男子一、妇人一、幼女一，最后，将李煦妇、孺十人交与李煦①。

李家离开了江南，就算心里牵挂，江宁曹家也挂不上，除了委托京师亲戚探求信息、适当照顾外，也就只能多烧几炷香、念几句阿弥陀佛了。

五、曹頫在皇帝心中的印象不好了

日子总得照过。

除了基本的工作、社交、对母亲既定的晨昏省问外，曹頫就待在家里，督促曹霑和自己的儿子读书。

日子一晃就过去了，展眼就要到年节。

京师里，细心的皇帝发现，自己日常服饰的质量较以前大为不如，遂令内务府查核原委。

皇帝问话了，内务府官员不敢怠慢，赶忙查问。

经内务府官员查对，内务府缎库内收贮的江南三织造新织绸缎不仅粗糙，而且分量也不足。雍正四年（1726）正月十七日，皇帝让总管太监、五品官加一级刘进忠传下谕旨：

缎库之绸薄而丝生，即如外边所售者。此系何处织造所进，着交内务府总管查奏。再，新织造之缎粗糙而分量轻，亦着交内务府总管，将不好及分量轻者挑出，查明系何处所织，具奏。

---

① 《有关苏州织造李煦被抄家及审拟史料》雍正元年六月十四日折。

经总管内务府事务、和硕庄亲王允禄查证,"缎库之绸,皆由杭州织造处所进。"库内所存杭州织造"自雍正元年以来送进之新绸,秤量挑选,看得分量轻薄丝生之绸二百九十六匹。"另外:

由苏州所织之上用缎一百十三匹,官缎五十六匹;由江宁所织之上用缎二十八匹,官缎三十匹,皆甚粗糙轻薄,而比早年织进者已大为不如。

在传统社会,服饰的色彩、用料是据以判定社会等级的重要标准,丝毫马虎不得。皇帝作为上天的儿子来到人间,统治百姓,他和他的家庭应用丝绸更要不计工价,保证质量,以体现天子的与众不同。

现在,专为皇帝织造的绸缎竟然出现了粗糙轻薄的情况。往小里说,这是三大织造对本职的不负责任;往大里说,这就是三织造对皇上权威的不敬。

雍正皇帝命令:"将挑出之绸缎收起,俟织造处来人时,交给伊等看,问伊等尚有何话说。"①

---

① 雍正四年三月初十日《内务府总管允禄等题孙文成曹頫等织造绸缎轻薄议处本》。总管内务府事务和硕庄亲王、内务府总管李延禧、内务府总管年希尧等联合议奏,认为三织造进奉丝绸不合体式,按照律书"凡织缎粗糙轻薄者,应笞五十"的规定,除原任郎中、苏州织造胡凤翚此前已经另案革职,应勿庸议外,"依律将郎中孙文成、员外郎曹頫、司库八十五、那尔泰、七品库使常瑞、八品库使佛罗诺、笔帖式常保等,各罚俸一年。"

是年十一月，曹頫押送江南三织造赔补绸缎到京。①

皇上亲自召见了曹頫。

从后来的发展结果来看，这次召见对曹頫非常重要。通过面谈，皇帝透彻地了解了曹頫的能力和为人。

曹頫其人，"好古嗜学，绍闻衣德"②，一个地道的谦谦君子，但就个人行政能力而言，却未必优秀，尤其是对雍正皇帝这种致力于改革弊政、极度重视官员能力的皇帝来说，曹頫似乎算不上优秀人才。

另外，皇帝似乎还暗示了什么，但是，曹頫并没有能够及时领会。

这一点让皇帝很不满意。皇帝还唯恐自己的考察未必准确，又向身为两淮巡盐的噶尔泰了解情况。噶尔泰在奏折上写道：

曹頫年少无才，遇事畏缩，织造事务交与管家丁汉臣料理。臣在京见过数次，人亦平常。

看到这里，想起自己召见时曹頫的表现，皇帝忍不住不满，在

---

① 雍正四年十一月二十九日《内务府奏三处织造送来赔补绸缎已收讫折》。奉皇上的旨意，内务府官员向曹頫等人责问宫中丝绸轻薄粗糙之事，曹頫与司库那尔泰低头认罪，称："奴才等系特命办理织造之人，所织绸缎轻薄粗糙，实属罪过。奴才此后定要倍加谨慎，细密纺织。奴才等尚有何说。"

② 江宁织造、苏州织造、杭州织造织造织物都出现了绸缎粗糙轻薄、缎匹落色之事，雍正五年六月二十四日，曹頫因缎匹落色之事受到惩罚时，新任的苏州织造高斌也同样受到惩处。可知，曹頫并不像人们想象的，只会读书、不能为官的书呆子。

这段文字边上用朱笔加了一句："原不成器，岂止平常而已？！"①

在雍正皇帝看来，身为大清的官员，仅有好的学问和好的口碑是远远不够的②，真正的好官，应该做到"理财制用，崇俭务本，使天下之人家给人足，路不拾遗，盗贼不生，争讼不作，贪官污吏无以自容。"③

很明显，年轻的曹頫不具备这样的能力，他更多的是一个知识分子，可能也算得上是个好官；但他确实不是皇帝所期许的，在当时形势下，能够力挽狂澜、独挡一面的能吏④。

作为皇帝的世仆，曹頫对皇帝自然是"敬而慎之，五衷感佩"；但他很可能没有给皇帝留下能"与朕一心一德"的印象。也正是因为如此，皇帝才给他批下"原不成器，岂止平常而已"的评价。

皇上的这个评价，等于给曹頫的仕途判了死刑。曹頫的官运基本算是到头了，罢官，恐怕只是早晚的问题。

---

① 雍正五年正月十八日《巡视两淮盐课臣噶尔泰奏折》，《雍正朱批奏折》第十二函第六册，江苏古籍出版社，1989年。

② 郭成康：《宁用操守平常的能吏，不用因循误事的清官——雍正对用人之道的别一种见解》一文，对雍正皇帝的人才观有比较详细的阐述，《清史研究》2001年第4期。

③《清世宗实录》卷五十八"雍正五年六月壬寅"条。

④ 雍正皇帝自视甚高，他曾对直隶总督李绂说："莫将朕作等闲皇帝看"，因为"你实不及朕远矣，何也？朕经历处多动心忍性，非止数年几载。"他要李绂对自己"敬而慎之，五衷感佩。"还说"若与朕一心一德，心悦诚服，朕再无不教导、玉成你的理。"要知道，雍正教训的是学综朱陆、伟岸自喜的李绂。李绂被皇帝教训一番后，在奏折中表示："惟有凛遵圣训，痛惩艾于既往，弥惕励于将来。"这才让雍正高兴起来。郭成康：《政治冲突与文化隔阂：杨名时案透视》，《清史研究》2002年第4期。

六、祸不单行：吴老汉案与李煦案

俗话说："福无双至，祸不单行"。

对曹家而言，京师叠出大事。

（一）吴老汉案

先是，曾经在庄亲王府作茶上人的桑额，曾购买曹家代卖的皇家人参。看曹家势力一日不如一日，桑额竟希图赖账不还，央烦番役蔡二格，设计逮捕曹家在京家人吴老汉[①]。

雍正四年（1726）十一月底，曹頫进京。曹頫一到家宅，家人急忙向主人报告这一情况。曹頫勃然大怒，向内务府交待完丝绸事务后，便向相关衙门报案。

天子脚下，朗朗乾坤，皇家包衣人家人竟然不明不白就进了监狱，此等事情不查清楚，朝廷脸面、威严何存？

转过年来，内务府官员迅速审讯该案。真相大白。

大清律令载："凡人若合谋设计，故意哄骗使捕旁人，陷至获罪者，应与犯罪者同罪，处以杖流。"

据此，内务府判决"桑额枷号两月，鞭责一百，发往打牲乌拉，充打牲夫。"欠吴老汉的一千三百十五两白银，由桑额在枷号期内偿还，俟债务偿清，再行发配。

雍正皇帝对案子能够审清，很是高兴。在他看来，只有真相大白、按律行事，才是清理吏治、安定国家的根本。皇帝下旨嘉奖

---

① 雍正五年闰三月十七日《内务府奏审拟桑额等设计逮捕曹頫家人吴老汉一案请旨折》。几年来，桑额陆续给曹家银一千七百八十五两，直到雍正四年（1726）十月，尚欠曹家参款一千三百十五两未付。

各官:

管理番役官员查出这一案件,很好,应予记录奖赏。案件若查得好,即应记录奖励。如果伊等所属番役有涉及捕人恶劣行为,而伊等若不查出,即连伊等一并治罪,则伊等始知留心奋勉也。钦此。

(二)李煦案

曹家的事刚了,李家又出了事。

李煦的事情本在亏空,革职抄家,返回京师,安稳老死家中,也算不错的结局。

不意,事出意外。

在朝廷审查李煦亏空案的过程中,竟然牵扯出李煦购买苏州女子,阿附八皇子的事情。

原来,李煦在苏州织造任上时,江南总督赫寿屡屡在李煦面前称赞皇八子允禩的为人,并说,允禩欣赏李煦,常在皇帝面前为之说话。后来,允禩府中太监闫进到苏州,要为允禩采买几个女孩子。赫寿认为,自己"系地方官,不便出名买人",便要李煦购买几个"女孩子,交与闫进带去。"

李煦深知皇帝厌恶官员阿附皇子,并未应承。赫寿威胁道:"我们每年都有东西馈送他的,买几个女孩子你就不肯,难道没事情遇着他吗?如今买了给他,于你亦有益处。"架不住赫寿的软磨硬泡,也不愿正面得罪允禩,李煦便令人买了几个苏州女孩,交与闫进带到京去。①

皇八子允禩曾是康熙末年实力最强的储位候选人，与皇四子胤禛向来不睦。胤禛继承大统后，对允禩等人多方笼络，不意，允禩之党对于皇帝大位旁落心有不甘，根本不愿合作，惹得雍正心中大怒，因而，雍正对大臣阿附允禩行为非常忌讳。②

这件案子出来后，李煦的问题就从经济亏空、不识时务，变成了阿附皇帝敌对势力的政治案件。

雍正皇帝谕令，将李煦捉拿送部。经过审讯，李煦被按"奸党律"，定罪为"斩监候"，发往打牲乌拉。

为了保证皇室特殊用品供应，清政府在东北东部地区划出"贡山""贡江"：

> 南至松花江上游、长白山阴；北至三姓、黑龙江、瑷珲；东至宁古塔、珲春、牡丹江流域。上下数千里，流派数百支。

长白山阴，包括今吉林省通化、白山、延边地区；三姓，即今黑龙江依兰县；宁古塔，今黑龙江省宁安县。

其中，采贡山场共有二十二处、采珠河口共有六十四处，全部贡品计三千余种，著名的如人参、貂皮、东珠、蜂蜜、鲟鳇、松

---

① 雍正四年十二月十七日《刑部尚书励廷仪等题请将李煦照奸党律斩监候本》。
② 雍正四年（1726）二月，允禩被革去宗室，黜为庶人；三月，皇帝令其自己更名，遂自名"阿其那（akina）"，意思是"夹冰鱼"，意思是说，自己就像一条被冰冻的鱼一样，再也没有任何反抗能力，只能任凭皇帝处置。

子。① 贡品采取事务由打牲乌拉总管衙门管理。

李煦阿附皇八子案的主角赫寿，于康熙五十八年（1719）已死，家产抄没，所遗妻妾子女俱入辛者库（半个佐领下食口粮人）。可见，皇帝对皇八子党的痛恨到了什么地步。

七、风口上的失误：骚扰驿站与革职

雍正五年（1727），曹頫自京师返回，带来了皇帝的口谕，分别传给苏州织造高斌、管理淮安关务年希尧、两淮巡盐御使噶尔泰，要求他们戒除奢侈之风，不得制作进献各种份外用品，以节省物力，云：

朕素性实不喜华靡，一切器具惟以雅洁实用为贵，此朕撙节爱惜之心本出于自然，并非勉强，数十年如一日者。

凡外臣进献，惟应量加工价，稍异于市肆之物，即可见诸臣恭敬之忱，何必过于工巧而后见其忱悃乎？！

朕深揆人情物理之源，知奢俭一端关系民生、风俗者至大，故欲中外臣民黜奢禁末，专力于本，人人自厚其生，自正其德，则天下共享太平之乐矣。

昔人云："由俭入奢易，由奢入俭难。"不知奢者取用少而费力多，俭者取用多而费力少，则由奢入俭乃人人行之甚便者，不可谓难也。

---

① 乾隆年间，免去人参、貂皮两项特殊贡品，专门采捕东珠、蜂蜜、鲟鳇、松子等。

中外臣民其深体朕意，朕自身体力行，诸王、内外大臣、文武官弁与乡绅富户当钦遵朕谕，其共勉之，勿视为具文。①

继李煦为苏州织造的胡凤翚，二年而罢。雍正四年（1727）初，②内务府郎中高斌继任苏州织造，并兼任理浒墅关（位于苏州城西北、南阳山东北麓，东南距苏州二十四里，跨京杭大运河两岸）税务。

不过，皇帝最初给高斌的命令，似乎只让他做个过渡，并没有让他长期担任织造的意思，因此，只给了他半年多的任期。四月底，高斌折奏，请求皇帝另派官员，代替自己署理苏州织造之职。

此时，皇帝大概还没有找到适当人选，便令高斌不必卸职回京；又，杭州织造孙文成年老体衰，精力不济；唯有江宁织造曹頫年富力强，正在当年。因此，皇帝决定，本年押送应进缎匹到京任务仍由曹頫担当。五月二十二日，皇帝传谕内务府云：

本年系高斌回京之年，奏请另派官员署理其缺。高斌，着不必回京，仍着曹頫将其应进缎匹送来。钦此。③

六月初，皇帝的谕旨送达江宁。

恭恭敬敬的接下圣旨，曹頫便会同苏、杭二处织造并属下官员，准备本年供奉各种丝缎、各处进京人员的名单、需要的船只、车马、

---

① 《江宁织造曹頫口传谕旨》。
② 雍正四年二月二十一日《高斌奏报会同张楷将严旨传于胡凤翚的奏折》："二月二十一日，苏州织造兼理浒墅关税务郎中臣高斌谨奏：为奏闻事。臣于本年二月十二日，同巡抚臣张楷到浒墅关衙门。"
③ 雍正五年五月二十二日《上谕苏州织造高斌不必回京仍着曹頫将缎匹送来》。

人役，各种烦杂，不一而足。

十月，曹頫负责押解三织造供奉绸缎进京。不意，途中，家人勒索驿站。这，给他的仕途和家族带来了灾难。

在国家控制体系中，机构是第一位的要素，信息收集、传递的重要性仅次于机构。只有信息收集准确，传递迅捷，政府才能及时做出准确的判断和应对。为此，传统时代，政府设置驿站，用以保证国家信息的传递。

驿站最重要的任务当然是为政府文书、物品传送提供保证，此外，还要负责过往驿站官吏的休息、马匹更换、餐饮。

驿站运行正常与否，直接关系到中央政府对地方信息的了解和相关决策的制定，关系到政治、外交的执行。因此，历朝开明皇帝都对驿政十分重视，严格控制使驿的资格和情况，不准过往官员骚扰驿站；同时，严格管理，以防驿站官吏监守自盗。[①]

清初帝王自然也是如此。官员过往驿站，驿站根据过往官员的品级、差事的性质，为之提供数量不等的现银、口粮、夫马、车船。[②]具体而言，一般有以下几种情况：[③]

（一）奉旨出京官员

此种情况待遇最高，有廪给、夫马、车船——陆路给马、水路

[①] 明朝戏曲《情邮记》中通过一名老驿丞（驿站管理人员）的自白描写驿递弊政："凡驿递偏僻，使客稀疏，没有甚开销，就作不得弊；冲途虽则辛苦，钱粮广阔，每一起差事过，一张堪合牌票到，多记他几名夫，假开他几匹马，虚报上一二次中火，住餐越来得多，越好销算。"

[②] 光绪朝《清会典》卷五一。

[③] 光绪朝《清会典》卷五一。转引自刘文鹏博士论文《清代驿传体系研究》，2002年。

与船，然不可兼支。

（二）满洲八旗驻防官兵调动

八旗官员用驿等级与奉旨出京人员待遇相等；普通士兵可以乘车而行，其随军家属可以得到口粮、马匹供应草料。这是清政府为保证心腹肱骨之旅在国家统治中发挥最大功效提供的特殊方便。

（三）外任官员奉旨驰驿

可用驿站提供的夫马、车船，可支口粮，然不得支取廪给。

（四）赴任、致仕官员特旨给驿者

给予夫马、车船，不支廪给、口粮。

（五）边疆士子参加科举

云贵地区士子至京会师，沿途驿站给驿马；新疆士子不论参加乡试，还是至京会试，沿途驿站给马

（六）贡使入京

藩部或外国贡使来往，驿站给了一定待遇。

经过顺、康两朝的调整，清朝国家驿站体系的管理、物资保障都有了很大的提高。三藩之变时，顺畅的驿递保证了中央在最短时间内了解到前线的详细情况，并作出判断和兵力、物资调拨。

但是，康熙末年，由于官员的低俸、管理的松散，骚扰驿站事件屡有发生，极大的影响了国家信息的正常传递。

作为皇子的胤禛，对这一切非常清楚，他也深刻地知道，驿站顺畅对于国家统治是多么的不可或缺。因此，登基之后，除了整顿亏空，严格驿站管理也成为一项重要的政治任务。

雍正元年（1723）十月，员外郎色克图、内管领关保因在没有勘合（盖有印信，可以互相参照真伪的凭证）、火牌情况下，向沿途

驿站索取食物、草料，并强骑驿马，被管驿官员举报，受到盛京兵部的参劾，被"依议治罪，流放乌拉，籍没家产。"为之供应食物、驿马的管驿人员也被革职查办。①

雍正二年（1724），漕运总督张大有奏请，允许赍送奏折家人使用驿站。雍正皇帝批示道："若有要紧奏折，乘驿来……非难迟缓者，不但不当骑驿马，可以不必专奏。"②

雍正四年（1726），清政府规定了驰驿的程序和违背程序的处罚条例：

督抚提镇有本章并公务理应弛驿者，准用部颁勘合、火牌，司驿官验明，方准应付。

有私用驿递夫马，并差遣家人兵役，私发牌票，索取夫马者，皆降二级调用。司、道副将以下各官私发牌票，索取夫马者，降二级调用……若司驿官已将私发牌票详报，督抚提镇及该管上司容隐不揭参者，皆降二级调用。驻防将军、都统以下各官私用驿递夫马及私发牌票者，照此例议处。③

这项规定的发布和实施，标志着雍正朝整顿驿递秩序的行动，即将进入一个新的阶段。

三织造进奉绸缎的队伍，顺利离开江苏，到达山东境内。下人

---

① 雍正元年：《刑部尚书李廷仪等奏请将违犯驿站法纪之二员从重治罪折》,《雍正朝满文朱批奏折全译》，黄山书社，1998年。
② 雍正二年：《漕运总督张大有奏请准进折家人骑用驿马折》,《雍正朝汉文朱批奏折汇编》。
③ 光绪朝《清会典事例》卷六九六，中华书局，2012年。

们照例向驿卒们伸手,向他们勒索财务、多取夫马。结果,惹来了麻烦。

十一月,山东巡抚塞楞额因公外出,"路过长清、泰安等驿,就近查看夫马,得知运送龙衣差使,各驿多有赔累。"于是,详细查问。

泰安知州王夔奏报,织造官员路过山东,于常例之外,骚扰驿站,"在管运各官,则以为相沿已久,罔念地方苦累,仍照旧例收受,视为固然";而"在州县各官,则以为御用缎匹,惟恐少有迟误,勉照旧例应付,莫敢理论。"此次,三织造队伍路过泰安:

管运各官俱于勘合之外,多用马十余匹至二十余匹不等,且有轿夫、杠夫数十名,更有程仪、骡价银两,以及家人、前站、厨子、管马各人役银两,公馆中伙饭食、草料等费。每一起经过管驿州县,所费不下四、五十金。

程仪,亦称"程敬",旧时,赠送行旅行的财礼。每一起,即每一拨。

十一月二十四日,塞楞额将织造人员骚扰泰安驿站问题题奏。他指出:"御用缎匹,自应敬谨运送,不可少有贻误,但于勘合之外,亦不可滥用夫马,且程仪、骡价尤为无稽。"他请求皇帝谕令织造各官:

嗣后不得于勘合之外,多索夫马,亦不得于廪给口粮之外多索程仪、骡价。倘勘合内所开夫马不敷应用,宁可于勘合内议加,不得于勘合外多用,庶管驿州县不致有无益之花消,而驿马、驿夫亦不致有分外之苦累矣。①

总之，一切要依法行事。

雍正五年三织造官员于堪合外多索银两、夫马详情表

姓名	职务	堪合内填供给	额外多取	共获银	经手人
德文	杭州织造府笔帖士	驮马十匹、骑马二匹	马十七八匹不等	五百一十八两三钱二分	舍人冯有金
麻色	苏州织造府乌林人	驮马十九匹、骑马两匹	马十三匹	五百零四两二钱	家人祁住
曹頫	江宁织造府员外郎	驮马十四匹、骑马两匹	马二十三、二十五匹不等	三百六十七两二钱	家人方三②

皇帝接到塞楞额的奏折后，十分感慨：自己的包衣奴才不能以自己之心为心，不能以国事为事，不顾自己屡次禁令骚扰驿站；织造经行地面官员无一人奏报，只有山东巡抚塞楞额，作为一方大吏，能够不顾私情，及时检举，真忠心体国之人。十二月初四日，皇帝谕旨：

---

① 雍正六年六月二十一日《允禄等为议曹頫骚扰驿站罪的题本》。
② 雍正六年六月二十一日：《曹頫骚扰驿站获罪结案题本》。相关人员都受到了处罚："曹頫革职，德文、麻色革退，枷号两月，鞭责一百，发遣乌拉，充当打牲壮丁；方三、祁住、冯有金枷号两个月，方、祁各鞭责一百，冯责四十板。"曹頫等人沿途索取的银两虽有账目，但并不能引以为据，行文直隶、山东、江南、浙江巡抚，将多索银两查明，让其赔补。经查，德、麻二人索银数量与账目无误，曹頫索银数量共计四百四十三两二钱，较账目上更多出六十七两。见雍正十三年十月二十一日：《内务府奏将应于宽免钱项人员缮单请旨折》附汉文清单记。

朕屡降谕旨,不许钦差官员、人役骚扰驿处。今三处织造差人进京,俱于勘合之外,多加夫马,苛索繁费,苦累驿站,甚属可恶!

塞楞额毫不瞻狗,据实参奏,深知朕心,实为可嘉!若大臣等皆能如此,则众人咸知儆惕,孰敢背公营私?

塞楞额,着议叙具奏。

皇帝指出:"织造人员既在山东如此需索,其他经过地方,自必照此应付!"山东巡抚塞楞额能够"毫不瞻狗,据实参奏",其他地方"督抚何以不据实奏闻","织造差员现在京师,着内务府、吏部,将塞楞额所参各项,严审定拟具奏"。①

皇帝继位六年来,无时无刻不在严禁官员相互包庇、隐瞒罪责;但是,从此案看来,这种努力取得的效果依然不能尽如人意,官员相互包庇、因循不化的风气依然严重。现在,他要拿自家包衣人作"鸡",骇一骇那些不知道懂规矩的地方官员了。

十二月十五日,皇帝下达了调整织造职务的谕旨:"杭州织造孙文成年已老迈,李秉忠着以按察司衔管理杭州事务。江宁织造曹頫审案未结,着绥赫德以内务府郎中职衔管理江宁织造事务。"②绥赫德,一般写作隋赫德,内务府包衣人。

---

① 雍正五年十二月初四日《上谕织造差员勒索驿站着交部严审》。就在审查三织造骚扰驿站案的当年(雍正五年,1727),四川巡抚宪德奏请紧急事件由驿递转呈,皇帝朱批云:"非军机重务使不得"。雍正五年《四川巡抚宪德奏请紧急事件准由驿递专程传旨折》,《雍正朝汉文朱批奏折汇编》。雍正皇帝严肃驿站的决心,由此可见。

② 雍正五年十二月十五日《上谕着李秉忠绥赫德接管孙文成曹頫织进事务》。

炙手可热的江南三大织造瞬间易主。

八、好防元宵佳节后，便是烟飞火别时：转移家产与抄家

大概受李煦被抄家经验的启发，为防止万一，曹頫一家早就开始转移一些价格高的细软、古董。

这个事情自然是暗地进行的，就是怕引起别人的关注和举报。

但是，皇帝毕竟还是知道了，大概出自有关官员的举报。十二月二十四日，皇帝传旨给江南总督范时绎：

江宁织造曹頫，行为不端，织造款项亏空甚多。朕屡次施恩宽限，令其赔补。伊倘感激朕成全之恩，理应尽心效力，然伊不但不感恩图报，反而将家中财物暗移他处，企图隐蔽，有违朕恩，甚属可恶！

着行文江南总督范时绎，将曹頫家中财物，固封看守，并将重要家人立即严拿；家人之财产，亦着固封看守，俟新任织造官员绥赫德到彼之后办理。

伊闻知织造官员易人时，说不定要暗派家人到江南送信，转移家财。倘有差遣之人到彼处，着范时绎严拿，审问该人前去的缘故，不得怠忽！钦此。①

接到圣旨，范时绎不敢怠慢，经范时绎核查，曹家在江宁的人口、财物，共计：大小男女一百四十口，房屋、家人住房十三处、

---

① 雍正五年十二月二十四日：《上谕着江南总督范时绎查封曹頫家产》。

四百八十三间,地有八处,共计十九顷零六十七亩(1967亩)。

除此之外,只有桌椅、床几、旧衣及当票百余张。

这却让人感到奇怪:若说曹家有钱,家里没发现银子、银票,却有百余张的当票(典压物品换银子的凭证);若说曹家无钱,却有近五百间的房屋,近两千亩的田地,甚至还有一百多口奴仆。

看来,雍正的消息是准确的,曹家确实已经安全转移了大部分的财产;难以转移的家产,则被典当成现银藏匿。

皇帝的消息很是灵通,行动也不慢,但是,曹家的举措就快了那么一步[①]。

曹家的财产大概主要转移到京师的平郡王府,曹寅留下的善本图书主要转移到傅鼐家——傅鼐夫人系曹寅姊妹,这是有实在的证据的。

曹寅是当时著名的藏书家,由于"巡视两淮盐政,掌江南织造,颇饶于资,收藏极富。"[②]曹家建有庞大的书房,曹寅不仅大量买书,还借抄别人的古籍善本,用以充实书库,尤其还收藏有大量的小说、字画。曹颙、曹𫖯继任织造,藏书工作也在持续进行。曹家编纂有家藏图书书目,号《楝亭书目》。

曹寅不仅喜欢藏书,还喜欢刻书。在他看来,藏书只能给自己看,刻书则能让天下读书人都读到好书,否则,藏书就失去了意义,

[①] 清代,奴仆是和土地、房产一样可以买卖的商品。彼时,如果曹家确实已经没有钱银,则不应留有数量如此巨大的奴仆、房产和土地。

[②] 金毓黻:《东北文献零拾》页十五,1942年印本。

因此，他"尤喜刻书"①。

曹寅奉命主持《全唐诗》刊刻，手下既有资金，又有精良刻工，所以，刻书这件事情，他做得自然很好，他曾把自己收藏宋明珍本汇集起来，在扬州刊刻，题名为《楝亭五种》《楝亭十种》。

曹寅刊刻之《楝亭五种》《楝亭十二种》内容表②

名 称	内 容	备 注
楝亭五种	《类编》十五卷 《集韵》十卷 《大广益会玉篇》三十卷 《重修广韵》五卷（附《释文互注礼部韵略》五卷）	曹寅校刊、刊本
楝亭十二种	《都城纪盛》一卷、《钓矶立谈》一卷 《墨经》一卷、《法书考》八卷 《砚笺》四卷、《琴史》六卷 《梅苑》十卷、《禁扁》五卷 《声画集》八卷、《后村千家诗》二十二卷 《糖霜谱》一卷、《录鬼簿》二卷	清曹寅校刊，扬州诗局本，古书流通处影印本

曹寅藏书的到来，大大丰富了傅鼐之子昌龄的收藏。有文献记载说，昌龄"丹铅万卷，锦轴牙签，为一时之盛。"以至于权相明珠之子、名士纳兰性德的通志堂"藏书虽多，其精粹蔑如也。"③

对自家留在江南、被皇帝赏赐给隋赫德的房屋、田地价值，曹

---

① 《楝亭十二种》刘承乾"叙"云："《楝亭十二种》者，康、雍时曹子清先生所刻也。先生名寅，奉天人，官至通政使、江宁织造，家富藏书。先生以为，藏书不如刻书，于是，汇刊此十二种，期以流传于世。虽其间《砚笺》《琴史》诸书仅是备艺术之用，然皆宋、元人之遗制，世不经睹，先生之发潜阐幽，沾逮来学，有足多矣。"金毓黼：《东北文献零拾》叶十五。

② 金毓黼：《辽海书征》卷六叶二十，1942年印本。

③ 昭梿：《啸亭杂录·昌龄藏书》中华书局，1980年。

家人也知道得一清二楚，以至于若干年后，他们仍能估量出这些财产的大体数字，并向隋赫德进行"追讨"。①

经过审问，继任江宁织造隋赫德知道，别家欠曹頫本利三万一千余两白银。他给皇帝折奏说，可以将这笔银子从欠债人手中追回，用以弥补曹頫剩下未还的织造亏空。②皇帝当然准许了这一提议，他要的是国库充盈，至于钱从哪里来，他不会去理会。

---

① 曹家江南的家产被查抄后赏给了继任江宁织造隋赫德，隋赫德被革职后，扬州房地售价五千两白银，随后曹家就通过老平郡王纳尔苏向隋"借银"五千两。可见，曹家人对这笔遗留在江南的财产数量是相当清楚的。

② 雍正六年三月初二日:《江宁织造隋赫德奏细查曹頫房地产及家人情形折》。

第二章

京师纵歌

（十四到十九岁）

雍正六年至雍正十一年：曹雪芹十四到十九岁

曹雪芹是雍正年间回北京的，确实哪年，记不清了。南方的家抄了以后，又住了些时候才回北京。被抄家的是他叔叔。他父亲早死，名字记不起了，曹寅是他的亲爷爷。

——张永海谈曹雪芹的事迹[①]

曹頫家属，蒙恩谕少留房产以资养赡，今其家属不久回京，奴才应将在京房屋人口酌量拨给，以彰圣主覆载之恩。

——雍正六年三月初二日《江宁织造
隋赫德奏细查曹頫房地产及家人情形折》

[①] 吴恩裕：《曹雪芹丛考》，上海古籍出版社，1980年。

第一节　崇文门外

一朝天子一朝臣。

这是自古不变的规矩。

虽然，圣贤把用旧臣列为治国的美德。

先不论旧臣往往倚老卖老，即就新、旧皇帝面临的形势和理政思路而言，用旧臣就没那么方便。

雍正皇帝要把折奏权的范围扩大，让自己的信息来源扩大，江南三织造的重要性就没那么大了，曹、李、孙去职就成为必然，只不过，以什么形式去职而已。

三家去职原因各不相同：李煦之去职，在于自身亏空未能弥补的情况下，为皇帝斥责的、亏欠内务府银两的王修德等人求情，这是雍正元年正月的事情；杭州织造孙文成的去职，则完全是因为年迈、不能理事，难以适应新朝改革弊政，刷新一时的政治形势；曹頫的去职，主要是因为能力不足和触犯律法。

从雍正五年（1727）正月十八日《巡视两淮盐课臣噶尔泰奏折》，我们知道，彼时，皇帝就已对曹頫的能力和能否与自己"一心"产生了怀疑；[1]从雍正五年十二月初四日《上谕织造差员勒索驿站着交部严审》，我们知道，曹頫没有严格执行皇帝严令禁止骚扰驿站的旨意。正是这两点，直接导致了他的去职。

---

[1] 我们这里所谓的"能力"，是指官员的综合素质，而不是单纯的行事能力。我们知道，康熙末年以来三织造进贡匹缎时有粗疏和落色之事，雍正皇帝的亲信官员管理下的织造处匹缎亦有此等现象。造成这一现象的原因，包括物价的上涨、雍正登基停止用盐政银两拨予织造等。因而，雍正皇帝不会仅仅因为江宁织造送京的匹缎出现问题，而有意罢黜曹頫。曹頫的去职，根本上说，是他不符合雍正用人的标准。

曹家当然还有些亏空,但别人欠曹家的银子竟然比他们落下的亏空还多;当然,曹頫之去职更不是因为什么卷入了政治斗争。

我们知道,李煦从革职抄家到发往打牲乌拉效力,就是因为被发现曾购买江南女子送给皇帝的敌对势力;而曹家被抄没后,隋赫德在江宁织造衙门左侧的万寿庵内查出一对镀金狮子:这对狮子是康熙末年允禵在江宁铸造的,因铸得不好,便"交与曹頫,寄顿庙中"[①]。

如果曹頫确实参与了康熙末年的皇子夺嫡斗争,并成为皇八子党一派,这件镀金狮子就足可以让他身死刑场。

然而,对于此事,皇帝根本没有兴趣纠缠,他的态度只有两个字:"毁销"。

然后,便没有任何下文了。

一、回京与崇文门外十七间半

带着些许的内心不甘与无奈,曹家离开了生活了近一个甲子的金陵,踏上了北返之路。

十四岁,在那个注重男子稳重教养的时代,已经不算小了;加之,天资聪慧,曹霑自然能从母亲、叔父惊恐的面容,感觉到一些东西,包括他们要开始一种完全不同的生活:不再奴仆成群、不再锦衣玉食、不再养尊处优。

尽管如此,自过了淮河,他的心情还是一天天的好起来,毕竟,

---

① 雍正六年七月初三日《江宁织造隋赫德奏查织造衙门左侧庙内寄顿镀金狮子情形折》。

从未踏足过的土地,那么多新鲜事物一件件撞入到眼睛中来。

经过一个多月的跋涉,穿行了一千多里,他们终于回到了北京,这个天子脚下的首善之区。

清代,八旗人等亦兵亦民,实行军事化管理。旗人集体生活在由政府分配的房子里;乾隆朝以前,京师外任职官员免职后必须回到北京、回到所属旗房居住,这叫作"拨旗归营"。

北京城的格局如下:

紫禁城:位于内城中央,是皇室居住的地方(即今故宫博物院范围)。

皇城(紫禁城外):由内务府各衙署(七司三院各库)及内务府三旗集中居住。皇城有四门,南曰天安门、北曰地安门、东曰东安门、西曰西安门。

大城:位于皇城外,由八旗按照旗色驻扎。①

按说,作为内务府人,曹家本来当居皇城之中的北海一带。大城内,正黄、镶黄二旗驻扎北部,正白、镶白二旗驻扎东部,正红、镶红二旗驻扎西部,正蓝、镶蓝二旗驻扎南部。各旗防区内,从里到外,又按满洲、蒙古、汉军顺序划定驻扎范围。这说的是北城,也称内城,也就是旗人的生活范围。

内城的南面与外城(南城)被一道高高的城墙阻隔,城墙上有三个城门,正中为正阳门,东面为崇文门,西面为宣武门。这三个

---

① 刘晓萌:《清代北京旗人社会》,中国社会科学出版社,2008年。

城门南住的是汉人。

如今,曹家并未被安排到皇城内北海一带的内务府集中区居住,这当然与康熙朝以来旗人规模的迅速扩大有关:皇城内旗营不足,且房屋地方狭窄;不少旗营已经到城门外建设。

曹寅在世时,曹家在北城有房产两处,又在正阳门外鲜鱼口、蒜市口一带购置有一处房产。本来,因为革职抄家的缘故,这处房产和其他产业,都被皇帝赐给了隋赫德。但是,皇帝念及曹家的功劳,大概也考虑平郡王福彭的感受,要求隋赫德将曹家房产返回曹家一处居住。雍正七年(1729)七月二十九日,《刑部为知照曹𫖯获罪抄没缘由业经转行事致内务府移会》中写的更婉转些:

> 曹𫖯因骚扰驿站获罪,现今枷号。曹𫖯之京城家产人口及江省家产人口,俱奉旨赏给隋赫德。后因隋赫德见曹寅之妻孀妇无力,不能度日,将赏伊之家产人口内,于京城崇文门外蒜市口地方房十七间半、家仆三对,给与曹寅之妻孀妇度命。

按照现有不同文字的记载,考虑当时人的写作习惯,曹家这处在蒜市口地方的房屋,当位于鲜鱼口外(东)、蒜市口北侧交界的草场胡同附近。

之所以说有半间,是指房屋一间中的半间辟为大门。

住在这处房子里的,除了曹霑,还有曹霑的祖母李氏、母亲马氏、婶母以及自己年幼的堂弟,叔父曹𫖯则因骚扰驿站被关进了监狱。①

按说，曹頫只被罚了"四百四十三两二钱"银子，曹家不论从哪里也能倒出这点钱来，但终雍正一朝的最后八年间，曹家只交过一百四十一两银子。

之所以如此，实际上，大概跟形势的变化有关。

随着雍正大力整顿亏空，至雍正六年（1728），朝廷的财政已经比较正常；曹頫之所以被革职抄家更像皇帝向天下臣民表达的一种政治态度，即官员臣工，不管是谁，哪怕是我自己的奴才、哪怕是我最喜爱王爷的亲戚，如果不能尽心任事，也不能尸位素餐。

颇疑，到雍正七年、八年，在曹家交了一百两银子以后，随着形势的好转，曹頫就被释放回家，而那三百多两的欠款就变成了"账面"上的欠账了。

二、家里的生活来源

曹頫一支已经不再当差，自然就没有了官俸这份收入。这一时期，曹霑一家的生活来源主要有以下部分组成：

（一）朝廷按照旗人家口发放的银两

在清朝，旗人是朝廷统治的依靠力量。因此，无论遇到什么情况，皇帝都要保证他们的生活，只要旗人不是因为大逆不道、没有"出旗"，不管犯了怎样的罪过，朝廷每月都会给他们发放一份收入。

---

① 雍正五年，皇帝谕旨云："内务府佐领人等有应追抛欠官私银两，应枷号者枷号催追，应带锁者带锁催追，俟交完日再行治罪、释放，着为例。"雍正七年刑部移会云："原任江宁织造、员外郎曹頫因为骚扰驿站，现在京城枷号。"

比如曹霑舅祖李煦，因有接交皇八子党的客观行为，深为雍正皇帝所恶，家产抄没后，返回京师，"京城家产虽完，却有按人供给之银。"①

曹霑一家自然也不例外。

因为没有犯舅祖那样的罪过，所以，皇帝不仅给曹家留了十七间半房，还另返给六个仆人，照顾曹家。

这六个仆人也都是旗人，也和曹家人一样，有一份固定的钱粮收入。这样，曹家能够在政府领到十二个人的基本生活钱粮。

（二）自家寄托在京师里的财产

我们知道，早在曹頫骚扰驿站被锁拿后，曹家就已把财产悄悄的进行了转移，其中一部分善本图书转到了曹霑的叔父、翰林院学士昌龄家中。

后来，昌龄家中图书外流。乾隆十年（乙丑，1745）夏，著名学者李文藻就在北城市场上买到数十部藏书。李文藻云：

> 每部有"楝亭曹印"，其上又有"长白敷槎氏堇斋昌龄图书记"。盖本曹氏而归于昌龄者。②

至于曹家那些未见记载的金银细软到底转移到了哪里，我们不得而知；但是，这些转移了的家产，自然成为曹霑一家在京师维持小康生活的重要来源。

---

① 雍正二年六月三十日《内务府奏请将少卖人参银两由孙文成等均赔并严催李煦交纳亏欠之银折》。
② 李文藻：《南涧文集·琉璃厂书肆记》，商务印书馆，1936年。

(三) 房屋出租收入

雍正皇帝没有让曹家人按照制度归旗居住，而让他们住到崇文门外鲜鱼口一带，当是有他特别的考虑的。

崇文门、正阳门、宣武门并称为北京的"前三门"，前三门以南区域受惠于旗民分治的政策（北城旗人区限制娱乐、生产性产品），鱼龙混杂，官员、百姓、商贾、艺人、地下社会等等汇集于此，形成全然不同于内城的商业、民俗文化。

正阳门、崇文门外商贾云集，酒馆、戏楼、青楼、市场遍地开花，从鲜鱼口、猪市口、蒜市口、肉市、冰窖厂等这些名字，就可以想象当年这一地区的商业繁华。

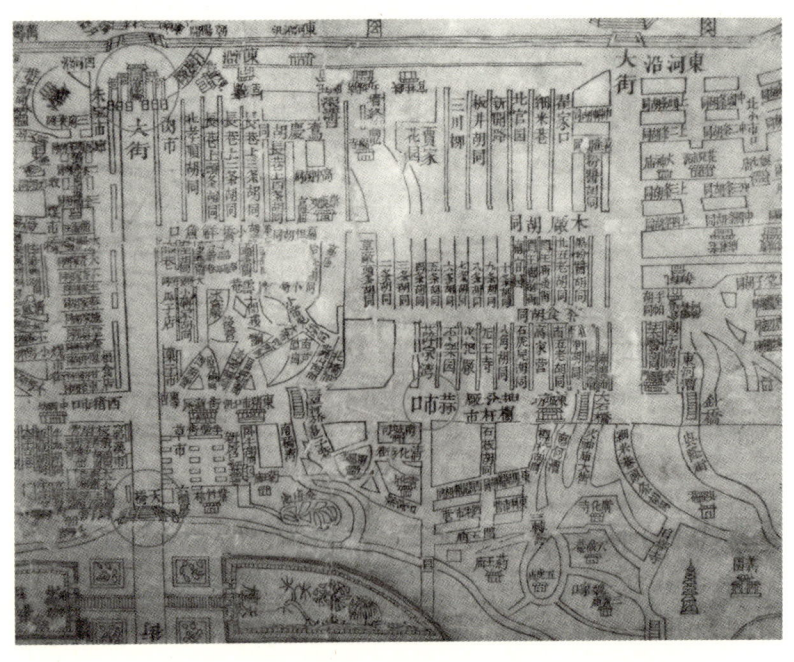

清代中叶正阳门、鲜鱼口、崇文门、蒜市口一带示意图

康熙末年，朝鲜人金昌业来华，游览京师，曾记载北、南城区商业情况，云：

城内人家无空隙，皆瓦屋，而路旁人家虽僻巷尽开铺子……
城中市肆，北最盛，次则东牌楼街，西不及东。西牌楼南、北路旁，皆官府及诸王宅第，铺子仅十之二三。城外市肆人家，南最繁华，正阳门外，崇文门外次之，宣武门外又次之。①

城中，指北城（内城）；城外，即南城（外城）。北城市肆最繁华的地方位于紫禁城北鼓楼大街一带，东西牌楼指东四牌楼、西四牌楼一带。至乾隆时代，经济发展、商业繁荣，使得崇文门地区越发繁华。崇文门外大街还是当时九门总税务司所在地，查嗣瑮曾写诗赞道：

九门征课一门专，马迹车尘互接连。
内使自收花担税，朝朝插篸略双钱。②

这里经营各种生活必须物品，油盐酱醋、各种鲜菜咸菜、纸张笔墨、猪牛羊肉、鸡鸭鱼等，也有各种生活用具。

---

① 金昌业：《燕行日记》，刘小萌著《清代北京旗人社会》，中国社会科学出版社，2008年。
② 查嗣瑮：《杂咏》，《查浦诗抄》，康熙六十一年刻本。

1900年庚子国难后的北京前门大街

曹霑一家就生活在这种充满商业氛围的崇文门外。

当时的崇文门外，热闹繁华，房租自然也是水涨船高。曹家的十七间半房中临街的部分自然可以出租。这样的话，曹家又可以得到一笔不菲的房租收入。

商铺

第二节　京师亲戚与交游

虽然，江宁织造曹家算是彻底败落了，不过，旗人通婚范围小（彼时旗民不准与汉民连婚），各家多是亲戚套亲戚、亲戚连亲戚，京师之中曹家的亲戚朋友颇不少，而且，不少亲朋都正受到当今皇帝的宠信，担任朝廷要职。他们自然也少不了适时对曹家予以相应的照顾。因此，曹霑一家虽然败落，但其生活当仍在小康以上水平，比普通旗人寅吃卯粮、借当还贷（好享乐、好场面）自然多少还是要好些的。

一、平郡王家族

在曹家京师的亲戚中，最被人们看好的，当属曹霑的表哥、年轻的平郡王福彭。

（一）平郡王府

清朝爵位继承制度，不同以往，一般爵位传一世，就降一级，到特定位置而止。但是，清朝初年，朝廷册封为大清建立过赫赫战功的八位王爷为"铁帽子王"。

所谓"铁帽子王"，正式的说法是"世袭罔替"，即爵位可以在本家族中一直传承下去。

其中，代善封礼亲王，代善长子岳托因功封克勤郡王——顺治八年（1651），岳托之孙罗科铎承袭王位，封号改为"平郡王"；代善之孙勒克德浑（代善第三子萨哈璘第二子）因功封顺承郡王。

也就是说，八大铁帽子王中有三家是代善子孙承袭。

平郡王世系如下：

成亲王（克勤郡王）岳托：和硕礼烈亲王代善长子。

衍僖介郡王罗洛浑：岳托次子，崇德四年（1639）袭爵。

平比郡王罗科铎：罗洛浑长子，顺治五年（1648）袭爵。顺治八年，改封号为平郡王。

已革平郡王纳尔图：罗科铎四子，康熙二十二年（1683）袭爵，二十六年（1687）削爵。

平悼郡王纳尔福：罗科铎六子、纳尔图之弟，康熙四十年（1701），纳尔图削爵，袭平郡王。

（二）曹霑的两个姑母

康熙四十五年（1706）正月，也就是皇帝第五次南巡回京后不久，皇帝命身边太监梁九功传旨给曹家，要曹寅之妻李氏于本年八月由水路送长女到京，与平郡王纳尔苏成亲。

纳尔苏，纳尔福长子，康熙四十年（1701），其父削爵，由其袭平郡王。

清代制度，满人要与正身满洲、蒙古、汉军旗人通婚，只有妾才在奴才中选取。

曹寅一家为内务府人，是皇家的奴才。按说，曹寅之女只能选宫女，供杂役使，除非被主子看中、生育子嗣，否则是不可能嫁给满洲贵族作正妻的。可是，康熙皇帝不仅为曹寅的女儿指婚，指定对象还是八大铁帽子王的后代，而且身份还是嫡福晋，这在大清朝史上亦是一桩奇事了。

这里面，当然有曹霑曾祖母孙氏的情分，当然，也有曹寅为皇帝甘为犬马的酬功因素。

这泼天的喜事传来，一家人如何不喜？

不久，李氏就带着家人、丫鬟，乘坐单独船只，沿运河北上，将女儿送到京城。

平郡王府（克勤郡王府）现状（今北京西城区实验二小）

入关以后，罗洛浑奉旨在宣武门内石驸马大街建造王府①，其地东距皇宫、前三门（正阳门、崇文门、宣武门）都不算远。

王府造得巍峨而精致，有三进庭院，有正殿、配房、还有后花园。

从《乾隆京城全图》可以看到，克勤郡王府平面布局：正殿阔五间，前出丹墀，左右配殿阔五间，后殿面阔三间，后罩正房面阔七间。

旗人对王爷家族各府关系，按照相对地理位置，简称为南府、北府，东府、西府等。

克勤郡王府东面即是罗科铎第三子诺尼的贝勒府，克勤郡王家族习惯把西边的平郡王府称为"西府"，把东边诺尼的贝勒府称为"东府"。

李氏偕女儿到京后，照满洲惯例，两家陆续行过种种礼节。至

---

① 现在，石驸马大街已更名为西城区新文化街，克勤郡王府就位于西口路北。

十一月二十六日,纳尔苏迎娶曹寅之女,"礼数隆重,庭闱恭和"。

康熙四十八年(1709),皇帝让梁九公再次传旨给曹寅,把曹寅的二女儿指配某王子为嫡福晋——此时,该王子正在给皇帝作宗室侍卫;同时,皇帝还给曹寅的儿子曹颙安排了差事。康熙四十八年二月初八日,《江宁织造曹寅奏为婿移居并报米价折》中写道:

> 臣愚以为,皇上左右侍卫,朝夕出入,住家恐其稍远,拟于东华门外置房,移居臣婿,并置庄田奴仆,为永远之计。臣有一子,今年即令上京当差,送女同往,则臣男女之事毕矣。

(三)平郡王福彭

康熙四十七年(1708)六月二十六日,曹霑的姑母生下长子福彭。

雍正四年(1726),纳尔苏因在西宁军前贪污受贿、勒索下属,并在管理上驷院事务期间犯法妄行,被革爵圈禁,平郡王爵位由长子福彭承袭。时,福彭十九岁。

福彭早慧,是王公子弟中的佼佼者,"幼而侍圣祖仁皇帝宫中,躬承恩眷。"这可是不同寻常的待遇。

康熙皇帝子孙众多,孙子多达百人,很多他根本没有见过面,更不要说进宫和他一起生活了。后来的乾隆皇帝,是福彭的好友,因曾被康熙养育宫中,而将这段经历视为不世之荣。作为远支宗室的福彭,能受到皇帝这般的优待,就更属难得了。由此,福彭的长相、聪明,可以想见。

雍正皇帝继位之后,尤其喜爱福彭。他不仅让福彭承袭了平郡王的爵位，还在雍正六年（1728）将二十一岁的福彭挑入宫中、给弘历作侍读。皇帝希望，年长的福彭能在个人修养、文韬武略等方面，给陪读的皇子树立一个榜样。弘历也非常看重这位年长自己几岁的宗室近亲，同学期间，两人建立起颇佳的友谊。

二、曹氏家族

曹霑的伯父曹颀，又名桑额，在康熙五十年（1711）时和曹霑的父亲曹颙一起觐见皇上，因为皇帝的特别关照，被录取在宁寿宫茶房使用。① 康熙五十五年（1716），茶房总领福寿病故，署内务府总管马齐折奏可以补缺的八位待选人员名单。马齐折子上开列的这八个人，在内务府当差的时间都有二三十年，且来头不小；但皇帝对这些人不感兴趣，他传旨说："曹寅之子茶上人曹颀，比以上这些人都能干，着以曹颀补放茶房总额。"② 于是，曹颀成为了三名茶房总领之一。

雍正继位后，曹颀仍然受宠不衰。雍正三年（1725）五月二十五日，皇帝让管理茶饭房事务、散秩大臣佛伦传旨："着赏给茶房总领曹颀五六间房。"总管内务府事务、和硕庄亲王允禄，内务府总管兼散秩大臣常明，内务府总管来保、李延禧等人经过查找，知"烧酒胡同有李英贵入官之房一所，计九间，灰偏厦子二升，请赏给

---

① 康熙五十年四月初十日《内务府总管赫奕等奏带领桑额、连生等引见折》。
② 康熙五十五年闰三月十七日《署内务府总管马齐奏请补放茶房总领折》。

茶房总领曹颀。"①

雍正十一年（1733）七月二十四日，《内务府总管允禄为旗鼓佐领曹颀等身故请补放缺额折》，可知曹颀病故于雍正十一年。在此之前，他还担任了旗鼓佐领。

曹霑叔爷曹荃的第二子曹頔亦曾在江宁织造府生活。想来，曹頔、曹颀及其后代与曹霑亦当有相应的交往。

曹頫之子，号棠村，与曹霑共同长大，感情自然深厚。

"甲戌本"《脂砚斋重评石头记》第一回正文"东鲁孔梅溪则题曰《风月宝鉴》"一句上端，有脂砚"眉批"一条，云："雪芹旧有《风月宝鉴》之书，乃其弟棠村序也。今棠村已逝，余睹新怀旧，故仍因之。"

可知，曹霑早年曾创作有《风月宝鉴》一书，序言是"其弟"棠村所作——古人最重血缘，故称侄子为"犹子"，在行文中"其弟"并非尽指亲弟——其人当卒于《红楼梦》创作期间。

三、傅鼐、昌龄家族

曹霑的祖父曹寅有一姊妹，嫁满洲镶白旗人傅鼐。

傅鼐（？—1738），富察氏，字阁峰，满洲镶白旗人，初授侍卫。

傅鼐是雍正皇帝尚为亲王时的藩邸旧人。雍正曾说，在自己藩邸中，傅鼐与年羹尧是最可任用之二人，才情上，年更占优；但论

---

① 雍正三年五月二十九日《内务府奏奉旨赏给曹颀房屋折》。据此，皇帝对内务府茶房总领也不过赏给了九间房；而曹家身为获罪之人，皇帝竟能保留其一处十七间半的房子，并给予六个仆人以为照顾，皇帝对曹家并无敌意，是显而易见的了。

忠厚平和，傅则更胜一筹。

雍正二年（1724），傅鼐授镶黄旗汉军副都统、兵部侍郎。三年，调盛京户部侍郎。后因皇帝疑其"与隆科多交结"，虑或败，预为隆子岳兴阿设计；又逢傅鼐任侍卫时为浙江粮道江国英关说受贿事发，夺官，发遣黑龙江。

雍正九年，召还傅鼐，令其赴抚远大将军马尔赛军营效力，寻予侍郎衔，授参赞大臣。十年，以所部破准噶尔蒙古噶尔丹策零，赏花翎。平郡王福彭代为大将军，傅鼐参赞如故。

后，傅鼐奉旨偕内阁学士阿克敦、副都统罗招抚噶尔丹策零，十三年，使还，予都统衔，食俸。

乾隆继位，傅鼐署兵部尚书，寻授刑部尚书，仍兼理兵部。乾隆二年（1737），授正蓝旗满洲都统。三年，坐违例发俸，发往军台效力。寻卒。

傅鼐其人，袁枚《刑部尚书富察公神道碑》云：

公讳傅鼐，字阁峰。先世居长白山，号富察氏。祖额色泰，子四人；次子骠骑将军噶尔汉，辅圣祖致太平，生公。公以刑部尚书落职，薨于家。子三人：长昌龄，官编修，有父风。公所居稻香草堂，有白雁峰、鳌峰、东皋、南庄诸胜，积书万卷。①

傅鼐的长子昌龄，好学不辍，于雍正元年（1723）中进士，官翰林院侍讲学士，除继承了部分父亲藏书外，还从曹家转移来不少古籍善本，以至于他书斋中所藏的善本图书比纳兰性德的通志堂还

---

① 叶昌炽：《藏书纪事诗》，北京燕山出版社，1999年。

要多。礼亲王昭梿《啸亭杂录》载：

> 富察太史昌龄，傅阁峰尚书子。性耽书史，筑谦益堂，丹铅万卷。锦轴牙签，为一时之盛。通志堂藏书虽多，其精粹蔑如也。今其遗书多为余所购，如宋末江湖诸集，多公自手钞者，亦想见其风雅也。

李文藻《琉璃厂书肆记》载：

> 夏间，从内城买书数十部，每部有"曹栋亭"印，又有"长白敷槎氏堇斋昌龄图书"记。盖本曹氏物而归于昌龄。昌龄官至学士，栋亭之甥也。栋亭掌织造、盐政十余年，竭力以事铅椠；又交于朱竹垞，曝书亭之书栋亭皆抄有副本，以予所见，如石刻宋朝《通鉴长编》《纪事本末》《太平寰宇记》《春秋经传阙疑》《三朝北盟会编》《后汉书年表》《崇祯长编》诸书，皆抄本；魏鹤山《毛诗要义》《楼攻媿文集》诸书，皆宋椠本，余不可尽数。①

《平津馆鉴藏书籍记》则云："新刊《名臣碑传·琬琰集》，栋亭曹氏藏书，有'长白敷槎氏堇斋昌龄图书印'。"②

可知，昌龄藏有曹家大量善本藏书，早期乾隆年间时人即已知晓。这也证明了雍正皇帝对曹𫖯的指责并非全无道理：

---

① 李文藻：《南涧文集》卷上。
② 叶昌炽：《藏书纪事诗》卷四。

江宁织造曹頫，行为不端，织造款项亏空甚多。朕屡次施恩宽限，令其赔补。伊倘感激朕成全之恩，理应尽心效力，然伊不但不感恩图报，反而将家中财物暗移他处，企图隐蔽，有违朕恩，甚属可恶！①

这种家族抄家前转移家产的行为在《红楼梦》中也有反映。《红楼梦》第七十五回《开夜宴异兆发悲音　赏中秋新词得佳谶》写道：

尤氏从惜春处赌气出来，正欲往王夫人处去。跟从的老嬷嬷们因悄悄的回道："奶奶且别往上房去。才有甄家的几个人来，还有些东西，不知是作什么机密事。奶奶这一去恐不便。"

尤氏听了道："昨日听见你爷说，看邸报，甄家犯了罪，现今抄没家私，调取进京治罪。怎么又有人来？"老嬷嬷道："正是呢。才来了几个女人，气色不成气色，慌慌张张的，想必有什么瞒人的事情也是有的。"尤氏听了，便不往前去，仍往李氏这边来了。

总之，曹霑家族与昌龄家族有亲戚之谊，有财产往来，则曹霑家族回京后，似当有往来。

曹霑的堂叔祖曹宜，在京任内府三旗护军校，为守卫皇帝宫禁之人，前后当差长达三十三年，深受皇帝信任。②

雍正皇帝的十三弟、心腹肱骨怡亲王允祥，也对曹家颇有关照，

---

① 雍正五年十二月二十四日《上着江南总督范时绎查封曹頫家产》。
② 雍正七年十月初五日《署内务府总管允禄等奏请补放内府三旗参领等缺折》："尚志舜佐领下护军校曹宜，当差共三十三年，原任佐领曹尔正之子，汉人。"

他的儿子弘晓、弘晈等人与曹霑的关系也很是不错。①

有了这些当权派亲戚的照顾，小曹霑的前程似乎看不到什么坎坷。

雍正五年曹霑京师亲朋表

姓名	关系	备注
曹颀	伯父	康熙五十五年闰三月，升任茶房总领，后升旗鼓佐领
曹宜	堂叔祖	尚志舜佐领下为护军校，至雍正七年十月，当差共三十三年，后转鸟枪护军参领。十一年七月，升正白旗护军参领，并巡察圈禁允䄉地方
福彭	表哥	雍正四年袭爵平郡王，八年署都统职管理旗务，旋擢宗人府宗正
某	姑父	康熙四十八年，以侍卫身分与曹寅次女成婚，曹寅为之在东华门外置房产
傅鼐	姑祖	雍正三年，由兵部侍郎调盛京户部侍郎，四年，因罪遣发黑龙江。九年，召还，赴大将军马尔赛军营效力，予侍郎衔，授参赞大臣
昌龄	表叔	雍正元年进士，官翰林院学士
允祥		怡亲王，皇帝最信赖之皇弟，雍正八年卒，子弘晓袭爵
李鼎	表叔	一家居住京师

四、李鼎家族与庄亲王家族

李鼎家族在曹霑研究中是比较容易被忽视的家族。

曹霑的舅爷李煦与韩氏夫人生一女，后嫁内务府营造司郎中佛

---

① "己卯本"《脂砚斋重评石头记》系《红楼梦》早期抄本之一，是从怡王府流传出来的，该书底本的组织抄录者就是小怡亲王弘晓。从《红楼梦》最初只在亲戚、朋友间流传来看，可知，雪芹一家与怡王府关系的亲厚。

宝之子黄阿琳——黄后为正黄旗参领兼佐领，故李煦写信与女儿，称其为"佛家女儿"；妾詹氏康熙三十三年（1694）生长子李以鼎，即李鼎，监生，后娶巴氏；妾范氏康熙三十六年生次子李以鼐，以鼐后娶吴氏。

实际上，韩夫人死后，李煦又纳一妾，此人生一女，后似夭折，詹氏复生一子，此子在抄家时，似通过关系被暗中送往山东昌邑堂弟（李煦父李士桢本山东昌邑人，明末为清俘虏，过继于佐领李西泉）家。

雍正元年（1723），李煦抄家，家族返京。雍正五年，因涉及为阿其那购买苏州女子一案，李煦被发往东北打牲乌拉，则李鼎、李鼐兄弟并其母亲、妻子以及李煦京师诸弟都在北京生活居住——李煦三弟李炘曾任銮仪卫仪正、奉宸苑员外郎，五弟李炆曾任畅春园总管、奉旨佐理两淮盐漕事务，其余诸弟居通州红果园。

"庚辰本"《脂砚斋重评石头记》第十八回"庆元宵贾元春归省 助情人林黛玉传诗"写元妃省亲，叙述元妃未入宫前教导宝玉事，云：

那宝玉未进学堂之先三、四岁时，已得贾妃手引口传，教授了几本书、数千字在腹内了。

此处，"庚辰本"《脂砚斋重评石头记》"侧批"云：

批书人领过此教，故批至此竟放声大哭，俺先姊仙逝太早，不然余何得为废人耶？

以往研究多以为此批出自曹頫,今已证明平郡王纳尔苏嫡福晋、曹頫大姊曹氏至乾隆十三年(1748)尚在,则此批之作者可思。

实际上,李煦长女倒是大李鼎十数岁,二人关系倒是更符合《红楼梦》中写元妃与宝玉的年龄差距。

又,李煦家族与庄亲王允禄似亦有交集。之所以说李煦家族与庄亲王允禄有交集,原因在允禄之母王氏身上。

允禄生母为顺懿密妃王氏,系知县王国正之女——王原为苏州织造府机户,康熙二十某年入宫,三十二年(1693)生皇十五子胤禑(雍正四年封为贝勒,八年封为愉亲王;九年二月薨,年三十九岁),三十四年生皇十六子庄亲王胤禄。五十七年十二月,册为密嫔。雍正二年六月,晋尊为皇考密妃。乾隆元年(1736)十一月,尊为皇祖顺懿大妃,九年十月十六日薨,年七十九余。

康熙四十四年(1705)年底,河南学政汤右曾访李煦,其《怀清堂集》卷一叶十三有《赠两淮巡盐六首》。

其第一首"大海环东莱,沧波渺无极。明公生其间,昂藏万夫特。"说明诗是赠予莱州府人、两淮巡盐御史李煦的。

其第五首则云:"囊无金门粟,家有珠履人……琰琬韫已辉,椒房香可纫。"西汉时,以椒和泥涂皇后宫殿的墙壁,取温暖、芳香、多子之义,故名宫殿名椒房殿,后用以指代妃嫔的宫殿,也用以指代妃嫔。清孔尚任《桃花扇·拜坛》:云:"自古道,君王爱馆娃。系背纱,先须采选来家,替椒房作伐。"由汤诗,知道李煦家族有女子入宫为妃嫔。

又,康熙四十八年(1709)七月十六日李煦之《王嫔之母黄氏病故折》云:

王嫔娘娘之母黄氏，七月初二忽患痢疾，医治不痊，于七月十四日午时病故，年七十岁，理合奏闻。

朱批：知道了，家书留下了，随便再叫知道吧！

王嫔之母黄氏病故事何以需要远在苏州的李煦奏报呢？

清朝制度，旗人不与汉人婚姻，不过，康熙皇帝身边却有不少妃嫔为江南汉人。

又，康熙三十八年皇帝第三次南巡，三月十四日至苏州。其实情景，苏州沈汉宗录《圣驾南巡惠爱录》载：

苏州东城有王姓者，开机为业，有女，幼时德行兼优，后至京中，长成得入宫中，贵幸，立为贵妃，生有二位王子，宠冠三宫，常思父母，未知如何，音信难通。己巳年，圣驾二次临吴，先曾访问，无从寻觅，今逢太后降香吴中，请旨欲随陪侍同行，兼访父母消息。

三月十四日，临吴，在织造府。十五日，启请皇上着令寻亲，特召抚臣宋荦有司查来，于十六日查着，遂率其父母前来见驾，令其父母相见。二十年分别，相见时，悲喜交集。太后闻知，随赐宴。宴毕，赐其父百金、母衣四袭，贵妃别有所赠，着长洲县每年给银养膳，遂谢恩而出。

上下文结合，似可推知此王嫔或者以李煦嫡母内务府王氏身份入宫，或者清初、三藩乱时，入于李家，夤缘入宫。故汤右曾称苏州王氏入宫相对于李煦而言，系"椒房香可纫"。

康熙三十八年（1699）时，王氏已生二子，四十年复生皇十八子胤祄（卒于康熙四十七年九月初四，年八岁）。王氏的第二子，即皇十六子胤禄（允禄）精数学，通乐律，曾协助康熙帝修《数理精蕴》。雍正元年（1723），特命允禄继庄靖亲王博果铎后，袭封庄亲王。乾隆元年（1736），命总理事务兼掌工部，食亲王双俸。乾隆二年，加封镇国公，三年摄理藩院尚书。四年，因与理亲王弘晳等结觉营私，被罢职、停双俸。三十二年薨，享年七十三岁，谥曰"恪"。

允禄当权时期，正是李家、曹家抄家归京之际，即便其乾隆四年罢职后，亲王待遇未变，想当与李鼎兄弟、曹霑家族有所交往。

第三节　咸安宫官学

时间一天天过去，日子也慢慢的开始安定下来，长辈们、亲戚们可以从容地考虑曹霑的未来。

十四岁的曹霑，虽然长得也算结实健壮，能琴棋书画，能作文写字，能骑马能弯弓，但年纪尚小——旗人以身高五尺或十六岁为成丁，自然还不能挑差，亲戚们想照顾一下，也暂时难以办到。因此，祖母、姑父一家都觉得，应该让他先到朝廷办理的学校去学习两年，一来增长学问，二来可以结交朋友。等到十六岁成丁，若有机会，再图进取。

当时的旗学，分三类。昭梿《啸亭杂录》卷九《八旗官学》载：

雍正中，设八旗官学，凡三品：
设咸安宫官学在西华门内，择八旗子弟之尤俊秀者，充补学弟子。月有帑糈，不计岁月，俟入仕后，始除其籍。特派大臣综理其事，其教习皆用进士，或参用举人，非旧制也。

其次曰景山官学，在景山内，皆内务府子弟充补。其制与咸安宫同，为内务府总管所辖。

其次曰八旗官学，每旗各设学一，择本旗满洲、蒙古、汉军之子弟补充。以十年为期，已满期未及中式者，即除其名，另为挑补，为国子监祭酒所司，亦附于太学之意。

咸安宫官学、景山官学都是教习内务府包衣子弟的专门学堂，可见，当朝天子特别对内务府子弟教育的重视——后来咸安宫官学也招收满洲子弟。雍正六年（1728）十一月初十日，皇上谕旨：

咸安宫内房屋现在空闲，看景山官学生功课未专，于内府佐领、管领下幼童及官学生内选其俊秀者五六十名或百余名，委派翰林等，即着住咸安宫教习。彼处房屋亦多，且有射箭之处，其学房、住房，尔等酌量分割修理，着令居住。

皇上有令，臣工岂敢怠慢？但是，此事重大，不可轻易回复上命。经过内务府总管等人将近半年的商议和筹备，终于按照皇上的意思，"于景山官学生、佐领、管领下，自十三岁以上、二十三岁以下之幼童内，看其俊秀可以学习者，选得九十名。"并将此九十名俊秀学生分成三班，每班由三名翰林分别教授汉文；读书之暇，由三名乌拉人或满洲人每班教授学生满语和弓马。《清文献通考·学校二》亦载：

七年，设立咸安宫官学……于景山官学生佐领管领下，自十三岁以上二十三岁以下之俊秀幼童、可以学习者选得九十名,于咸安宫酌量修理读书房屋三所,每所各分给三十名,令其读书。其教习着翰林院于翰林内拣选九人,每所分派三人,令其勤加督课。

大概就是在这次挑选中,曹霑被选为内府子弟俊秀,得以进入咸安宫官学读书。由于需要调选教师、分配房间、选备各种相应设施,直到雍正七年七月,咸安宫官学才正式开学。

按照皇帝的意思,咸安宫官学的学生不仅不用交纳学费,午饭也由内务府供应,其标准"比照现在赏赐该班护军等饭食之例,除给与官米外,每日每人计用买办肉菜等物银五分,按月由内库发给。"

此外,学生学习"所需之笔墨、纸张、弓箭、器皿、骑射之弩马、铺用席毡、温炕木材、暖手黑炭等物"①,也有相关委派官员计算所需数目,由内务府供给。

官学中学习的科目分为读书、满语、骑射三个大项,其中,以读书为主科。所谓读书指的是,读诵、学习儒家经典,如被称作儒家"五经"《诗经》《尚书》《礼记》《周易》《春秋》;被称作儒家"四书"的《大学》《中庸》《论语》《孟子》。②

官学里教授的这些,曹霑都下过大功夫,因此,学习起来游刃有余,并不感到费力。倒是随着年龄的增加,《四书》越读越有味道,似乎天下关于人生的道理都已经被圣人说完了。

---

① 鄂尔泰等纂修:《八旗通志》(初集)卷四十九《学校志四. 咸安宫官学》,东北师范大学出版社,1985年。
② 雍正十二年九月内务府总管议奏,嗣后,咸安宫官学生五年一次考试。考试分为三天,"第一日,考试汉文,拟以四书二题;第二日,考试翻译,楷书清字,拟以上谕各一段;第三日考试骑射、步射。"

第四节 时　代

一、清代知识分子与四书、理学、八股文

隋唐时期，佛教在中国得到极大地传播，各家学说都在知识界和民间得到广泛传播，加之，帝王的扶持，佛教在朝堂上也对中国本土生的儒学、道教形成强大的压力。

从唐中叶到北宋初，在面对佛学的冲击、人心的不古、道德的沦落诸社会现象——晚唐五代政权更迭如走马灯，有着家国情怀的知识分子，如韩愈、柳宗元、李翱、胡瑗、孙复、石介等，在积极思考学术上的对策，力图在批判佛、道二教的同时，复兴儒家圣人之道，并用以重塑人心、安定社会。

由于《五经》很少谈及人性、天命、天人关系等知识分子关注的重大命题，无法为佛学、儒学辩论中的儒家知识分子提供有力的辩护资源；而作为《四书》的《大学》《中庸》《论语》《孟子》在相应内容上的辨析恰恰弥补了《五经》在这一方面上的不足，① 故而，随着时间的推移，《四书》的地位不断被重视和提高——作为理学

---

① 朱汉民：《理学、〈四书〉学与儒家文明》："儒学学术思想从来就是以儒家经典为依托的。汉唐儒学所依托、研习的基本经典是《五经》，两宋儒家学者所关注的是心性义理问题，虽然他们能够通过注释、发挥《五经》来阐发其心性理论问题，但是由于《五经》原典之中存在着心性理论资源稀散与文字艰涩的问题，学者总是面临'《六经》工夫多，得效少'的困境。而相比较而言，《论语》《大学》《孟子》《中庸》则心性理论资源丰厚、文字通畅明白，以《四书》为依据完全可以构建起'性与天道'的理学思想体系。因此，宋代儒家学者纷纷重视起《论语》《大学》《孟子》《中庸》，并通过对这些经典的重新诠释，建立起一种不同于汉唐经学的新学术体系。"《湖南大学学报（社会科学版）》2006年2期。

家，宋朝各学人并不排斥《六经》，但是，他们认为不掌握四书，难以了解《六经》的真义。故而，朱熹常说："四子，六经之阶梯。"

"经以明道，文以通理"。从"宋初三先生"的胡瑗、孙复、石介，到被称作"北宋五子"的周敦颐、邵雍、张载、二程，以苏洵、苏轼、苏辙为代表的蜀学学派，王安石的"荆公新学"，北宋知识分子力求通过自己的阐释，理解儒家圣人之道，用以修身、治国、平天下。

从宋初开始，注解《论语》的著作屡出不穷。作为"子书"的《孟子》则受到前所未有的推崇，这一尊崇孟子、研习《孟子》的思想热潮导致北宋宣和年间《孟子》被刊刻成石经，并成为《十三经》之一。《大学》《中庸》则被学者们从《礼记》中抽出，单独成篇，成为儒家学者们纷纷研读、注解的独立经典。

经过一百多年的时间，经过诸多知识分子的推广，人们越发接受《四书》在哲学、教育中的地位。到南宋孝宗乾道、淳熙年间，朱熹最终完成了《四书》学的体系化。

朱熹将《论语》《孟子》《大学》《中庸》结集为《四书》，完成了以《四书章句集注》为代表的《四书》学论著，对《四书》进行集中注释、阐发——其他学者的《四书》学训释都是单独、分散进行的。

朱熹还从道统授受、思想内容、进学顺序、工夫次第等方面，阐述《论语》《孟子》《大学》《中庸》之间的内在联系，证明《四书》内容、形式都有着有机联系，建立起宏大的《四书》学新经学体系。

朱熹是理学的集大成者，他的学术体系包括天理论（通过对理气、道器、太极阴阳、"理一分殊"的思考）、心性论（包括"天命之性""气质之性""道心与人心"及心性情的辨析)、工夫论(格物致知、穷理居敬、操存持养、致知力行等修身方法)①。

程朱理学讲求"格物致知",通过研究宇宙间各色事物、不同学科间的学问,探求宇宙中支配性的"道""理",并以这个宇宙万物都遵从的"道"来要求、规范人们的行为②。章学诚总结该派治学方式,云:

> 性命事功、学问文章合二为一,朱子之学也。求一贯于多学而识,而约礼于博闻,是本末之兼该也。③

南宋宁宗嘉定五年(1212),朝廷把《论语集注》和《孟子集注》列入学官,作为法定的教科书。元、明、清三朝都以《四书集注》为学官教科书和科举考试的标准答案。

正是由于这个原因,四书备受士子们的关注,因而,也就成为学塾教育中最为重要的科目。

至于八股文,其起源说法不一,有人将其推到北宋的"策论",有的认为出现于朱元璋时代。

八股文,也称制义、制艺、时文、八比文。

八股,即文章的八个部分,文体有固定格式,由破题、承题、起讲、入题、起股、中股、后股、束股八部分组成;后四个部分的

---

① 朱汉民:《理学、〈四书〉学与儒家文明》,《湖南大学学报(社会科学版)》2006年2期。
② 张学智:《宋明理学中的"终极关怀"问题》,《中国社会科学》2016年第9期。
③ 章学诚:《文史通义·朱陆》,上海古籍出版社,2008年。

每一部分有两股排比对偶的文字,合起来共八股。

考试,要考圣人用以修身、治国、平天下的经典图书章节的立意点,所以,写作八股文要求用孔子、孟子的口气,形式上要求四副对子平仄对仗,阴阳互济。

某种程度上讲,八股文即是标准化考试的格式,对避免考官主观判卷有相当的好处;但是,由于格式过分固定,加之,考题出自《论语》和《孟子》,很难保证长期有新意。八股文也常常受到人们尤其是有大才而不中式学人的批评。

但是,记诵、理解作为清代科举根本的《四书》,掌握八股写作技巧,是每个欲图科举入仕的知识分子必修的基本功课。

二、传统哲学巅峰和社会主导思想:程朱理学

十八世纪的中国,是传统社会集大成的时期,不论其政治统治制度的完备程度,还是经济发展水平、思想文化发育高度等诸多方面,都达到了传统社会的最高水平,尤其是康熙、雍正、乾隆、嘉庆四代帝王一百五十余年的统治期间,清代中国达到了传统社会无可比拟的高度,时人赞为"康乾盛世",或云"乾嘉盛世"[①]。而文化、

[①] 日本学者今西龙在为著名清史专家萧一山《清代通史》作的序中指出,新兴的、强健的满洲民族,"对外,则拓展了历代以来广大无比的版图";"对内,则整理了人类的至宝的文化。"王俊义则在《乾嘉学派与康乾盛世》一书中写道:"此时,清王朝的统治,政治上实现了稳定,统一的多民族国家得以巩固确立;经济上农业、手工业和商业,都获得长足发展,呈现了'国富物阜'的繁荣景象,为封建帝国奠定了较为雄厚的物质基础;文化上也大力倡导学术,书院林立,编书、校书、刻书之风甚盛,学人辈出,人才济济,'斐然比于汉唐',终于形成了在学术思想领域居统治地位的乾嘉学派。"《清代学术探研录》,中国社会科学出版社,2002年。

风俗不仅呈现出集大成的特色,更体现出满汉并列,互相交融的特点。

曹霑,这一中国文化史上的奇人,就是生活在这样的社会大背景下。

当时的中国,朝廷和主流学界遵奉的是程朱理学。

康熙年间,很多信奉程朱的知识分子如汤斌、陆陇其、李光地等先后进入中央,他们的主张、行径自然也就影响到皇帝的认同、政府的决策。康熙皇帝对理学有着极大的兴趣,经过累年的学习和思考,造诣颇深,他认为"理学之书,为立身根本,不可不学,不可不行。"[1]

在皇帝的提倡下,程朱就成为普天下知识分子的必修课程,理学所阐扬的修心养性的理论和方法也被世人所接受。曹霑的祖父曹寅"偕弟子猷讲性命之学"[2],他的叔叔曹頫"好古嗜学,绍闻衣德。"[3]可见,曹家家传的学问就是讲求"性命之学"的程朱理学。

在程朱理学占据学界顶峰的同时,考据学迅速发展兴盛起来。早

康熙皇帝读书像

---

[1]《康熙起居注》"康熙五十四年十一月十七日"条,中华书局,1984年。
[2] 唐开陶纂:《上元县志》卷十六《人物传》,康熙六十年刊本。
[3] 唐开陶纂:《上元县志》,康熙六十年刊本。

在明朝中叶①,就有知识分子提出,应该对孔子经典的原始意义进行研究,从而规范人们的行为。朱明亡国后,这种思潮得到了极大的发展。大儒顾炎武即指出,宋儒和明人的语录并不能真正阐释天道,自然也就不能成为人们修心养性,指导社会活动的法则,只有孔子留下的经典才是真正的理学,才是圣人发现并留给后世的天道阐释。因此,舍经学便无理学。他在写给施愚山的信中写道:

理学之名,自宋人始有之,古之所谓理学,经学也,非数十年不能通也。故曰:"君子之于《春秋》,没身而已。"今之所谓理学,禅学也,不取之五经,而但资之语录,校诸帖括之文而尤易也。

又曰:"'《论语》,圣人之语录也。'舍圣人之语录,而从事于后儒,此之谓不知本矣。"②

由于顾炎武在学术界具有极高的地位,此说一出,影响巨大,考圣人经学原文以探求天道的学术研究方式,迅速在知识界传播开来。③

---

① 在程朱理学盛行之际,陆九渊则主张,心性是决定人能否意识世界的根本。此说后为明中叶王守仁发扬光大,世称陆王心学,风行于明中后期。清初,知识界反思王学末流空谈心性之弊,多从程朱,或回归经典本身。

② 《亭林文集》卷三《与施愚山书》,康熙刻本。

③ 虽然,康熙皇帝对朱熹学说崇拜得五体投地,但他仍然可以受到"道学即经学"观念的影响,因此,康熙二十一年八月初八,在与日讲官牛纽、陈廷敬的问对中,康熙皇帝说:"自汉唐儒者专用力于经学,以为立身致用之本,而道学即在其中。"《康熙起居注》"康熙二十一年八月初八日"条。

三、坐集千古之智：文化集大成的时代

这一时期，集大成式的书籍编辑工作，也普遍开展起来。据统计，康雍乾三代仅清内府所刊定的钦定图书，即有经部二十七种、史部七十九种、子部三十二种、集部十九种、总计一百五十七种，两万两千五百八十卷。[1]康熙朝编订的《全唐诗》《佩文韵府》，就是曹霑的爷爷曹寅和舅爷李煦负责刊印的，因为校勘精良、印刷精美，而有"康版"之美誉。

书籍编订尤以《古今图书集成》称最，该书由陈梦雷积二十年之功编订，下设历象、方舆、明伦、博物、理学、经济六编，力图囊括世间一切学问。康熙皇帝称赞它"贯通古今，会通经史，天文地理，皆有图记。下至山川草木、百工制造、海西秘法，无不毕具，询为典籍之冠。"[2]

至于私人纂书，更是成为一时风气。顾炎武认为："君子博学于文，自身而至于家国天下，制之为度数，发之为音容，莫非文也。"[3]

"博学于文"成为知识界的共识，地理、周易、音韵、制度、金石、礼乐、文字都成为人们研究的对象，成绩斐然。即便是饮食、戏曲之类以前并不入于知识分子眼界的"小道"，也被学界视为研究和记录的对象。戏曲大家李渔作过《闲情偶记》，记录各式戏曲、饮食、器玩；曹霑的爷爷则编写了记录日常饮食的《居常饮馔录》；曹

---

[1] 张立文主编，陈其泰、李廷勇著：《中国学术通史》（清代卷），人民出版社，2004年。
[2]《东华录》，康熙六十一年十二月癸亥上谕，中华书局，1980年。在国外，《古今图书集成》享有"康熙百科全书"的美誉。
[3] 顾炎武：《日知录》卷七"博学于文"条，上海古籍出版社，2012年。

霑的叔爷曹荃则注释过葛震的《四言史征》。

乾隆三十八年（1773）二月开始编修、至乾隆五十八年修成的《四库全书》"子"部中存儒家类、兵家类、法家类、农家类、医家类、天文算法类、术数类、艺术类、谱录类、杂家类、类书类、小说家类、释家类、道家类十四门，其下分属，如术数类分数学、占候、相宅相墓、占卜、命书相书、阴阳五行、杂技术七属；艺术类分书画、琴谱、篆刻、杂技四属；谱录类分器物、食谱、草木鸟兽虫鱼三属；杂家类分杂学、杂考、杂说、杂品、杂纂、杂编六属；小说家类分杂事、异闻、琐语三属等。今以所收"谱录类"为例，以见清人所见诸书之繁多。

《古今刀剑录·鼎录》《啸堂集古录》[宋] 王俅

《考古图·续考古图·释文》《重修宣和博古图》[宋] 王黼

《宣德鼎彝谱》《钦定西清古鉴 第一册》[清] 梁诗正、蒋溥

《钦定西清古鉴 第二册》《奇器图说》[明]（西洋）邓玉函

《砚史·歙州砚谱·歙砚说·端溪砚谱·砚谱》《砚笺》[宋] 高似孙

《钦定西清砚谱》[清] 于敏中、梁国治

《墨谱法式·墨经》[宋] 李孝美

《墨史》[元] 陆友

《墨法集要》[明] 沈继孙

《钦定钱录》[清] 梁诗正、蒋溥

《香谱》[宋] 洪刍

《陈氏香谱》[宋] 陈敬

《宣和北苑贡茶录·北苑别录·东溪试茶录》[宋] 熊蕃、赵汝

砺、宋子安

《云林石谱》[宋]杜绾

《茶经 茶录 品茶要录》[唐]陆羽，[宋]蔡襄、黄儒

《续茶经》[宋]陆廷灿

《煎茶水记》[唐]张又新

《北山酒经》[宋]朱翼中

《酒谱》[宋]窦苹

《糖霜谱》[宋]王灼

《洛阳牡丹记·扬州芍药谱》[宋]欧阳修、王观

《刘氏菊谱·史氏菊谱·范村梅谱·范村菊谱》《金漳兰谱》[宋]
　　赵时庚

《海棠谱》[宋]陈思

《荔枝谱·橘录》[宋]蔡襄、韩彦直

《竹谱》[元]李衎

《百菊集谱》[宋]史铸

《文房四谱》[宋]苏易简

《香乘》[明]周嘉胄

《御定佩文斋广群芳谱第一册》[清]汪灏、张逸少等

《御定佩文斋广群芳谱第二册》[清]汪灏、张逸少等

《御定佩文斋广群芳谱第三册》[清]汪灏、张逸少等

《禽经》[周]师旷

《蟹谱·蟹略》[宋]傅肱、高似孙

《异鱼图赞》[明]杨慎

《异鱼图赞补》[清]胡世安

《异鱼图赞笺》[明]杨慎

《笋谱·菌谱》① [宋] 释赞宁、陈仁玉

四、曹荃的《四言史征》与"御赐萱瑞堂"印

曹霑的叔爷曹荃曾注释同僚葛震的《四言史征》，其后人，也即曹霑的堂伯辈曾为之刊刻。

葛震，字甫之，号星岩，句容人，其《四言史征》"于历代帝王，各以四言韵语括其始末，起自盘古，终于有明。"十二本，书半叶八行，行二十二字，白口，四周双边，版心下刻"芷园"二字。前有康熙二十七年（1688）九月陈廷敬序，康熙三十九年宋荦序，康熙三十三年曹荃序。

卷一题："长白曹荃芷园甫注释，顿丘葛震星岩甫编辑，古歙程麟德蔚窑甫校订"。

"甫"，通"父"，传统时代对男性长辈的通称，犹父老的意思，可知此本系曹荃后人刊刻的。

封面刻"芷园藏板"，曹荃家藏本上钤"御赐萱瑞堂"印。② 复可知该本为曹家家藏本。

曹荃注《四言史征》并钤印"御赐萱瑞堂"

---

① 《四库全书·子部·谱录类目录》。
② 季羡林主编：《四库全书存目丛书》"史部"第 291、292 册，齐鲁书社，1997 年。《四言史征》藏辽宁大学，雍正年间刻本，卷内钤"静远斋果郡王图书记"，"果亲王府图书记"等印记。

按，芷园、萱瑞堂皆为曹家堂号。康熙三十八年（1699），皇帝进行第三次南巡。四月，皇帝回京，途中过江宁，住江宁织造曹寅府邸，曹寅奉其母孙氏朝谒——孙氏是康熙早年的保姆，曾照顾当时的玄烨在宫外（今北长安街北口福佑寺地方）避痘，情分自然非同一般。康熙以礼相见，赏赐甚厚，并对一旁侍奉的大臣们说，此"吾家老人也。"

吾家老人，就是皇上家的老人。中国素有"宰相门前七品官"的说法，皇帝亲口说，某某是我皇家的老人，这是何等的荣耀？！这就是满人，这就是他们的主奴关系。当时，织造府前萱花盛开，皇帝遂御书"萱瑞堂"三大字以赐。

这对于包衣身份的曹家来说无疑是一件无比荣耀的事，故曹荃刻有"御赐萱瑞堂"印章。

曹荃注释《四言史征》是在康熙中叶，彼时考据学虽然兴起，但尚未大盛，知识分子中不少人仍延续明朝晚期心学弊端，束书不读。故而江苏巡抚、著名诗人宋荦（1634—1713）高度评价曹荃此书的功德，其叙《四言史征》云：

曹君芷园为之注，取诸本纪、世家、列传之文，而又书帝王统系纪年于前，备采野史之可传信者于后。正统则标其名，僭国则书其附。文约而事备，法严而义精。盖效《紫阳纲目》之遗意，所谓大书以提要，分注以备言者，几几乎近之矣。

语云："莫为之后，虽盛弗传。"葛氏《史征》虽佳，得芷园注乃益明。

今夫史乘之多，汗牛充栋，黄吻呀唔，白首不能蟹其词。于是畏难而阻者，反籍口宋儒玩物丧志之说，高束不观，往往不知自古至今帝王几统南北，几朝制度。文章蒙然云雾，学问日入于荒陋，岂若于毁齿就传时即授以此编读之。有韵之言寻行朗诵，即易于成熟而先入之所睹记，又可历久而弗忘，其有功蒙养不小也。

《紫阳纲目》，南宋大学者朱熹以司马光《资治通鉴》为基础编就的一部史学著作。书中记载一事，先列提要，大字顶格，即为纲；叙述事件经过，小字分注，低格排列，是为目。该书清晰易读，复承载朱熹政治观、历史观，在明清两代风行一时。

《四言史征》曹荃自序云：

学士家究极经书所以治心也，博览史书所以资识也。

经史学识不可偏废，犹辅车然。然士之求治一经，殚心岁余，义可粗了，程功若易；史则充栋，非究数年之力以勤披览，亦不能遍，是为难耳。人每畏难，鲜不置之，因犹改难趋易，删多就寡。而诸家衰史，减略出夫史；至于撮要，则节目不能详。律句则书，法莫能备，大端疏漏，实误信传。

句容葛君是所慨然，于此而有《四言史征》之著也。首自鸿蒙，下至元明，皆取各家正史而概括之。凡所更代，帝王功德之绪，胪列于前；臣宰忠奸之迹，鳞次于后；节烈异数，附记于末。率为四言韵语，则寓褒贬美刺，大意有同葩经，俾读者可以与群、怨焉。

予一日相与衡论古今之际，出此稿以示予。予览竟喜其琢句之工、命意之善也。然亦微有因简致疏之处，乃不揣请而为之注。取诸本纪、世家、列传详以系之，庶使读句者记其要领，览注者得其纤悉，去多而寡、去难而易，使无星漏，足可信传。葛君之功，有益于世学实厚。予则因弥至深，少助弘济，且此诚便家塾幼学，裨于摹字之初。即令写此，不二三岁可熟正文，再为讲解古今全史，咸贮腹笥。牖下恣谈，论廊庙，资政事，润色柔翰，鼓吹诗歌，学士案头岂可少此一书乎？其中短注古韵音切皆本考究，间抒己意，览者自知。录成命梓，用契葛君。

时康熙三十三年岁次甲戌孟秋，长白曹荃书于漱艺山房。

文后印二："曹宣今名荃"（阴文）、"芷园字子猷"（阳文）。

葩经，即《诗经》。韩愈《进学解》云："《诗》正而葩。"

曹荃指出，自己"因弥至深，少助弘济，且此诚便家塾幼学禆于摹字之初，即令写此，不二三岁可熟正文"。可知，曹荃将这本书视作儿童史学启蒙书籍进行注释的。这样的家族著书，如同曹寅的《楝亭集》《居常饮馔录》等等，不用说，曹霑小时候都是有所关注的。

这是一个文化集大成的时代，这是一个产生集大成文化人物的时代，曹霑就生活在这样的社会、文化背景中。

只有了解了这一点，才能对《红楼梦》中描述的方方面面有一个清晰的解释，才能对《红楼梦》是一个人写成的，还是多个人写成的这一疑问，有一个合理的理解。

我们不禁要问，满人统治的清朝，何以能够做到这一点？清代哲学家方以智在他的《通雅》中点明了其中的因由所在：

生今之世，承诸圣之表章，经群英之辩难，我得以坐集千古之智，折中其间。[1]

---

[1] 方以智：《通雅》卷首之一《考古通说》，中国书店，1990年。

在这样的时代氛围中，天赋本高的曹霑受到了家庭、学校良好的教育，加上勤奋好学，博览群书，慢慢变成一个博学多识的通才。

正是因为他能坐拥千古之智，他笔下的《红楼梦》才得以包罗万象，道尽人间百态。正如《红楼梦》著名评论家"护花主人"王希廉所评论的：

一部书中，翰墨，则诗词歌赋、制艺尺牍、爰书戏曲以及对联匾额、酒令灯谜、说书笑话，无不精善；技艺，则琴棋书画、医卜星象及匠作构造、栽种花果、蓄养禽鱼、针黹烹调，巨细无遗，件件具有，可谓包罗万象，囊括无遗，岂别部小说所能望见其项背？

第五节　旗　人

旗人由东北入关，分为京师八旗、驻防八旗（驻防全国重要战略地位）。京师八旗环绕京城驻扎、居住、生活，旗人之间互相通婚。

随着国家承平，经济发展，乾隆朝以后，尤其是乾隆中叶以后，京师旗人习俗多有变化，因此，想了解曹霑生活时代的京师旗人风俗，当以康雍乾交际时资料为考察对象，而不应以关外满俗和清末习俗作为凭证。

著名满俗专家金启孮先生（乾隆五子永琪后代，母亲为蓝靛厂外火器营翼长之女）认为，乾隆中叶以前，京西外三营（圆明园护军营、香山健锐营、蓝靛厂外火器营）从京师移民而来，其地远离京师，旗营中人独立生活，风俗较少受到京师习俗的变化，较大程度上保持了康雍乾交际时期京师的旗人风俗。

一、旗人的头饰

清代，旗民（汉文化区）都梳辫子，人们说辫子长、头发密的男孩子为"好看的小子"，夸奖剃光头后的男青年，总说"鹳青的脑袋皮"。《红楼梦》第六十三回《寿怡红群芳开夜宴 死金丹独艳理亲丧》写道：

（宝玉）因又见芳官梳了头，挽起纂来，带了些花翠，忙命他改妆，又命将周围的短发剃了去，露出碧青头皮来，当中分大顶……

第七十八回《老学士闲征姽婳词 痴公子杜撰芙蓉诔》中写道：

宝玉满口里说"好热"，一壁走，一壁便摘冠解带，将外面的大衣服都脱下来麝月拿着，只穿着一件松花绫子夹袄，袄内露出血点般大红裤子来。……秋纹将麝月拉了一把，笑道："这裤子配着松花色袄儿、石青靴子，越显出这靛青的头，雪白的脸来了。"

汉人妇女将头发拢在脑后，旗人妇女则将头发梳在顶上，叫旗髻，脑后缝成"燕尾"（音"燕也儿"），因缝"燕尾"麻烦，后来只顶上梳髻。有事出门，为表示正式隆重，才梳"两把头"。

营房中，民风纯朴，中年以上妇女带小头，青年妇女的两把头的头穗比北京城里妇女的头穗要小，头饰也少。看惯了京城妇女头饰的金启孮先生说：

我初看到这样简朴的两把头时，颇为奇怪。大约我已深受城中的影响，仿佛两把头必须满头珠翠，当中还要有一个大凤凰或大牡丹花的"头正"（正中插带的饰物）才看着过瘾。

妇女的耳环，俗呼"钳子"，满人带耳环比较大。乾隆年间，满洲贵妇人一个耳朵上要带五个钳子，以后才变成一耳带一个。营房中，则一耳带一个。男孩子为了好养活（即不容易夭折），也扎耳孔，但多半都只扎一个，带一个铜圈。

二、旗人的服饰

衣食住行，衣为首。

旗人自然着旗装。

旗装是适应东北地区生活劳动习惯产生的，比较紧致利索，妇女服饰装饰多、颜色艳丽。

旗装也分等级，曹霑并没当过显官，日常接触多的还是普通旗人，因此上层服饰不必赘述。普通的男性旗人，当差穿军装，平常服饰多为袍、褂，袖口为马蹄袖（上面长，可以盖在手上，既适合射箭，又利于保暖），腰束衣带；或穿长袍，外罩对襟马褂。夏季头戴凉帽，冬季戴皮制马虎帽（束脖、盖头、露脸的一种帽子）。衣服多为青、蓝、棕等色，以棉、丝、绸、缎等各种质地衣料制作，裤腿扎青色腿带，脚穿棉布靴或皮靴。家居生活，则总是大褂，冬天穿棉袄，春、秋穿夹袄，颜色多是灰色的，显得庄重朴实。夏天，年轻人则多穿白布裤褂，精神利落。

平日，中年以上老太太都穿着朴素，喜着蓝色或灰色、浅灰色衣服，又喜欢大襟，下摆沿边。①比如灰色衣服则用黑布镶边，纽扣也是用黑布条打成的"算盘疙瘩"。妇女平日穿薄底或较薄底的鞋，鞋面多用青色（黑色、蓝黑色），鞋头上多扎以云头或别的满洲图案花卉。

当时，不论男女，裤子下缘都要缅上，用黑色的腿带系起来；穿孝时，改用白色或灰色腿带。年轻的小姑娘也有用红色的。腿带用丝线、棉线织成，宽约一寸，长可达尺，两头有穗，系腿时，容易披上。裤腿，只有晚上睡觉时才能打开。像《红楼梦》第六十三回《寿怡红群芳开夜宴　死金丹独艳理亲丧》一回中宝玉与芳官都散着裤脚，那都算是极为放纵（不规矩）的表现。

三、旗人的饮食与习惯

清朝，旗兵随时准备出兵打仗，故对生死看得比较淡，日常生活中注重饮食，加之，收入颇厚，更助长了注重饮食的作风。

步兵领催月饷三两，甲兵月给饷银三两，步兵月饷一两五钱（年入十八两纹银），每年饷米均二十二斛，合十一石。

在当时政府提供房屋，物价颇低的情况下，这些收入对于维持一家三四口人绰绰有余。②

---

①　把窄条的布或绦子等缝在衣物边上。老舍《离婚》第六："长棉袍只有一件……蓝色，没沿边，而且太肥。"

②　实际上，正是由于这样的优厚政策，和旗人不得经商的规定，京师商业的繁荣，使得旗人生活奢华。这在早期还不甚明显，但等到旗人人口见多，官、差不足时，这种情况就显得愈发严重起来，从而产生八旗生计问题。雍正曾说：旗人"不勤骑射，不谙生计，妄费滥用，竟尚服饰，饮酒赌博，失其生计，至于穷困"。

营兵既讲究吃,也非常热情好客,不管亲戚、朋友到家中,绝不许空着走,必要留饭。普通旗人家一般没有八仙桌、饭桌一类吃饭专用的桌子。吃饭时,多用炕桌,客人来了,就请客人上炕,盘腿而坐。日常饮食,重食肉、面食和米饭。

(一)猪肉饭

冬天或年下,常吃猪肉。

传统时代,肉食较少,猪肉自然养殖,肉质细腻,更能补充营养。

吃猪肉,在东北具有悠久的历史,也有多种做法。

白煮肉是旗人最常见的吃法,即将猪肉洗净,白水煮熟,切成薄片,蘸酱油、蒜泥、韭菜花之类的调料吃。猪肉切成薄片,按上肥下瘦摆盘,一片白色,固称白肉。

旗人还常将白切肉片剩下的肉切成肉末,用来烫米饭,称作"白肉烫饭",味道鲜美。

(二)鹿肉

除了吃猪肉外,旗人也喜欢吃鹿肉。

现在,一提鹿肉,人们便觉珍贵、难得,觉得只有《红楼梦》里的贾府才吃得起。

在清朝却不是这般。清朝入关后,东北地区基本封禁,山林众多,又为了皇帝打猎必须得有鹿,有专门的养殖鹿。因此,清代北京市场上常有鹿肉售卖。

（三）羊肉、川卤

涮羊肉是旗人喜爱的食物之一，当时把涮羊肉叫作"锅子"（即涮肉的火锅）。

烤鹿肉、烤羊肉也是旗人喜爱的食品，但多在九月九重阳节登高时，就酒而食。或者冬季空闲，解馋。

旗人喜欢面食，如烙饼、面条之类，吃了抗饿。他们不喜欢吃米饭，因为国家发放的主体粮食是稻米，或者卖米买面，或者吃"老米饭"（隔年米，旗人认为有一种特殊香味）。

面食的做法有许多种。营房里的满洲人特别喜欢"川卤面"。这种浇面条的卤，先把羊肉切丁，煮烂，然后在汤中放上黄花、口蘑、鹿角菜和各种作料，再放在火上炖熟，这就成了川卤。川卤为清汤，不勾芡，和猪肉、鸡蛋打成的卤不同。

（四）酱肉

酱肉是旗人常吃的食品之一，当时叫做盒子菜。

市场上为了做旗人的生意，专卖酱肉、熟肉的地方准备一种木制、铜制圆盒。盒子里面分成许多格。每一格里摆上一种酱肉或熏肉。家中有客人来了，准备不及招待的菜，可以去叫一个盒子。肉铺把盒子装好送到家中，称作叫一桌席，故名。

盒子菜里的肉多半是酱猪肉，猪头肉很少有人吃，酱肉颜色是酱紫色的，制作时大量使用酱油。当时的酱油用的是做豆瓣酱时表面漂的那层油，颜色虽重，口味却是鲜甜可口。

（五）炒菜

旗营人多喜饮酒，不管是自己饮用，还是供神，都用烧酒。老头儿、老太太没有不喝酒的,每饭必喝。儿子给父母打酒就好像是孝顺的一种表现。

招待客人的菜,除重冷荤外,多半是肉炒或炖肉一类的菜,也用冷荤,如酱肉、松花一类东西,或是才下来的新鲜果子(即今所谓水果)。汤,则多用"氽丸子"一类的汤。绝少"炒白菜丝"或"烩茄丝"一类的素菜,鱼也很少吃。

旗人饭后必喝粥,多是红豆粥、绿豆粥(多夏天用)之类。

(六)点心

点心,满洲叫饽饽。

实际上,旗人称面食类的东西都叫饽饽,故而,饽饽一指饺子,一指面点。常见的点心如"萨其玛"或"芙蓉糕""花糕"。

过去,北京饽饽铺都挂三块匾,正中是字号,左边是"满汉"二字,右边是"饽饽"二字。

彼时,京师(北方地区)一日二餐,早饭九、十点,晚饭四、五点,晚上饿了,添补一点,称作点心。京中旗人习惯,每天午饭后、晚饭前要吃一顿饽饽。甚至有用饽饽下酒的。

(七)喝茶

旗人喜欢饮茶,每天早晨起来,洗漱后,先喝一杯茶,再吃东西。他们管这个叫"冲龙沟",也就是先湿润一下食道,有好处。

喝茶即是上年纪人的一种习惯,所以早晨青年人在街上遇见长辈,便要垂首站立问"您早喝茶啦",成为一种礼貌。

普通旗人家中来客人,茶并不甚重视,一来未必有好茶,二来必定留饭,茶就变得可有可无,这是与达官显贵家很大的区别。

（八）夏日凉品

北京夏季酷热、冬季极寒。

为了避热去暑，夏天多吃去暑的凉品，旗人家中几乎家家都有"冰桶"。

冰桶用木头做成四方形，有钱人家购置琉璃烧成的冰桶。冰桶上面有盖，盖子分作两片，便于取物。桶内有木垫、木架，用以放冰。食物、瓜果放在木架上，冰化后，水流在木架下，不致弄脏食物。冰桶外面托以半尺高的木架，高离地面。

冰桶除了用来冰食物、菜肴外，夏天也多用来冰西瓜。除西瓜外，还有温脯（一种用红果做的蜜饯饮物，也写作温桲）和蜜饯海棠，都是带汤的。这些东西都是自己动手做，和城里买"果子局"（水果铺）的不同。

（九）饮食的习俗

除了讲求食肉、好吃、卫生等问题外，普通旗人对饮食不加限制。

京师中的大族，因活动量少，加之，医生劝诫，往往限制幼童饮食。皇族、王室幼童在家中吃饭，总有仆妇在旁"布让"（代夹菜），以"限制"其饮食种类、数量，一来营养均衡，二来不许多吃，怕消化不良。

普通旗人家没有这种限制，可以随性任意食用。闹病中的饮食，满洲世家向以"净饿为主"（《红楼梦》中所谓贾府秘诀，实乃满洲王府、世家通用的办法）。普通旗人则认为，病了想吃什么，就是身体需要什么，就吃什么，病准能好。金启孮先生回忆说：

我犹记得尝到酱猪肉、酱肘子以及葱蒜韭菜之类的美味，都是在外祖母家中吃的。我家向来不许我吃这些东西。

……

有一次，我的弟弟得了痢疾，百治不效。母亲带她住外祖母家时，自然仍以"净饿为主"待之。外祖母看着难过，竟偷着给他做尜丸子吃。谁知病竟好了。外祖母的理论得到了胜利，便在全营房中传播起来。

四、旗人的住与行

具体说到住，旗人的房屋基本是国家提供的。

每家的基本标准，如房间数、尺寸，不同的区域和不同的时段有一定的差别。一般说来，普通旗兵可以分得二到三间房屋。与达官显贵的四合院房屋不同，旗营房一般进深、标高比四合院房屋都要收缩十之一二。

房屋格局，分作一明二暗或者内外间，内间为一家老小生活起居空间，服饰、银钱、被窝等物品陈设于内，外间为祭祀、待客之所；沿南墙架设土炕，容易通风采暖，已经不同于东北或达官显贵家的圈炕（除通道外，四面或三面皆炕，此形制故宫仍存）。

炕的中前部为灶，冬季用来做饭供暖，皇宫、王府的供暖灶设于窗户外的地下，由太监在窗外添煤；灶前有盛放煤灰渣的灶坑，灶坑上铺设活动木板，防止煤灰飞腾；炕内有烟道，走火、烟；室内陈设水缸、米缸。

北墙开大窗户，以供通风。旗人尚西，西墙上部钉有祖宗架子、板子，板子上陈设祖宗盒子（内陈家谱、祖宗影像等），盒子前供奉木制香碟三五个,用以燃香。逢年过节,宰牲、祭祀等活动即在炕前进行。

旗人不得擅自出营房、城池,京师旗人不准擅自离城四十里,如果确实因事需要出境,则需要到本旗衙门告假领票,办事回旗后,再去销假。旗营外建有围墙,不同位置开设大门,有兵丁守卫,早开晚关。

至于出行,一般步行,距离稍远,则可以骑马或者骑驴(市场有租驴的行当),尤其是清朝初年,旗人妇女骑马也不稀罕,《康熙万寿庆典图》上就有不少骑马的少女;远行的话,或船或马或车,都有可租的地方,富贵人家一般置办有数量不等的车、马。

五、康雍时期旗人的性格

最初的旗人多为东北满洲、蒙古和汉人,包衣人等则以河北、山东一带人众为多,性格好强、淳朴。

入关之后,旗人与民人(非八旗人)接触日多,受汉文化影响,很多人开始习文,顺治、康熙、雍正、乾隆无不以娴于文事、博览风雅著称。《啸亭杂录》卷一《纯庙博雅》云:

> 纯庙天纵聪慧,揽读渊博,万几之暇,惟以丹铅从事。御制诗五集,至十余万首,虽自古诗人词客,未有如是之多者。每一诗出,令儒臣注释,不得原委者,许归家涉猎。然多有翻撷万卷莫能解者,然后上举其出处,以博一笑,诸臣无不佩服。尝于《塞中雨猎》诗内用"制"字,众皆莫晓。上笑曰:"卿等一代巨儒,尚未尽读《左传》耶?"盖用陈成子杖制以行也。又出《污卮赋》考词林,众皆

误为窳尊，上徐检出，乃拟傅咸《污卮赋》也。彭文勤尝进呈百韵排律，上立读之，曰："某某出韵。"后考之，信然。其博雅也如此。

不同的是，皇帝特重骑射，而至普通旗人，多有因文忽略旗人语言、骑射者。对此，清朝皇帝非常忧心，认为自己能够文武兼顾，但普通旗人往往或者舍武从文，或者文武都不能学好，不断下命令，要求保证旗人风俗。乾隆二十年（1755）三月十七日，皇帝上谕云：

满洲风俗素以尊君亲上，朴诚忠敬为根本，自骑射之外，一切玩物丧志之事皆无所渐染。乃近来多效汉人习气，往往稍解章句，即妄为诗歌，动以浮夸相尚，遂至古风日远，语言诞慢，渐成恶习。

同年五月十七日，上谕又云：

近日满洲熏染汉习，每思以文墨风长，并有与汉人较论同年行辈往来者，殊属恶习……嗣后，八旗满洲，须以清语、骑射为务，如能学习精娴，朕自加录用，初不在其学文否也。

京西旗营官兵系从京师满蒙、内务府护军、前锋中选拔而来，风俗相对淳朴，沾染文人气息较少；加之，处于郊区，与京城交往较少，旗营中与旗营外汉民交往也相对较少，较好地保持了乾隆初年的旗人习俗。

直到清末民初，健锐营等京西旗营旗人还保持着与京师宗室王公、世家大族、京师旗人不同的独特性格，主要表现为性格倔强、尚勇好武，以为国家战死为荣。具体而言，表现在以下几方面。

（一）重视内亲

由于妇女在家庭中地位较高，妇女的亲戚也受到重视，从而形成了旗人重内亲的习俗。这可以从来往的亲戚中看出来。

旗人往往亲近母系亲属，姨儿、舅母等女方一边的母系亲戚居多。这一点，虽然随着时间的推移，逐渐淡化，但雍乾之际，基本还未大变。

中国人历来讲究严父慈母，不严不足以教养子女成才，做父亲的往往对儿子辈板着个脸，母亲则多慈眉善目。男人对儿子严厉，到了孙子一辈儿就往往变得宠爱有加，妇女尤甚，母亲疼爱女儿、外祖母疼爱外孙。

（二）游戏

旗人儿童常见游戏有二，一为蹴球，一为打拐。

蹴球是一种石头琢磨成的小圆球，直径只有一寸多，用脚来推，将对方的球撞走，把自己的球推进预定地方为胜。打拐，即杨宾《柳边纪略》卷四中所记的"噶什哈"，"打拐"为汉译，所用拐骨不只有猪、羊的，更多的是马拐。这是因为旗营中养马，马死后，即有此物。

旗营人总是把游戏和练武结合起来，游戏就是练武，练武就是游戏，摔跤、扔石锁、骑马射箭，既是军事训练，也是最常见的游戏。

（三）性格上的好强与好客

旗人中人普遍好强。二十世纪三十年代，金启孮先生至蓝靛厂外火器营一带，旗人仍如此说：

满洲人好强,不管在什么事上也不肯认输。你难道不知道吗?要没有这股劲,咱们进得了关?……咱们满洲人不管干什么事都要强。①

因勇武、好强,也使得旗营中有好打架的风俗,金启孮先生描述说:

营房中满洲人打架,向来没有两人对骂……他们打架不告诉人,只和对方约好:"今儿晚上北门外头见。"到时,两人往死里打。非把其中一个打得没辙,不能算完。但被打败的,只要"哼哼"一声,对方立即住手。打的动不得时,打人的把挨打的背回来放在他家门口。这不是友好,而是一种义务。

女人打架,骂的时候多,真打的时候要少些。骂是《红楼梦》里焦大式的骂,总在男女关系上找题目……后来我问他们才逐渐明白了的,那就是急了骂人总要骂他要害的地方。"杀千刀""外死鬼""仰面角回家"这些骂固然文明,但满洲人是以"为国家战死疆场为荣"的,那不等于歌颂他了么?满洲人最以乱搞男女关系为耻,于是就只有采用焦大式的骂才能解恨,或者盼望他家出这种事。

---

① 金启孮先生举自己经历的例子,说明旗人好强的特点,云:"这时,我们已进入一个烧饼铺,坐在一副长桌前的板凳上。烧饼、油炸鬼和甜浆粥,已摆在我们眼前。他一面让我吃,一面问我:'你听说过吃公东的没有?'我说:'没听说过。'他举着筷子指着油炸鬼说:'比如有人说:谁能吃一百个油炸鬼,谁是好汉!如果没人出声,他便会找到你头上来,问你敢不敢?你能说不敢吗?当然一拍胸脯,敢!好,那就找来几个证人,看看你把一百个油炸鬼吃下去。钱由在场的大家公摊,所以叫吃东公。'""若吃不下去呢?"我问。"吃不下去,就算栽(跟头)了。""若勉强吃下去死了呢?"我不禁有些惊愕了。"怎么没有死的,死了但是好样的。"

此类习俗，不管是清初，①还是清末尽有。

此外，营中满族极其好客，讲求清洁卫生，每次招待客人菜肴和盘碗都很干净。只要有亲戚、朋友来，必留饭。饭摆在炕桌上，让客人脱鞋上炕。冬天少不了火锅，夏天少不了冰镇的凉瓜果和冷荤下酒，一定要让客人吃得很满意，才能作罢。

民国以后，旗人虽穷而好客不已，尚有古风。金启孮先生回忆说：

> 我记得第一次去火器营时，一位老爷（不一定是有血亲关系的外祖父，大约转了几个弯的）一定让我上他家吃饭，这位老头穷得连碟碗都不齐全，竟以瓦片代用。瓦片擦磨得干净极了。不经人说，我简直认不出来。
>
> 我外祖家本不让他请，他一定说："外外（这里作'外孙'解）大远的来咱们这里，我当去卖去也要让他在我家吃一顿。不然，我心里过不去！"

（四）说话方式比较直接，讲求实际

旗人当兵为业，虽也有诸种社交活动，受达官显贵婚丧嫁娶奢靡风气的影响，但各家过各家的日子，收入有限，计量为出，既注重礼节，但又不至于过分繁琐，反映到说话上，讲话方式比较直接，

---

① 和邦额：《夜谭随录》卷三《三官保》。和邦额，生于乾隆初年，卒于嘉庆初年，乾隆举人，曾任山西乐平（今昔阳）县令、钮祜禄氏副都统等职。

讲求实际,不求过多的虚套①。

第六节　行走平王府

林孝箕、胡寿萱亦久有雪芹曾"巢幕侯门"之说。

——《曹雪芹在瓜洲》②

复详讯富璋。据称:从前,曹家人往老平郡王家行走,后来沈四带六阿哥并赵姓太监到我家看古董,二次老平郡王又使六阿哥同赵姓太监到我家,向我父亲借银使用……老平郡王时常使六阿哥、赵姓太监往来,与我父亲说话,我实不知道说些什么。

——雍正十一年十月初七日
《庄亲王允禄奏审讯绥赫德钻营老平郡王折》

在亲戚们的运作下,叔叔曹𫖯已经出狱,不过,欠的银子仍然

---

① 金启孮先生以旗人对僧格林沁和孙中山的态度为例加以说明:"外三营和京旗一起,受过僧格林沁的节制,他们对僧王的感情很深,营房中老人对僧王有种种传说,多与薛福成《庸庵文集》《庸庵笔记》所记不同……民国成立以后,孙文、冯国璋都给他们讲过话。孙文大约是首次来京时找几个营房的翼长官员讲话的。讲后,据政府公布说:八旗弟兄都很受感动。但我幼年在营房听到的并不是这样。他们说:他讲的话我们就听不懂。长官给属下讲话,应该讲切身问题。谁有功夫听那些不着边际的话(大约必是讲建国方略、建国大纲一类问题)。他们对冯国璋非常佩服。据说冯召集他们只讲了几句话:'听说革命成功了,你们有点害怕。怕什么?有我就有你们。我的亲兵都是你们的子弟,我不信任他们信任谁,你们要安心听我的。有我就有你们。'"金启孮:《金启孮谈北京的满族》,中华书局,2009年。

② 吴恩裕:《曹雪芹佚著浅探》,天津人民出版社,1979年。

没有补上。叔叔回到家中，家里第一次有了欢快的笑声。①

雍正九年（1731），曹霑十六岁。

在清代，十六岁是男孩子的一个坎儿。按照政府的规定，男子十六就算"成丁"。"成丁"就意味着这个孩子已经成人，他就可以娶妻生子，可以等候挑补差缺，当差食俸。②

按说，此时曹霑应该仍在咸安宫官学读书才是；但是，一个恰巧的机会，让他顺利地进入了平郡王府当差做事③——此时的平郡王是曹霑的表哥福彭。

一、铁帽子王：平郡王府

纳尔苏与曹氏生有四个儿子（纳尔苏的其他姬妾所生儿子没有长大成年的），情况如下：

长子福彭：生于康熙四十七年（1708）六月二十六日，长曹霑七岁；

---

① 雍正十三年末，庄亲王、和亲王等人覆查"汉文单"中云："雍正六年六月内，江宁织造员外郎曹頫等骚扰驿站案内，原任员外郎曹頫名下分赔银四百四十三两二钱，交过银一百四十一两，尚未完银三百二两二钱。"颇可思议。曹家不至于换不上这点银子，颇以为随着雍正初年弥补亏空举措的推行，国家财政大为好转。相关人等俱以释放。只是没有在法律上认为，他们交补了亏空而已。

② 孙文良主编：《满族大辞典》，辽宁大学出版社，1990年。

③ 此案发后，庄亲王负责审问。隋赫德之子富璋供认，称："从前，曹家人往老平郡王家行走。后来，沈四带六阿哥并赵姓太监到我家看古董，二次老平郡王又使六阿哥同赵姓太监到我家，向我父亲借银使用。"可见，此案中有曹家人参与其事。当时，曹霑一家，叔叔在狱，堂弟幼小，且与平郡王府无亲，因此，在王府"行走"，并参与此案者，系曹霑无疑。

第四子福秀（按纳尔苏诸子生年排行）：生于康熙四十九年闰七月二十六日；

第六子福靖：生于康熙五十四年九月二十日，与曹霑同岁；

第七子福端：生于康熙五十六年七月十五日，雍正八年卒。

雍正六年中，曹霑随家人从江宁回到京师，因此，曹霑与表弟福端自然也有交往，但交往时间不过两年多而已。

姑父纳尔苏、姑母曹氏、三位表兄弟都活到了乾隆年间，与曹霑交往当多。

尤其是福彭，自雍正四年（1726）承袭王位，到乾隆十三年（1748）薨，伴随了曹霑京师生活的相当部分，按照现有的迹象来看，很可能相当程度的影响了曹霑的生活与仕途，甚至《红楼梦》的创作——戴逸先生颇疑《红楼梦》中北静王身上即有平郡王福彭的影子。

纳尔苏卒于乾隆五年九月初五日，年五十一岁，而到乾隆十三年，曹霑的姑母仍在人间。《清高宗实录》卷三三五"乾隆十四年二月丁酉"条下载：

礼部议奏："故多罗平郡王福彭遗表称：'臣父平郡王纳尔苏以罪革爵，殁后蒙恩以王礼治丧赐谥。臣母曹氏未复原封，孝贤皇后大事不与哭临，臣心隐痛，恳恩赏复。'所请无例可援。"得旨："如所请行。"

乾隆十三年十一月十三日，福彭逝世，年四十一岁。死前，福彭上奏，为母亲恢复封号事请旨。

按，孝贤皇后大事指乾隆十三年乾隆原配皇后富察氏逝世、尸身回京举办丧礼等事。乾隆十三年（1748）三月十一日，富察皇后卒于德州，三月十七日灵柩到京。总理丧仪王大臣等奏准："王以下文武官员，公主、福晋以下，乡君、奉恩将军恭人以上，民公、侯、伯、一品夫人以下，侍郎、男、夫人以上，皇后娘家男妇和其他人员俱成服，齐集举哀。"①

因雍正四年平郡王纳尔苏坐贪婪削爵事、曹氏王妃封号亦被剥夺，故而，孝贤皇后大丧，"不与哭临"。

也即至乾隆十三年三、四月间，曹氏仍在人世，其时，她应该已近六旬，曹霑业已三十四虚岁。

作为曹寅的大女儿、李氏的女儿、曹頫的姐姐、曹霑的亲姑母，若说曹氏在曹霑家族回京后，没有给予应有的照顾，以至于曹霑回京后生活境遇接近普通旗人，无论如何也是说不通的。

二、四大王府

除了平王府、曹霑二姑母所嫁入的某王府外，曹霑与礼王府、顺承郡王府、庄亲王府、怡亲王府等也都有相应的交往。

如前所言，平王府、礼王府、顺承郡王府同出代善家族，自然与曹霑家族有亲戚关系，有所交往。

曹霑在京生活期间，正是第六代康亲王崇安（康熙四十八年袭爵，雍正十一年薨）、第七代康亲王巴尔图（崇安叔，雍正十一年袭

---

① 《大清高宗纯皇帝实录》"乾隆十三年三月初二条"

爵，乾隆十八年薨）、第八代康亲王永恩（崇安子，乾隆十八年袭爵，四十三年复号礼亲王，嘉庆十年薨）承袭王爵。

曹霑京师居住期间，当与礼王府有过交往，理由有三：

（一）曹霑著作《废艺斋集稿》及曹霑某些文物出自礼王府。

（二）末代和硕礼亲王诚厚之子毓鋆曾称，《红楼梦》写的就是礼王府。

（三）曹霑居香山正白旗时，曾往法海寺、番子营，并将土番写入《红楼梦》，而礼王坟距离法海寺、门头村近在咫尺，曹霑当往其地。

又，礼王花园位于海淀镇，畅春园南一里处。曹霑为侍卫期间，出入三山五园，当至其地。

不过，限于资料，曹霑与礼王府的交往情节我们无法知道得更多。

顺承郡王府位于北沟沿（今赵登禹路全国政协礼堂位置），北起西直门内大街，南至阜成门内大街。

王府布局一如其他王府，分三路，中路是主要建筑，前殿后寝，有正门（宫门）、正殿和两侧翼楼、后殿、后寝，东、西两路为生活居住区。

曹霑与庄亲王府有交往，是因为庄亲王允禄之母王氏入宫前为李府家人（详前）。

三、王府的规矩

王府里规矩多，第九代礼王（嘉庆十年袭爵）昭梿《啸亭杂录》中多有涉及，如该书卷二有"国初尚右"条，云：

国初世沿古制，凡祭祀明堂诸礼仪，皆尚右。祭神仪，神位东向者为尊，其余昭穆分列，至今犹沿其制。故先烈王以宗老，孔定南以藩臣之长，皆居右班云。

卷六"王府官员制度"条云：

定制：亲王长史一员，头等护卫六员，二等护卫六员，三等护卫八员，四、五、六品典仪各二员，牧长二员，典膳一员，管领四员，司库二员，司匠、司牧六员。世子减二、三等护卫各二员，余如故。郡王减二等护卫二员，三等护卫三员，四品典仪二员，牧长一员，典膳一员，余如故……其包衣参、佐领，亲军校，护军校，包衣骁骑校，皆视其佐领亲军马甲之多寡，以递设之。惟怡贤亲王以赞襄世庙，庄恪亲王以辅翊高宗，封双亲王，其护卫皆倍增之。

如"宗室小考"条：

乾隆中，上尝召见宗室公，宁盛额不能以国语应对。上以清语为国家根本，而宗室贵胄至有不能语者，风俗攸关甚重，因增应封宗室及近支宗室十岁以上者之小考，于十月冲，钦派皇子、王、公、军机大臣等，亲为考试清语、弓马，而先命皇子较射，以为诸宗室所遵式。诸宗室视其父之爵，列次考试。其优者，带领引见，上每赐花翎、缎匹以奖励之；其劣者，停其应封之爵以耻之。故诸宗室无不谙习弓马、清语，以备维城之选焉。

这些是曹霑平时王府活动中需要面对的基本制度。

由于承平无事,皇帝、王府又重视家族教育,宗室子弟多文武兼能,诗词曲赋、琴棋书画、听曲饮酒、提笼架鸟,也就是他们日常生活的基本部分了。

曹霑的姑母曹氏先后给老平郡王纳尔苏生了四个儿子,分别是老大福彭、老四福秀、老六福静、老七福端——端死于雍正八年,年仅十四。老六福静,生于康熙五十四年(1715)九月,算起来,比曹霑还小几个月。因为年龄上的关系,小哥俩比较谈得来。①

四、雍正十一年敲诈隋赫德案

(一)隋赫德回京与出售古董

雍正六年(1728)初,曹家抄家,家产皆被皇帝赐给继任江宁织造隋赫德(一作绥赫德);又,皇帝降谕旨隋赫德为曹家保留适当财产,以为生存,隋赫德遂"将赏伊之家产人口内,于京城崇文门外蒜市口地方房十七间半、家仆三对,给与曹寅之妻孀妇度命。"②

雍正九年底,隋赫德离职回京,却被发现织造库银大有亏空。皇上降旨,令内务府郎中徐梦闳接任江宁织造之职,并要他将隋赫德的亏空彻底清查。

本年五月时,徐梦闳疏奏声称,司库八十五、笔帖式巴图借用织造库银,隋赫德已经代为赔补,应免重追。皇上却不这么认为,

---

① 此案前后各事都由福静出面,后来审讯,隋赫德亦称:"后来我想,小阿哥是原任织造曹寅的女儿所生之子,奴才荷蒙皇上洪恩,将曹寅家产都赏了奴才,若为这四十两银子,紧着催讨不合,因此,不要了是实。"

② 雍正七年(1729)七月二十九日《刑部为知照曹頫获罪抄没缘由业经转行事致内务府移会》。

京城院落

他说：

> 向来，织造官员往往为司库、笔帖式所愚弄，恣意妄行，侵盗国帑。及至事发，总恃由织造代赔，置身事外。积弊若此，断不可不加惩戒。

另外，隋赫德代司库、笔帖式代赔的款项系织造、关税两项盈余，均为国帑，安得不核实归公，而私取以偿属员侵盗之项乎？"徐梦闳瞻徇情面，草率完结，着交于内务府严加议处。隋赫德着革职。司库八十五、笔帖士巴图等名下亏缺之项，悉从本人追出交官。"

皇帝并不仅仅就事论事，他还深刻反思了织造官员和属员的种种不法，指出：

织造本非大员,而在外体统任意僭越;至于司库、笔帖式官职尤卑,乃以钦差为名,妄自尊大,与督抚拜帖,称号俱用平行礼,妄诞至极。

由此可见,雍正皇帝在继位之初整顿江南三织造也非出于私人恩怨,而是从国家政治的角度出发的。不管这织造是李煦,还是曹頫、隋赫德。皇上指出,此种行为"嗣后,着言行禁止。"①

雍正十年,隋赫德革职,返回京师赋闲。来京时,隋赫德"会将官赏的扬州地方所有房地,卖银五千余两。"

次年二、三月间,隋赫德将"宝月瓶一件,洋漆小书架一对,玉寿星一个,铜鼎一个"交给在廊房胡同开古董铺的京民沈四变卖。

(二)平王府的报复:纳尔苏敲诈隋赫德案

不意,这几件古董被曹霑无意看到。

开古董铺的沈四,曹霑倒是见过,知道他经常给老平郡王捣鼓点小玩意儿。一日,曹霑无事闲逛到沈四的古董铺,随便看看,看见屋里的几件古董,随意一问,沈四便道,是刚卸职的前江宁织造隋赫德前两天拿来的。

原来,曹霑发现这几件东西原是曹家的东西。

后来,曹霑表弟福静到隋赫德家,"说要书架、宝月瓶,讲定书架价银三十两、瓶价银四十两,并没有给银子,是开铺的沈姓人保着拿去的。"

后来,"老平郡王差人来说,要借银五千两使用",隋赫德遂将

---

① 朱磬撰:《清通鉴》(雍正卷),山西人民出版社,2000年。

在南方卖房银子中剩下的三千八百两送去。

银子到了平郡王府后，三、四月间，平郡王福彭"差了两个护卫"来到隋赫德家，向隋赫德言："你若再要向府内送甚么东西去时，小王爷断不轻完。"在案件审理中，隋赫德与其子富璋的供词也值得关注，一是，隋赫德称：

后来我想，小阿哥是原任织造曹寅的女儿所生之子，奴才荷蒙皇上洪恩，将曹寅家产都赏了奴才，若为这四十两银子，紧着催讨不合，因此不要了是实。

而富璋则称："从前，曹家人往老平郡王家行走。"

当时，能够在平郡王府"行走"的"曹家人"，应该就是与王府关系最为密切的曹霑。

事情明摆着，是平郡王一家为曹家"拔创"（北京话，打抱不平的意思）。不过，档案里的记载总是简洁明了。梳理前后的案子，我们可以想象其间可能的细节儿：

晚上，灯下，平王府纳尔苏的房子内。

曹霑道："沈四架子上那几样古董，原来都是咱家的东西。当年，抄家的时候，咱家的家产都被皇上赏给了隋赫德。今儿，没想到竟然在沈四的古董铺里看见了，原来是隋赫德让他代卖的。"

福静道："既是咱家的东西，那咱就给他要回来呀。"

"那怎么行？毕竟是皇上当年赏过去的。"曹霑有些迟疑。

"咳，大哥现在正是皇上眼前的红人，虽不能说一人之下，那也是万万人之上。隋赫德那老东西，如今是脱毛的凤凰不如鸡。几件古董，还怕他翻了天，他要敢捅出去，就是不想活了。"福静满不在乎地说。

曹霑毕竟老成些："这事还得再商量，别给大哥惹麻烦。"

老王爷喝了口茶，说道："要论起来，咱们跟隋赫德也有点远亲，不过，咱们家当年有事，他也没照顾什么。这样……老大，你看如何？"

福彭道："行，你们做的利索点。"

过了两天，老王爷便让一名心腹太监把沈四叫进了府里。"沈四啊，本王一向待你不薄，最近手头有些紧，你替我借些银子用用，可好？"

沈四忙道："王爷，小人见得世面少，也没有阔亲戚，哪里去借呢？"

福静在一旁提醒道："你不是刚进了不少老古董么？"

沈四马上明白了，道："王爷，有原任织造绥赫德家有许多古董，何不到他家要几件，当些银子使用？"

老平郡王说："好，着六阿哥同你去。"

沈四、福静、赵太监一起来到隋府，说明来意，将那玉如意、铜鼎拿出，当了五十两银子，福静带了回府。

第二日，老平郡王又把沈四叫进了府里，对他说："我给绥赫德家送几样饽饽去，可好么？"

"好，他必定感念王爷的恩。"

"既然这样，叫老赵再走一趟。"

六阿哥福静又跟赵太监走了一趟，带回几件古董，并说要隋赫德帮着筹五千两银子使用。

福静走后，隋赫德开始反复思量，老纳尔苏到底要干什么。

隋赫德虽然年老，对人际这方面却并不糊涂：古董只在沈四铺中放过，这是曹家的东西，老平郡王差人来找的就是其中的两件，纳尔苏的嫡福晋是曹寅的女儿，老跟着来的六阿哥正是曹氏亲生的儿子……

隋赫德老是老，脑子可没糊涂，他一下子就明白了：老平郡王是被皇帝圈禁了的人，平时有点事躲都来不及，现在敢明目张胆的跟自己"借"银子、"买"古董，他那皇帝面前正当红的大儿子自然不会不知道。当把这一切都想明白后，隋赫德就配合得多了，十一月，他叫儿子富彰带着家人地藏保给平郡王府送去了五百两银子；转过年来（雍正十一年，1733），又将三千三百两送到府上。

当所有古董、银两都已送到平郡王府后，福彭出面了。三月底，他派了两个护卫到隋府，告诉隋赫德："你借给老王爷银子，小王爷已经知道了，嗣后你这里若再使人来往，或借给银子，若教小王爷听见时，必定参奏。"意思再明显不过，这件事情到此就算完了。这既不是你本有的东西，那就不要再有其它想法，而继续纠缠。

老奸巨滑的隋赫德哪里会听不出这层意思，自此之后确实没有再"再使人来往，或借给银子。"[①]

（三）后续

更有意思的事情还在后面，一是内务府的奏折，一是皇帝对福彭的使用时机。

[①] 据富彰、地藏保的供述，隋赫德将古董送到沈四店铺的时间，应在雍正十年十月；而纳尔苏派沈四、福静前往隋家索要古董的时间，则在十一月；隋家在雍正十年十一月和雍正十一年正月分两次将三千八百两白银送往平郡王府。雍正十一年十月初七日，《庄亲王允禄奏审讯隋赫德钻营老平郡王折》。

内务府奏折（隋赫德写作绥赫德）称：

查绥赫德系微末之人，累受皇恩，至深至重。前于织造任内种种负恩，仍邀蒙宽典，仅革退织造。绥赫德理宜在家安静，以待余年，乃并不守分，竟敢钻营原平郡王纳尔素，往来行走，送给银两，其中不无情弊。

至于纳尔素，已经革退王爵，不许出门，今又使令伊子福静，私与绥赫德往来行走，借取银物，殊干法纪。相应请旨，将伊等因何往来、并送给银物实情，臣会同宗人府及该部，提齐案内人犯，一并严审定拟具奏。为此谨奏。

纳尔素，即纳尔苏。彼时，满人名称汉写往往有几种写法。

案子办得看似公正，但一开始即将隋赫德置于了钻营老平郡王的位置上。更有意思的是皇帝的圣旨：

雍正十一年十月初七日奉旨："绥赫德着发往北路军台效力赎罪，若尽心效力，着该总管奏闻；如不肯实心效力，即行请旨，于该处正法。钦此。"

精明过人的雍正皇帝，既没有要求继续深究此案，务明真相，也没有指示应该如何审理犯案的纳尔苏等人，只将隋赫德发往西北，即将案子结案。

显然，皇帝对这件案子的真相是明了的，但他并不想在法定层面上去挑破这层窗户纸。

八月，雍正帝以福彭为抚远大将军，前往西北，指挥清军与准噶尔蒙古作战。待他到达驻地，隋赫德行贿老平郡王案正好审理完毕。十月初七日《庄亲王允禄奏审讯绥赫德钻营老平郡王折》结尾写道：

此旨（将隋赫德发往西北军台效力的谕旨）系大学士鄂等交出。应办理之处，办理军机处业经办理讫。

这奏折中的"应办理之处，办理军机处业经办理讫"很耐人寻味。

从前、后文的逻辑来看，这里还应该说到了涉及该案的、除隋赫德之外相关人等的处理与善后。如此，在平郡王府行走的曹霑，自然也逃脱不了干系。

雍正十一年（1733）四月，福彭被皇帝拣选进军机处当差，成为当时年纪最轻的军机大臣。①

军机处始建于雍正八年（1730）十二月，是为应对西北前线瞬息万变的战局而临时设立的，其中成员都是具有很强办事能力的皇帝亲信。福彭入选军机处，充分说明了他的能力和皇帝对他的信任。

八月，雍正帝以福彭为定边大将军，前往西北，指挥清军与准噶尔蒙古作战。当时，绥远将军马尔赛、北路靖边大将军、顺承亲王锡保先后因"阻挠军机、紊乱国事"和"调遣失宜、懦弱畏葸"之罪被革职处置。

这时，雍正皇帝需要一位胆略过人、具备全盘操控能力的统帅，

---

① 雍正十年（1732）三月初三日，始铸军机处印信，故而，以此作为军机处正式成立的时间。

到前线稳定人心、伺机歼敌。清廷不乏能征惯战之宿将能员，雍正帝偏偏选中了年仅二十五岁的多罗平郡王福彭。

实际上，就在皇帝决定委任福彭为定边大将军，西征准噶尔时，隋赫德与纳尔苏之间古董、银钱交往，已经作为一桩案件被提到台面上来。显然，皇帝已经通过相应渠道，或者是福彭的坦白，了解了整个案子的全部情况。

福彭心中带着案子上路，而当他到达驻地时，整个案子正好审完。皇帝拒绝了庄亲王"相应请旨，将伊等（纳尔苏、绥赫德等一干人）因何往来，并送给银物实情，臣会同宗人府及该部，提齐案内人犯，一并严审定拟具奏"的请求，十一年十月初七日，皇帝谕旨：

绥赫德着发往北路军台效力赎罪，若尽心效力，着该总管奏闻；如不肯实心效力，即行请旨，于该处正法。

很快，皇帝对该案的处理意见就送到了身在前线的福彭手里。可以想象，心中惴惴福彭，在看到皇上的这份处置意见后，对皇帝的关照是怎样的感激涕零。

第三章
风月真可鉴
（二十至二十四岁）

雍正十二年至乾隆三年：曹雪芹二十至二十四岁

雪芹旧有《风月宝鉴》之书，乃其弟棠村序也。今棠村已逝，余睹新怀旧，故仍因之。

——"甲戌本"《脂砚斋重评石头记》第一回"脂批"①

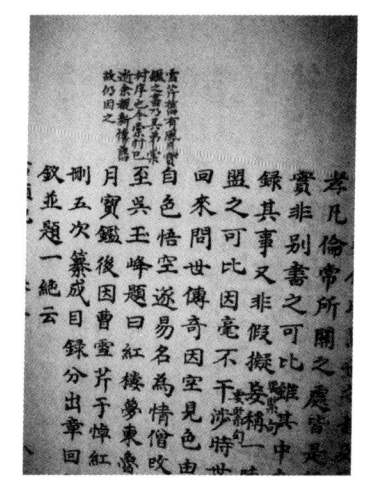

"甲戌本"上"雪芹旧有《风月宝鉴》"字样

---

① 从上下文来看，孔梅溪应是曹雪芹较早认识的朋友之一，他与雪芹的堂弟棠村也很熟悉，并知道雪芹早年著作《风月宝鉴》一事；对《风月宝鉴》和《红楼梦》的关系，他也能够清楚地理解。正是因为这些原因，为了怀念棠村和棠村作序的《风月宝鉴》，孔梅溪特意把雪芹的《石头记》题名为《风月宝鉴》。

第一节 京 西

一、暂避京西

隋赫德被皇帝发往了北路军台效力，案中涉及的其他人等，如纳尔苏、福静、曹霑等如何处理，皇帝的谕旨却没有提及。

没有提及，并不意味着没有处理意见。雍正十一年（1733）十月初七日《庄亲王允禄奏审讯绥赫德钻营老平郡王折》的结尾处写道：

> 此旨（将隋赫德发往西北军台效力的谕旨）系大学士鄂等交出。应办理之处，办理军机处业经办理讫。

这奏折中的"应办理之处，办理军机处业经办理讫"数字很是耐人寻味：它指的可不只是将隋赫德发往西路军台效力这件事情，从前、后文的逻辑来看，这里应该还暗指该案涉及的、除隋赫德之外相关人等的处理与善后。

如此，在平郡王府行走的曹霑，自然也逃脱不了干系。《红楼梦》第二十一回《贤袭人娇嗔箴宝玉 俏平儿软语救贾琏》中写道："谁知四儿是个聪敏乖巧不过的丫头，见宝玉用他，他变尽方法笼络宝玉。"在"谁知四儿是个聪敏乖巧不过的丫头"句下，"脂批"云：

> 又是一个有害无益者。作者一生为此所误，批者亦一生为此所误。

可见，曹霑不能遂其志向，为官作宰，光耀门庭，其"聪敏乖巧"是其一误；而且，一生之中此种行径不少，所误不少。他的亲友深知此情，所以，在读到"谁知四儿是个聪敏乖巧不过的丫头"句时，才有意识的写下了"又是一个有害无益者，作者一生为此所误，批者亦一生为此所误"的批语。

京师内外

老平郡王跟儿子福静被圈禁在府中、禁止随便外出，在府里行走的曹霑，① 则采取了另外的处置方式，被安排到寿安山十方普觉寺侧的皇帝行宫当差去了。②

---

① 另外，以为香山只有健锐营，而健锐营是没有内务府人员的说法也是靠不住的。据胡德平《香山曹雪芹故居所在的研讨》一文披露，光绪末年内务府都虞司记载，正白旗文淇佐领下，"闲散人清英，面黄，二十五岁，曾祖王善、祖父德成、父亲福顺，住香山。"正白旗海丰佐领下"闲散人清顺，面黄，十九岁，曾祖兴福、祖父立禧、父亲延寿，住香山。"另外，一直生活到中华人民共和国成立后的香山老居民郭连科，也是内务府正白旗人，其家世居香山正白旗，还是世袭佐领。2004年春节，胡德平在整理当年（1980）舒成勋先生录音时，"真巧，他也说到，正白旗在辛亥革命之后还住有三户内务府正白旗之人，1921年左右逐渐搬走。"舒成勋述、胡德平整理：《曹雪芹在西山》，文化艺术出版社，1984年。

② 曹雪芹纪念馆内的正白旗三十九号院建造年代，学界素有争议。北京市文物局古建专家律鸿年（北京市民委副主任赵书先生告，其人复姓耶律，应系契丹族裔）认为，正白旗三十九号院房屋建筑风格与雍正年间旗营建筑风格相符，应系雍正年间所造。

二、怡王府、寿安山、白家疃

（一）怡王府、十方普觉寺、行宫

寿安山十方普觉寺建于唐贞观初年，是北京建寺最早的五六座寺庙之一。寺内供奉一尊檀香木卧佛，据传系玄奘大师自天竺携回的，故该寺俗称又作"卧佛寺"。以后屡加扩建，元明二代，皆曾皇家扩建供养，系京师名刹。

雍正八年（1730），皇帝将此寺赐给爱弟、怡亲王允祥，作为王府家庙。

圣命已下，怡亲王遂出资对卧佛寺进行修缮。不久，允祥身没，其子弘晈、弘晓继之，将寺内所存东、中两路建筑进行全部翻建，

《三山五园图》上的青龙桥 玉泉山 寿安山（右上角部分）香山

并对原有佛像进行修复、重塑，工程一直延续到雍正十二年（1734）末，方才竣工。第二代怡亲王弘晓之《重修退翁亭记》载：

> 谷东卧佛寺，即今普觉寺。建亭之时，颓废已久，蒙世庙敕修，以今名畀。王考为香火院，于是，规模宏丽，象教聿兴。中设神位，余春秋承祀。①

可知，允祥修缮卧佛寺作为自己的家庙，是出自雍正皇帝的命令。允祥死后，"神位"设于寺庙之中。

雍正十二年（1734），怡王府修缮卧佛寺工程基本完毕。雍正皇帝为之赐名十方普觉寺，并作《御制十方普觉寺碑文》，十一月初一日，内阁学士兼礼部侍郎加一级励宗万奉敕正楷书写，镌石，立于三世佛殿前甬道东侧。碑文略云：

> 寺在唐名兜率，后曰昭孝、曰洪庆、曰永安，实一寺也。中有旃檀香佛像二：其一相传唐贞观中造，其一则后人范铜为之，皆作偃卧相，横安宝床，俗称卧佛……
> 朕弟和硕怡贤亲王以无相悉

雍正皇帝《御制十方普觉寺碑》

---

① 弘晓：《重修退翁亭记》，《明善堂文集》卷二，乾隆刻本。

檀,庀工修建;嗣王弘晈、弘晓继之,舍赀葺治。于是,琳宫梵宇,丹艧焕然,遂为西山兰若之冠。工既竣,命无阂永觉禅师超盛往主法席。……

今者,石泉流于舍下,木叶飘于岩间,非王舍卫城行法游乎?塔铃少选而声销,幡角无风而动息,非王舍卫城住法游乎?行者、住者如是,坐者、卧者同然矣。……此七宝床上古佛,现前丈六金身,盖覆大地,占断三际,不往不来,岂非一佛卧游,十方普觉欤?因名之曰"十方普觉寺",而勒是语于碑;并记朕弟和硕怡贤亲王修寺缘起,以示来者。

"工既竣,命无阂永觉禅师超盛往主法席"数字,非常值得注意。

超盛,本名深奕,字甸山,号如川,武进庄氏之子。生于康熙三十四年(1695),年少时,坠车被救,悟生死梦幻之理,遂登西山出家。清人汤大奎撰《炙砚琐谈》卷上载其略传,云:"释超盛,吾邑人,姓庄氏,通参厚存擢之孙,仪部省堂清度之从子。少年不遇,披剃为缁。尝诵唐人'春眠不觉晓'一绝,遂悟禅理。"

超盛禅师戒律精深、洞彻释典,受到雍正皇帝的重视和召见。雍正十一年(1733),三十九岁的超盛,因敕命与超善、超鼎一起成为茆溪(行森禅师,号茆溪)法嗣,经常在圆明园服侍,后为贤良寺住持。

贤良寺位于东华门外,原为怡贤亲王的府邸。雍正八年,允祥逝世,生前遗言以邸第作佛宫。寺庙建成后,雍正皇帝赐名为"贤良",以表彰允祥对大清王朝作出的贡献。

超盛禅师一经召见，即被皇帝委以重任①，主持贤良寺，其佛学造诣和为人受雍正皇帝的认可，由此可见。雍正皇帝深通佛学，赐给超盛等人的银印，虽然没有实际的用途，但却是他们身份的象征，表示雍正皇帝对三人学问素养的认同。

雍正十一年（1733）春夏间，皇帝在宫中举办历时半年的法会，亲为说法，召集全国有学僧道参加，由雍正的指引而证道者"王大臣之能彻底洞明者，遂得八人"，"沙门、羽士亦有同时证入者六人。"②此沙门、羽士中，就有超盛如川。

怡王府修缮卧佛寺后，皇帝不仅亲自赐名、撰文，还把最亲信的禅师派来主持，颇不寻常。

卧佛寺西侧有行宫，民间相传为雍正行宫，不知何据。惟乾隆皇帝有《古意轩》诗，云："寺古轩亦古，修葺那可少（寺为古刹，自癸卯年始修葺之）。"乾隆"癸卯"，即乾隆四十八年（1783）。乾隆称"寺古轩亦古"，"寺古"自然好理解，"轩古"是什么意思呢？复云："因葺古寺便，新轩其侧造。"以"新轩"对应前面的"古轩"，可知，在乾隆四十八年重修卧佛寺以前，卧佛寺轴线院落西侧是有建筑的，也就是乾隆笔下的"古轩"，也就是怡王府供奉允祥的场所。

因为敕修，而被香山百姓认为雍正行宫——颇疑此寺修缮后，怡王府即将其捐赠给皇帝，此清代旗人常有行径。

---

① 雍正皇帝曾在自己陵寝旁为允祥择地，想兄弟二人百年后仍在一起，因允祥拘于君臣大礼，固辞不获。超盛为贤良寺主持，皇帝对超盛的信任，可见一斑。
② 《御选语录·当今法会》卷十九，《卍续藏》第68册，页722，雍正内府刻本。

怡王家族与曹霑家族感情颇好。雍正年间，曹霑叔父曹頫弥补亏空时，雍正皇帝即将其交予怡亲王允祥看管。雍正二年，皇帝在曹頫请安折上用朱笔写下了那段如同老人教导孩子一样的批语：

朕安。你是奉旨交与怡亲王传奏你的事的，诸事听王子教导而行，你若自己不为非，诸事王子照看得你来……除怡王之外，竟可不用再求一人托累自己……恐人指称朕意撞你，若不懂不解，错会朕意，故特谕你。若有人恐吓诈你，不妨你就问怡亲王，况王子甚疼怜你，所以朕将你交与王子。

（二）怡王与山后的白家疃

雍正三年（1725）秋，直隶大水，畿辅诸河泛滥，积潦数百里。雍正皇帝令怡亲王允祥负责治水。

允祥勘查地形，至白家疃一带，喜其泉甘林茂，遂置地为别业。雍正八年，皇帝复将寿安山卧佛寺赐予允祥为家庙。允祥加以修葺，不料，工甫始，允祥即病逝。

允祥死后，白家疃等十三村村民通过当地官员向皇帝请求为允祥修建祠堂。亲王为皇帝最爱之人，如何有不准之理？雍正八年六月，皇帝谕大学士等云：

从前，怡亲王常在朕前奏称，白家疃一带居民忠厚善良，深知感激朝廷教养之恩。今王薨逝，而彼地居民人等感念王之恩德，愿自备资本，建立祠宇，岁时致祭。舆情恳切，足征王之遗爱在人，而民风醇厚亦自此可见。

朕欲将白家疃数村地丁钱粮永远蠲免，以为将来祭祀香火之资，

贤王祠前殿

并使良民永沾恩泽。尔等确议具奏。

按照皇帝的指示,"拨官地三十余顷为祭田,免租赋。"[1]允祥在白家疃所建的别业也改建成祠堂,雍正十年(1732)竣工,因允祥谥号为"贤",故名"贤王祠"。

贤王祠坐南朝北,由戏台、山门、前殿、正殿组成,前殿和正殿东西两侧都有配殿。解放初,这里曾为香山静宜友学使用,后成为白家疃小学校。据村中老人讲:

---

[1]《上谕内阁》"雍正八年六月初七日"条,《东华录》"雍正卷"十六。

这外边的大殿是菩萨殿,里边大殿是王爷殿,过去供着几个牌位和一顶头盔,还有四杆大花枪,叫阿胡枪!①

大殿即山门殿,内供奉菩萨,故名。王爷殿即是供奉允祥牌位、影像、头盔、大枪的正殿。

(三)曹霑、怡王弘晓兄弟、"己卯本"《脂砚斋重评石头记》

允祥逝世后,王位由年仅八岁的弘晓(允祥第七子)继承,而允祥第四子弘晈则被特旨加封为"多罗宁良郡王"。

现在发现的"己卯本"《脂砚斋重评石头记》是《红楼梦》较早的本子。该本不仅避康熙皇帝的"玄"字、雍正皇帝的"禛"字,更避两代怡亲王胤祥和弘晓的"祥"字和"晓"字。

不避讳,可能有疏忽或者特别的用意,但只要避"私家名讳",就说明抄录者必然与怡王府关系紧密,故学界普遍认为,该"己卯本"即是怡亲王府中的原钞本。

"己卯本"的发现,不仅提供了一个重要的《红楼梦》早期抄本,方便人们了解乾隆二十四年(1759)前后《红楼梦》的部分内容,也直接证明,允祥死后,曹家与怡王府仍然保持了极其紧密的联系,曹霑与弘晓等人多有交往。

曹霑居香山时,山前有与怡王家族关系密切的十方普觉寺,山后是允祥的祠堂贤王祠,故曹霑时常往来于山前山后,想弘晓兄弟逢年节来此,曹霑进京,其间当有交往。

---

① 张嘉鼎:《曹雪芹与白家疃》,中国曹雪芹研究会编:《曹学论丛》,群众出版社,1985年。

第二节　傅鼐、福彭

远在西北前线的福彭，无意间，与傅鼐有了交往。

袁枚作《刑部尚书富察公神道碑》，记载傅鼐其人其事颇详，云：

> 公讳傅鼐，字阁峰。先世居长白山，号富察氏……
>
> 公眉目英朗，倨身而扬声，精骑射，读书目数行下。年十六，选入右卫，侍世宗于雍邸，骖乘持盖，不顷刻离。
>
> 雍正元年，补兵部右侍郎……岳兴阿者，九门提督隆科多子也。隆柄用时礼下于公，公不往；及隆败，公为上言岳无罪。上疑公与隆有交，谪戍黑龙江。公闻命，负书一篚步往，率家僮斧薪自炊。
>
> 先是，公在上前尝论准噶尔情形，上不以为然。用兵数年，所言验，乃召公还，予侍郎衔，命往军前参赞。
>
> 未行，仍命入宫侍起居。上违和，医药事皆公掌之。十二年春，命公观兵鄂尔多斯部落。中途，侦贼数万，掠地西走……公愤激，自率所部出，与贼战，大败之，获辎重、牛畜万计。率以马病，不能穷追。事闻，天子大悦。赐孔雀翎，移佐平郡王军谋……①

早在胤禛为皇子时，傅鼐就以侍卫身份追随身边，与年羹尧号称雍邸最可信用之人。虽然一度因替隆科多之子说话被贬，但不久即因曾陈述西北准噶尔形势准确，召还京师，掌管皇帝医药事宜。雍正十二年（1734），观兵鄂尔多斯，统帅无能，傅鼐领亲兵而出，大败敌人，遂令属定边大将军福彭之下。

---

① 袁枚《刑部尚书富察公神道碑》，《小仓山房文集》卷二，民国印本。

《清史稿》卷二百九十一《列传七十八·傅鼐传》又载有战后傅鼐事情,云:

上召策凌及大将军查郎阿诣京师廷议,庄亲王允禄及策凌等主进讨,大学士张廷玉等言不若先抚之,不顺则进讨。两议上,上问傅鼐,傅鼐赞抚议。

降旨罢兵,遣傅鼐偕内阁学士阿克敦、副都统罗密谕噶尔丹策零。噶尔丹策零欲得阿尔泰山故地,傅鼐力折之。十三年,使还,予都统衔,食俸。

可见,傅鼐其人,亦可思傅鼐之子昌龄等人风范。

曹霑回京后,与傅鼐、昌龄(傅鼐生三子,长昌龄、次科古、三查纳)的交往情形,也可稍作想象。

第三节 《风月宝鉴》

走去到书坊内,把那古今小说并那飞燕、合德、武则天、杨贵妃的外传与那传奇角本买了许多来,引宝玉看。宝玉何曾见过这些书,一看见了,便如得了珍宝。

——《红楼梦》第二十三回
《西厢记妙词通戏语　牡丹亭艳曲警芳心》

《红楼梦》旨意。是书题名极多:《红楼梦》是总其全部之名也;又曰《风月宝鉴》,是戒妄动风月之情。

——"甲戌本"《脂砚斋重评石头记》"凡例"

明清时代,是中国城市商品经济大发展的时期,人口的激增,城市手工业的发展,极大的促进了人们对娱乐的需要;而图书出版业的发展和全国性商品流通的加强,则大大促进了戏曲和小说的传播。

早在明朝嘉靖(1522—1566)时期,由于书籍供应和需求的剧增,就已经引起了全国范围内前所未有的出版繁荣;交易路线和区域市场的激增,则进一步加速了书籍的传播。万历时期,价格更低廉的纸的制造从根本上降低了生产成本,新的字款拥有见棱见角的笔画,简化了雕版的刻制,手艺的专业化促进了劳动分工,也提高了效率,家庭式的刻书事业迅速增长,在种类和出版数量上都超过了官刻书籍。因此,在《闺塾师》中,高彦颐宣称,当商人以无情的差价加速其营业额以获得更多利润时,书籍的世俗化便得以完成。[1]

这就意味着,阅读不再是传统精英的特殊权利,更多的普通人可以有条件获取书籍,参与阅读。向来无视小说的知识分子,因为喜欢或者迫于生活压力,写作、阅读、批评小说的热情空前高涨,虽然,他们仍然不愿把自己的名字正大光明地署在小说上。繁荣的出版造就了大量藏书家的出现。

除了诸多名著外,各种戏曲的本子、才子佳人的小说俯拾皆是。

曹霑自幼便喜读书,祖父留下的书籍翻阅过很多,其中就有为数不少的小说戏曲之类书籍。回到京师后,昌龄的藏书、福彭的藏书、琉璃厂的书肆都成为他生活的组成,给他很多未见的世面。

---

[1](美)高彦颐著,李志生译:《闺塾师:明末清初江南的才女文化》,江苏人民出版社,2005年。

一、生活、小说

曹霑住的地方，"在四王府的西边，地藏沟口的左边靠近河的地方。"①门前有槐树三棵，最东面的一棵长得奇怪，身子拧向东面金山方向，就像一条卧龙盘在那里、随时准备腾空飞向京师一般。②

因为是闲差，平日里，曹霑也没有什么事情，点卯外，不过随便读几页书，写几笔字，偶尔治个印章，跟妻子玩玩游戏、写写诗，也没有什么太多的事情可做。看小说成了这段时间的消遣。

旗人尚武，加之老罕王努尔哈赤对《三国演义》异常喜爱，因此，旗营中《三国演义》极其盛行。《水浒传》写英雄侠义故事，也颇受到人们的欢迎。③《金瓶梅》虽有"秽书"之誉，但因其对世俗生活描摹得真实细致，对文字语言纯熟的驾驭，对人物塑造的活灵活现，也受到诸多知识分子的青睐。

《聊斋志异》《无声戏》《十二楼》《水浒后传》《说岳全传》《好逑传》《平山冷燕》《醒世姻缘传》《林兰香》等，都是质量较好、传播也广的作品，至于那些生编硬造、低劣广布的小说，更是数不胜数。

曹霑爷爷曹寅、舅祖李煦都是名震一时的藏书家，尤其是曹寅，还尤其重视戏曲剧本、小说、工艺书籍的收藏。《红楼梦》第二十三

---

① 张永海：《曹雪芹在西山的传说》，《北京日报》1963年4月18日第3版。
② 舒成勋口述、胡德平整理：《曹雪芹在西山》，文化艺术出版社，1984年。
③ 对于旗营之中是否允许阅读《水浒传》一事，有的旗人子弟称，该书含有造反思想，旗人断不可阅读；但是，也有旗人子弟声称，该书是他们旗里人们最喜读书之一。同时，《水浒传》一书社会上有满文译本，旗人读者自然不在少数。至于，某些地方不允许阅读，大概与当地地方官员个人好恶相关。《红楼梦》在后来的流传中，也遇到类似的情况。

回《西厢记妙词通戏语　牡丹亭艳曲警芳心》写道,茗烟为讨宝玉的欢心:

走去到书坊内,把那古今小说并那飞燕、合德、武则天、杨贵妃的外传与那传奇角本买了许多来,引宝玉看。宝玉何曾见过这些书,一看见了便如得了珍宝。

就是当年这种社会实际的真实写照。

在《红楼梦》第四十二回《蘅芜君兰言解疑癖　潇湘子雅谑补余香》中,借助宝钗之口,对这些小说戏曲的流传和利弊有过辩证的看待:

宝钗笑道:"你还装憨儿。昨儿行酒令你说的是什么?我竟不知那里来的。"黛玉一想,方想起来昨儿失于检点,那《牡丹亭》《西厢记》说了两句,不觉红了脸,便上来搂着宝钗,笑道:"好姐姐,原是我不知道随口说的。你教给我,再不说了。"宝钗笑道:"我也不知道,听你说的怪生的,所以请教你。"黛玉道:"好姐姐,你别说与别人,我以后再不说了。"

宝钗见他羞得满脸飞红,满口央告,便不肯再往下追问,因拉他坐下吃茶,款款的告诉他道:"你当我是谁,我也是个淘气的。从小七八岁上也够个人缠的。我们家也算是个读书人家,祖父手里也爱藏书。先时人口多,姊妹弟兄都在一处,都怕看正经书。弟兄们也有爱诗的,也有爱词的,诸如这些《西厢》《琵琶》以及'元人百种',无所不有。他们是偷背着我们看,我们却也偷背着他们看。后来大人知道了,打的打,骂的骂,烧的烧,才丢开了。所以咱们女孩儿家不认得字的倒好。男人们读书不明理，尚且不如不读书的好，何况你我。就连作诗写字等事，原不是你我分内之事，究竟也不是男人分内之事。男人们读书明理，辅国治民，这便好了。只是如今并不听见有这样的人，读了书倒更坏了。这是书误了他，可惜他也把书遭塌了，所以竟不如耕种买卖，倒没有什么大害处。你我只该做些针黹纺织的事才是，偏又认得了字，既认得了字，不过拣那正经的看也罢了，最怕见了些杂书，移了性情，就不可救了。"

一席话，说的黛玉垂头吃茶，心下暗伏，只有答应"是"的一字。

对市面上诸多小说的简单粗俗写作，曹霑打心底里看不上。他要在故事的合理性、文笔的优美、结构的精巧方面，对以往作品进行全面批判、突破与创新。

二、风月与《风月宝鉴》

贾母笑道："这些书都是一个套子，左不过是些佳人才子，最没趣儿。

——《红楼梦》第五十四回
《史太君破陈腐旧套　王熙凤效戏彩斑衣》

风月之事，俗人多好，惟风月之后如何，常人不思议。

曹霑对当时社会上流传的各类小说，尤其是盛行的风月小说、男女才子佳人小说有自己的看法。

在他看来，这些书从未将儿女真情、生活中一饮一食写作一番。一来是，作者写书只为糊口，难免粗制滥造；二来，这些作者多为下层知识分子，读得几本书，既没有大见闻，更没什么大见识。写这些书也不过惹人一乐，胡思乱想一番罢了。在《红楼梦》第五十四回《史太君破陈腐旧套　王熙凤效戏彩斑衣》中，曹霑借贾母之口，对以往传奇、话本进行了一番批驳，表明了自己的"小说观"：

> 贾母便问："近来可有添些什么新书？"那两个女先儿回说道："倒有一段新书，是残唐五代的故事。"贾母问是何名，女先儿道："叫作《凤求鸾》。"贾母道："这一个名字倒好，不知因什么起的，先大概说说原故，若好再说。"
>
> 女先儿道："这书上乃说残唐之时，有一位乡绅，本是金陵人氏，名唤王忠，曾做过两朝宰辅。如今告老还家，膝下只有一位公子，名唤王熙凤。"……女先儿又说道："这年王老爷打发了王公子上京赶考，那日遇见大雨，进到一个庄上避雨。谁知这庄上也有个乡绅，姓李，与王老爷是世交，便留下这公子住在书房里。这李乡绅膝下无儿，只有一位千金小姐。这小姐芳名叫作雏鸾，琴棋书画，无所不通。"……
>
> 贾母笑道："这些书都是一个套子，左不过是些佳人才子，最没趣儿。

贾母还指出，社会上流传的那些才子佳人故事，都是不了解大家族实际的无知妄作、胡乱编造：

> 何尝他知道那世宦读书家的道理？！别说他那书上那些世宦书

礼大家,如今眼下真的,拿我们这中等人家说起,也没有这样的事,别说是那些大家子。可知是诌掉了下巴的话。

对于《金瓶梅》一书,曹霑更是给了它"盖为世戒,非为世劝"的理解。在他看来,历来人多把此书误读了,而对作者的写作意图从无理解和关注。他对一部明末崇祯本《金瓶梅》上"原序"尤其欣赏,该序云:

余尝曰:"读《金瓶梅》而生怜悯心者,菩萨也;生畏惧心者,君子也;生欢喜心者,小人也;生效法心者,乃禽兽耳。"余友人褚孝秀偕一少年同赴歌舞之筵,衍至《霸王夜宴》,少年垂涎曰:"男儿何可不如此!"褚孝秀曰:"也只为这乌江设此一着耳。"同座闻之,叹为有道之言。若有人识得此意,方许他读《金瓶梅》也。

《金瓶梅》序

曹霑决定，作一部类似的书，他将这部书的名字定为《风月宝鉴》。这时候，他大约二十岁。

三、西山景物入慧目

宝玉笑道："我送妹妹一妙字，莫若'颦颦'二字极妙。"探春便问何出。宝玉道："《古今人物通考》上说：'西方有石名黛，可代画眉之墨。'况这林妹妹眉尖若蹙，用取这两个字，岂不两妙！"

——《红楼梦》第三回
《贾雨村夤缘复旧职 林黛玉抛父进京都》

（一）卧佛寺、樱桃沟的历史与风物

香山一带，山川秀美，春有山化、夏有清泉、秋有红叶，冬有积雪，四季不同。

从水源头到卧佛寺之间是一段山谷，是太行山进入北京后余脉的最深处，这里生长有许多野生的樱桃，除了有红樱桃外，樱桃沟还生有京师罕见的白樱桃，百姓因物命名，称这处山谷为樱桃沟。

樱桃沟是民间的俗称，到清朝，这条山谷有了一个文雅的名字：退谷。

退谷这个名字，是明末清初大学者、书画收藏家孙承泽起的。

孙承泽，山东益都人，原为明臣，明亡后，循理学"忠臣不事二主，好女不嫁二夫"的教导，欲以身殉明，然而投缸缸裂、投圜绳断，自杀为家人阻，自以为命不该绝，遂仕于清，任吏部左侍郎。顺治间，因上条陈，不称皇帝之意，遂辞官，并一度隐居于此。此时的孙承泽对政治已经灰心，称自己从仕途、红尘中退出来，故自号"退翁"。孙承泽隐居退谷,读书赏画,著书立说,他关于古画收集、鉴定、利用的《庚子销夏录》就是在这里写就的。

孙承泽系明清之交的闻人,不论在官场,还是在学界都有不少朋友,因此,在他之后,不少知名人士纷纷来此访问孙某、观山赏景,钱谦益、宋荦、朱彝尊、汤又曾、王世祯、朱锡、李武曾、周亮工、王崇简等文化名人都曾先后来此,并有诗作传世,给这处本不平凡的地方增添了更多的人文色彩。

退谷深处乱石纵横,石隙间窜出一股清泉,水流汩汩,香山人称其为"水源头",也称为"水尽头",配着巨石、树木,风光自是引人入胜。明人文征明有《由水源头至五花阁》诗,云:

道傍飞涧玉淙淙,下马寻源到上方。
怒沫洒空经雨急,泱流何处出烟长。
有时激石闻琴筑,便欲沿洄汎羽觞。
还约夜凉明月上,五花阁下听沧浪。

"道傍飞涧玉淙淙""怒沫洒空经雨急",可以想见当时山谷中的流水量。五花阁,位于五华寺(后山山峰林立,五峰独秀)下、流水之侧,系清初孙承泽别墅内一处俯听流泉、仰观山峦的建筑。

水源头以丛竹、红叶而得名,这里是京师内外极少的竹子成林的地方,更是秋季赏红叶最为知名的区域,与香山齐名。元人倪元璐有《秋入水源》诗赞曰:"山将枯去晚烟肥,茅屋人家红叶飞。我说是秋都不信,此间春却未曾归。"

（二）寺庙

香山一带风水上佳，而为修行者关注，名刹众多。元明以降，皇家不时临幸，士大夫、百姓从之，使得这里成为京师知名的风景游览区。

万寿山上卧佛寺，始建于唐朝贞观初，经元、明两代皇帝多次发帑扩建，规模宏大，法相庄严。明代，卧佛寺以寺内卧佛、牡丹、娑罗树、泉水号称"四绝"，名闻京师。文人墨客留下诸多诗作，善男信女远道而来，上香祈福。

卧佛寺西为广慧庵。广慧庵正处于樱桃沟谷口，口外就是卧佛寺，庵后有泉水、有大盘石（独立的碧玉色巨石），由广慧庵后、沿着山谷而上，即进入樱桃沟。沿途中，先有隆教寺，随后就是五华寺、圆通寺、太和庵等规模大小不同的诸多寺庙，半山上有普济寺和广泉寺。

除了卧佛寺、五华寺（建造于金世宗时，原名五华观，后为白云观下院，元代后为寺庙），其他寺庙多为明朝太监所建。明末清初，北京政局混乱；加之，大清太监人数大为减少，在宫廷中地位明显降低，少了太监供奉的寺庙多已废弃，只留下断壁残垣，供后人浏览。

如此情景，让散步至此、寻古探幽的曹霑不时生些世事无常的感慨。第二回《贾夫人仙逝扬州城　冷子兴演说荣国府》：

这日偶至郭外，意欲赏鉴那村野风光。忽信步至一山环水旋、茂林深竹之处，隐隐的有座庙宇，门巷倾颓，墙垣朽败，门前有额，题着"智通寺"三字，门旁又有一副旧破的对联，曰："身后有余忘缩手，眼前无路想回头。"

雨村看了，因想到："这两句话，文虽浅近，其意则深。曾游过些名山大刹，倒不曾见过这话头，其中想必有个翻过筋斗来的亦未可知，何不进去试试？"想着走入，看时，只有一个龙钟老僧在那里煮粥。雨村见了，便不在意。及至问他两句话，那老僧既聋且昏，齿落舌钝，所答非所问。

（三）黛石、石上松与木石前盟

卧佛寺、樱桃沟距离曹霑居住的地方不过数里而已。闲暇之余，散步就能走到这里。

在这远离京师、远离纷扰的地方，曹霑感到分外放松、闲适。

樱桃沟中生长着各种菌类、山菜、药材，当地人不时上山，将其采下后，或者自己食用，或者卖到药铺、菜场，以补贴家用。

有山的地方，有菌有药并不稀奇，但是，香山一带出产一种小锅盖大小的蘑菇，却是极其罕见，每年夏季雨后，就有村民上山寻找、担下山卖于大饭店。

曹霑还在当地药农那里见到香山深山中出产的一种紫色灵芝。灵芝，在中国医药、文化中，又号"仙草"。白娘子"盗仙草"就是到天庭偷取灵芝草。大家族里配药，常有灵芝，曹霑平时见得不少，但他知道香山这种紫色灵芝是少见佳品。香山当地百姓传说称，《红楼梦》中的"绛珠仙草"指得就是这种紫色灵芝。

退谷以泉水著称。沿着山谷，到深处，就是水源头（最大的泉水出处）。水源头一旁，横卧一块巨石，硕大无朋，形如元宝（明清朝廷储纳的银锭）。香山百姓称这块巨石为元宝石。

石头虚腾空中，两边由不大的岩石支住，形成了一个石洞。石洞不大，里边盘着个石床，除洞口外，石床一侧还有一个石窗，白

寿安山樱桃沟的元宝石与石上松

天，外面的光线漏进来，洞里也不显黑暗。

　　元宝石东坡上有一块更加巨大的石头高耸。石头上，一道石缝自上而下贯穿石头。石缝中，一条树根直上，一棵不大的柏树傲然挺立，伸出石外，悬于半空。树根深没入石缝中，沿着石缝扎入地下。巨石与地面相交处，泉水涌出，好像在浇灌着那株柏树似的。民间百姓松、柏不分，称此树为"石上松"。

　　水源头水顺山谷而下，水流中，有一种通体青黑、叫作黛石的石头。

　　这种黛石或呈柱状，或呈片状，经手不污，蘸水后变软，故而，当地妇女用来画眉染发。北京地区妇女使用黛石的历史至少可以追溯到金代。金代，宫中妇女多用此石画眉，故而，黛石也被称作

"眉石"。①

黛石系北京西山特产，除樱桃沟水源头外，也产于山后冷泉的"画眉山"②。《钦定日下旧闻考》卷一百六《郊坰西十六》引《帝京景物略》"画眉山，在西堂村之北，产石，黑色浮质而腻理，入金宫为眉石。山北十里，有温泉出焉。"—在京西门头沟斋堂。《钦定日下旧闻考》卷一百五十《物产》引《燕山丛录》："宛平西斋堂村产石，黑色而性不坚，磨之如墨，金时，宫人多以画眉，名曰'眉石'，亦曰'黛石'。"

曹霑对这种黑色的小石头很感兴趣，到樱桃沟遛弯儿时，不时捡些回来，或学那画眉的张敞，或拿它来作画。

（四）《风月宝鉴》

曹霑每到樱桃沟，常端坐在太和庵旁的石头上，听着叮咚的泉声，看着对面的元宝石和石上松，放松精神。每当他走近石上松，看到扎进石缝当中的柏树树根，看到巨石下面生出的那潭清泉时，更是不禁感慨万分。

---

① "甲戌本"《脂砚斋重评石头记》的早期收藏者大兴刘福铨，曾与爱妾马芳梅一道到京西寻找黛石，并绘有《翠微石黛图》。

② 同为香山旗人的顾太清有《画眉山》诗，云："城西百里多名胜，知乐无过山水间。指点黑龙潭对面，一痕蛾绿画眉山。"指明了画眉山的位置。顾太清、奕绘著：《顾太清奕绘诗词合集》，上海古籍出版社，1998年。

神奇的造化主啊，只有你，只有你才能创造出这般奇绝的人间至景。

水源头、石上松、巨石下泉水的形象，不时在曹霑头脑中盘旋，他提起笔，在纸上写下这样的文字：

西方灵河岸上三生石畔，有绛珠草一株，时有赤霞宫神瑛侍者，日以甘露灌溉，这绛珠草便得久延岁月……那绛珠仙子道："他是甘露之惠，我并无此水可还，他既下世为人，我也去下世为人，但把我一生所有的眼泪还他，也偿还的过他了……"①

《风月宝鉴》就这样开笔了。

一天又一天。

有聊的日子过得总是更快。半年以后，一部几十回的《风月宝鉴》写成了。

曹霑用他的妙笔书写自己的一腔才华，把自己看到的、想到的一切融会到创作之中……他的才思是如此的活跃，他的文笔又是如此的美妙，信手拈来，不着痕迹，变化万千，终成了锦绣的文章②。

堂弟棠村、吴玉峰等人是最早的读者。在曹霑的要求下，棠村

---

① 《红楼梦》称，宝、黛前生姻缘实为木石前盟。刻本《红楼梦》绣像作木石前盟，多是一棵古松，旁依巨石，与退谷石上松景象颇似。

② 1976年6月7日，吴恩裕、吴茜到蓝靛厂访问回民老人麻廷惠（时81岁）。麻家世代为人打夯，打夯时，经常唱"打夯歌"。其中，有一个夯歌就是关于《红楼梦》的："这位麻老先生精神极好，记忆也不差，虽不识字，单凭记忆给我们背出七十多句，内容是叙说宝玉去探黛玉病的，夯歌的头几句道：'数九隆冬冷溲冰，滴水檐前挂上冰凌。百草花开败树叶落地，松树开花万年青。有才子留下半本《红楼梦》，列位不知，尊耳是听……'"

为这部小说作了一篇小序,其言当然是称颂此书的功德,戒人妄动风月之情,必有果报,毫厘不爽。

后来,《风月宝鉴》中的不少故事片段被曹霑化用到《红楼梦》中,贾瑞戏凤姐儿,贾珍、秦可卿的乱伦故事等大概就来自该书。《红楼梦》又题名为《风月宝鉴》,这是因为他的朋友看到《红楼梦》就想到了《风月宝鉴》,两书间的关系可以想见。

"甲戌本"《脂砚斋重评石头记》"凡例"就明确指出:"《红楼梦》旨意。是书题名极多:《红楼梦》是总其全部之名也;又曰《风月宝鉴》,是戒妄动风月之情。"当然,风月这一主旨的书写,在《红楼梦》中已经化得比较干净;但是,曹霑还是留下不少痕迹,让人可以感知。

第十三回《秦可卿死封龙禁尉 王熙凤协理宁国府》,"庚辰"本回前批语云:"诗曰:'一步行来错,回头已百年。古今风月鉴,多少泣黄泉!'"秦可卿梦托家族后世,离世回天:

凤姐还欲问时,只听二门上传事云板连叩四下,将凤姐惊醒。人回:"东府蓉大奶奶没了。"凤姐闻听,吓了一身冷汗,出了一回神,只得忙忙的穿衣,往王夫人处来。彼时合家皆知,无不纳罕,都有些疑心。

"甲戌本"眉批:"九个字写尽天香楼事,是不写之写。"写秦可卿死后,贾珍反映:

贾珍哭的泪人一般,正和贾代儒等说道:"合家大小,远亲近友，谁不知我这媳妇比儿子还强十倍。如今伸腿去了，可见这长房内绝灭无人了。"说着又哭起来。众人忙劝道："人已辞世，哭也无益，且商议如何料理要紧。"贾珍拍手道："如何料理，不过尽我所有罢了！"

蒙双行夹批："'尽我所有'，为媳妇，是非礼之谈，父母又将何以待之？故前此有恶奴酒后狂言，及今复见此语，含而不露，吾不能为贾珍隐讳。"

故事的主旨、架构无甚别致，社会上这样的作品也不算少，但好的文字表达却不是易事。

因为自己特殊的经历：既有大家士族的经历，又有平民下层的生活，加上自己超出常人的"移情"能力，曹霑自信，他的著述能够超出社会常规作品，它能够以真实可信成功。

曹霑的友人多系旗人上层，见多识广，又与曹霑多有交流，故能理解他内心的想法，能够指点出他如此写作的妙处。蒙古王府本《石头记》五十四回回末批即写道：

读此回者凡三变。不善读者徒赞其如何演戏，如何挂花灯，如何放爆竹，目眩耳聋，接应不暇；少解读者赞其座次有伦，巡酒有度，从演戏渡至女先，从女先渡至凤姐，从凤姐渡至行令，从行令渡至放花爆，脱卸下来，井然秩然，一丝不乱；会读者须另具卓识，单着眼史太君一席话，将普天下不近理之奇文，不近情之妙作一齐倒。是作者借他人酒杯，消自己块垒，画一幅行乐图、铸一面菱花镜。

第四节 新　政

一、乾隆新政与曹頫得释

> 原任员外郎曹頫名下分赔银四百四十三两二钱，交过银一百四十一两，尚未完银三百二两二钱……
>
> 奉旨：着俱宽免。
>
> ——雍正十三年十月二十一日
> 《内务府奏将应予宽免钱项人员缮单请旨折》

雍正皇帝好禅宗，讲求天然、自在，他并不喜欢那个严肃刻板的紫禁城，他更愿意待在位于京郊"天上人间诸景备"的圆明园里，在繁忙的政务之余，欣赏园林之美、享受园林之乐。因此，他经常离开皇宫，到这个皇家御园里避喧听政。

不仅如此，为了保证自己的安全，他还设立了圆明园护军八旗，围绕圆明园分旗驻扎。由于圆明园庞大无朋，事务众多，还设立了内务府包衣三旗，驻成府村附近。顿时，海淀圆明园一带出现了万余人的旗营（旗兵三千余），六七千间的旗营房屋，为之服务的各种商业机构迅速发展，青龙桥、海淀、清河随之兴起。

雍正十三年（1735），皇帝再一次来到圆明园。政务之余，这里的山水风景，总是很能让他疲惫的心灵放松下来。

已经是秋天，但是，北京的秋天是号称"秋老虎"的，温度仍然很高。好在圆明园周边山林湖泊密布，圆明园里也有大面积的湖泊，风吹过去，倒是凉爽。

清代海淀三山五园图

这一天，皇帝忽然感到身体有些不适，不过，好强的他并没有把这点小事放在心上，依旧照常办公。待到八月二十三日皇帝病情转重，子时（晚十一点至一点），皇帝在圆明园寝宫驾崩，终年五十有八。

雍正皇帝逝世后，按照他留下的谕旨，皇四子宝亲王弘历顺利继位，是为乾隆皇帝。九月初三日，弘历于紫禁城太和殿即皇帝位，以明年为乾隆元年，《恩诏》二十六款颁布天下，其中，涉及钱粮亏空者凡二：

一、各省民欠钱粮，凡十年以上者，相关部门奏明后，候旨豁免；

二、八旗及总管内务府、五旗包衣佐领人等内，凡应追取之侵贪挪移款项，倘本人确实家产已尽，着查明宽免。再，轮赔、代赔、着赔者，亦着一概宽免。

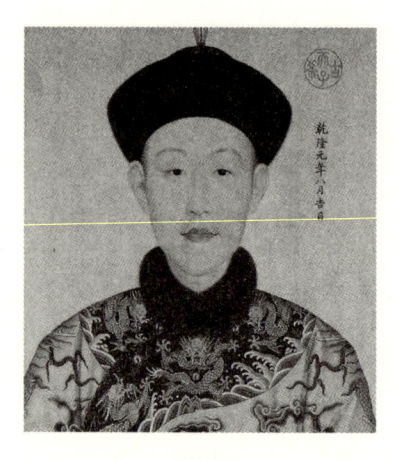

乾隆像

对曹霑一家来说，皇帝这恩诏无疑是件天大的好事，这意味着因骚扰驿站仍挂着亏空名目的叔叔曹頫可以名正言顺地脱掉罪名。

十月二十一日，新皇帝又下旨曰："着将此次查奏之分赔、代赔、着赔等案，俱予宽免。应向民人追取之案，亦着一并宽免。钦此。"经负责审查的庄亲王、和亲王等人覆查，此日开列"汉文单"中就出现了曹頫的名字：

> 雍正六年六月内，江宁织造员外郎曹頫等骚扰驿站案内，原任员外郎曹頫名下分赔银四百四十三两二钱，交过银一百四十一两，尚未完银三百二两二钱……
> 奉旨："着俱宽免。"①

曹家在"法律上"彻底地没有罪名了，这总是好事，家里的欢声笑语都显得比往常放肆舒心了许多。

二、福彭、傅鼐受到重用

弘历继位后，立即召他的好友福彭回京，协办总理事务处——

---

① 雍正十三年十月二十一日《内务府奏将应予宽免钱项人员缮单请旨折》。

这是雍正皇帝大丧期间代替军机处的最高中枢机构。

弘历、福彭同被康熙皇帝养育宫中，复又同窗六载，相知甚深。弘历非常赞赏大他几岁的这位学长，他称赞福彭说："年虽少而器识深沉，谦卑自牧，娴学问、通事理。"①又说"王量宽宏，才德优长。在书室中，与之论文，每每知大意；而与言政事，则若贯骊珠而析鸿毛也。"②

乾隆元年（1736）三月初十日，皇帝上谕内阁，命"正白旗满洲都统事务着平郡王管理。"种种举动都显示出，在这非常的时期，新皇帝对他这位老同学分外的倚重。在朝廷内外看来，福彭这位正受到皇帝崇信的铁帽子王正慢慢走上大清的政坛，如同初生的太阳一般，前途不可限量。

此时，曹家的另一位近亲富察·傅鼐也受到了重用。乾隆元年三月，命傅鼐署兵部尚书，十二月改刑部尚书——此前，曾为内务府总管。在刑部尚书任上，傅鼐曾上书谈刑罚事，《清史稿》卷二百九十一《列传七十八·傅鼐传》详细记载了这件事情的来龙去脉：

> 刑罚世轻世重。我朝律例，颁布于顺治三年，酌议于康熙十八年，重刊于雍正三年。
>
> 臣伏读世宗遗诏曰："凡诸条例，或前本严而朕改从宽，此乃昔时部臣定议未协，朕与廷臣悉心斟酌而后更定，应照更定之例行；

---

① 弘历：《乐善堂全集定本》卷七《送平郡王奉命往盛京修理福陵前河道序》，乾隆刻本。

② 弘历：《乐善堂全集定本》卷七《送定边大将军平郡王西征序》，乾隆刻本。

若前本宽而朕改从严，此以整饬人心风俗，暂行一时，此后遇事斟酌，若应照旧例者，仍照旧例行。"臣思圣心惓惓于此，盖必有所轸念而未及更正者也。

皇上以世宗之心为心，每遇奏谳，斟酌详慎。臣见《大清律集解附例》一书，现今不行之例犹载其中，恐刑官援引舛错，吏胥因缘为奸，请简熟悉律例大臣，详加核议，律文律当仍其旧，所载条例，有今已斟酌改定者，应从改定；有应斟酌而未逮者，悉照旧章。务归于平允，逐条缮折，恭请钦定纂辑颁布。

傅鼐的意思既奉先帝遗诏，复能思路清晰、切合实际，年轻的皇帝自然发了个"得旨允行"的意见。

傅鼐又疏言，道：

断狱引用律例，宜审全文。若摘引律语，入人重罪，是为深文周内。律载："官吏怀挟私仇，故勘平人致死者，斩监候。"又载："若因公事干连在官，事须问鞫，依法拷讯，邂逅致死者，勿论。"

律意本极平允。数年来，各督、抚遇属员误将在官人犯拷讯致死，辄摘引"故勘平人"一语，拟斩监候。尚书张照又奏准："如将笞杖人犯故意夹拷致死二命以上，及徒流人犯四命以上，俱以故勘平人论。"不思既非怀挟私仇，于故勘之义何居？！若谓在官之人本属无罪，则必有诬告之人，应照律抵罪；若谓轻罪不应夹讯，命盗等案，当首从未分，安能预定为笞杖为徒流？若谓拷讯不依法，自有"决罚不如法"律在，致死二人、四人以上，当议以加等。请敕法司酌改平允。

得旨:"下部议行。"

人以群聚,由傅鼐之为人为官,参考曹寅、李煦为人,可见曹氏一门之风。

不过,宦途总是起起落落。乾隆元年秋,以勒借商银,回奏不实,傅鼐夺官,寻命暂署兵部尚书。二年,授正蓝旗满洲都统。三年,坐违例发俸,发往军台效力。寻卒。

傅鼐之最终结局,按照袁枚的说法是:"病,刑部尚书孙公嘉淦奏请就医私第,许之。薨于家。年六十二。"

总之,乾隆初年,福彭、傅鼐的境遇,对曹家来说总是好事,这也意味着曹霑的仕途有了些许光明的前景。

第五节 功 名

贾政最喜读书人,礼贤下士……优待雨村,更又不同,便竭力内中协助,题奏之日,轻轻谋了一个复职候缺,不上两个月,金陵应天府缺出,便谋补了此缺。

——《红楼梦》第三回
《金陵城起复贾雨村 荣国府收养林黛玉》

雪芹名霑,以贡生终,无子。

——邓之诚《骨董琐记》卷二《曹雪芹》①

---

① 梁恭辰:《北东园笔录四编》云:"《红楼梦》一书,诲淫之甚者也。乾隆五十年以后,其书始出……此书全部中无一人是真的,惟属笔之曹雪芹实有其人,然以老贡生槁死牖下。"中华书局,1985年。

一、好言善辩的曹霑

乾隆初年，曹霑已是个二十一岁的青年了，家族里的事情、必要的往来自然需要身体力行。成年后的曹霑形象、性格、学养等，裕瑞《枣窗闲笔》记载：

其人身胖头广而色黑，善谈吐，风雅游戏，触境生春。闻其奇谈，娓娓然令人终日不倦，是以其书绝妙尽致。

裕瑞的舅舅明琳、明义是曹霑后来交到的知心朋友。从裕瑞"闻前辈姻戚有与之交好者"的文字记载来看，他对曹霑相貌的记载，大概是从父母那里听来的。

有人以为，曹霑南京生活十四年，《红楼梦》中贾宝玉面如中秋之月，色如春晓之花，觉得曹霑也应如此。

实际上，稍微有点脑子的人都不该有这样的想法。试想，曹家是东北人，清初，内务府人又基本与内务府人通婚，这些人都是山东、河北、东北一代人氏。即便是与满蒙旗人通婚，也都是北人"混血"。世代北方人的曹家，生出的曹霑自然也是北方人的面貌和风骨。其好谈吐的性格、为人，直如曹寅再世。《红楼梦》第二十九回《享福人福深还祷福 痴情女情重愈斟情》中，张道士、贾母对话，直如写曹霑与曹寅面貌相类情形：

张道士……叹道："我看见哥儿的这个形容身段，言谈举动，怎么就同当日国公爷一个稿子！"说着两眼流下泪来。贾母听说，也由不得满脸泪痕，说道："正是呢，我养这些儿子孙子，也没一个像他爷爷的,就只这玉儿像他爷爷。"

福彭回京,受到皇上的崇信,权重一时,也让家人充满了希望。其后曹霑的仕途,似乎也是受到了福彭的照顾。

或者以为,《红楼梦》中的贾宝玉厌恶科举,故而《红楼梦》的作者曹霑天然对科举有着无比的反感。

实际上,这种看法,既不了解中国古代知识分子与科举的关系,也不了解清代的八股取士,更是把贾宝玉和曹霑搞成同一个人了。

先说,贾宝玉身上多少反映了作者自己的情况,但两者却不是同一个人,贾宝玉既有曹霑长辈的影子,也有社会上人和自己的元素。再则,传统时代知识分子天然不欲科举者寥寥可数。因为能够考中功名不仅是富贵的来源、是施展从圣人处学得理想实施的基本平台,也是知识分子能力的一种象征。只有了解这些,才能理解何以蒲松龄到了七十多岁还要和孙子一起参加科举的历史事实。

曹霑身上寄托着家族复兴的希望,寄托着家族渴望他获得社会认可的期盼。哪里会生而不想科举呢?!

清人反对八股文和科举的,也不过是对在《四书》中出题、对考官过分重视八股格式的不满罢了。曹霑也是如此。《红楼梦》第八十二回《老学究讲义警顽心 病潇湘痴魂惊恶梦》写宝玉、黛玉的谈话,正是反映对八股文的这种辩证态度:

黛玉微微的一笑,因叫紫鹃:"把我的龙井茶给二爷沏一碗。二爷如今念书了,比不的头里。"紫鹃笑着答应,去拿茶叶,叫小丫头子沏茶。

宝玉接着说道:"还提什么念书,我最厌这些道学话。更可笑的是八股文章，拿他诓功名混饭吃也罢了，还要说代圣贤立言。好些的，不过拿些经书凑搭凑搭还罢了；更有一种可笑的，肚子里原没有什么，东拉西扯，弄的牛鬼蛇神，还自以为博奥。这里是阐发圣贤的道理。目下老爷口口声声叫我学这个，我又不敢违拗，你这会子还提念书呢。"

黛玉道："我们女孩儿家虽然不要这个，但小时跟着你们雨村先生念书，也曾看过。内中也有近情近理的，也有清微淡远的。那时候虽不大懂，也觉得好，不可一概抹倒。况且你要取功名，这个也清贵些。"

二、功名：贡生

原：湿余水东南流，左合芹城水，水出北山、南径芹城，又东南流，注湿余水。同上

原：芹城，在州东三十里，有桥，桥下有水，出芹城北，南流入于沙河。昌平山水记

——《钦定日下旧闻考》卷一百三十四《京畿昌平州一》

成年后的曹霑，能诗善画。在那个时代，已经算是一个相当水准的知识人了。除了满肚子的知识外，琴棋书画也都有涉猎，尤其是诗歌绘画，颇有些水准。

成年的人社会交往日多，名字是父母给的，别人直呼其名是不礼貌的，因此，上学之后，老师给字，成年之后，自己要起个号，互相称呼起来方便。曹霑给自己起了几个号：雪芹、芹圃、芹溪。

之所以不离开"芹"字，是因为北京昌平有芹城村。《钦定日下

旧闻考》卷一百三十四《京畿昌平州一》引顾炎武《昌平山水记》，云："芹城，在州东三十里，有桥，桥下有水，出芹城北，南流入于沙河。"

又，《钦定日下旧闻考》卷一百五十二《边障一》引《碣石丛谭》载："三屯城东北二十五里为芹菜山，辽进士冯唐卿于山前结庐种芹自给，故名，其阴则青山关营也。"三屯城在遵化县狮子谷。

曹霑以"芹"与隐居、高洁相关，故对此"芹"字特有感情。因此，以后的生活中，人们更多的称曹霑为"曹雪芹"，不过，也有人叫他芹溪、芹圃。《八旗画录》载："曹霑，号雪芹"，并引《绘境轩读画记》"工诗画，为荔轩通政文孙"的记载。

从现有的材料来看，曹雪芹曾经参与科考，并且得到了贡生的功名。邓之诚《骨董琐记》卷二《曹雪芹》即称："雪芹，名霑，以贡生终。"

贡者，贡于王廷之义也，是传统时代地方向中央荐举人才的一种方式。清代科举有"五贡"之目，五贡贡生有资格进入国家最高学府国子监读书。

所谓"五贡"，系岁贡、恩贡、拔贡、优贡、副贡：

国子监

岁贡：府、州、县廪生食饩十年后挨次升贡者；
恩贡：凡遇国家庆典或登基颁布恩诏之年以当贡者；

拔贡：经学政考试选拔入贡者（乾隆七年之前，每六年、十年或十二年选拔一次；乾隆七年之后，每十二年选拔一次）；

优贡：学政三年任满前考试选拔入贡者；

副贡：乡试副榜。

此五贡皆为正途。

清制，官吏由进士、举人出身，称科甲，五贡，恩、优监生、荫生出身，皆称正途；由捐纳、议叙等得官者称异途出身（例贡，由捐纳而赏予的功名）。非科甲正途出身，除满洲官员外，不得为翰林院、詹事府及吏、礼二部官。异途经保举，亦同正途，但不得考选科、道官。

北京贡院

曹雪芹属于哪一类贡生，无从知晓。不过，雍正十二年五月，翰林院侍读学士保良奏折中称，咸安宫官学"自雍正七年七月开学以来，迄今五载，除新补学生外，内有中试举人、副榜者四人。又，考中生员补廪者二十三人。"①

清代，每四年（逢子、午、卯、酉之年）举行一次科举考试。如果，曹雪芹名列保良所说的四名副榜之中的话，他参加的应是雍正十年（壬子，1732）的乡试。另外，雍正登基，设登基恩科，以

---

① 鄂尔泰等纂修：《八旗通志》（初集）卷四十九《学校志四·咸安宫官学》。

后沿为定例。曹雪芹的贡生资格,也可能是在乾隆登基后被贡入国子监的。

国子监监生、贡生,要在监学习三年。期满肄业,进行考核,按考核成绩,分别选择授官。

三、福彭退出协办总理事务处

乾隆二年(1737)十一月,皇帝为大行的雍正皇帝已经守孝二十七个月。二十七日,庄亲王允禄等总理事务王大臣奏请,解除他们总理事务,归政于皇帝。

乾隆帝"勉从所请",命将原总理事务诸人名单交宗人府、吏部,从优议叙。次日,恢复办理军机处。

值得注意的是,恢复后的军机处人员名单较以前有了新的变化:原先任职于"总理事务处"的鄂尔泰、张廷玉、讷亲、海望等全部转入军机处,但允禄、允礼、福彭等三位宗室王爷却都没能入选。

之所以如此,是因为,清朝鉴于历史上宗室乱政的弊病,不欲宗室参与政治,除非皇帝有能力能够完全掌控宗室的行事。作为新皇帝,乾隆还没有这个把握,那么,最好的办法,就是请诸宗室退出政治。

不过,皇帝还是给了这几位给过他帮助的宗室一些补偿:经宗人府、吏部叙议,原总理事务处王大臣各赏世职一,福彭被额外赏给"奉国将军"之职。

所谓奉国将军,满语称"穆麟德"(Gurun be Tuwakiyara Janggin),位居辅国将军之下、奉恩将军之上,为宗室封爵,属不入八分公之一。

因为子女尚幼,福彭没要这奉国将军职位,奏报皇帝知晓,将其给了六弟福静承袭。

无官一身轻。

卸下差事的福彭,总算可以享受一下生活,上孝养父母,下教育兄弟子女,调养一下身体,读读书,喝喝酒,听听戏。

曹雪芹傳

樊志斌 著

下册

上 册

序：回到作者的"历史现场" ………………… 1

引言：想见其为人 ……………………………… 1

一、闲谈不说《红楼梦》，读尽诗书是枉然 …… 1

二、《红楼梦》是曹雪芹的《红楼梦》，而不是读者的《红楼梦》：不知其人其事，不能"懂"其书 … 4

三、如何撰写曹雪芹的"传" ………………… 6

四、每个研究者都在路上 ……………………… 8

五、凤鸣九霄：曹雪芹之不可及 …………… 10

第一章 金陵岁月（一到十四岁）………… 13

第一节 雪芹出生 ·········· 13
一、一说曹雪芹出生在苏州 ·········· 14
二、满月与抓周 ·········· 20

第二节 生活与教育 ·········· 23
一、曹霑的生活：家族、家风 ·········· 23
二、曹霑的教育：开蒙、入塾 ·········· 33
三、曹寅、李煦的书房与曹家的家风：读书射猎，自无两伤 ·········· 46
四、家族史 ·········· 51
五、见识：洋货与洋人 ·········· 56
六、学问与见闻 ·········· 58

第三节 历劫：革职、抄家、返京 ·········· 63
一、康熙晚期的弊政与新皇帝的改革 ·········· 64
二、皇帝的南巡与曹李两家的接驾、亏空 ·········· 67
三、苏州织造李家的革职抄家 ·········· 70
四、江宁织造曹家的处境 ·········· 73
五、曹頫在皇帝心中的印象不好了 ·········· 77
六、祸不单行：吴老汉案与李煦案 ·········· 81
七、风口上的失误：骚扰驿站与革职 ·········· 84
八、好防元宵佳节后，便是烟飞火别时：转移家产与抄家 ·········· 92

第二章 京师纵歌（十四到十九岁） …… 97

第一节 崇文门外 …… 98
一、回京与崇文门外十七间半 …… 99
二、家里的生活来源 …… 102

第二节 京师亲戚与交游 …… 107
一、平郡王家族 …… 107
二、曹氏家族 …… 111
三、傅鼐、昌龄家族 …… 112
四、李鼎家族与庄亲王家族 …… 116

第三节 咸安宫官学 …… 120

第四节 时　代 …… 123
一、清代知识分子与四书、理学、八股文 …… 123
二、传统哲学巅峰和社会主导思想：程朱理学 …… 126
三、坐集千古之智：文化集大成的时代 …… 129
四、曹荃的《四言史征》与"御赐萱瑞堂"印 …… 132

第五节 旗　人 …… 136
一、旗人的头饰 …… 137
二、旗人的服饰 …… 138
三、旗人的饮食与习惯 …… 139
四、旗人的住与行 …… 144
五、康雍时期旗人的性格 …… 145

第六节　行走平王府 ················· *150*

一、铁帽子王：平郡王府 ············ *151*

二、四大王府 ··················· *153*

三、王府的规矩 ················· *154*

四、雍正十一年敲诈隋赫德案 ········ *156*

第三章　风月真可鉴（二十至二十四岁） ········ *165*

第一节　京　西 ················· *166*

一、暂避京西 ··················· *166*

二、怡王府、寿安山、白家疃 ········ *168*

第二节　傅霈、福彭 ··············· *175*

第三节　《风月宝鉴》 ··············· *176*

一、生活、小说 ················· *178*

二、风月与《风月宝鉴》 ············ *180*

三、西山景物入慧目 ··············· *183*

第四节　新　政 ················· *192*

一、乾隆新政与曹𫖯得释 ············ *192*

二、福彭、傅霈受到重用 ············ *194*

第五节　功　名 ················· *197*

一、好言善辩的曹霑 ··············· *198*

二、功名：贡生 ················· *200*

三、福彭退出协办总理事务处 ········ *203*

下 册

第四章 红楼梦正长（二十五至三十九岁） …… 207

第一节 乾隆初的政治 …… 207

一、诸宗室阿附庄亲王案与弘晳案 …… 208

二、平郡王福彭退出政务与曹雪芹的侍卫生涯 … 212

第二节 学术、曹雪芹、《红楼梦》的书写 …… 220

一、三教归一、理学 …… 220

二、清初学界对朱子学术的回归 …… 225

三、开笔《红楼梦》：曹雪芹的生活与思想的变化 …… 229

四、四书、理学、《红楼梦》 …… 234

五、圣贤的"存天理、灭人欲"和无为法、理学、《红楼梦》 …… 239

六、李渔的"情"、曹雪芹的"意淫" …… 247

七、何以以女性为写作对象 …… 252

八、空空道人与情僧 …… 254

九、三教异同、三教归一、《红楼梦》 …… 258

十、自然随顺：焚书、醉金刚、娄真人 …… 262

第三节 生活、见闻与书写 …… 267

一、礼出大家 …… 267

二、四时风俗 …………………………… *274*

　　三、雍、乾时代中国文化艺术的集大成特色 … *279*

　　四、侠也者：三官保、张凤阳、醉金刚倪二 … *289*

　　五、天才：以中国画技法入小说写作 ………… *298*

　　六、《红楼梦》中的满汉习俗 ………………… *303*

第四节　宗学、亲友 ……………………………… *312*

　　一、亲友、宗学 ………………………………… *312*

　　二、宗学、友人 ………………………………… *317*

　　三、骚达子 ……………………………………… *321*

　　四、什刹海、天香楼 …………………………… *324*

　　五、鹡鸰之悲、棠棣之威 ……………………… *326*

第五节　离　城 …………………………………… *329*

　　一、觉悟、离城 ………………………………… *329*

　　二、白旗生活：正白旗、健锐营、曹雪芹 …… *338*

　　三、《红楼梦》的修改、传播与亲友的批评 … *343*

第五章　隐居西郊（四十至四十八岁）………… *349*

第一节　妻子亲友 ………………………………… *349*

　　一、妻子、地藏沟 ……………………………… *350*

　　二、曹雪芹、僧舍、曹頫 ……………………… *351*

三、都云作者痴、谁解其中味：经典的目的、指向与
传播悖论 ………………… *352*

四、脂砚、畸笏 ………………… *354*

第二节 迁 居 ………………… *364*

一、公主坟、北上坡、镶黄旗 ………………… *365*

二、风筝、《南鹞北鸢考工志》 ………………… *366*

三、徙居白家疃 ………………… *373*

四、生死与生活 ………………… *378*

五、笔山、绘画 ………………… *380*

六、会于景廉处 ………………… *383*

七、懋斋集会 ………………… *388*

八、访张宜泉 ………………… *398*

第三节 南游、再娶 ………………… *401*

一、南 游 ………………… *401*

二、再 娶 ………………… *408*

第四节 交 游 ………………… *415*

一、曹雪芹、陈浩与《李谷斋墨山水陈紫澜字
合册》 ………………… *416*

二、新工作又紧接着展开 ………………… *420*

三、种芹人曹霑画册 ………………… *424*

四、游广泉寺 ………………… *428*

五、寻诗人去留僧舍 ································ 432

　　六、独坐幽篁图 ···································· 437

　　七、聚敦诚处 ······································ 439

　　八、知君诗胆昔如铁 ································ 441

第五节　《废艺斋集稿》 ································ 444

　　一、《废艺斋集稿》 ································ 444

　　二、聚　饮 ·· 450

第六章　魂归青山兮（四十八到四十九岁）······ 453

第一节　没有定局的后四十回 ·························· 453

　　一、后四十回 ······································ 454

　　二、入　京 ·· 457

第二节　伤　逝 ·· 458

　　一、丧　子 ·· 458

　　二、伤　逝 ·· 460

　　三、余音：寡妇飘零、书页散落 ···················· 462

跋：身后与今日 ·· 467

附：雪芹年谱 ·· 473

第四章 红楼梦正长

（二十五至三十九岁）

乾隆四年至乾隆十八年：曹雪芹二十五至三十九岁

第一节 乾隆初的政治

在清初的诸皇帝中，乾隆无疑是最幸运的一个。

雍正皇帝亲眼目睹了康熙末年诸皇子之间的倾轧，继位之后，苦苦思索帝位传承的方法，不立储君（皇帝继承者），万一老皇帝不测，国家无主，自然容易陷入混乱；若明立储君，就容易让其他皇子对储君嫉妒、甚至陷害，也容易让大臣在皇帝和储君之间投机，搞不好，会出现政变，把老皇帝的生命都搞掉。

反复思考，雍正终于确定了立储，但采取秘密立储的办法。即皇帝在诸皇子中筛选储君，将中选者的名字写入诏书，封入密匣，置于乾清宫正大光明匾后。皇帝驾崩，王侯宗室、顾命大臣等人揭匦公证,立皇帝生前所定之人为帝。

由于弘历在雍正诸子中资质突出,早被立为储君,兄弟或者早死,或者不肖,没有竞争力,办差历练、继承皇位都很顺利。

继承皇位后,乾隆以祖父康熙皇帝为榜样,以宽治国,亲亲睦族,对宗室厚加赏赉。但是,乾隆毕竟饱读史书,加之,经父皇、老师朱轼多年教导,深知历朝弊端,对宗室干政、朋党等事极为提防。

这就是乾隆初朝廷的政治。

一、诸宗室阿附庄亲王案与弘晳案

（庄亲王允禄）乃一庸碌之辈,若谓其胸有他念,此时尚可料其必无。且伊并无才具,岂能有所作为,即或有之,岂能出朕范围,此则不足介意者。

——乾隆四年皇帝谕旨[1]

乾隆四年（1739）,京师发生了一桩惊天大案。

案子倒不复杂,但事情却不小。奉皇帝之命,福彭参与案子的审理。

虽然,福彭坚不吐口,但曹雪芹还是通过各种途径,稍稍了解了案件的相关情况,不禁感慨世事的无常与无趣。

---

[1] 周汝昌：《红楼梦新证》,华艺出版社,1998年。

（一）诸宗室阿附庄亲王事

雍正皇帝驾崩前，遗命庄亲王、果亲王、鄂尔泰、张廷玉四人辅政。

其中，庄亲王允禄是康熙皇帝第十六子，密妃王氏生（王氏为苏州机户之女，大概冒充李煦嫡母内务府王氏或为李府"家人"身份入宫），因未参与康熙末政治，加之，能力出众，忠心朝政，很受雍正皇帝的喜爱，在雍正后期深受重用。

如今，允禄既是皇叔，又是首席辅政大臣，威权一时无两。于是乎，群臣争相逢迎，个个争先，唯恐落后；一群宗族子弟，如弘升、弘昌、弘晳、弘晈之辈也纷纷聚到这位辅政亲王的身边。

他们这群人又能有什么正事？左右不过是宴饮嬉乐，听戏闲谈，大不了，在背后谈谈朝廷中谁又受宠了，谁又不受皇帝信任了，如此而已。

不过，总是有些好事之徒，传布是非，以为乐事，甚至攻讦旁

允禄纂《钦定满洲祭神祭天典礼》封面目录

人，以图升腾。于是，宗室子弟群居宴戏的消息，很快传就到了皇帝那里。

与这一消息一并传给皇帝的，恐怕还有其他一些"言之凿凿"的话语。

（二）诸宗室阿附庄亲王案

乾隆皇帝得报后，并不以他人奏报的消息为然。他了解允禄的为人和这群宗族子弟的想法。在他看来，庄亲王允禄不过"一庸碌之辈"，"若谓其胸有他念，此时尚可料其必无。"①

但是，清朝皇帝以史为鉴，他们明白地知道，党争是大明亡国的主要祸根之一。在他们看来，朝臣既然结党就难免不营私：本党奸人，虽百无一处，百计千方为之营求；异党忠良，虽身有百善，而手段尽施，以为攻击。因而，有清一朝，严厉禁止朝臣结党。康熙朝，不遗余力地打击鳌拜、索额图、明珠诸党；雍正朝，大治皇八子、年羹尧、隆科多诸党。原因各异，但是，聚集党羽，谋取私利，无疑是他们得罪的重要原因。

凡事要防止万一。

为了防止宗室成员向允禄过度聚集，形成小集团，时间长了，避免形成尾大不掉之势，乾隆皇帝命宗人府以"结党营私"之名，查处相关人等。

---

① 乾隆并不以允禄为对手，所以，在其后的日子里，允禄多次被皇帝委以任务。

(三) 弘晳案

本来，只是个宗室结党的罪名，不想，相关人员却在审案过程中得知了意外的消息：理亲王弘晳仿照内务府七司建制，在彼居住之郑家庄设立了相关机构。

弘晳是康熙次子、废太子允礽之子，自小聪明伶俐，受到祖父康熙皇帝喜爱，与弘历、福彭等一并养育宫中。雍正继位后，封其为理郡王。

对于自己不能继承大统，弘晳自然感到不满，但是，大局已定，木已成舟，除了徒唤奈何，也无能为力。皇帝当不了，心中又存不甘，弘晳就在家里享受上了作"假皇帝"的感觉，仿照内务府七司设立了一系列的机构。

按照实际情况分析，弘晳的行为不过是一种自我心理满足而已，但是，在极度讲求名分、等级的传统社会，这种僭越行为是莫大的罪名，是可以视同"十恶不赦"的谋逆大罪，招来杀身之祸必然是早晚的事情。

然而，事情还不仅如此，胆大妄为的弘晳，还向所谓的"神人"询问以下事情："准噶尔能否到京？皇上寿算如何？将来我还升腾与否？"在外人看来，这简直就是欲图谋逆的确凿证据了。

这样的事情，自然令乾隆感到惊讶和愤怒。如何处理这件事情，考验年轻皇帝的智慧，既要保持自己亲亲睦族的形象，同时，又能给不安分的宗室子弟以震慑。

皇帝把案件交给平郡王福彭、一等公讷亲（太师遏必隆之孙、内大臣尹德次子，吏部尚书）审理。

这种案子哪里能轻轻放过？

经过福彭、讷亲一轮又一轮的审理，基本弄清了事情的前因后果。福彭等认为，弘晳所犯罪责，按照刑律，应该革其爵位，照"谋叛未行"之罪，处绞立决。

不过，乾隆皇帝认为，虽然，平日之中，弘晳对他并"无敬谨之意，惟以谄媚庄亲王为事"，现在，获罪自是罪有应得，但念其同为圣祖皇帝之孙，因而，不忍处决，特命将其圈禁于景山。

二、平郡王福彭退出政务与曹雪芹的侍卫生涯

曹雪芹当过内廷侍卫，哪年当的记不清，因为他是皇族的内亲才挂名当侍卫的，平常不去上班，有时候陪王爷们游玩游玩，这个差事听说俸禄很高。大约在乾隆十一年到十三年间，他就不干了。为什么不干的，不知道。

——吴恩裕：《张永海谈曹雪芹的事迹》

（一）乾隆初宗室案对朝政的影响

乾隆四年，"宗室阿附庄亲王案"直接导致了庄亲王允禄、理亲王弘晳淡出朝廷，也坚定了皇帝彻底清除宗室干政的想法。此后，平郡王福彭、和亲王弘昼、怡亲王弘晓，都先后离开了政治舞台。

与打击宗室干政行动几乎同步的，是清除朝廷内鄂尔泰（乾隆十年卒）、张廷玉（乾隆二十年卒）两党势力的行动。

最终，宗室成员与依附鄂、张的老臣们纷纷离开政治舞台，一批没有任何根基、对皇帝旨意绝对服从的官员陆续登上权力高峰，乾隆真正建立起自己的"乾纲独断"；而受到打击、被迫远离政治的宗室，则纷纷转向琴棋书画。

清代乾隆一朝，出现了不少宗室书画名家，跟皇帝禁止他们干

政不无关系,这种后果恐怕是乾隆没有想到的。

(二)福彭退出政治舞台与曹雪芹的侍卫差事

西北的战争、多年的劳累,使得福彭身心俱疲,他的健康状况越发变得不好。宗室阿附庄亲王案结后,福彭长期养病。[①] 于是,乾隆四年以后,我们就很难再在各种历史文献中看到福彭的名字了。

为了奖掖福彭的劳绩,皇帝决定再给福彭一些实在的奖励。

在这种情况下,福彭向皇帝举荐了自己的两个弟弟。乾隆五年(1740)二月,六弟福静入选三等侍卫,曹雪芹大概也是这时候补上了侍卫缺。

(三)清代的侍卫制度

清代侍卫起源于太祖努尔哈赤时期。

努尔哈赤东征西讨,兼并女真各部时,选拔武艺高强、能征善战之士作为自己贴身侍卫,满语称作"虾"。清太宗皇太极沿用此制,彼时,皇太极的身后一共站着四十多个"虾"。入关后,制度逐渐完备,侍卫制度也得到进一步地完善和强化。顺治元年(1644),正式规定了皇帝侍卫的名额。

顺治时期皇帝侍卫表

名 称	人 数	品 级	俸禄
领侍卫内大臣	六人	正一品	一品岁俸银180两,禄米90石
内大臣	六人	从一品	

---

① 从现有材料看,福彭突然在清朝政治舞台上消失,并非自身卷入了什么政治案件之中,而是皇帝调整统治人员大背景下的必然结果。

续表

名 称	人 数	品 级	俸禄
散佚大臣	无定员	从二品	二品155两，禄米77石5斗
一等侍卫	六十人	正三品	三品130两，禄米65石
二等侍卫	一百五十人	正四品	四品105两，禄米52石5斗
三等侍卫	二百七十人	正五品	五品80两，禄米40石
蓝领侍卫	九十人	五六品	六品60两，禄米30石

侍卫的选拔很是严格，要求在上三旗（镶黄、正黄、正白）之满洲、蒙古才艺出众者内选拔，由下五旗内满洲、蒙古选中者及汉人入选者，也要归到上三旗行走。

除了正身旗人外，也有内务府包衣侍卫缺，曹雪芹的曾祖、祖父、叔祖一水的侍卫出身。

侍卫的级别很高，且不说一等侍卫，即便三等侍卫，品秩都是正五品，相当于知州，正俸白银八十两，另有禄米四十石，是个俸禄很高的差事。①

除此之外，清代还设置了由宗室子弟编成的宗室侍卫，亦分三等，名额定为九十人。《啸亭杂录》卷六"宗室任职官"云：

国初宗臣，皆系王公世荫，无有任职官者。康熙中，仁皇帝念宗室蕃衍，初无入仕之途，乃钦定侍卫九十人，皆命宗室挑补。

---

① 雍正改革，耗羡归公，以远高于正俸的待遇作为官员的"养廉"；同时，格以峻法，从而既保证官员的生活，同时保障百姓免受侵扰。这样，雍正后清政府官员每年的收入，就由正俸和养廉两部分组成。京师五品官员每年养廉银二百四十两，如此，雪芹的年俸就有三百余两，生活质量足可以得到保证了。

侍卫还要精挑细选，进行分类、分级：功勋子弟、有奇能异才者为御前侍卫、乾清门侍卫，负责从乾清门至神武门的内廷宿卫；其余侍卫则负责从乾清门到太和门之间的外廷宿卫。史籍载：

清人习射图

> 凡宿卫之臣，惟满员授乾清门侍卫，其重以贵戚或异才乃擢入御前，汉籍辄除大门上侍卫，领侍卫内大臣辖之，其以才勇擢侍乾清门者，班崇极矣。①

清代侍卫制度，昭梿《啸亭杂录》卷四《领侍卫府》中也有记载，云：

> 国初，以八旗将士平定寰区，镶黄等三旗为天子自将，爰选其子弟，仿《周官》宫伯之制，命曰"侍卫"：其日侍禁廷左右、供趋走，曰"御前侍卫"；稍次曰"乾清门侍卫"；其值宿宫门者，统称"三旗侍卫"。

还有一部分子弟被任命为"上驷院侍卫，司辔、司鞍，其兼尚虞、鹰鹞房、鹘房、十五善射、射鹄、善扑等侍卫，统在三旗额内，

---

①《清史稿》卷九十二《职官四武职》，中华书局，1977年。

俱无定员。"①曹雪芹的爷爷曹寅就任过养狗处侍卫、著名词人纳兰性德则做过御马厩侍卫。

清代侍卫情况一览表

名　称	数　量	品　级	备　注
一等侍卫	六十人	职三品	用备宿卫侍从，视古羽林、虎贲、旅贲之职
二等侍卫	百五十人	职四品	
三、四等侍卫	二百七十人	职五品	
上驷院司鞍、司辔侍卫	二十七人		
其　他	以侍卫之秩，别充尚茶、尚膳、上虞、鹰鹞房、鹘房、十五善射、善骑射、善鹄射		如古人侍中、给事之任

侍卫上三旗侍卫各有教场："国朝最重骑射，凡羽林虎贲之士，其退直之暇，尝较射于教场中，即明内操地也：镶黄旗在皇城东北隅，临御河；正黄旗在闻华寺后；正白旗在小南城，即明南内地也。"②

（四）侍卫与曹雪芹的生活、创作

曹雪芹早受家庭、学校的双重教育，文武双全，颇有乃祖之风，剑法尤其好，一把宝剑在他手中能够舞得密不透风，③又擅长引弓射箭，这些都是皇帝挑选侍卫时极为看重的条件；加上，曹雪芹跟平郡王的关系，因此，曹雪芹想挑一个侍卫缺，并不是什么困难的

---

①《清史稿》卷一百三十《志一百五·兵一·八旗》。
②昭梿：《啸亭杂录》卷九《侍卫教场》。
③张宜泉：《伤芹溪居士》："琴裹坏囊声漠漠，剑横破匣影铿铿。"可知，芹公能琴善剑。《春柳堂诗稿》，光绪十五年刻本。

事情。

御前、乾清门侍卫组成的内廷侍卫，侍卫皇帝身旁，都是紧要职务，需由皇帝"特简"。所以，曹雪芹被皇帝特简为内廷侍卫，或者因为贵戚，或者因为异才。

因为能够从龙伴驾，侍卫的工作就显得荣耀异常，但是，他们的工作也是异常的辛苦和劳累：日出前，就要入宫值宿，每六天安排一次夜班；皇帝出京巡视、狩猎，侍卫需随侍在侧。不过，作为皇帝的心腹人等，侍卫一旦以其特殊才能，得到皇帝的赏识，就会随时被委以重任，不少满洲子弟就是从侍卫这个差事慢慢走上各职务的。

侍卫的特殊身份，让曹雪芹近距离详细见识到皇家礼仪。《红楼梦》第十八回《隔珠帘父女勉忠勤　搦湘管姊弟裁题咏》中，写正月十五上元之日贾妃省亲情形："一时，有十来个太监都喘吁吁跑

《康熙万寿庆典图》（局部）

《李煦行乐图》

来拍手儿。"曹雪芹亲友在这段文字处批语道:"画出内家风范。"内家,就是太监。紧接着,曹雪芹写道:"这些太监会意,都知道是'来了'、'来了'。"脂批又批道:"难得他写得出,是经过之人也。"

可见,曹雪芹能够写出内监风范,描画出皇家出巡情景,确是得益于他的侍卫经历;而这一点也是曹雪芹的亲戚、朋友们所能熟知的。

不仅如此,充当皇帝侍卫,还为曹雪芹了解皇家园林的美学观、设计观创造了有利条件。《红楼梦》里那个"天上人间诸景备"的大观园,面积大,水面宽阔,就是从海淀皇家园林的现实基础上再创造来的。

京城西郊海淀一带水秀山清,最是修养的上佳场所。所谓"都城西郊,地境爽垲,水泉清洁,于颐养为宜。"①因此,自康熙朝开

---

① 《乾隆朝实录》卷之六十"乾隆三年"条。

《圆明园四十景图》之北远山村　　　　《雍正十二月令圆明园行乐图》之三月赏桃

始，至乾隆时代，先后在这里修建了畅春园、圆明园、清漪园。

曹雪芹的舅爷李煦作过畅春园的总管，李煦的弟弟李炆也曾任此职；而畅春园的附园西花园（供皇帝驻跸畅春园时诸皇子读书处），就是曹雪芹的祖父曹寅负责修建的。如今，那里还有一处三进的真武庙（供奉玄武大帝，清代避康熙玄烨的"玄"字，故名真武）。

除皇家园林外，西郊一带还分布着众多士人、官僚、寺观园林。它们虽没有皇家园林的规模和气势，但因地造园，同样各具特点。[①]

乾隆皇帝以圆明园作为自己避喧听政之所，以畅春园为皇太后颐养之地。乾隆皇帝长期在圆明园居住办公，由于陪王伴驾的需要，海淀一带就成了曹雪芹常到的地方。

---

① 直到20世纪六七十年代，还有不少老人知道，曹雪芹在圆明园外的大有庄、清漪园外的蓝靛厂一带活动过。吴恩裕：《曹雪芹丛考》，上海古籍出版社，1980年。

这宝贵的经历,对《红楼梦》的创作起到了极其重要的作用。

第二节 学术、曹雪芹、《红楼梦》的书写

一、三教归一、理学

天命之谓性,率性之谓道,修道之谓教。

——《中庸》

一切贤圣皆以无为法而有差别。

——《金刚经》

曹雪芹生活的时代是清朝最鼎盛的时期,也即康雍乾三代交际时期。这一时期的文化环境是曹雪芹文化修养的基础,也是他写作《红楼梦》的思想缘起与思想表达。

总体上来说,这一时期,是中国传统文化集大成的时代,儒释道三教原典并传、程朱理学(信仰)与考据学(学术)并兴,其他艺术形式,包括生活艺术也出现了集大成式的人物和成果。

(一)道、三教、寡欲、清净

春秋末期,老子、孔子、释迦牟尼都发现,人之所以痛苦和迷惑,在于对外界的过多所求,求之不得就会感到痛苦,求的过多,则容易陷入其中,不得方向。因此,三教都强调寡欲清净,认为只要知足,就能常乐。《道德经》云:

五色令人目盲，五音令人耳聋，五味令人口爽，驰骋畋猎令人心发狂，难得之货令人行妨，是以圣人为腹不为目，故去彼取此。

《礼记·乐记第十九》更是从人性、人欲的方面进行了逻辑式的阐释：

人生而静，天之性也；感于物而动，性之欲也。物至知知，然后好恶形焉。好恶无节于内，知诱于外，不能反躬，天理灭矣。

夫物之感人无穷，而人之好恶无节，则是物至而人化物也。人化物也者，灭天理而穷人欲者也。于是，有悖逆诈伪之心，有淫泆作乱之事。是故强者胁弱，众者暴寡，知者诈愚，勇者苦怯，疾病不养，老幼孤独不得其所。此大乱之道也。

《中庸》云："天命之谓性，率性之谓道，修道之谓教。"讲明白了天命、人与教育的关系。

基于天命、道、教之间的关系，知识分子应该采取"慎独""中庸"的态度面对：

道也者，不可须臾离也，可离非道也。是故君子戒慎乎其所不睹，恐惧乎其所不闻。莫见乎隐，莫显乎微。故君子慎其独也。

喜怒哀乐之未发，谓之中；发而皆中节，谓之和。中也者，天下之大本也；和也者，天下之达道也。致中和，天地位焉，万物育焉。

致中和、合于道的手段是"诚",诚(择善而固执)于天道的"中""和":

> 诚者,天之道也;诚之者,人之道也。诚者,不勉而中,不思而得,从容中道,圣人也;诚之者,择善而固执之者也。
> ……
> 君子依乎中庸。遁世不见,知而不悔,唯圣者能之。

圣人能够"不勉而中,不思而得,从容中道",一句话就将《论语·先进》篇所论的孔子理想"莫春者,春服既成,冠者五六人,童子六七人,浴乎沂,风乎舞雩,咏而归"与道家《道德经》"圣人处无为之事,行不言之教,万物作而弗始,生而弗有,为而弗恃,功成而不居",佛教《金刚经》"一切贤圣皆以无为法而有差别"联系、打通开来。

清净、自然、无为(不违道德的作为),就是三教归一的共通之处。只是基于要不要当下救世、如何救世,根据不同受众的不同慧根,三教各有不同的主张。

《大学》的"大学之道,在明明德,在亲民,在止于至善"句与"中庸"的意思相同。《大学》进一步解释人们修齐治平的关系云:

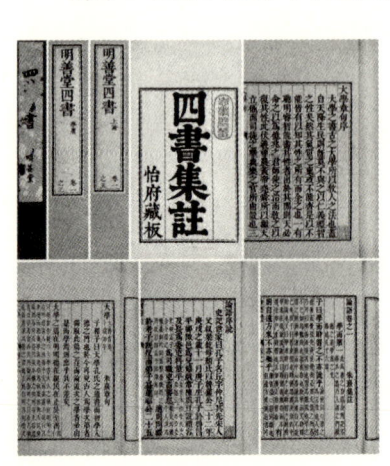

《四书集注》

> 古之欲明明德于天下者,先

治其国；欲治其国者，先齐其家；欲齐其家者，先修其身；欲修其身者，先正其心；欲正其心者，先诚其意；欲诚其意者，先致其知。致知在格物。物格而后知至，知至而后意诚，意诚而后心正，心正而后身修，身修而后家齐，家齐而后国治，国治而后天下平。自天子以至于庶人，壹是皆以修身为本。

如何修身呢？这里面有一个递进的逻辑：

修身在正其心者，身有所忿懥，则不得其正，有所恐惧，则不得其正，有所好乐，则不得其正，有所忧患，则不得其正。心不在焉，视而不见，听而不闻，食而不知其味。此谓修身在正其心。

"正心"这种抽象的要求如何与大众日常所见的形而下的事物联系起来呢？在于格物致知：

所谓致知在格物者，言欲致吾之知，在其物而穷其理也。
盖人心之灵莫不有知，而天下之物莫不有理，唯于理有未穷，故其知又不尽也，是以《大学》始教，必使学者即凡于天下之物，莫不因其已知之理而益穷之，以求至乎其极。至于用力之久，而一旦豁然贯通焉，则众物之表里精粗无不到，而吾心之全体大用无不明矣。
此谓物格，此谓知之至也。

（二）程朱理学、陆王心学的主张和逻辑

西汉中，经董仲舒发展的儒学成为官学。东汉至魏晋时期，儒学注经日渐繁琐,讲求《易经》《老子》《庄子》的道家学说后来居上,成为诸多知名知识分子的主张和讲求。东汉初,佛教从西域地区传到中原,先依附于道家,在战乱频仍的时代,因其讲求来世、因果、逻辑辩证逐渐受到当政者和诸多知识分子认可,地位日渐上升。

南北朝、隋唐时代,儒释道三教互有斗争,也互相引用对方学术,充实自己。唐末,藩镇割据,知识分子深感藩镇无德,强调士当知耻。

知耻是孔子的主张。《中庸》中,孔子说:

好学近乎知,力行近乎仁,知耻近乎勇。知斯三者,则知所以修身;知所以修身,则知所以治人;知所以治人,则知所以治天下国家矣。

将修身、治国、平天下三者结合起来,将知识分子的日常修养与终极政治理想实现统一在一起。

北宋时期,《论语》《孟子》《礼记》等越发受到知识界的重视,出现了诸多研究这些著作的名家,如胡瑗、孙复、石介、周敦颐、邵雍、张载等。至南宋,朱熹对《论语》《孟子》《大学》《中庸》进行注释,并合在一起,称《四书集注》。这些学者探求万事万物之理,故称理学。理,亦称道,故亦称道学。

以程颐、程颢、朱熹为代表的程朱理学,讲求广泛研究事物,归纳总结出天地人间的共同之道,并影响到大多数知识分子。元朝皇庆二年(1313),复科举,诏以朱熹《四书章句集注》为标准取士,朱子学定为科场程式。明洪武二年(1369),科举以朱熹等"传注为宗"。理学成为知识分子的基本学习内容。

与朱熹同时的陆九渊，则更强调"心"的作用，主张用天地人们共通之"道"统领学习。至明中叶，王守仁承绪陆九渊，主张"心外无物"。

实际上，不管是程朱，还是陆王，都强调人不能有过多的欲望。在解释何以不能有太多欲望，应该如何修身、治国的逻辑上，强调格物致知、诚意、正心、中和的圆融。

二、清初学界对朱子学术的回归

随着理学的盛行而来的，是学界对理学思想的怀疑。

自明朝中晚期以来，知识界对理学的主张是否符合圣人原典原意开始表示怀疑，并力求回到原典，考察圣人的原意。

这，就是清代考据学出现的学术背景。

回到原典，是学界的要求。

尤其是，阳明后学完全缺乏王阳明所有的学术基础和学术慧根，以心体贴为本，尚谈论，废读书，甚至发展出诸多反叛原始经典和社会基本规则的看法，越发引起人们的不满。

明朝灭亡后，诸多学人反思数千万人的文明上国，如何为数十万人口的东北蛮夷满洲所灭。知识界认为，明朝末年，王学不学、束书不读、空谈误国是导致国亡的重要原因，因此，绝大多数的知识分子主张学术回到程朱，强调读书、践行；另一部分学人则主张回到对春秋儒家学说原意的考察上，他们对儒家原典和其他春秋战国典籍进行整理、校勘、注疏、辑佚等，形成了以文字音韵、名物训诂、校勘辑佚等为主要特色的考据学（有各种名称，相对于理学对原典的阐释,更注重对原典字词原意的考察)。

康熙皇帝的程朱理学修养甚深,无日不学,解说、实践皆高于当时理学名家。昭梿《啸亭杂录》卷一载有数条康熙(庙号是"圣祖",谥号"仁皇帝")学术特点,如"优容大臣"条载,康熙"厚待儒臣,如张文端英、高江村士奇等,朝夕谈论,无异友生;与李文贞光地谈《易》,每至子夜,诸侍从多枕戈以待。"其"崇理学"条云:

> 仁皇夙好程、朱,深谈性理,所著《几暇余编》,其穷理尽性处,虽夙儒者学,莫能窥测。所任李文贞光地、汤文正斌等皆理学者儒。尝出《理学真伪论》,以试词林,又刊定《性理大全》《朱子

《御制朱子全书》"康熙皇帝序"

《全书》等书，特命朱子配祠十哲之列。故当时宋学昌明，世多醇儒耆学，风俗醇厚，非后所能及也。

在康熙皇帝和一批著名理学家，如熊赐履、李光地的示范带领下，康熙朝知识分子研习程朱成为风尚。

康熙晚年，令大学士李光地等纂修《朱子全书》。康熙五十三年（1714），以《渊鉴斋御纂朱子全书》六十六卷令内府刊刻（渊鉴斋，位于畅春园内，为康熙皇帝书房），亲自作序。康熙皇帝《御制朱子全书序》云：

唐虞夏商周圣贤迭作，未尝不以文字为重。文字之重，莫过五经四书。

每览古今凡传于世者，代不乏人，秦汉以下，文章议论，无非因时制宜、讽谏陈事、防慾纠谬、绝长补短之计耳。

若观文辞之雄、摛藻之丽，古人已有定论，予何敢言？但不偏于刑名，则偏于好尚；不偏于杨墨，则偏于释道；不偏于词章，则偏于怪诞，皆不近乎王道之纯。

于少时颇好读书，只以广博华丽为事，刚勇武备为用，自康熙三十五年天山告警，朕亲擐甲胄，统数万子弟，深入不毛沙碛、乏水瀚海，指挥如意，破敌无存，未十旬而凯旋，可谓胜矣；后有所悟，而自问兵可穷乎、武可黩乎？秦皇、汉武英君也，因必欲胜，而无令闻，或至不保者，岂非好大喜功、与乱同道之故耶？！所以宵旰孜孜思远者，岂不柔近者，岂不怀非先王之法不可用，非先王之道不可为？反之身心，求之经史，手不释卷，数十年来，方得宋儒之实据。

虽汉之董子、唐之韩子亦得天人之理，未及孔孟之渊源；至邵子而玩弄河洛之理、性命之防，衍先天后天之数，定先甲后甲之考，虽书不尽传，理亦显然矣；周子开无极而太极，《通书》之类，其所授受有自来矣，如星辰系乎天，而各有其位，不能沦也，光风霁月之量，又不知其何似；二程之充养有道，经天纬地之德，聚百顺以事君亲，前儒已诵之矣。

至于朱夫子，集大成而绪千百年绝传之学，开愚蒙而立亿万世一定之规，穷理以致其知，反躬以践其实，释《大学》则有次第，由致知而平天下，自明德而止于至善，无不开发后人而教来者也；《五章》补之于断简残篇之中，而一旦豁然贯通之为止，虽圣人复起，必不能逾此；问《中庸》名篇之义，则不偏不倚，无过不及之名，未发已发之中，本之于时中之中，皆先贤所不能及也；论语孟，则逐篇讨论，皆内圣外王之心传，于此道人心之所关匪细；以五经则因经取义，理正言顺、和平宽？非后世借此而轻议者同日而语也，至于忠君爱国之诚、动静语默之敬，文章言谈之中，全是天地之正气、宇宙之大道。

朕读其书、察其理，非此不能知天人相与之奥，非此不能治万邦于衽席，非此不能仁心仁政施于天下，非此不能外内为一家。读书五十载，只认得朱子一生所作何事，故不揣粗鄙无文，而集各书中凡关朱子之一句一字，命大学士熊赐履、李光地素日留心于理学者汇而成书，名之《朱子全书》，以备乙夜勤学，庶防寡过虽未能，亦自勉君亲之责者。

朕又所思者，朱子之道五百年未有辩论是非，凡有血气，莫不遵崇。朕一生所学者为治天下，非书生坐观立论之易，今集朱子之书,恐后世以借朱子之书自为名者,所以朕敬述而不作,未敢自有议论;往往见元明至于我朝注作讲解,总不出朱子,而各出己见,每有驳杂,反为有玷宋儒之本意;况天下至大,兆民至众,舆图甚远,开地太广,诸国外蕃风俗不同,好尚各异,防此失彼之患不可不思,若以智谋而得人心,如挟泰山而超北海也,以中正仁义、老成宽信似乎近之。

凡读是书者,谅吾志不在虚词,而在至理,不在责人,而在责己,求之天道,而尽人事,存吾之顺,末吾之宁,未知何如也。

康熙五十二年岁在癸巳夏六月敬书

是书分学类、论学、孟子、中庸、易、书、诗、春秋、礼、乐、性理、理气、鬼神、道统、诸子、治道、论文、赋词、历代十九门,内容涉及自然科学、政治、哲学及史学等诸多方面,完整地体现了朱子的学术体系。

康熙五十三年八月初一日,李光地等的上书表上有"总监造臣李国屏"的题名,李国屏就是曹雪芹舅爷李煦的堂弟。

程朱理学是曹家的家学,曹雪芹的爷爷曹寅、叔爷曹荃早年都是以精通理学著称的。故而,作为生活于清朝初中叶的知识分子,曹雪芹也是浸淫着朱子的学术成长起来的。

三、开笔《红楼梦》:曹雪芹的生活与思想的变化

(一)这样活着值不值

当生存的问题解决后,当经世致用的问题解决后,人就会思考"生命的意义"这一话题。

换句话说，不管人活五六十岁，还是七八十岁，都会面临一个"我怎样活才值""我这样活有没有必要"的疑问。

人们的印象中，孔子汲汲于功名，奔走各国之间，实际上，这只是表象。《论语·先进篇第十一》载孔子理想，云：

> 子路、曾皙、冉有、公西华侍坐……"点！尔何如？"鼓瑟希，铿尔，舍瑟而作……曰："莫春者，春服既成，冠者五六人，童子六七人，浴乎沂，风乎舞雩，咏而归。"夫子喟然叹曰："吾与点也！"

孔子何以认同曾皙呢？因为曾皙所言的境界正是孔子的理想，正是无为而化时代人们该有的生活场景。所以，《论语》中："子曰：'予欲无言。'"这与《道德经》中"不见可欲，使民心不乱""知者不言，言者不知""我无为而民自化，我好静而民自正"，正是一脉相承的态度。

孔子奔走各国、追求官位，只是要寻找一个能够救世的平台，正是出于他看透世界，却要慈悲大众的心态。

看透与慈悲，在佛教里，自然表现得更为明显，曹雪芹深刻的领悟到这一点，这正是《红楼梦》一面强化"情"的概念（大旨言情的表面），一面又强化佛教"空"的学说（《红楼梦》是总其全部之名，"白骨如山忘姓氏，无非公子与红妆。"）的根本原因。

（二）见闻与见地

年纪轻轻的曹雪芹何以对生命有如此的领会呢？这当然取决于见识，一方面是大量的经典阅读，另一方面，是看多了达官显贵的浮浮沉沉，尤其是乾隆四年庄亲王允禄案对他影响极大。

这个案子涉及的宗室不少，这些人多与曹雪芹有过交往或者一面之缘。案子是表哥福彭经办的，一时间，风光无限的诸多王爷被圈禁、被革职、被罚俸，在当时北京的旗人中引起很大的风波。尤其是，执着于名利的弘晳，从万万人之上到一无所有，不过一瞬间的事情，真应了那句"富贵不可常保"的老话。

人生一世，"红楼一梦"耳。

"世人都晓神仙好，唯有功名忘不了。古今将相在何方，荒冢一堆草没了"，是曹雪芹的感慨。可是，社会上多少人都在争名夺利，为儿孙积累财富，伤天害理，做尽坏事呢？！

当差的日子过得也并不一帆风顺，总会有些不那么如意的事情发生。《红楼梦》第四十八回《滥情人情悟思游艺 慕雅女雅集苦吟诗》中，因调戏柳湘莲，薛蟠被痛打，躲避亲友，装病在家，想外出躲避一时，宝钗笑道：

他出去了，左右没有助兴的人，又没了倚仗的人，到了外头，谁还怕谁，有了的吃，没了的饿着，举眼无靠，他见这样，只怕比在家里省了事也未可知。

脂砚斋在这里批道："作书者曾吃此亏，批书者亦曾吃此亏，故特于此注明，使后人深思默戒。"①

脂砚的这句批语，颇耐人寻味。虽然，我们不知道，曹雪芹经

---

① 《红楼梦》第四十八回《滥情人情悟思游艺　慕雅女雅集苦吟诗》庚辰本"脂批"。

历了怎样的不顺,但是,我们从这句批语可以知道,他一定经历过"左右没有助兴的人,又没了倚仗的人,到了外头,谁还怕谁,有了的吃,没了的饿着,举眼无靠"情况,吃过亏、受过罪,甚至,这样的事情还影响了他的前程。

当差之余,旗人多是几个朋友一起逛街听戏、喝酒聊天。曹雪芹也是如此,当然,他也要不时回香山,与妻子团聚;还要串亲戚,随应红白喜事、年节风俗。

随着年龄的增长和社会阅历的增加,曹雪芹对社会和人生的认识也越发深刻,写作一部大书、表述自己认知,劝诫大众的想法,在他的头脑中慢慢清晰起来。

"文以载道",一身的本领,不能立德、立功,立言既是追求,也是对自己的交代,也算对大众的慈悲。

(三)仲永檀案、曹雪芹、福彭

乾隆七年(1742),仲永檀泄密案,再次刺激了曹雪芹的思考,进而强化了他要表达的想法。

仲永檀(?-1742),字仲虹,今山东省微山县鲁桥镇仲浅村人,乾隆元年进士,改庶吉士,授检讨。性情朴直,考选陕西道监察御史,对不良时事屡有弹劾,迁左副都御史。

仲永檀是首席军机大臣鄂尔泰门生,也非常尊重为官有大体、能够体贴提拔下属的鄂尔泰,对以张廷玉为首的南方派系党同伐异很是不满。之所以出事,是因为他将皇帝"留中"未批的奏折内容,泄露给了鄂尔泰的儿子、詹事府詹事鄂容安。

皇帝对大臣奏折留中不发,意味着皇帝对奏折涉及的内容,尚未有合理的处置措施,或者在处理的态度、方式上有所保留。在皇帝尚未表态之前，仲永檀将奏折内容泄露给鄂容安，那就意味着国家机密、相关政策信息的丧失，这是皇帝绝对不能允许的。

十二月，皇上令平郡王福彭、庄亲王允禄、履亲王允裪一起，审查左副都御史仲永檀泄密事件，①这是福彭自乾隆四年后再一次参与国家大事。

经过审讯，事情的前因后果逐渐清晰起来。负责审查的允禄、福彭、允裪认为，仲永檀应该按以泄露机密事务律，对仲永檀治罪。

皇帝提醒说，仲、鄂二人往来神秘，在奏折一事上互通消息，"显系结党营私"。

三位王爷恍然大悟，于是，奏请同时将鄂尔泰革职拿问。

皇帝觉得，现在还需要有鄂尔泰来平衡张廷玉，因此，他很干脆的拒绝了王大臣的建议，仲永檀被捕入狱，不久，死于狱中，这种敲山震虎的手法起到了作用，鄂尔泰一派瞬间老实了许多。②

仲永檀案给曹雪芹的思想以很大的冲击，任是你做到怎样的高官，享受怎样的富贵荣华，也不过烟云过眼，随时都可能失去，人们为什么要在处处算计和争斗中度过一生呢？

---

① 《宫中档乾隆朝奏折·外交》355—4、355—8 记载，乾隆六、七年间，兼议政大臣衔的王大臣次序，平郡王福彭署名第二，排在裕亲王广禄之后，慎郡王允禧之前。可见，他仍然在皇帝的心目中占有重要地位，政治地位也没有受到太大的影响。乾隆四年以后，福彭之所以消失在人们的视野中，很可能是因为身体状况的不佳，而不是与皇帝关系的不睦。台北故宫博物馆，1982 年。

② 其间，曹雪芹往来于京师与西郊之间，正白旗三十九号西墙上的"题壁诗文"大概就是这一时期写上去的。

曹雪芹决定把他看到的、想到的统统写进他的新书里。① 他决定在《风月宝鉴》的基础上进行修正写作，乾隆八年（1743），他开始动笔，小说第一句依常规写作：

"列位看官，你道此书从何而来……"

四、四书、理学、《红楼梦》

就人之所禀而言，又有昏明清浊之异。故上知生知之资，是气清明纯粹，而无一毫昏浊，所以生知安行，不待学而能，如尧舜是也；其次则亚于生知，必学而后知，必行而后至。

——《朱子语类》卷四《性理一·人物之性·气质之性》

宝玉笑道："除《四书》外，杜撰的太多，偏只我是杜撰不成？"

——《红楼梦》第三回《金陵城起复贾雨村 荣国府收养林黛玉》

曹雪芹不仅将社会形形色色的生活引入作品，甚至也将社会通识的哲学观引入小说。在《红楼梦》第二回《贾夫人仙逝扬州城 冷子兴演说荣国府》中，贾雨村论人的禀赋差异，云：

---

①《红楼梦》出现以后，出现了许多有关小说中"原型"的说法。明义认为，曹雪芹写的是自己家；乾隆认为，写的是明珠家；周春认为，写的是张勇家；还有的认为，写的是傅恒家等等。不能认为，这些说法都没有根据，从《红楼梦》里的种种描写来看，这些说法自有其成立的部分依据，只是并不全面，因为，曹雪芹的取材可能涉及各家，而不仅仅是写某一家的家事。

天地生人，除大仁、大恶两种，余者皆无大异。若大仁者，则应运而生，大恶者，则应劫而生。运生世治，劫生世危。尧、舜、禹、汤、文、武、周、召、孔、孟、董、韩、周、程、张、朱，皆应运而生者。蚩尤、共工、桀、纣、始皇、王莽、曹操、桓温、安禄山、秦桧等，皆应劫而生者。大仁者，修治天下；大恶者，挠乱天下。清明灵秀，天地之正气，仁者之所秉也；残忍乖僻，天地之邪气，恶者之所秉也。

不少读者将这段文字视作曹雪芹对贾宝玉性格形成的哲学阐释，这实在误会了曹雪芹。

实际上，这段文字是宋元诸儒对人性形成的解释。朱熹《答黄道夫》云：

夫天地之间，有理有气。理也者，形而上之道也，生物之本也；气也者，形而下之器也，生物之具也。是以人物之生必禀此理，然后有性；必禀此气，然后有形。①

在《朱子语类》卷四《性理一·人物之性·气质之性》中，朱熹与学生问答宇宙间理、气、形与人气质间的关系，进一步谈到人所禀气的粗细清浊导致人有愚贤不孝，云："人物皆禀天地之理以为性，皆受天地之气以为形。若人品之不同，固是气有昏明厚薄之异。"又云：

---

①《晦庵先生朱文公文集》卷五十八《答黄道夫（一）》，国家图书馆出版社，2006年。

二气五行交感万变,故人物之生,有精粗之不同。自一气而言之,则人物皆受是气而生;自精粗而言,则人得其气之正且通者,物得其气之偏且塞者。惟人得其正,故是理通而无所塞;物得其偏,故是理塞而无所知……

然就人之所禀而言,又有昏明清浊之异。故上知生知之资,是气清明纯粹,而无一毫昏浊,所以生知安行,不待学而能,如尧舜是也。其次则亚于生知,必学而后知,必行而后至。

……

禀得精英之气,便为圣为贤,便是得理之全,得理之正。禀得清明者便英爽,禀得敦厚者便温和,禀得清高者便贵,禀得丰厚者便富,禀得久长者便寿,禀得衰颓薄浊者,便为愚不肖,为贪,为贱,为夭。

可见,曹雪芹让贾雨村说这段话,不过写贾雨村(主流知识界)的学养罢了。当然,曹雪芹学的也是这一理论,但却不好说这一理论就是曹雪芹的认同,或者是雪芹在《红楼梦》中的主张。

不同的是,贾雨村谈论的贾宝玉,既不同于圣贤,也不同于不孝,是无法归类的一种,于是,贾雨村进一步解释道:

今当运隆祚永之朝,太平无为之世,清明灵秀之气所秉者,上至朝廷,下及草野,比比皆是。所余之秀气,漫无所归,遂为甘露,为和风,洽然溉及四海。彼残忍乖僻之邪气,不能荡溢于光天化日之中,遂凝结充塞于深沟大壑之内,偶因风荡,或被云催,略有摇动感发之意,一丝半缕误而泄出者,偶值灵秀之气适过,正不容邪,邪复妒正，两不相下，亦如风水雷电，地中既遇，既不能消，又不能让，必至搏击掀发后始尽。故其气亦必赋人，发泄一尽始散。使男女偶秉此气而生者，在上则不能成仁人君子，下亦不能为大凶大恶。置之于万万人中，其聪俊灵秀之气，则在万万人之上，其乖僻邪谬不近人情之态，又在万万人之下。若生于公侯富贵之家，则为情痴情种；若生于诗书清贫之族，则为逸士高人；纵再偶生于薄祚寒门，断不能为走卒健仆，甘遭庸人驱制驾驭，必为奇优名倡。如前代之许由、陶潜、阮籍、嵇康、刘伶、王谢二族、顾虎头、陈后主、唐明皇、宋徽宗、刘庭芝、温飞卿、米南宫、石曼卿、柳耆卿、秦少游，近日之倪云林、唐伯虎、祝枝山，再如李龟年、黄幡绰、敬新磨、卓文君、红拂、薛涛、崔莺、朝云之流，此皆易地则同之人也。

不过，《红楼梦》中贾宝玉虽然对《四书》表示认可，但对宋明理学却未表现出特别的赞同。《红楼梦》第三回《金陵城起复贾雨村 荣国府收养林黛玉》中，写宝玉、黛玉初次相会：

宝玉笑道："我送妹妹一妙字，莫若'颦颦'二字极妙。"探春便问何出。宝玉道：《古今人物通考》上说：'西方有石名黛，可代画眉之墨。'况这林妹妹眉尖若蹙，用取这两个字，岂不两妙！"探春笑道："只恐又是你的杜撰。"宝玉笑道："除《四书》外，杜撰的太多，偏只我是杜撰不成？"

《红楼梦》第三十六回《绣鸳鸯梦兆绛芸轩 识分定情悟梨香院》中，写宝玉挨打后情况：

那宝玉本就懒与士大夫诸男人接谈,又最厌峨冠礼服贺吊往还等事……或如宝钗辈有时见机导劝,反生起气来,只说:"好好的一个清净洁白女儿,也学的钓名沽誉,入了国贼禄鬼之流。这总是前人无故生事,立言竖辞,原为导后世的须眉浊物。不想我生不幸,亦且琼闺绣阁中亦染此风,真真有负天地钟灵毓秀之德!"因此,祸延古人,除《四书》外,竟将别的书焚了。

此处,蒙古王府藏《石头记》侧批云:"宝玉何等心思,作者何等意见,此文何等笔墨!"对此处贾宝玉的说法,表述赞同与惊讶。《红楼梦》第十九回《情切切良宵花解语 意绵绵静日玉生香》中,叙贾宝玉平时言论,则云:"只除'明明德'外无书,都是前人自己不能解圣人之书,便另出己意,混编纂出来的。"

实际上,确实如此,历代圣贤立言,无非导人向善,但是,世俗间人智慧不足,曲解圣意,名学圣人,却是"画虎不成反类犬",糟蹋了圣贤的言论原意。康熙初年,纳兰性德论时人学诗宗唐、宗宋之分:

其始亦因一、二聪明才智之士深恶积习,欲辟新机,意见孤行,排众独出,而一时附和之家吠声四起,善者为新丰之鸡犬,不善者为鲍老之衣冠,向之意见孤行排众独出者又成积习矣。盖俗学无基,迎风欲仆,随踵而立,故其于诗也,如矮子观场,随人喜怒,而不知自有之面目,宁不悲哉?!

由此可知，贾宝玉虽然对儒家《四书》推崇备至，但对宋明时代产生的理学思想，尤其是世俗传扬理学的行为却不甚认同，故而才有"除《四书》外，杜撰的太多"的言论。

在《红楼梦》中，贯穿故事始终的甄士隐，正名"甄费"。名称出自《四书》之一的《中庸》，云："君子之道费而隐。"

系统观看这些在《红楼梦》中不时出现的细节儿，可见，曹雪芹在小说中的思想表达和写作细节处的良苦用心。

五、圣贤的"存天理、灭人欲"和无为法、理学、《红楼梦》

夫物之感人无穷，而人之好恶无节，则是物至而人化物也；人化物者也，灭天理而穷人欲者也。

——《礼记·乐记》

孔子所谓"克己复礼"，《中庸》所谓"致中和""尊德性""道问学"，《大学》所谓"明明德"，《书》曰"人心惟危，道心惟微，惟精惟一，允执厥中"，圣贤千言万语，只是教人明天理、灭人欲。

——《朱子语类》卷十二

（一）甄宝玉的设置

《红楼梦》中，表面用前生后世因果模式写作，叙贾宝玉与林黛玉、薛宝钗"了却前缘"故事。

实际上，书中一个重要人物却往往被人们所忽视，那就是甄宝玉。

甄宝玉生的与贾宝玉一模一样，性情无二，家庭条件无二，不

过,《红楼梦》中,却未对这个"特殊人物"给予重点描写。第五十六回《敏探春兴利除宿弊 识宝钗小惠全大体》:

  众媳妇听了,忙去了,半刻围了宝玉进来。四人一见,忙起身笑道:"唬了我们一跳。若是我们不进府来,倘若别处遇见,还只道我们的宝玉后赶着也进了京了呢。"……
  宝玉心中便又疑惑起来:若说必无,然亦似有;若说必有,又并无目睹。心中闷了,回至房中榻上默默盘算,不觉就忽忽的睡去,不觉竟到了一座花园之内。宝玉诧异道:"除了我们大观园,更又有这一个园子?"……
  宝玉又诧异道:"除了怡红院,也更还有这么一个院落。"忽上了台矶,进入屋内,只见榻上有一个人卧着,那边有几个女孩儿做针线,也有嘻笑顽耍的。只见榻上那个少年叹了一声。一个丫鬟笑问道:"宝玉,你不睡又叹什么?想必为你妹妹病了,你又胡愁乱恨

《孙温全本红楼梦》之"二玉梦会"

呢。"宝玉听说，心下也便吃惊。

只见榻上少年说道："我听见老太太说，长安都中也有个宝玉，和我一样的性情，我只不信。我才作了一个梦，竟梦中到了都中一个花园子里头，遇见几个姐姐，都叫我臭小厮，不理我。好容易找到他房里头，偏他睡觉，空有皮囊，真性不知那去了。"

宝玉听说，忙说道："我因找宝玉来到这里。原来你就是宝玉？"榻上的忙下来拉住："原来你就是宝玉？这可不是梦里了。"宝玉道："这如何是梦？真而又真了。"

曹雪芹向来厌烦书写的反复与冗长，自己作文向来不做重复笔墨，设计甄宝玉这样一个"特殊人物"自然有特殊的用意：那就是用贾宝玉出家与甄宝玉入世的对比，表达他对人生、社会的态度：随顺世间。第一百一十五回《惑偏私惜春矢素志 证同类宝玉失相知》：

且说贾政见甄宝玉相貌果与宝玉一样，试探他的文才，竟应对如流，甚是心敬，故叫宝玉等三人出来警励他们。再者倒底叫宝玉来比一比。宝玉听命，穿了素服，带了兄弟侄儿出来，见了甄宝玉，竟是旧相识一般。那甄宝玉也像那里见过的，两人行了礼，然后贾环、贾兰相见。

……

甄宝玉听说，心里晓得"他知我少年的性情，所以疑我为假。我索性把话说明，或者与我作个知心朋友也是好的。"便说道："世兄高论，固是真切。但弟少时也曾深恶那些旧套陈言，只是一年长似一年，家君致仕在家，懒于酬应，委弟接待。后来见过那些大人先生尽都是显亲扬名的人,便是著书立说,无非言忠言孝,自有一番立德立言的事业,方不枉生在圣明之时,也不致负了父亲师长养育教诲之恩,所以把少时那一派迂想痴情渐渐的淘汰了些。如今尚欲访师觅友,教导愚蒙,幸会世兄,定当有以教我。适才所言,并非虚意。"

这时候,贾宝玉还没有机会接触社会,没有醒悟,仍然沉浸在所谓"超凡入圣"的说理中,对甄宝玉所说感觉完全不能接受,甄、贾宝玉的矛盾就此出现了。

(二)《礼记》、天理、人欲、理学

在曹雪芹生活的年代,政府提倡、社会主流认同的是程、朱理学。这是宋朝以来,在融合儒、释、道三家思想而形成的一门学问。

古圣贤早就发现,常人有太多的欲望,导致了追逐、争夺,进而种种难堪猥琐。《礼记·乐记》中明确指出:

夫物之感人无穷,而人之好恶无节,则是物至而人化物也;人化物者也,灭天理而穷人欲者也。

基于常人对欲望的极力追逐,基于人们"灭天理而穷人欲"的错误主张,基于五代十国时期执政者道德沦丧,宋儒提出了"存天理、灭人欲"的主张,认为人应该有坚持,那就是对天理、圣贤的诚与敬,反映到政治上和个人修养上,士大夫应该做到"忠臣不侍二主",如"烈女不嫁二夫"。

《朱子语类》卷四中写道:"学者须是革尽人欲,复尽天理,方始为学。"朱子同时的友人、论敌陆九渊治学方法则全与朱熹相反,但在天理人欲问题上,却全然无二,至明中叶,王守仁承接陆九渊理路,终极追求也是如此。王守仁《传习录》卷上第九条云:

爱问:"先生以博文为约礼功夫。深思之未能得。略请开示。"

先生曰:"'礼'字即是'理'字。理之发见可见者谓之文,文之隐微不可见者谓之理,只是一物。约礼只是要此心纯是一个天理。要此心纯是天理,须就理之发见处用功。如发见于事亲时,就在事亲上学存此天理。发见于事君时,就在事君上学存此天理。发见于处富贵贫贱时,就在处富贵贫贱上学存此天理。发见于处患难夷狄时,就在处患难夷狄上学存此天理。至于作止语默,无处不然。随他发见处,即就那上面学个存天理。这便是博学之于文,便是约礼的功夫。博文即是惟精。约礼即是惟一。"

焦秉贞绘王阳明像

第七条云:

先生又曰:"'格物'如孟子'大人格君心'之'格'。是去其心之不正,以全其本体之正。但意念所在,即要去其不正,以全其正。即无时无处不是存天理,即是穷理。天理即是明德,穷理即是明明德"。

朱熹像

第二十八条云："只要去人欲，存天理，方是功夫。静时念念去人欲、存天理，动时念念去人欲、存天理。"

存天理、灭人欲从来是所有圣贤的共同主张。不过，圣贤从来不是绝对主义者，他们的学说、主张，除了体贴天道人心，当然也不排斥"个人的欲望"，不过，这种需要满足的个人欲望是正常生存所需的，而不是满足无尽的追求所需要的那种。

《朱子语类》卷九十四即指出："若是饥而欲食，渴而欲饮，则此欲亦岂能无？！但亦是合当如此者。"朱熹分析天理和人欲的关系，在《朱子语类》卷十三中表达得非常明白：

问："饮食之间，孰为天理，孰为人欲？"曰："饮食者，天理也；要求美味，人欲也。"问："饥食渴饮，冬裘夏葛，何以谓之天职？"曰："这是天教我如此。饥便食，渴便饮，只得顺他。穷口腹之欲便不是。"

这是说天理、人欲的区别。圣人就是能够存天理、灭人欲的人。《朱子语类》卷一零一解释圣人与常人的区别，云：

如口之于味,目之于色,耳之于声,鼻之于臭,四肢之于安佚,圣人与常人皆如此,是同行也;然圣人之情不溺于此,所以与常人异耳。①

圣贤们都认识到,人们只有心态安静,才能避免过多欲望的侵袭,避免造成对社会和他人的伤害,这即是知足常乐;但三教间圣贤主张又何以有差别呢?正是因为世人慧根不同,理解各别,故三教圣贤针对不同人等,分别说法教育。故《金刚经》中云:"一切贤圣皆以无为法而有差别"。《朱子语类》卷十二阐释此意云:

孔子所谓"克己复礼",《中庸》所谓"致中和""尊德性""道问学",《大学》所谓"明明德",《书》曰"人心惟危,道心惟微,惟精惟一,允执厥中",圣贤千言万语只是教人明天理、灭人欲。

(三)"大隐隐于市,小隐隐于山林"

圣贤们总是希望自己、大众的修养方向是清净、无为。

但是,人受环境,尤其是亲人感情的羁绊,难以解脱,不利于清净、无为,于是,有了避世、避人的区别。归隐、出家,成了很多人的选择。

但是,在圣贤看来,智慧说到底是要在世间践行,出家、归隐只是形式和手段,真正彻底的修行是心的认知,心如果真的认知了,行的方向和结果也就一定了,这就是"知行合一"。

---

① 参王西亚:《理·欲·约束机制》,《重庆科技学院学报(社会科学版)》2012年第10期。欧阳辉纯:《论宋代理学"理"的伦理内蕴》,《沈阳师范大学学报》2011年第4期。

在无为清净、"知行合一"的大条件下，是否出家、归隐倒不是那么重要，所谓"大隐隐于市，小隐隐于山林。"儒家致力于世间，维摩诘则在家修行。《维摩诘经·入不二法门品第九》：

尔时，维摩诘谓众菩萨言："诸仁者！云何菩萨入不二法门？各随所乐说之。"

……

如是，诸菩萨各各说已。问文殊师利："何等是菩萨入不二法门？"文殊师利曰："如我意者，于一切法，无言无说，无示无识，离诸问答是为入不二法门。"于是，文殊师利问维摩诘："我等各自说已，仁者当说何等是菩萨入不二法门？"时维摩诘默然无言。文殊师利叹曰："善哉！善哉！乃至无有文字语言，是真入不二法门。"

在曹雪芹看来，一切经典的终极主张，都是不立语言文字，以心传心的法门——理学家认为，《尚书·大禹谟》"人心惟危，道心惟微。惟精惟一，允执厥中"为道学的"十六字心传"。禅宗主张不立文字，心印——传承的都是清静无为、少欲实行的道理，只不过，参透者因为因缘、能力、喜好不同，或者选择了脱离世间的自己独善，或者选择了虽千万人吾独往矣的挽救世溺。

在《红楼梦》的结局处理上，曹雪芹让甄、贾宝玉参透了"意淫"执着（人欲）的无益，贾宝玉出家，了却与宝钗、黛玉的前缘，甄宝玉入世，学为忠臣孝子，复兴甄家。

六、李渔的"情"、曹雪芹的"意淫"

"情""欲"二字的分辨。从肝膈上起见的叫做"情",在衽席上起见的叫做"欲"。若定为衽席私情才害相思,就害死了也只叫做个欲鬼,叫不得个情痴。

——李渔《怜香伴》

淫虽一理,意则有别。如世之好淫者,不过悦容貌,喜歌舞,调笑无厌,云雨无时,恨不能尽天下之美女供我片时之趣兴,此皆皮肤淫滥之蠢物耳。

如尔,则天分中生成一段痴情,吾辈推之为"意淫"。"意淫"二字,惟心会而不可口传,可神通而不可语达。

——曹雪芹《红楼梦》第五回
《游幻境指迷十二钗　饮仙醪曲演红楼梦》

（一）社会对理学家天理人欲观的扭曲

在理学家那里,情、欲、理本来说得清清楚楚。

如同任何一门学问一样,圣贤的弟子与再传弟子、再再传弟子们慧根不及圣贤,社会上诸多知识分子更是只知道死记硬背,理学先贤的合理主张不可避免地"被字面化",人们只在某些片面文字上用力,从而造成对圣贤学术的理解、操作偏差,无条件地强调的"灭人欲",成为后期理学家极力主张的观点。

在政府、学界的认可和倡导下,元、明时代,理学迅速在社会上得到传播,既造就了无数的忠臣孝子,也造就了不少的贞妇烈女、愚夫愚妇，甚至假借理学说法行自己私欲的种种阴谋、勾当。

(二) 明朝中叶后对"情"的关注

物极必反。

明代中叶以后，商品经济迅速发展，城市的规模迅速扩大，生活的丰富度大幅度增长。市民阶层的"有闲"生活娱乐需求迅速发展。在皇帝（明代皇帝多好道教的丹术、双修）和社会上层的带领下——某种程度上，是对朱元璋所接受程朱思想、自我约束发展到极端化的反动，文学领域内出现了大批以艳情、言情为主要内容的文学作品。

这些俗文学大量专注于男女私会，男、女性的描写。

针对社会上"性"观念的充斥泛滥，学界除了坚持正统程朱陆王的思想外，还有一批"以文学著称"的学人提出了排斥简单的性、超越简单的性的"情本思想"。

在他们看来为，情不同于性，是人性中自然存在的东西，完全合乎天理，因而，值得赞扬和倡导，而不是扼杀。汤显祖《牡丹亭题辞》云："情不知所起，一往而深，生者可以死，死可以生。生而不可与死，死而不可复生者，皆非情之至也。"在《牡丹亭》中，作者虚构了一个因情而死、又死而复生的故事，以彰显它所要表达的上述主题。

冯梦龙的《情史》则是一部按情归类的文言小说总集。在书序中，冯梦龙写道：

天地若无情，不生一切物。一切物无情，不能环相生。生生而不灭，由情不灭故。四大皆幻设，惟情不虚假。……万物如散钱，一情为线索。

把"情"提升到了哲学的高度,把"情"作为一种独立于生命的、宇宙间的一个基本元素来看待了,其对"情"的看法和推崇又超过了汤显祖。

康熙年间,木刻活字本《肉蒲团》中,李渔自署名为"情痴反正道人"。在自己的作品中,李渔反复强化这一概念,借以警醒世人。在《玉搔头》中,李渔则把荒淫胡闹的明武宗写成一个绝世的情痴,第十三出《情试》,明武宗微服私访前云:"男女相交,全在一个'情'字……寡人这番出去,受尽千辛万苦,只讨得个'情'字回来。"

《怜香伴》一书讲述书生石坚与两个妻子故事。扬州书生石坚之妻崔笺云,见孝廉之女曹语花身有异香,心生爱怜,劝曹语花也嫁与石坚,崔、曹二人常相厮守。曹语花对丫鬟留春叙说情、欲的关系,道:

呆丫头,你只晓得"相思"二字的来由,却不晓得"情""欲"二字的分辨。从肝膈上起见的叫做"情",在衽席上起见的叫做"欲"。若定位衽席私情才害相思,就害死了也只叫做个欲鬼,叫不得个情痴。从来,只有杜丽娘才说的个"情"字。

在这里,李渔用"情"的概念取代"欲",强调情的合理与高尚。在《肉蒲团》中,李渔自称,他的写作是以淫说法,维持风化。李渔曾作《十二楼》,杜浚为之作序,序中,杜浚指出,李渔创作小说,目的是为了:"以通俗语言鼓吹经传,以入情啼笑接引顽痴。"

(三)《红楼梦》对"情"的重视和对情、欲的分割

写小说的李渔、为之作序的杜浚,都跟曹家有过直接或间接的交往。曹雪芹的爷爷又是当时著名的藏书大家,家中小说堆积,不尽其数,家中藏有李渔作品,曹雪芹早年自然看过这些作品,而这种"情本"思想在曹雪芹的作品(《风月宝鉴》《红楼梦》)中也有反映。《红楼梦》第一回《甄士隐梦幻识通灵 贾雨村风尘怀闺秀》中,茫茫大士道:

历来几个风流人物,不过传其大概以及诗词篇章而已,至家庭闺阁中一饮一食,总未述记。再者,大半风月故事,不过偷香窃玉,暗约私奔而已,并不曾将儿女之真情发泄一二。想这一干人入世,其情痴色鬼,贤愚不肖者,悉与前人传述不同矣。

在这里,曹雪芹清楚地将"发泄儿女真情"作为创作的核心,也正是因为这一原因,他的朋友在批书时写道:"以顽石草木偶,实历尽风月波澜,尝遍情缘滋味,至无可如何,始结此木石因果,以泄胸中抑郁。"

在明清文人那里,情欲往往纠缠在一起,但是,曹雪芹却清楚地分别了情和欲。在《红楼梦》中,曹雪芹借贾母之口,对传统才子佳人小说中"情欲不分"的问题进行了彻底地批判:

这小姐必是通文知礼,无所不晓,竟是个绝代佳人。只一见了一个清俊的男人,不管是亲是友,便想起终身大事来,父母也忘了,书礼也忘了,鬼不成鬼,贼不成贼,那一点儿是佳人?便是满腹文章,做出这些事来,也算不得佳人了。比如男人满腹文章去作贼,

难道那王法就说他是才子,就不入贼情一案不成?可知那编书的是自己塞了自己的嘴。

可见,曹雪芹对正常的人间感情持肯定的态度,但对那些不加自律的欲望予以否定。从这一点上看,曹雪芹对"情"之一字的理解较前代小说、戏曲都有一个更高的层面。他不仅分解了情、欲的关系,同样,肯定礼法存在的合理性。

曹雪芹又借警幻仙子之口对世俗"好色不淫"进行了批判。第五回《游幻境指迷十二钗　饮仙醪曲演红楼梦》中,警幻道:

尘世中多少富贵之家,那些绿窗风月,绣阁烟霞,皆被淫污纨绔与那些流荡女子悉皆玷辱。更可恨者,自古来多少轻薄浪子,皆以"好色不淫"为饰,又以"情而不淫"作案,此皆饰非掩丑之语也。好色即淫,知情更淫。是以巫山之会,云雨之欢,皆由既悦其色,复恋其情所致也。

警幻因主人公宝玉天生一段痴情,对女儿的态度与世俗众人不同,特许宝玉为"天下第一淫人",并解释说:

淫虽一理,意则有别。如世之好淫者,不过悦容貌,喜歌舞,调笑无厌,云雨无时,恨不能尽天下之美女供我片时之趣兴,此皆皮肤淫滥之蠢物耳。如尔则天分中生成一段痴情,吾辈推之为"意淫"。"意淫"二字,惟心会而不可口传,可神通而不可语达。

七、何以以女性为写作对象

《红楼梦》中，何以以贾宝玉与金陵十二钗故事作为写作主体？

实际上，这与明清之际知识界的认同、主张有关，即认为女性，尤其是某些未嫁女儿，保存天真、性灵超绝。

在知识分子看来，男人作为家庭和社会的主要经营者，不可避免的要与功名利禄打交道，则其"天性"也就不可避免的受到功名利禄的沾染；而作为"主内"的女性，尤其是没有出嫁的女孩子，不事生产，不虑财物功利，则能较好的保持人本来的天性。

钟惺、葛征奇、赵世杰、邹漪等人主张："非以天地灵秀之气，不钟于男子；若将宇宙文字之场，应属乎妇人""海内灵秀，或不钟男子而钟女人，其称灵秀者何？盖美其诗文及其人也"。在《明清文人的经典论和女性观》一文中，孙康宜引这些文字，指出：

另外一个比较富有创新性的策略，确是明清文人的一大发明：那就是强调女性是最富有诗人气质的性别，因为他们认为女性本身具有一种男性文人日渐缺乏的"清"的特质。

又称："明清文人的观点之所以特别重要，乃是因为他们对'清'的创新的解释。例如，古人认为'清'兼有美与善的特质"：

现在明末诗人钟惺又在美与善之上特别强调"真"的重要性，并且很巧妙地把它和女性创作的特征联系起来。在他的《名媛诗归》里，钟惺举例说明了妇女的"清"与"真"的特性：由于一般妇女缺乏写作吟诗的严格训练，反而使她们保持了"清"的本质；由于在现实社会领域的局限性，反而使她们更加接近自然并拥有情感上的单纯——那就是所谓的"真"。这种具有真善美的品质无疑成了女性诗境的特征，也使得女性作品成了男性文人的楷模，所以钟惺说："男子之巧，洵不如妇人矣。"①

通过对清代中叶知识分子妇女看法的研究，曼素思指出：

在洪亮吉以及其他社会批评的领袖人物眼里，"闺阁"在这个纷纷扰扰的残酷世界上仿佛是一处世外桃源。

士大夫家的男子必须逐日面对物质世界（或如他们所习称的"尘世"）的腐败堕落，而女性却可以得免于此。

女性端居在凝然不动的一点上，男性碌碌不已的生活全都是围绕着这一点而建造的。"闺阁"的形象，作为尘世之外的一方无始无终、无忧无怨的天地，作为男性心力交瘁时可以暂时避入或者彻底退居的一处休养所，变成了十八世纪的男性文人写到女性时构建的一节强有力的诗章。②

毫无疑问，曹雪芹也是这样的主张。这种认同女性"清""真"的思想，在《红楼梦》中有着极为强烈的表达，最明确的表达出现于第五十九回《柳叶渚边嗔莺咤燕 绛云轩里召将飞符》中。

本回中，宝钗的丫鬟莺儿拿柳条编东西，"只见何婆的小女春燕

---

① 孙康宜：《明清文人的经典论和女性观》，《江西社会科学》2004年第2期。
② （美）曼素思著，定宜庄、颜宜葳译：《缀珍录：十八世纪及期前后的中国妇女》，江苏人民出版社，2005年。

走来,笑问:'姐姐织什么呢?'正说着,蕊、藕二人也到了":

春燕便向藕官道:"前儿你到底烧什么纸?被我姨妈看见了,要告你没告成,倒被宝玉赖了他一大些不是,气的他一五一十告诉我妈。你们在外头这二三年积了些什么仇恨,如今还不解开?"

藕官冷笑道:"有什么仇恨?他们不知足,反怨我们了。在外头这两年,别的东西不算,只算我们的米菜,不知赚了多少家去,合家子吃不了,还有每日买东买西赚的钱。在外逢我们使他们一使儿,就怨天怨地的。你说说可有良心?"

春燕笑道:"他是我的姨妈,也不好向着外人反说他的。怨不得宝玉说:'女孩儿未出嫁,是颗无价之宝珠;出了嫁,不知怎么就变出许多的不好的毛病来,虽是颗珠子,却没有光彩宝色,是颗死珠了;再老了,更变的不是珠子,竟是鱼眼睛了。分明一个人,怎么变出三样来?'这话虽是混话,倒也有些不差。"

"女孩儿未出嫁,是颗无价之宝珠",是贾宝玉的认知。

除了不用考虑金钱的王夫人、薛姨妈、王熙凤等已婚妇女,贾宝玉不愿见其他已婚妇女,就是因为她们因生活的压力,处处算计,甚至利欲熏心,早将心性中那点天生灵气掩盖了。

八、空空道人与情僧

(一)"因空见色,由色生情,传情入色,自色悟空,遂易名为情僧"

《红楼梦》中,另一个重要概念是情与空。

《红楼梦》第一回《甄士隐梦幻识通灵　贾雨村风尘怀闺秀》中写空空道人抄写石头上故事：

空空道人听如此说……方从头至尾抄录回来、问世传奇，因空见色，由色生情，传情入色，自色悟空，遂易名为情僧，改《石头记》为《情僧录》。

这段明明白白的写在《红楼梦》开头的文字中，空、色、情形成了对照明白的辩证关系。

实际上，空、色、情三个概念皆在佛教原典中存在。不同经典分别演说三者的对立与无异。

（二）《大般涅槃经》释空、空空、不空空、解脱

《大般涅槃经》卷第五《如来性品第四之二》解释空、空空诸概念，称不可说空、不空，真解脱为"不空空"：

空空者，名无所有。无所有者，即是外道尼犍子等所计解脱。而是尼犍实无解脱，故名空空。
真解脱者，则不如是，故不空空。不空空者，即真解脱。真解脱者即是如来。

佛陀又用盛过酒酪酥蜜的瓶子空时有味来讲解所谓"不空空"、空、不空：

又，解脱者名空不空。如水酒酪酥蜜等瓶，虽无水酒酪酥蜜时，

犹故得名为水等瓶,而是瓶等不可说空及以不空。若言空者,则不得有色香味触;若言不空,而复无有水酒等实。

解脱亦尔,不可说色及以非色,不可说空及以不空。若言空者,则不得有常乐我净;若言不空,谁受是常乐我净者。以是义,故不可说空及以不空。

空者,谓无二十五有及诸烦恼、一切苦、一切相、一切有为行,如瓶无酪,则名为空;不空者,谓真实善色、常乐我净、不动不变,犹如彼瓶色香味触,故名不空。是故,解脱喻如彼瓶。

《大涅槃经》释空空、不空空、空不空

外道尼犍子,毗舍离国的某外道,其人"聪慧明哲,善解诸论,有聪明慢,所广集诸论妙智入微",与佛辩论"我"与"色""受、想、行、识"的关系,佛云空指色相、有为行,而不空指佛性实在。他为佛所折(佛以无我立论),皈依佛教①。

《大般涅槃经》中谓:"解脱亦尔,不可说色及以非色,不可说空及以不空",确是佛教的真旨。

---

① 《杂阿含经》有《佛陀度外道萨遮尼犍子》,云:"如是,火种居士,身婴众苦,常与苦俱,彼苦不断、不舍,不得乐也……我今善求真实之义,都无坚实。"

(三)《金刚经》的"不应住"与《心经》的"不异"

正是因为,佛教的解脱是自心对真知的了然与清净,心不执着于任何外相,不受迷惑,不可以"空""不空"这样外在的概念简单描述。是故,《金刚经》第六品《正信希有分》中云:

是诸众生无复我相、人相、众生相、寿者相,无法相,亦无非法相,何以故?

是诸众生,若心取相,则为着我、人、众生、寿者;若取法相,即着我、人、众生、寿者,何以故?若取非法相,即着我、人、众生、寿者,是故不应取法,不应取非法。以是义故,如来常说,汝等比丘,知我说法如筏喻者,法尚应舍,何况非法?

是故,《金刚经》第十四品《离相寂灭分》则云:"我相即是非相,人相、众生相、寿者相,即是非相。何以故?离一切诸相,则名诸佛。"正是因为如此,《心经》才说:

舍利子,色不异空,空不异色,色即是空,空即是色,受想行识,亦复如是。舍利子,是诸法空相,不生不灭,不垢不净,不增不减。

由于空不异色、色不异空,故《金刚经》第十品《庄严净土分》"菩萨摩诃萨应如是生清净心,不应住色生心,不应住声香味触法生心,应无所住而生其心。"

无所住,即不住于空、不住于色、不住于情。三者本是一,惟心自己纠结导致分别。

如果了解了这一点，佛菩萨与一切有情（众生），人和一切有情生物之间的关系，正如《敦煌变文集·妙法莲华经讲经文》所云："证得菩提归净土，又起慈悲化有情。"

证得、慈悲、化有情，说透了圣贤的了然与谆谆教化。

正是因为如此，当空空道人看完了石头所记故事，真正了解了佛教的追求和辩证法后，才舍弃"空空"，方能"因空见色，由色生情，传情入色，自色悟空，遂易名为情僧"。

九、三教异同、三教归一、《红楼梦》

曹雪芹生活的时代，既是程朱理学复兴的时代，也是儒释道三教原典大盛行的时代，同时，也是对经史子集诸多原典进行考据的时代。

那个时代，不少知识分子对三教原典都有所涉猎，但专、精不同，能够由心选择众善者有，能洞彻贯一者则似不多见。

表面看来，影响中国千年的儒释道三教差异颇大，儒教讲求伦理，积极入世，而释道二家则避世索居，以出世为主。

实则不然①。三教都是教人摒除过多的私心杂念，在维持基本生存的条件下，以清净自然的态度面对人生和未来。《杂阿含》云："尔时，世尊告诸比丘：'常当修习方便禅思，内寂其心。'"《大般涅

---

① 参樊志斌《〈红楼梦〉与中国哲学精神》，《红学十论》，新华出版社，2017年；《从善无畏大士出家谈〈红楼梦〉后四十回的著作权及相关问题》（未刊）。

槃经》卷第十三《圣行品第七之三》则云：

佛言："善男子，言实谛者名曰真法……善男子，实谛者，一道清净，无有二也。善男子，有常有乐、有我有净，是则名为实谛之义。"

佛陀教众生心清净、不住于色相。《妙法莲华经·方便品第二》解释佛陀出世因缘云："诸佛世尊欲令众生开佛知见、使得清净故，出现于世；欲示众生佛之知见故，出现于世；欲令众生悟佛知见故，出现于世；欲令众生入佛知见道故，出现于世。"

而无为、清净正是《道德经》的基本主张，《道德经》言无为云：

天下之至柔，驰骋天下之至坚。无有入无间，吾是以知无为之有益，不言之教、无为之益，天下希及之。

为学日益，为道日损，损之又损，以至于无为，无为而不为，取天下常以无事，及其有事，不足以取天下。

论无为与静的关系云：

以正治国，以奇用兵，以无事取天下。吾何以知其然哉？以此：天下多忌讳，而民弥贫；民多利器，国家滋昏；人多伎巧，奇物泫起；法令滋彰，盗贼多有，故圣人云："我无为而民自化，我好静而民自正，我无事而民自富，我无欲而民自朴。"

致虚极，守静笃。万物并作，吾以观复。夫物芸芸，各复归其根，归根曰静，是谓复命；复命曰常，知常曰明。不知常，妄作，凶。知常容，容乃公，公乃全，全乃天，天乃道，道乃久，没身不殆。

……

道常无为，而无不为。侯王若能守之，万物将自化。化而欲作，吾将镇之以无名之朴。无名之朴，夫亦将无欲。不欲以静，天下将自定。

一般看来，儒家以规则导人以诚，似乎与佛道两家截然不同。实际上，其归向并无区别。孔子曾见老子，对老子有极高的评价与认同，《史记·老庄申韩列传》载：

子适周，将问礼于老子。老子曰："子所言者，其人与骨皆已朽矣，独其言在耳。且君子得其时则驾，不得其时则蓬累而行。吾闻之，良贾深藏若虚，君子盛德容貌若愚。去子之骄气与多欲，态色与淫志，是皆无益于子之身。吾所以告子，若是而已。"

孔子去，谓弟子曰："鸟，吾知其能飞；鱼，吾知其能游；兽，吾知其能走。走者可以为罔，游者可以为纶，飞者可以为矰。至于龙，吾不能知其乘风云而上天。吾今日见老子，其犹龙邪！"

说明孔子对老子是认同的。儒家以诚作为内心清净的代名词（佛教称为一心诚念）。《中庸》云："诚者，天之道也。诚之者，人之道也。诚者，不勉而中，不思而得，从容中道，圣人也。诚之者，择善而固执之者也。"

又,《论语·先进篇第十一》载孔子理想,云:

子路、曾皙、冉有、公西华侍坐……"点!尔何如?"鼓瑟希,铿尔,舍瑟而作……曰:"莫春者,春服既成,冠者五六人,童子六七人,浴乎沂,风乎舞雩,咏而归。"夫子喟然叹曰:"吾与点也!"

孔子何以认同曾皙呢?因为曾皙所言正是孔子的理想,正是无为而化的场景。所以,《论语》中:"子曰:'予欲无言。'"《道德经》亦言:"不见可欲,使民心不乱。"又云:"知者不言,言者不知。""我无为而民自化,我好静而民自正。"

正是因为道家对孔子的主张有着深刻的埋会,《论语·微子》中,"楚狂接舆歌而过孔子,曰:'凤兮凤兮!何德之衰?往者不可谏,来者犹可追。已而已而!今之从政者殆而。'"接舆称孔子为"凤凰",只不过接舆认为世道已经沦丧,应该待世道回到正轨,因而不赞同孔子乱世救世的做法。

道家遵从"与其避人",不如"避世"的规则,但认同孔子的认知,正因为如此,道家才管孔子叫作"知津"者:

长沮、桀溺耦而耕,孔子过之,使子路问津焉。长沮曰:"夫执舆者为谁?"子路曰:"为孔丘。"曰:"是鲁孔丘与?"曰:"是也。"曰:"是知津矣。"问于桀溺。桀溺曰:"子为谁?"曰:"为仲由。"曰:"是鲁孔丘之徒与?"对曰:"然。"曰:"滔滔者天下皆是也,而谁以易之?且尔与其从避人之士也,岂若从避世之士哉?"耰而不辍。

正如《大学》所言:"天命之谓性,率性之谓道,修道之谓教。"三教之教都是率性、顺天命,故皆是清净之教、不扰之教。

正是因为如此,《金刚经》第七品《无得无说分》又说:"一切贤圣,皆以无为法而有差别。"第三十二品《应化非真分》则更是指出:"须菩提……云何为人演说,不取于相,如如不动。何以故?一切有为法,如梦幻泡影,如露亦如电,应作如是观。"

这种无为法正是《周易·系辞上》所云的"道":

一阴一阳之谓道,继之者善也,成之者性也,仁者见之谓之仁,知者见之谓之知,百姓日用而不知。

不过,圣贤所认同的这种"无为""清净"之道,是有识之后的反思,虽然与百姓日用而不知者同,但层次却完全不同了。

十、自然随顺:焚书、醉金刚、娄真人

(一)自然随顺、读经典、为经典所缚

在三教圣人看来,一旦了然了内心的本性,人即能随顺行为,一切皆合于经典精神、无往不利,这时候,就不用再拘泥于经典的言论。故而,《易经·系辞上传》谓:"乾以易知,坤以简能",孔子在《论语·为政》说:"七十而从心所欲不逾矩。"《金刚经》第六品《正信希有分》云:"不应取法,不应取非法,以是义故,如来常说,汝等比丘知我说法如筏喻者,法尚应舍,何况非法?"

修行的关键,在于自心认识是否了知了圣人所传的精神,而不仅仅在于诵读圣人的著作,也不在于因为了悟自心而对以往著作有

所排斥。这正是宝钗谓"不看他倒是正经,但又何必搬开呢"、宝玉谓"这些书都算不得什么,我还要一火焚之,方为干净"的原因。

这一点(如何看待悟道、修行与读经典的辩证关系),《六祖坛经·机缘品》中有着极为明确的解释和说明:

僧法达,洪州人,七岁出家,常诵《法华经》,来礼祖师,头不至地。

祖诃曰:"礼不投地,何如不礼。汝心中必有一物,蕴习何事耶?"

曰:"念《法华经》已及三千部。"

祖曰:"汝若念至万部,得其经意,不以为胜,则与吾偕行,汝今负此事业,都不知过,听吾偈曰:'礼本折慢幢,头奚不至地?有我罪即生,亡功福无比。'

……汝今当信佛知见者,只汝自心,更无别佛。盖为一切众生,自蔽光明,贪爱尘境,外缘内扰,甘受驱驰,便劳他世尊,从三昧起,种种苦口,劝令寝息,莫向外求,与佛无二,故云开佛知见。……

若能正心,常生智慧,观照自心,止恶行善,是自开佛之知见。汝须念念开佛知见,勿开众生知见。开佛知见,即是出世。开众生知见,即是世间。汝若但劳劳执念,以为功课者,何异牦牛爱尾。"

达曰:"若然者,但得解义,不劳诵经耶?"

师曰:"经有何过,岂障汝念,只为迷悟在人,损益由己,口诵心行,即是转经。口诵心不行,即是被经转。听吾偈曰:'心迷法华转,心悟转法华。诵经久不明,与义作雠家。无念念即正,有念念成邪。有无俱不计,长御白牛车。"

达闻偈，不觉悲泣，言下大悟，而告师曰："法达从昔已来，实未曾转《法华》，乃被《法华》转。"

（二）曹雪芹生活时代的"娄真人"与笔下的"张真人"

了解曹雪芹生活时代释道的主张和行径，有利于理解《红楼梦》中相关释道的描写。昭梿《啸亭杂录》卷九《娄真人》：

娄真人近垣，江西人。宪皇帝时，召入京师……又在上前结幡招鹤，颇有左验，上喜之，封"妙应真人"。

真人虽嗣道教，颇不喜言炼气修真之法，云："此皆妖妄之人借以谋生理耳，焉有真仙肯向红尘中度世也。"

先恭王延至邸，问其养生术，真人曰："王今锦衣玉食，即真神仙中人。"席上有烧猪，真人因笑曰："今日食烧猪，即绝好养生术，又奚必外求哉？"王深服其言，曰："娄公为真学道者，始能见及此也。"

观娄真人的言行，可以帮助我们了解《红楼梦》第二十九回《享福人福深还祷福 痴情女情重愈斟情》中的清虚观张道人其人，也可以帮助我们了解曹雪芹创作这一人物的目的和认同基础：

且说贾珍方要抽身进去，只见张道士站在旁边陪笑说道："论理我不比别人，应该里头伺候。只因天气炎热，众位千金都出来了，法官不敢擅入，请爷的示下。恐老太太问，或要随喜那里，我只在这里伺候罢了。"

贾珍知道这张道士虽然是当日荣国府国公的替身，曾经先皇御口亲呼为"大幻仙人",如今现掌"道录司"印,又是当今封为"终了真人",现今王公藩镇都称他为"神仙",所以不敢轻慢。二则他又常往两个府里去,凡夫人小姐都是见的。今见他如此说,便笑道:"咱们自己,你又说起这话来。再多说,我把你这胡子还挦了呢!还不跟我进来。"那张道士呵呵大笑,跟了贾珍进来。

贾珍到贾母跟前,控身陪笑说:"这张爷爷进来请安。"贾母听了,忙道:"搀他来。"贾珍忙去搀了过来。那张道士先哈哈笑道:"无量寿佛!老祖宗一向福寿安康?众位奶奶小姐纳福?一向没到府里请安,老太太气色越发好了。"贾母笑道:"老神仙,你好?"

张道士笑道:"托老太太万福万寿,小道也还康健。别的倒罢,只记挂着哥儿,一向身上好?前日四月二十六日,我这里做遮天大王的圣诞,人也来的少,东西也很干净,我说请哥儿来逛逛,怎么说不在家?"贾母说道:"果真不在家。"一面回头叫宝玉。谁知宝玉解手去了才来,忙上前问:"张爷爷好?"

张道士忙抱住问了好,又向贾母笑道:"哥儿越发发福了。"贾母道:"他外头好,里头弱。又搭着他老子逼着他念书,生生的把个孩子逼出病来了。"张道士道:"前日我在好几处看见哥儿写的字,作的诗,都好的了不得,怎么老爷还抱怨说哥儿不大喜欢念书呢?依小道看来,也就罢了。"又叹道:"我看见哥儿的这个形容身段,言谈举动,怎么就同当日国公爷一个稿子!"说着两眼流下泪来。贾母听说,也由不得满脸泪痕,说道:"正是呢,我养这些儿子孙子,也没一个像他爷爷的,就只这玉儿像他爷爷。"

那张道士又向贾珍道:"当日国公爷的模样儿,爷们一辈的不用说,自然没赶上,大约连大老爷、二老爷也记不清楚了。"说毕呵呵又一大笑,道:"前日在一个人家看见一位小姐,今年十五岁了,生的倒也好个模样儿。我想着哥儿也该寻亲事了。若论这个小姐模样儿,聪明智慧,根基家当,倒也配的过。但不知老太太怎么样,小道也不敢造次。等请了老太太的示下,才敢向人去说。"

贾母道:"上回有和尚说了,这孩子命里不该早娶,等再大一大儿再定罢。你可如今打听着,不管他根基富贵,只要模样配的上就好,来告诉我。便是那家子穷,不过给他几两银子罢了。只是模样性格儿难得好的。"

说毕,只见凤姐儿笑道:"张爷爷,我们丫头的寄名符儿你也不换去。前儿亏你还有那么大脸,打发人和我要鹅黄缎子去!要不给你,又恐怕你那老脸上过不去。"

张道士呵呵大笑道:"你瞧,我眼花了,也没看见奶奶在这里,也没道多谢。符早已有了,前日原要送去的,不指望娘娘来作好事,就混忘了,还在佛前镇着。待我取来。"说着跑到大殿上去,一时拿了一个茶盘,搭着大红蟒缎经袱子,托出符来。大姐儿的奶子接了符。

历来以为,张道士只会插科打诨、世俗往来,从未见一点得到真人的形象,而"先皇御口亲呼为'大幻仙人',如今现掌'道录司'印,又是当今封为'终了真人',现今王公藩镇都称他为'神仙'",说明上层人士是何等的无能与昏聩。

这样的见解何其表面,正反映了读者的学养不足。当我们了解了道家的学说,对照了娄真人的举动,尤其是其"今日食烧猪,即绝好养生术,又奚必外求哉"的说法;王深服其言,曰:"娄公为真学道者,始能见及此也"的说法,我们也就能够真正深入了解道家追求的自然随顺的修道与生活方式和《红楼梦》中张道士书写隐藏的意义。

就自然随顺这一点而言，道家与佛家、儒家主政并无任何不同，惟佛家以因果言之——不造因，自无果，故当清净，而儒家以礼仪（有诚敬，则无他念）代替"淫欲"（淫，过多的），造就惟规定、不他念的自然，即孔子所谓"随心所欲不逾矩"的境界。

第三节 生活、见闻与书写

一、礼出大家

一时吃毕，贾母等都往探春卧室中去说闲话。这里收拾过残桌，又放了一桌。刘姥姥看着李纨与凤姐儿对坐着吃饭，叹道："别的罢了，我只爱你们家这行事。怪道说'礼出大家'。"

——《红楼梦》第四十一回
《栊翠庵茶品梅花雪　怡红院劫遇母蝗虫》

（一）大家礼数

《红楼梦》写王公家族生活、社会交际，栩栩如生，未见过者凭空猜想，想破头，也是胡猜。

《红楼梦》中，写林黛玉进贾府，到王夫人房中，见各半旧的陈设，"甲戌眉批"赞叹其真实，调笑社会上一般"稗官写富贵字眼者，悉皆庄农进京之一流也。盖此时彼实未身经目睹，所言皆在情理之外焉。"

曹雪芹家的亲友颇有几家王府、几家显贵，旗人亲戚间的走动，强化、补充了曹雪芹对当年家在江南的记忆。

王族世家行事自然不同。

所谓"礼出大家""礼不下庶人",此之谓也。因而,颇见过一点世面的刘姥姥对贾府行事赞叹不已:"别的罢了,我只爱你们家这行事。怪道说'礼出大家'"。

《红楼梦》第五十六回《敏探春兴利除宿弊 识宝钗小惠全大体》鲜活解释了"礼"的原则与精神(内外有别,尊重客人):

四人笑道:"如今看来,模样是一样。据老太太说,淘气也一样。我们看来,这位哥儿性情却比我们的好些。"贾母忙问:"怎见得?"四人笑道:"方才我们拉哥儿的手说话便知。我们那一个只说我们糊涂,慢说拉手,他的东西我们略动一动也不依。所使唤的人都是女孩子们。"

四人未说完,李纨姊妹等禁不住都失声笑出来。贾母也笑道:"我们这会子也打发人去见了你们宝玉,若拉他的手,他也自然勉强忍耐一时。可知你我这样人家的孩子们,凭他们有什么刁钻古怪的毛病儿,见了外人,必是要还出正经礼数来的。若他不还正经礼数,也断不容他刁钻去了。就是大人溺爱的,是他一则生的得人意,二则见人礼数竟比大人行出来的不错,使人见了可爱可怜,背地里所以才纵他一点子。若一味他只管没里没外,不与大人争光,凭他生的怎样,也是该打死的。"

四人听了,都笑道:"老太太这话正是。虽然我们宝玉淘气古怪,有时见了人客,规矩礼数更比大人有礼。所以无人见了不爱,只说为什么还打他。殊不知他在家里无法无天……"

（二）满洲礼

第九代礼亲王昭梿（崇安之子）在《啸亭杂录》中记载满洲世家礼仪颇多，如其卷九《满洲跳神仪》云：

宗室、王、公家每祀神：

一月前，于神房敬造旨酒，用黍米糟曲如江南造酒式。前三日，每日朝暮献牲各二，名曰"乌云"（华言"引祀"也）。前一日，敬制糕饵，用黄黍米以椎击碎，然后蒸馈，名曰"打糕"。每神前各置九盘，以为敬献。

其大祀日，五鼓，献糕于明堂如仪。俟其使归，主人吉服向西跪，设神幄向东，供糕酒素食，其中设如来、观音、关圣位。巫人（用女使）吉服舞刀，祝词曰："敬献糕饵，以祈康年"诸词。主人跪击神版，诸护卫击神版，及弹弦、筝、月琴以和之，其声鸣鸣可听。巫者歌毕念祝词，主人敬聆毕，叩首，兴。司香妇敬请如来、观音二神位出，户牖西设龛，南向以供奉之。司俎者呼"进牲"，牲入，主人跪，家人皆跪。巫者前致词毕，以酒浇牲耳，牲耳聑，司俎者高声曰："神已领牲。"主人叩谢。司俎者挥庖人进，刲牲莅，烹毕，及熟荐，选牲内之最精者以为醢，供神位前。主人再拜谒，巫人致辞。主人叩毕，巫以系马吉帛进，巫者祝如仪。主人跪领吉帛，付司牧者，叩，兴，始聚宗人，分食胙肉焉。

禁令：肉不许出户庭中，讳言死丧事。宾至，主人迎送不出庭门，以志敬焉。

暮时，供七仙女、长白山神及远祖、始祖，位西南向。以神幕隐蔽窗牖，以志幽冥之意。其祝词，舞刀、进牲祝词如朝仪，唯伐铜鼓作渊渊声，祝词声调各异焉。

次早，设位于庭院神竿前，位北向，主人吉服如仪。用男巫致词毕，以米洒扬，趋退，主人叩拜。其牲肉皆为俎醢，和稻米以进，名曰"祭天还愿"焉。

再明日，于神位祈福，供以饼饵，以五色缕供神前。祝辞毕，以缕系主人胸前，以为受福。

又载"满洲嫁娶礼仪"云：

满洲氏族，罕有指腹定婚者，皆年及冠笄，男女家始相聘问。

男家主妇至女家问名，相女年貌，意既洽，赠如意或钗钏诸物以为定礼，名曰"小定"。

择吉日，男家聚宗族戚友同新婿往女家问名，女家亦聚宗族等迎之。庭中位左、右设，男家入趋右位，有年长者致词曰："某家男某虽不肖，今已及冠，应聘妇以为继续计。闻尊室女，颇贤淑著令名，愿聘主中馈，以光敝族。"女家致谦词以谢。若是者再，始定婚。令新婿入拜神位前，及外舅父母如仪。既进茶，女家趋右位，男家据宾席，或设酒宴以贺。

改月择吉，男家下聘，用酒筵、衣服、绸缎、羊鹅诸物，名曰"过礼"，女家款待如仪。男家赠银于妇家，令其跳神以志喜焉。

既定婚期，前一日，女家赠妆奁嫁赀，视其家之贫富，新婿乘骑往谢。五鼓，鼓乐娶妇至男家，竟夜笙歌不绝，谓之"响房"。

新妇既至，新婿用弓矢对舆射之。新妇怀抱宝瓶入，坐向吉方。及吉时，用宗老吉服致祭庭中，奠羊、酒诸物。宗老以刀割肉，致吉词焉。礼毕，新婿、新妇登床，行合卺礼，男女争坐被上，以为吉兆，因交媾焉。

次早五鼓兴，始拜天地、神像、宗祠，翁姑坐而受礼如仪。其宗族尊卑以次拜谒。三日或五日，妇归宁父母，婿随至女家，宴享如仪。

满月期，妇复归宿女家，数日始返，然后婚礼毕焉。

曹雪芹的两个姑母嫁给王子，婚姻、祭祀所行想来即是这种礼节。

说到这个，还有一个细节儿颇值得关注。曹雪芹祖父曹寅奏折记载：

康熙四十五年八月初四日"今年正月太监梁九功传旨，着臣妻于八月上船奉女北上……王子婚礼，已蒙恩命尚之杰备办，无误筵宴之典。"

康熙四十五年十二月初五日"前月二十六日，王子已经迎娶福金过门……所有王子礼数隆重，庭闱恭和之事，理应奏闻，伏乞睿鉴。"

康熙四十七年七月十五日"臣接家信，知镶红旗王子已育世子……所有应备金银缎匹、鞍马摇车等物，已经照例送讫。"

奏折中的"镶红旗王子"指的就是平郡王纳尔苏，"福晋"指的就是曹雪芹的大姑母，"世子"指得就是曹雪芹的大表哥福彭。

福彭诞生后，作为外祖父的曹寅要赠送"金银缎匹、鞍马摇车"。

这"鞍马摇车"就是满洲东北习俗，在进京之后依然保留，曹雪芹小时候自然也是这样的经历。这一点，在《红楼梦》的写作中，曹雪芹也予以体现。《红楼梦》第二十四回《醉金刚轻财尚义侠 痴女儿遗帕惹相思》中，贾宝玉调笑贾芸："倒象我的儿子。"贾琏笑道："好不害臊！人家比你大四五岁呢，就替你作儿子了？"贾芸道：

俗语说的："摇车里的爷爷，拄拐的孙孙。"虽然岁数大，山高高不过太阳。只从我父亲没了，这几年也无人照管教导。如若宝叔不嫌侄儿蠢笨，认作儿子，就是我的造化了。

"俗语说的：'摇车里的爷爷'"，指的就是满洲人和习俗依附满洲人的内务府人的"俗话"。

（三）《红楼梦》中世家礼的细节书写

《红楼梦》中，曹雪芹以一个公爵家庭为中心展开，家中人物活动所行皆合乎礼仪。第七回《送宫花贾琏戏熙凤 宴宁府宝玉会秦钟》中，

凤姐说道："既这么着，何不请进这秦小爷来，我也瞧一瞧。难道我见不得他不成？"尤氏笑道："罢，罢！可以不必见他，比不得咱们家的孩子们，胡打海摔的惯了。人家的孩子都是斯斯文文的惯了，乍见了你这破落户，还被人笑话死了呢。"

"胡打海摔"处，"甲戌"双行夹批云："卿家'胡打海摔'，不知谁家方珍怜珠惜？此极相矛盾却极入情，盖大家妇人口吻如此。"

第十八回《皇恩重元妃省父母 天伦乐宝玉呈才藻》中，宝玉一心只记挂着里边，又不见贾政盼咐，少不得跟到书房：

贾政忽想起他来，方喝道："你还不去？难道还逛不足！也不想逛了这半日，老太太必悬挂着。快进去，疼你也白疼了。"

"庚辰"双行夹批："如此去法，大家严父风范，无家法者不知。"

本回元妃省亲，家人相聚：

茶已三献，贾妃降座，乐止。退入侧殿更衣，方备省亲车驾出园。至贾母正室，欲行家礼，贾母等俱跪止不迭。贾妃满眼垂泪，方彼此上前厮见，一手搀贾母，一手搀王夫人，三个人满心里皆有许多话，只是俱说不出，只管呜咽对泪。

"庚辰"双行夹批："《石头记》得力擅长全是此等地方。"

"庚辰"眉批："非经历过如何写得出！壬午春。"

邢夫人、李纨、王熙凤、迎、探、惜三姊妹等，俱在旁围绕，垂泪无言。半日，贾妃方忍悲强笑，安慰贾母、王夫人道："当日既送我到那不得见人的去处，好容易今日回家，娘儿们一会，不说说笑笑，反倒哭起来。一会子我去了，又不知多早晚才来！"说到这句，不觉又哽咽起来。

"庚辰"双行夹批："追魂摄魄，《石头记》传神摹影全在此等地方，他书中不得有此见识。"

二、四时风俗

曹雪芹生活时代的四时风俗,不仅是曹雪芹日常面对、经历的生活,更是《红楼梦》写作无时不在的氛围与元素。

这一情况的书写,除了《红楼梦》中文字外,当属《帝京岁时纪胜》记载独为详切。

《帝京岁时纪胜》,潘荣陛编撰,成书于乾隆二十三年(1758),系当前所见记录曹雪芹生活时代北京最贴近、最细致的岁时风俗著作。

潘荣陛,字在廷,顺天府大兴县人。雍正九年(1731)秋,为宫廷官员(从事禁庭);十一年冬,入史馆(国史馆)。雍正末、乾隆初,迁工部,"膺宫阙制作督效之职":盖为工部下营缮清吏司官员,掌宫室官衙营造、估修、核销、定价、修缮事务。乾隆十一年(1746)冬,因父母年高,致仕归养。

潘荣陛本是北京人,又一生未离北京,生活于清朝最为安定繁华的康雍乾之际,为官十数年,对北京民间、朝廷信仰礼俗知之甚详。是书逐月记录四季各节令并有关习俗、宗教活动、四时鲜果蔬菜食品等事,凡九十三条。其目录云:

正月　元旦　进春　春盘　星灯　喇嘛打鬼　天诞　琉璃厂店
　　　上元　三元　烟火　走桥摸钉　岁时杂戏　燕九　填仓
　　　禁忌　时品
二月　中和节　薰虫　惜字会　花朝　道诞　观音会　时品
三月　清明　赦孤　蟠桃宫　东岳庙　时品
四月　立夏　结缘　天仙庙　药王庙　丰台芍药　时品

五月　端阳　禁汲　天坛　都城隍庙　里二泗　关圣庙　夏至宜忌　时品

六月　六月六日　浴象　赏莲　时品

七月　立秋　秋爽来学　七星坛　七夕　蟋蟀　秋声　中元　地藏会　时品

八月　中秋　彩兔　先师诞　时品

九月　九皇会　重阳　登高　赏菊　辞青　占雪　斗鹌鹑　腌菜　夜八出　禁忌　时品

十月　送寒衣　占风　熏炕　蛞蛞　安期　白塔燃灯　时品

十一月　冬至　消寒图　冰床、滑擦　蹵鞠　时品

十二月　市卖　腊八　窖冰　祀灶　稽善恶　乱岁　沐浴　丢百病　岁暮杂务　皇都品汇

今择数条记载，与《红楼梦》中相应写作对照，以见曹雪芹京师生活并其生活见闻对《红楼梦》写作的影响。

《红楼梦》中，宝玉挨打，贾母称"祭了星，要避人。"所谓祭星，即源于国人的星辰信仰。《帝京岁时纪胜》载，正月初八祭星，云，一名星灯，因"初八日传为诸星下界，燃灯为祭"。其制：

灯数以百有八盏为率，有四十九盏者，有按《玉匣记》本命星灯之数者。于更初，设香楮、陈汤点，燃而祭之。观寺释道亦将施主檀越年命星庚记注，于是夕受香仪，代具纸疏云马，为坛而祭，习以为常。

国人仰望天际，观日月星辰有恒，故敬而祀之。祭星之俗起源

甚早。《管子·轻重己》中既有"天子东出其国九十二里而坛，朝诸侯卿大夫列士，循于百姓，号曰'祭星'"的记载。

《玉匣记》，一名《玉匣记通书》，作者不详，一般假托诸葛孔明、鬼谷子、张天师、李淳风、周公、袁天罡等先贤之名，是汇集各类占卜之术的一部书。本书内容包罗万象，祭祀、嫁娶、赴任、出行、开张、耕种、眼跳、耳鸣、占梦、秤骨，甚至是相猫纳犬等……无所不有。

《石头记》第四十二回《蘅芜君兰言解疑癖　潇湘子雅谑补余音》写凤姐儿之女巧姐儿着凉，云：

一语提醒了凤姐，便叫平儿拿出《玉匣记》来，叫彩明念。彩明翻了一会，念道："八月廿五日病者，东南方得之，遇见花神。用五色纸钱四十张，向东南方四十步送之，大吉。"凤姐道："果然不错，园子里头可不是花神。"一面说，一面命人请两分纸钱来，着两个人来，一个与贾母送祟，一个与大姐送祟。

《帝京岁时纪胜》记载京师正月十五灯节盛景，称正月十三、十四、十五、十六四天，京师整夜（永夕）灯火通明、演艺娱神：

冠盖蹁跹，绣衣络绎，而城市张灯，自十三日至十六日四永夕，金吾不禁。悬灯胜处，则正阳门之东月城下、打磨厂、西河沿、廊房巷、大栅栏为最。

平时，北京城门定时启闭，惟每年正月十三至十六四天通宵张灯、百姓可以彻夜游览。元宵"元宵杂戏，剪彩为灯"，其景：

悬挂则走马盘香，莲花荷叶，龙凤鳌鱼，花篮盆景；手举则伞扇幡幢，关刀月斧，像生人物，击鼓摇铃。迎风而转者，太极镜光，飞轮八卦；系拽而行者，狮象羚羊，骡车轿辇。前推旋斡为橄榄，就地滚荡为绣球。

写八月十五中秋情景，分作"中秋""彩兔"二条，云：

十五日祭月，香灯品供之外，则团圆月饼也。雕西瓜为莲瓣，摘萝卜叶作娑罗。香果苹婆、花红脆枣、中山御李、豫省岗榴、紫葡萄、绿毛豆、黄梨丹柿、白藕青莲。云仪纸马，则道院送疏，题曰"月府素曜太阴皇君"。

京师以黄沙土作白玉兔，饰以五彩妆颜，千奇百状，集聚天街月下，市而易之。灯火荧辉，游人络绎，焦包炉炙，浑酒樽筛，烤羊肉，热烧刀，此又为游人之酌具也。

《红楼梦》第七十五回《开夜宴异兆发悲音　赏中秋新词得佳谶》中两次写及赏月盛景，一为八月十四，是为贾珍一家，二为中秋，乃贾母等人。贾珍这边情形云：

果然贾珍煮了一口猪，烧了一腔羊，余者桌菜及果品之类，不可胜记，就在会芳园丛绿堂中，屏开孔雀，褥设芙蓉，带领妻子姬妾，先饭后酒，开怀赏月作乐。将一更时分，真是风清月朗，上下如银。

贾珍因要行令，尤氏便叫佩凤等四个人也都入席，下面一溜坐下,猜枚划拳,饮了一回。贾珍有了几分酒,益发高兴,便命取了一竿紫竹箫来,命佩凤吹箫,文花唱曲,喉清嗓嫩,真令人魄醉魂飞。唱罢,复又行令。

文字中,真正详细写来的,是荣国府贾母一干人等的赏月景象:

当下园之正门俱已大开,吊着羊角大灯。嘉荫堂前月台上,焚着斗香,秉着风烛,陈献着瓜饼及各色果品。邢夫人等一干女客皆在里面久候。真是月明灯彩,人气香烟,晶艳氤氲,不可形状。地下铺着拜毯锦褥。贾母盥手上香拜毕,于是大家皆拜过。

贾母便说:"赏月在山上最好。"因命在那山脊上的大厅上去。……于厅前平台上列下桌椅,又用一架大围屏隔作两间。凡桌椅形式皆是圆的,特取团圆之意。上面居中贾母坐下,左垂首贾赦、贾珍、贾琏、贾蓉,右垂首贾政、宝玉、贾环、贾兰,团团围坐……

贾母便命折一枝桂花来,命一媳妇在屏后击鼓传花。若花到谁手中,饮酒一杯,罚说笑话一个。

《帝京岁时纪胜》每月都有本月"时品"(当令食品)的记述,如十一月为:"时维长至,贡物咸来:北置则獾狸狍鹿,野豕黄羊,风干冰冻;南来则橙柑橘柚,香橼佛手,蜜饯糖栖。"正可与乌进孝贾府进贡单对看。

一年的年底称作岁暮。岁暮,结束旧年,迎接新年,诸杂务多:

官署封印，诸生散馆。送灶神后，扫除祠堂舍宇，糊裱窗槅，贴彩画玻璃窗眼，剪纸吉祥葫芦；还账目，送节礼，谢先生；助亲友，馈炭金，整齐祭器，擦抹什物，蒸糕点，炸衬供，调羹饭，治祭品，摆供献，雕茶果，神堂悬影，院内设松亭，奉天地供案，系天灯，挂琉璃。

正可与《红楼梦》第五十三回《宁国府除夕祭宗祠　荣国府元宵开夜宴》中对过年前的岁暮杂务相应：

当下已是腊月，离年日近，王夫人与凤姐治办年事。王子腾升了九省都检点，贾雨村补授了大司马，协理军机参赞朝政，不题。

且说贾珍那边，开了宗祠，着人打扫，收拾供器，请神主，又打扫上房，以备悬供遗真影像。此时荣宁二府内外上下皆是忙忙碌碌。

这日，宁府中尤氏正起来同贾蓉之妻打点送贾母这边针线礼物，正值丫头捧了一茶盘押岁锞子进来，回说："兴儿回奶奶，前儿那一包碎金子共是一百五十三两六钱七分，里头成色不等，共总倾了二百二十个锞子。"说着，递上去。

尤氏看了看，只见也有梅花式的，也有海棠式的，也有笔锭如意的，也有八宝联春的。尤氏命："收起这个来，叫他把银锞子快快交了进来。"丫鬟答应去了。

三、雍、乾时代中国文化艺术的集大成特色

生今之世，承诸圣之表章，经群英之辩难，我得以坐集千古之

智,折中其间。

——(清)方以智《通雅》①

据老一辈传说,当时,曹雪芹在北京写这部小说时,常常去找曾在贵族大家庭作过事的老妈子或访问亲戚中的一些女孩子,要他们谈这些人家中老的或少的种种生活情况,他听了就记下来,经年累月地积累材料,所以笔底下的女子人人性格不同,描写得真实细腻。

——吴恩裕:《陈病树谈〈红楼梦〉掌故》②

(一)集大成特色的时代文化

学术如积薪,后来居上。

曹雪芹生活的十八世纪,中国传统文化已经积累至数千年,正是大成时代:不论哲学(借用现代学术语汇)、政治学、伦理学、历史学、艺术学、文学、医药学、音乐等等,无不有着极好的传承与积累;即便是那些历来不为知识界所重的陈设之学、饮食之道,也被统统记录下来、出版传世。明末清初哲学家方以智在《通雅·卷首之一》中解释本朝学问之博大时,写道:

生今之世,承诸圣之表章,经群英之辩难,我得以坐集千古之智,折中其间。

在这种情况下,知识分子中出现不少"上至经史百家,下至稗

---

① 方以智:《通雅》卷首之一《考古通说》。
② 吴恩裕:《曹雪芹佚著浅探》,天津人民出版社,1979年。

官、小说、医卜、技能、草木、虫鱼，无所不究"的学术通家。

（二）旗人上层引领一时风气

旗人以弓马起家，虽然接受传统文化的时间不长，但因为占据统治地位，又有极好的条件，读书者日多，颇能引领一时风气。

礼亲王昭梿《啸亭杂录》颇载当时风尚，从其记录，我们可以略窥一时文化气象。《杂录》卷一"善天文算法"条：

> 自明中叶泰西人入中国，而算法、天文精于中土，中土因《大统》法系许鲁斋所定，故终扼其说不行。
>
> 仁皇天纵聪明，夙习算法，特命灵台皆以西法为主，惟置闰用中法以合《尧典》。千年错失，定于一旦，然后乾象昭明，千岁可坐而定，乃知圣人御世，故天预令西法传入中土，使上因之悬象布命，亿万年之景运，固先兆于是矣。

许鲁斋，即元初理学家许衡。许衡，河南府新郑县（今河南省新郑市）人，与郭守敬定《授时历》。明初，刘基因之成《大统历》。

卷十"索明二相博古"条云：

> 索额图、明珠并相时，权势相侔，互相仇轧。后索以事伏法，明为郭制府所劾罢，天下快之。然二相皆有绝技，索好古玩，凡汉、唐以来鼎镬盘盂，索相见之，无不立辨真赝，无敢欺者。明相好书画，凡其居处，无不锦卷牙签，充满庭宇，时人有比以邺架者，亦一时之盛也。

很多宗室也都能诗善画，好收藏，多有见识，如《啸亭杂录》卷九"宁王养菊"条云：

> 京中向无洋菊，篱边所插黄紫数种，皆薄瓣粗叶，毫无风趣。宁恪王弘晈为怡贤王次子，好与士大夫交，因得南中佳种，以蒿接茎，枝叶茂盛，反有胜于本植。分神品、逸品、幽品、雅品诸名目，凡名类数百种，初无重复者。每当秋膢雨后，五色纷披，王或载酒荒畦，与诸名士酬倡，不减靖节东篱趣也。王又自制精扇，体制雅洁，名东园扇，一时士大夫争购之，以为赏鉴云。

宁王，即怡贤亲王允祥（1713—1764）第四子（其二兄、三兄早亡，故《啸亭杂录》称其为允祥次子）弘晈。

弘晈，字镜斋，号东园，自号秋明主人、镜斋主人，室名春晖堂，善养菊花，著有《菊谱》一卷（附《菊表》），收录菊花百种；卷后附弘晈所编《菊表》，将百种菊列表评次，分为二等六品：神品上上二十八种，妙品上中十五种，逸品上下九种，隽品中上十二种，妍品中中十五种，韵品中下二十一种。

该书作于乾隆十一年（1746），乾隆二十二年（1757），北京春晖堂刻本。封页中镌"菊谱"二字，右四字"秋明主人"，左六字"鹰青李眉山校"。

书成后自然少不了各亲友为序题跋。卷前有慎亲王胤禧丁丑（1757）冬日序，果亲王弘瞻乾隆丁丑长至前二日"秋明主人东园菊谱序"，怡亲王弘晓乾隆岁次"东园菊谱序"，李锴序，乾隆甲子（1744）冬十月下旬鄂容安"题辞"，塞尔赫"菊谱跋"，乾隆甲子九月弘晈"菊谱小引"；正文后有慎亲王《题东园菊谱铭》，果亲王乾隆二十二年丁丑长至前二日《题东园菊谱后》，怡亲王乾隆岁次《题秋明四兄菊谱后》。

《啸亭杂录》又载"先修王善书"，云：

先祖修亲王，自幼秉母妃教，习二王书法，临池精妙。薨时，先恭王尚幼，多至遗佚。余尝睹王所书《多心经》，用《圣教》笔法，体势遒劲。又其所书《友竹说》《会心斋言志记》，皆用率更体制，盖效王若霖笔意，尊时尚也。又善绘事，洪大令庆祥家藏王所绘白衣观音像，跌坐正襟，庄严淡素，即王当时赠其祖农部公德元者，惜所传无多焉。

修王，即第六代礼（康）亲王爱新觉罗·崇安。崇安，椿泰子。康熙四十八年（1709）袭爵，雍正十一年（1733），薨，谥曰修。其父椿泰，康亲王杰书子，康熙三十六年袭爵，豁达大度，遇下以宽，善舞六合枪，手法矫捷，敌十数人。

《啸亭杂录》卷十"三王绝技"条云：

国朝自入关后，日尚儒雅，天潢世胄，无不操觚从事。如红兰主人、敬亭主人皆屡见渔洋杂著诸书矣。乾隆中，简仪亲王品行端醇，崇尚理学，其刚直可匹薛文清，政治可匹王阳明，殆有过者。慎靖王诗笔清秀，擅名画苑，可与北苑、衡山把臂入林。

红兰主人，即慎郡王岳端。工诗好客，其《春郊晚眺》诗，有"西岭生云将作雨，东风无力不飞花"句，时称"东风居士"，有诗四种：《红兰集》《蓼汀集》《出塞诗》《无题诗》，与其门客吴江顾卓、无锡朱襄校定，凡五卷，大题曰《玉池生稿》《雪桥诗话》；亦工曲，尝谱老子、尹喜事，为《扬州梦》传奇一本，《曲录》传于世。《清稗类钞·幕僚类》"红兰主人邸多文学士"条载：

红兰主人岳端，安亲王子，善诗词。邸中多文学士，安王命教诸子弟，故康熙间宗室文风，以安邸为最盛。延沈方舟济等为上宾。方舟妻朱氏，名柔然，亦工诗，迟方舟久不归，作《杭州图》寄之。主人为题诗云："应怜夫婿无归信，翻画家山远寄来。"沈即日束装南旋。主人尝选郊、岛诗，为《寒瘦集》行世。

简仪亲王，指德沛。德沛（1688—1752），字济斋，追封和硕简靖定亲王，费扬武曾孙，固山贝子福存第八子，母嫡福晋富察氏。雍正十三年（1735），授镇国将军，以果亲王允礼荐，授兵部侍郎。乾隆元年（1736），改古北口提督，历任甘肃巡抚、湖广总督、闽浙总督、两江总督、吏部尚书等职。《清史稿》卷二百十五《列传二·诸王一·显祖诸子·德沛传》载乾隆五年十二月乾隆谕旨云：

德沛屡任封疆，操守廉洁，一介不取，逋负日积，致鬻旧产，赐福建藩库银一万，以风有位。

乾隆十三年七月，以疾解任。九月，简亲王神保住因罪被黜，乾隆以德沛操履厚重，特命承袭简亲王爵位，曾祖父贝勒费扬武、祖父贝子傅喇塔、父亲福存一同被追封为简亲王。十七年，薨，谥曰仪。以德沛操履厚重，特命袭爵。

慎靖王（1711—1758），即康熙皇帝第二十一子慎靖郡王胤禧。

雍正十三年（1735）十月二十日，乾隆谕旨称赞其"幼好读书，识见明晰，办理旗物亦属妥协"，①十一月，封为"多罗慎郡王"。胤禧诗画文采在康熙诸子中较突出。自号"紫琼道人"，又号"春浮居士"，著有《花间堂》《紫琼岩诗草》；画风远习五代时南唐画家董源，近学明代画家文徵明。

可见一时风采。

（三）曹家、《红楼梦》

曹雪芹家族历来重视文武传家，自曹世选、曹振彦以来，代不乏人，尤其至曹雪芹的爷爷曹寅这一代更是如此。

曹寅多才多艺在当时是出了名的，不仅是当时著名的诗人、书法家、藏书家，还是著名的戏曲创作者、刻书家，精通饮食、戏曲，有《居常饮馔录》《续琵琶》等作品传世。

在这种社会文化大环境下，加之在江宁织造府、在苏州织造府、在京师各王府达官显贵家中的学习见闻，曹雪芹承继家学，依靠自己的亲友圈子（平王、礼王、庄王、怡王等），游走于京师最好的文化人群之中，自然后来居上。

二十几岁时，曹雪芹就已经博学多才，琴棋书画、医卜星象，样样皆通了；加之他性格爽朗、善谈吐、风雅游戏，走到那里，都广受关注。

生活在灯红酒绿的京师，环绕着一帮上层旗人子弟，当差之余，曹雪芹的活动，可以想见其大概。

不过，曹雪芹和他的朋友们与社会上那些提笼架鸟、专一寻花

---

① 《大清高宗纯皇帝实录》雍正十三年十月。

问柳的八旗子弟毕竟不同,文学、戏曲才是他们活动的主题。

曹雪芹不仅看戏听戏,而且懂戏。不仅懂戏,更知道家族的往事。写《红楼梦》时,还把这一信息写进了书中。第五十四回《史太君破陈腐旧套 王熙凤效戏彩斑衣》:

贾母笑道:"大正月里,你师父也不放你们出来逛逛。你等唱什么?刚才八出《八义》闹得我头疼,咱们清淡些好。你瞧瞧,薛姨太太、这李亲家太太都是有戏的人家,不知听过多少好戏的。这些姑娘都比咱们家姑娘见过好戏,听过好曲子。如今这小戏子又是那有名玩戏家的班子,虽是小孩子们,却比大班还强。咱们好歹别落了褒贬,少不得弄个新样儿的。叫芳官唱一出《寻梦》,只提琴至管箫合,笙笛一概不用。"

……

贾母笑道:"我们这原是随便的顽意儿,又不出去做买卖,所以竟不大合时。"说着又道:"叫葵官唱一出《惠明下书》,也不用抹脸。只用这两出,叫他们听个疏异罢了。若省一点力,我可不依。"文官等听了出来,忙去扮演上台,先是《寻梦》,次是《下书》。

众人都鸦雀无闻,薛姨妈因笑道:"实在亏他,戏也看过几百班,从没见用箫管的。"贾母道:"也有,只是象方才《西楼·楚江晴》一支,多有小生吹箫和的。这大套的实在少,这也在主人讲究不讲究罢了。这算什么出奇?"指湘云道:"我象他这么大的时节,他爷爷有一班小戏,偏有一个弹琴的凑了来,即如《西厢记》的《听琴》,《玉簪记》的《琴挑》,《续琵琶》的《胡笳十八拍》,竟成了真的了,比这个更如何?"众人都道:"这更难得了。"贾母便命个媳妇来,吩咐文官等叫他们吹一套《灯月圆》。媳妇领命而去。

这一套关于戏曲和听戏的理论、实践绝对是行家。

在《红楼梦》中,曹雪芹以最显贵的公爵府邸贾府(皇帝以下有四王,八公众,贾府占二家,且是领头两家)为写作对象,规制生活描写几近王族(清代上层旗人多认为小说以清代王族为描写对象)。

在曹雪芹的笔下,公爵府的方方面面,如礼仪、建筑、餐饮、音乐、诗词、交往、祭祀、生活等等,无一不细腻真实。王希廉《护花主人总评》中对曹雪芹的博学有着精当的评价:

> 一部书中,翰墨则诗词歌赋,制艺尺牍,爰书戏曲,以及对联匾额,酒令灯谜,说书笑话,无不精善;技艺则琴棋书画,医卜星相,及匠作构造,栽种花果,畜养禽鸟,针黹烹调,巨细无遗;人物则方正阴邪,贞淫顽善,节烈豪侠,刚强懦弱,及前代女将,外洋诗人,仙佛鬼怪,尼僧女道,倡伎优伶,黠奴豪仆,盗贼邪魔,醉汉无赖,色色皆有;事迹则繁华筵宴,奢纵宣淫,操守贪廉,宫闱仪制,庆吊盛衰,判狱靖寇,以及讽经设坛,贸易钻营,事事皆全;甚至寿终夭折,暴亡病故,丹戕药误,及自刎被杀,投河跳井,悬梁受逼,并吞金服毒,撞阶脱精等事,亦件件俱有。可谓包罗万象,囊括无遗,岂别部小说所能望见项背?!

诸联在《明斋主人总评》中也写道:"作者无所不知,上自诗词文赋、琴理画趣,下至医卜星象、弹棋唱曲、叶戏陆博诸杂技,言来悉中肯綮。想八斗之才又被曹家独得。"

然而,曹雪芹的写作紧紧坚守合乎情理的原则,合乎大家族的实际、市井的实际,更要合乎作品中人物的身份、年龄、性别,合乎人物所处的环境、心绪,而不是像社会上流传的很多才子佳人小说、世情小说一般,要么处处出自想象,不能合乎作品人物、环境应有的合理性,要么,卖弄才情,所写与书中故事、人物无干。曹雪芹在写林黛玉进荣国府时云:

茶未吃了,只见一个穿红绫袄青缎掐牙背心的丫鬟走来笑说道:"太太说,请林姑娘到那边坐罢。"老嬷嬷听了,于是又引黛玉出来,到了东廊三间小正房内。正房炕上横设一张炕桌,桌上磊着书籍茶具,靠东壁面西设着半旧的青缎靠背引枕。王夫人却坐在西边下首,亦是半旧的青缎靠背坐褥。见黛玉来了,便往东让。黛玉心中料定这是贾政之位。因见挨炕一溜三张椅子上,也搭着半旧的弹墨椅袱,黛玉便向椅上坐了。王夫人再四携他上炕,他方挨王夫人坐了。

雪芹对世情的细致观察和生动再现,得到了亲友赞赏。在"搭着半旧的弹墨椅袱"的"半旧的"处,"甲戌侧批"云:

三字有神。此处则一色旧的,可知前正室中亦非家常之用度也。可笑近之小说中,不论何处,则曰商彝周鼎、绣幕珠帘、孔雀屏、芙蓉褥等样字眼。

"甲戌眉批"则云:

近闻一俗笑语云:一庄农人进京回家,众人问曰:"你进京去可见些个世面否？"庄人曰："连皇帝老爷都见了。"众罕然问曰："皇帝如何景况？"庄人曰："皇帝左手拿一金元宝，右手拿一银元宝，马上稍着一口袋人参，行动人参不离口。一时要屙屎了，连擦屁股都用的是鹅黄缎子，所以京中掏茅厕的人都富贵无比。"试思凡稗官写富贵字眼者，悉皆庄农进京之一流也。盖此时彼实未身经目睹，所言皆在情理之外焉。①

批评者用未亲见亲经稗官写富贵字眼如"庄农进京"，反衬曹雪芹的亲见亲闻，反衬《红楼梦》写作的真实，这种真实自然包含合乎礼制的真实，更包含了合乎生活的真实。

四、侠也者：三官保、张凤阳、醉金刚倪二

《红楼梦》中，不仅有世家，也有后发达的官员、贾府外来的亲戚、农村的仆妇、市井的豪侠……

这些写作自然得益于曹雪芹的生活与观察。

崇文门外的商业氛围不同于内城，其文化氛围与民俗也有不同，即如豪侠而论，风格也截然不同。

试看康乾之际的旗人之三官保、包衣人张凤阳、曹雪芹笔下市井人倪二情状。三官保之为人见于旗人传说，亦见于《夜谭随录》卷三：

友人景君禄为予言：

---

①《红楼梦》第三回《金陵城起复贾雨村　荣国府收养林黛玉》。

其表弟三官保,满洲某旗人也。年十七八岁时,皓齿明眸,雪肤华发,言笑妩媚,俨然好女子,且善自修饰,见者靡不流瞩;外秀如此,宜其温文蕴藉,蔼然可亲矣。乃负气凌人,好勇逞力,往往于喧衢闹市间,与人一言牴牾,或因睚眦小怨,必致狠斗凶殴,虽破脑裂肤,终不出一软款语,有北宫黝之风,不知者亲而近之,知者避而远之。邻里畏惮,号为"花豹子",以其美而暴戾也。

更有佟某,号佟韦驮,亦城北之市虎也。与保素不相识,尝与茶社中,片言龃龉,辄相殴击,其朋极力解纷。佟大言曰:"汝既称好汉,敢于明日清晨,在地坛后见我否?"保以手抚膺,双足并踊,自指其鼻曰:"我三官保,岂是畏人者?无论何处,倘不如期往,永不为人于北京城矣!"于是,彼此不复言,各自散归。

翌日黎明,保单身径至地坛后,坐俟良久,始见佟率其党十五六人,悉恶少年,汹汹而至。保迎叱曰:"汝鸠众来,欲打我耶?"佟曰:"然。"

保大笑曰:"我苟惧打,岂敢复来?任汝鼠辈所为,但一皱眉一呼痛,非好汉也!"言次自去其衣,赤身卧地上,曰:"勿污我衣,速打!速打!"佟众蜂拥其前,木棒铁尺乱下如雨,一霎体无完肤,四肢不能转侧,犹哂笑怒骂。佟益怒,取棘针一掬,刺入保两足指甲缝中;又用猪鬃,探其尿管,深入二寸许,仍骂不绝口。佟知其终不可伏,急投杖跪而抱持之曰:"君神人也,吾等甘拜下风矣!请破产调摄贵体,愿终身伏事作一鹰犬,肯收录否?"保惫甚,不能作了然语,但首肯而已。

佟覆之以衣,舁归家,医治两月始愈,疮痂渐脱,美好如故。遂与佟约为兄弟,逐日与俱。乡邻窃叹,以为保得佟,虎角而翼矣。

保居近安定门门外旧营房之东,故有关帝庙,保与佟暨其党十余人,常聚集于其中,或掷石较力;或悬空架横木,为翻筋斗竖蜻蜓诸戏;或在巨竹长数丈,张布为帆,仿白虎幢之制,腾掷身首以示技巧,名曰"中幡"。入夜,则聚谈开饮,评论某也强,某也弱。所言强者必寻衅,以折辱之,是以睥睨一方,称为土霸。虽屡为官司惩劝,不少悛也。

一日,方与众掷坛为乐,忽一人贸然直前曰:"汝亦闻城南有张阎王乎?"保曰:"亦或闻之。"其人哂曰:"即我是也。"保曰:"来此欲何为?"张于膝裙中出一匕首,长七八寸,甚铦利,举足踏石,按匕首于膝,须髯尽张,目眥欲裂,叱保曰:"鼎铛犹有耳,岂不闻张阎王是好汉乎?观汝形貌,不过一女子加弁耳,乃亦盗虚名,称豹子,得不令好汉扫地?今来与汝一较,苟不苛,当留汝命。"——"不苛"者,其类创语,犹言"不输"也。

保睨之而笑,回首视佟曰:"常言太岁头上动土,今果有其人矣,试言何以较量?"张曰:"将此匕首自刺肌肤,不形隐忍之色,汝自审能否?"保拊掌曰:"吾谓挟泰山,超北海,或有不逮,若仅此区区,何云不能!"亟接匕首,退坐石上,裸其右股示张曰:"即刺此可乎?"张曰:"可。"保曰:"但平平一刺,何足道哉!吾试一新汝目!"乃于股上刻划至骨,吱吱有声,劙成"天下太平"四字,皮翻肉突,血流被踵,肌肤白嫩映面,色如胭脂染雪。旁观者无不蹙眉啮齿,代为不耐,而保谈笑自若,似不毫痛楚者然。

张大惊,自投于地,曰:"名下故无虚士,小人瞻仰无由,故假此以相试耳,望海涵以恕唐突!"保掖之起曰:"君是吾辈中人,如不弃,请兄事君。"张大喜过望。保得佟、张为左右手,愈纵横无所忌惮。

上元夜,三人踏灯于四牌楼,漏三下,饮于酒家楼。见一人貌帽狐裘，肥胖长大，年约三旬；又一少年，约二十许，冠紫貂冠，袭黑羔裘，从八九健仆，对席而坐，频目视保，耳语而笑，笑讫复视之。保益作媚态，眼波频溜，二人心醉已久，况加酒醉，少年乃出席向保曰："元夜相逢，缘却前定，曷不同席一饮，快谈衷曲乎？"佟、张怒，勃然欲动，保肘张而蹑佟之足，即趋对曰："即蒙垂爱，何幸如之！"二人喜极，拥之入席，狎亵百端，忽少年以所饮余酒罨保曰："小哥能尽此杯，洵可人也。"保一手接杯，一手握其臂，极力扭之，少年大声呼叫，蹲身凳下。中年者以为戏，方鼓掌而笑，保回肘撞其胸，仰踣于地，佟、张复来相助蹴踢，二人滚地甚苦。众仆乌合抢攘，三人大挥老拳，势不可当，四俯纷纷走散，颠扑狼藉。三人一无所伤，径下楼去。比金吾步军来捕，三人已去远不可踪迹矣。

次日，处处相传，某宗室在某酒楼，为匪类所窘辱，亦平日恣横恃势之报也。保闻之，意得甚。

会夏日，保偕佟、张游行郊外，小憩一墓门下。论及刚勇，保叹生平不逢敌手。佟曰："一人善射，百夫决拾。虽然，京师之大如海，岂无杰出之士，惜我辈未遇。"随戟手指门内一冢曰："弟知之乎？此余斑龙之墓也。余斑龙者，山东临清之回人也，号余大汉，在生时卖大刀丸于庙市，起家数千金。有李存孝之勇。尝与勇士马猛较力，马挥铁铜劈其首，余奋臂一格，铁铜飞坠二十步外，折为三段。又尝生拔鹿角，故号斑龙。吾侪生晚，不获同时，今日对墓景仰，犹令人徘徊不能去。贤弟勿轻量无下士，恐斑龙有知，摄揄于地下也。"保艴然不悦，曰："斑龙之事，传闻太过。予若遇李存孝，当北面事之；若遇斑龙，正未知鹿死谁手耳。"言次，大雨暴至，抵暮不休。

三人四顾，蓦见百步外有鸱吻露树间，冒雨就之，则废寺一区，无有主者。佟、张喜曰："即此可以宿矣。"携有酒肴，除地坐饮。保终不乐，佟深悔失言，多方引咎。

已而雨霁月来，夜近三鼓。保见门外有人窥伺，躯体仿佛甚伟，保叱问："为谁，宁不知花豹子与佟韦驮、张阎王在此耶？"言未已，其人履阈而入，指保大笑曰："今来与汝较，果鹿死谁手！"保大怒，右足飞起，其人以手格之，足痛甚，不觉踣地。其人提保之臂，却步出门，保匍匐随之，肘膝并行，直至阶下，蓦然抛掷之，保身起半空，飘飘然如风卷落叶，坠落墙外。其人倏不见。

佟、张大呼追救，杳不可得。大索半夜，至天明始得，保于余斑龙墓侧，瞠目僵卧，形如梦魇；呼叫移时，始苏，不能动履。佟、张迭负以归。右足五指俱折，胫跗青肿。

保自此爽然若失，幡然而悔，遂折节读书，不复语力。见人谦抑巽顺，犯而不较，卒为善士。或遭素日党类于途，辄逡巡走避，若将浼焉。人有述其向日行径者，即赧然如不自容。

佟、张劝其振作，但含笑不语，佯以怒激之，唯敬谢而已。二人无如之何，索然而去，终身誓不相见。后入籍为羽林军，从征缅甸，阵殁，年甫二十有零。

观三官保为人，对看《红楼梦》中柳湘莲、冯紫英形象，可见柳、冯形象之现实来源。第四十七回《呆霸王调情遭苦打　冷郎君惧祸走他乡》：

赖大家内也请了几个现任的官长并几个世家子弟作陪。因其中有柳湘莲，薛蟠自上次会过一次，已念念不忘。又打听他最喜串戏，且串的都是生旦风月戏文，不免错会了意，误认他作了风月子弟，正要与他相交，恨没有个引进，这日可巧遇见，竟觉无可不可。且贾珍等也慕他的名，酒盖住了脸，就求他串了两出戏。下来，移席和他一处坐着，问长问短，说此说彼。

那柳湘莲原是世家子弟，读书不成，父母早丧，素性爽侠，不拘细事，酷好耍枪舞剑，赌博吃酒，以至眠花卧柳，吹笛弹筝，无所不为。因他年纪又轻，生得又美，不知他身分的人，却误认作优伶一类。

当贾宝玉言及秦钟坟地之事，湘莲道：

这个事也用不着你操心，外头有我，你只心里有了就是。眼前十月初一，我已经打点下上坟的花消。你知道我一贫如洗，家里是没的积聚，纵有几个钱来，随手就光的，不如趁空儿留下这一分，省得到了跟前扎煞手。

这是没落的世家子弟柳湘莲。再看未没落的世家子弟冯紫英，更与贾珍、贾琏等人为人行事相类。《红楼梦》第二十六回《蜂腰桥设言传心事 潇湘馆春困发幽情》：

正说着，小厮来回："冯大爷来了。"宝玉便知是神武将军冯唐之子冯紫英来了。薛蟠等一齐都叫："快请。"说犹未了，只见冯紫英一路说笑，已进来了。众人忙起席让坐。冯紫英笑道："好呀！也不出门了，在家里高乐罢。"宝玉、薛蟠都笑道："一向少会，老世伯身上康健？"紫英答道："家父倒也托庇康健。近来家母偶着了些风寒,不好了两天。"

薛蟠见他面上有些青伤,便笑道:"这脸上又和谁挥拳的?挂了幌子了。"冯紫英笑道:"从那一遭把仇都尉的儿子打伤了,我就记了再不怄气,如何又挥拳?这个脸上,是前日打围,在铁网山教兔鹘捎一翅膀。"宝玉道:"几时的话?"紫英道:"三月二十八日去的,前儿也就回来了。"宝玉道:"怪道前儿初三四儿,我在沈世兄家赴席不见你呢。我要问,不知怎么就忘了。单你去了,还是老世伯也去了?"紫英道:"可不是家父去,我没法儿,去罢了。难道我闲疯了,咱们几个人吃酒听唱的不乐,寻那个苦恼去?这一次,大不幸之中又大幸。"

此处写冯紫英,曹雪芹亲友多有批语。庚辰眉批:"紫英豪侠文三段,是为金闺间色之文。壬午雨窗。"又云:"写倪二、紫英、湘莲、玉菡侠文,皆各得传真写照之笔。」亥夏。畸笏叟。"

八旗子弟以好勇斗狠为乐;包衣人则不然,而以参与政治、获利索名为好。《啸亭杂录》卷九"张凤阳"条云:

康熙中,余邸包衣人有大侠张凤阳者,交结戚里言路,专擅六部权势,有郭解、鲁朱家之风。时谚曰:"要做官,问索三;要讲情,问老明;其任之暂与长,问张凤阳。"盖谓伊与明、索二相也。

张尝憩于郊,有某中丞骈卒至,呵张起立,张睨视曰:"是何龌龊官,乃敢威焰若是?"未逾月,其中丞即遭白简,一时势焰,人莫之及。纳兰太傅、高江村等款待宾客,凤阳袒裼露顶,悉踞上位,其结交也如此。

先良王凤知其行,会先外祖董鄂公见罪于凤阳,凤阳即率其徒入外祖宅,拆毁堂庑,外祖公奔告王。王燕见仁皇帝时,遂免冠奏,上曰:"汝家人可自治之。"王归,呼凤阳至,立毙杖下。未逾时,而孝惠章皇后之懿旨至,命免凤阳罪,已无及矣。

市井人等则以打强射利为生存之道。《红楼梦》第二十四回《醉金刚轻财尚义侠　痴女儿遗帕惹相思》中写"醉金刚"倪二行事:

贾芸赌气离了母舅家门,一径回归旧路,心下正自烦恼,一边想,一边低头只管走,不想一头就碰在一个醉汉身上,把贾芸唬了一跳。听醉汉骂道:"臊你娘的!瞎了眼睛,碰起我来了。"

贾芸忙要躲身,早被那醉汉一把抓住,对面一看,不是别人,却是紧邻倪二。原来这倪二是个泼皮,专放重利债,在赌博场吃闲钱,专管打降吃酒。如今正从欠钱人家索了利钱,吃醉回来,不想被贾芸碰了一头,正没好气,抡拳就要打。只听那人叫道:"老二住手!是我冲撞了你。"

倪二听见是熟人的语音,将醉眼睁开看时,见是贾芸,忙把手松了,趔趄着笑道:"原来是贾二爷,我该死,我该死。这会子往那里去?"贾芸道:"告诉不得你,平白的又讨了个没趣儿。"倪二道:"不妨不妨,有什么不平的事,告诉我,替你出气。这三街六巷,凭他是谁,有人得罪了我醉金刚倪二的街坊,管叫他人离家散!"贾芸道:"老二,你且别气,听我告诉你这原故。"说着,便把卜世仁一段事告诉了倪二。

倪二听了大怒,"要不是令舅,我便骂不出好话来,真真气死我倪二。也罢,你也不用愁烦,我这里现有几两银子,你若用什么,只管拿去买办。但只一件,你我作了这些年的街坊,我在外头有名放帐，你却从没有和我张过口。也不知你厌恶我是个泼皮，怕低了你的身分，也不知是你怕我难缠，利钱重？若说怕利钱重，这银子我是不要利钱的，也不用写文约；若说怕低了你的身分，我就不敢借给你了，各自走开。"一面说，一面果然从搭包里掏出一卷银子来。

贾芸心下自思："素日倪二虽然是泼皮无赖，却因人而使，颇颇的有义侠之名。若今日不领他这情，怕他臊了，倒恐生事。不如借了他的，改日加倍还他也倒罢了。"想毕笑道："老二，你果然是个好汉，我何曾不想着你，和你张口。但只是我见你所相与交结的，都是些有胆量的有作为的人，似我们这等无能无力的你倒不理。我若和你张口，你岂肯借给我？今日既蒙高情，我怎敢不领，回家按例写了文约过来便是了。"

倪二大笑道："好会说话的人。我却听不上这话。既说'相与交结'四个字，如何放帐给他，使他的利钱！既把银子借与他，图他的利钱，便不是相与交结了。闲话也不必讲。既肯青目，这是十五两三钱有零的银子，便拿去治买东西。你要写什么文契，趁早把银子还我，让我放给那些有指望的人使去。"

贾芸听了，一面接了银子，一面笑道："我便不写罢了，有何着急的。"倪二笑道："这不是话。天气黑了，也不让茶让酒，我还到那边有点事情去，你竟请回去。我还求你带个信儿与舍下，叫他们早些关门睡罢，我不回家去了；倘或有要紧事儿，叫我们女儿明儿一早到马贩子王短腿家来找我。"一面说，一面趔趔着脚儿去了，不在话下。

绝然的市井豪侠，与旗人英豪迥然不同，其形象来源盖与曹雪芹南城生活所见所遇相关。此处"庚辰"眉批：

> 读阅"醉金刚"一回，务吃刘铉丹家山楂丸一付，一笑。余卅年来得遇金刚之样人不少，不及金刚者亦不少，惜书上不便历历注上芳讳，是余不是心事也。壬午孟夏。

五、天才：以中国画技法入小说写作

曹雪芹生活的时代，是中国城市和市民阶层大发展的时代，闲暇之余的娱乐，除了戏曲，即是小说为大宗，因此，彼时是中国传统小说创作的大爆发期，曹雪芹自然所知甚多，所习甚多。

曹雪芹自然深深懂得传统小说不同题材的写作模式和创作技法，但是不能让他满意的是，那些小说多写得直白粗俗，缺乏中国传统文化和知识分子含蓄、留白、照应的情趣，简单的说，就是缺乏诗画的意味。所以，他在创作《红楼梦》时，就有意识的避免这一问题，而对这种文学技法，曹雪芹的亲友也是深知底里。

在《红楼梦》第二回《贾夫人仙逝扬州城 冷子兴演说荣国府》的"甲戌"本回前批中，曹雪芹友人就借冷子兴略说贾府情况，指出：

> 其演说荣府一篇者，盖因族大人多，若从作者笔下一一叙出，尽一二回不能得明，则成何文字？故借用冷子一人，略出其文，使阅者心中，已有一荣府隐隐在心，然后用黛玉、宝钗等两三次皴染，则耀然于心中眼中矣。此即画家三染法也。

三染，是中国水墨画的技法，即多次染色，让颜色具有层次感。这里的三染是指将一个事物的形象进行分解，在不同的回目中，以不同角度进行描述，既能把复杂的事情说清楚，又能给人以逐层深入的感觉。

曹雪芹也重视写作手法的虚实对照，最有代表性的情节当属，他对宝黛钗三人前世因缘的描写。《红楼梦》第一回《甄士隐梦幻识通灵 贾雨村风尘怀闺秀》云：

那僧笑道："此事说来好笑，竟是千古未闻的罕事。只因西方灵河岸上三生石畔，有绛珠草一株，时有赤瑕宫神瑛侍者，日以甘露灌溉，这绛珠草便得久延岁月。后来既受天地精华，复得雨露滋养，遂得脱却草胎木质，得换人形，仅修成个女体，终日游于离恨天外，饥则食蜜青果为膳，渴则饮灌愁海水为汤。只因尚未酬报灌溉之德，故其五内便郁结着一段缠绵不尽之意。恰近日神瑛侍者凡心偶炽，乘此昌明太平朝世，意欲下凡造历幻缘，已在警幻仙子案前挂了号。警幻亦曾问及灌溉之情未偿，趁此倒可了结的。那绛珠仙子道：'他是甘露之惠，我并无此水可还。他既下世为人，我也去下世为人，但把我一生所有的眼泪还他，也偿还得过他了。'因此一事，就勾出多少风流冤家来，陪他们去了结此案。"

明写神瑛侍者（贾宝玉前身）、绛珠仙草（林黛玉前身）二人因缘，实写"多少风流冤孽"。实际上，与神瑛侍者、绛珠仙草有因缘纠葛的还有一人，书中并未曾明白写出，但在后面文字中，曹雪芹有明显的暗示，惟人读书粗糙，多不能识作者苦心。第五回《游幻境指迷十二钗 饮仙醪曲演红楼梦》中写道：

宝玉看了仍不解。便又掷了,再去取"正册"看。只见头一页上便画着两株枯木,木上悬着一围玉带,又有一堆雪,雪下一股金簪。也有四句言词,道是:

可叹停机德,堪叹咏絮才。
玉带林中挂,金簪雪里埋。

金陵十二钗各皆有图、谶,惟有宝钗、黛玉二人合用一图,都在《正册》"头一页"上,整部书又将宝钗、黛玉并写,曹雪芹所欲云何哉?!

实际上,不过说宝钗、黛玉、宝玉前世皆有因缘纠葛也,惟黛玉、宝玉前身因缘,曹雪芹用明笔写过,而宝钗前身与神瑛、绛珠因缘,曹雪芹不曾明写而已。

曹雪芹不惟长于皴染式的写作、虚实对照的写作,也善于在细节儿处点明事情原委。巧姐儿的命运,在第五回图中用"一座荒村野店,有一美人在那里纺绩"予以暗示。第一百十九回《中乡魁宝玉却尘缘 沐皇恩贾家延世泽》写刘姥姥将平儿、巧姐儿带回乡下庄上:

那庄上也有几家富户,知道刘姥姥家来了贾府姑娘,谁不来瞧,都道是天上神仙。也有送菜果的,也有送野味的,倒也热闹。内中有个极富的人家,姓周,家财巨万,良田千顷。只有一子,生得文雅清秀,年纪十四岁,他父母延师读书,新近科试中了秀才。

那日他母亲看见了巧姐,心里羡慕,自想:"我是庄家人家,那里配得起这样世家小姐?"呆呆地想着。刘姥姥知他心事,拉着他说:"你的心事我知道了,我给你们做个媒罢。"周妈妈笑道:"你别哄我。他们什么人家，肯给我们庄家人么？"刘姥姥道："说着瞧罢。"于是两人各自走开。

其后，贾府同意巧姐儿出嫁周家。

一般人看来，周家"财巨万，良田千顷"，巧姐的结局似乎与第五回暗示不同。这种认识实际上忽略了传统时代的等级观念。细品一下此处曹雪芹对周秀才母亲心态的描写："我是庄家人家，那里配得起这样世家小姐！""他们什么人家，肯给我们庄家人么？"

由于读者对曹雪芹精细笔法的不解，又有关于巧姐儿结局的其他理解，即巧姐儿先青楼失身、终嫁板儿一说。此种言论所据在第六回《贾宝玉初试云雨情 刘姥姥一进荣国府》中文字：

周瑞家的道："没甚说的便罢，若有话，只管回二奶奶，是和太太一样的。一面说，一面递眼色与刘姥姥。刘姥姥会意，未语先飞红的脸，欲待不说，今日又所为何来？只得忍耻说道："论理今儿初次见姑奶奶，却不该说，只是大远的奔了你老这里来，也少不的说了。"

"忍耻说道"处，有亲友批语云："老妪有忍耻之心，故后有招（有招来照料意）大姐之事。"①

第四十一回《栊翠庵茶品梅花雪 怡红院劫遇母蝗虫》中写大姐儿（即巧姐儿，叫大姐儿，系旗人习俗，泛称）与刘姥姥外孙板儿交换水果事：

---

① "甲戌"本《脂砚斋重评石头记》本处"眉批"。

那大姐儿因抱着一个大柚子玩的,忽见板儿抱着一个佛手,便也要佛手。丫鬟哄他取去,大姐儿等不得,便哭了。众人忙把柚子与了板儿,将板儿的佛手哄过来与他才罢。那板儿因顽了半日佛手,此刻又两手抓着些果子吃,又忽见这柚子又香又圆,更觉好顽,且当球踢着玩去,也就不要佛手了。

此处,又有亲友批语云:

小儿常情,遂成千里伏线。

柚子,即今香团之属也,应与缘通。佛手者,正指迷津者也。以小儿之戏暗透前回通部脉络,隐隐约约,毫无一丝漏泄,岂独为刘姥姥之俚言博笑而有此一大回文字哉?①

实则,这两处描写不过是说刘姥姥"忍耻"向王熙凤打抽丰、告借——对王熙凤而言,则是"留余庆",才结下后面刘姥姥、板儿解救巧姐儿(所谓"招大姐")的因缘。第五回巧姐图谶后判词云:"偶因济刘氏,巧得遇恩人。""金陵十二钗曲子"关于巧姐儿命运云:

〔留余庆〕留余庆,留余庆,忽遇恩人;幸娘亲,幸娘亲,积得阴功。劝人生,济困扶穷,休似俺那爱银钱忘骨肉的狠舅奸兄!正是乘除加减,上有苍穹。

正是写巧姐儿舅舅王仁(王熙凤哥哥)"爱银钱忘骨肉"蓄意将

---

① "庚辰本"《脂砚斋重评石头记》此处"双行夹批"。

巧姐儿拐卖外藩；王熙凤因王夫人面子上照顾刘姥姥，却为自己的女儿"改变了命运"，故云"幸娘亲，幸娘亲，积得阴功"。

六、《红楼梦》中的满汉习俗

人物的模特儿也一样，没有专用过一个人，往往嘴在浙江，脸在北京，衣服在山西，是一个拼凑起来的角色。

——鲁迅《我怎么做起小说来》

（一）作者、作品、索隐

《红楼梦》传世以来，读者对《红楼梦》写作的细腻、真实、感人印象深刻，对曹雪芹与《红楼梦》的关系多有争论。

或云，《红楼梦》即是曹雪芹和曹家的自叙传，如胡适在《红楼梦考证》中指出，"《红楼梦》是一部隐去真事的自叙，里面的甄、贾两宝玉即是曹雪芹自己的化身，甄、贾两府即是曹家的影子。"其后，周汝昌沿袭这一观点，并加以发展。

或云，《红楼梦》系一部文艺小说，其中夹杂着曹雪芹与曹家百年的经历，如鲁迅在《我怎么做起小说来》中指出："人物的模特儿也一样，没有专用过一个人，往往嘴在浙江，脸在北京，衣服在山西，是一个拼凑起来的角色。"以后的多数研究者是走的这条路子。

固然，如鲁迅《出关的"关"》中所云：

纵使谁正个的进了小说，如果作者的手腕高妙，作品久传的话，读者所见的就只是书中人，和这曾经实有的人倒不相干了……这就是所谓人生有限，而艺术却较为永久的话罢。

但是，总是有执着的研究者，他们愿意"回溯"曹雪芹写作的"历史现场"，他们当然承认虚构，但是，他们更重视虚构后的真实和真实转化文学间的关系，不愿意只做一个作品的感受者、想象者。

曹雪芹一生中经受过什么、见闻过什么，哪些内容潜移默化地影响了曹雪芹的生活、心情、思维，哪些内容整个地进入了《红楼梦》？从现实到文学之间有哪些变化，如何体现了曹雪芹天才的移情能力和虚构能力……

这些问题少有清晰地分断，一般谈到曹雪芹的现实、虚构，总是囫囵着说，也就进而导致或者《红楼梦》阅读粗糙，思考层面浅，不求甚解，或者鼓瑟胶柱，只思考片段，反不得系统文意。

索隐，也即探索文字表面背后隐藏的真实，从来不是一个褒义词，只不过看探索者的能力与手段高明与否罢了。

南京、京师、巡盐、南巡、王妃、绸缎、奴才、上用……等等与曹家紧密相连的元素，都是来自曹雪芹的生活与见闻，尤其值得关注的是，曹雪芹生活中所见的京师特有风物、礼俗，不仅潜移默化地影响着曹雪芹的生活，更影响了《红楼梦》中相关内容的书写。

（二）北京的东北风物与来源

清朝是以东北地区满人（女真诸部）为主体，联合蒙古、当地汉人及其他诸群落入关，建立的大一统王朝。

满人定鼎北京后，为保持统治长久，不忘先祖，生活习性、饮食、风俗等仍沿袭东北旧习，皇室祭祀、食用的诸多物品来自东北地区进贡，如松子、鲟鳇鱼、野猪、鹿、狍等。

为了办理清朝皇室、宫廷特需的东北地区特产物品，顺治十四年（1657），在吉林乌拉街旧城（今旧街）设"打牲乌拉总管衙门"。

打牲乌拉，又称布特哈乌拉。萨英额《吉林外记》云："布特哈，译言虞（渔）猎也；乌拉，江也。故有打牲乌拉之称。"也即沿江渔猎贡奉。

打牲乌拉总管初为六品官，顺治十八年升四品，康熙三十七年（1698）定为正三品。

康熙四十三年，因打牲乌拉衙门地势较低，常出水患，经总管穆克登将军报请，四十五年，于旧城东高埠建造新城：城以土筑，周八里，每面二里许，立城门四座，八旗按常规驻扎，旗仆居城内，打牲乌拉总管衙门即搬移到新城的东部，商贾居西门外。①

打牲乌拉衙门直属内务府，管理打牲丁沿山、沿江的采捕、进贡等事宜，又管辖五个官庄，称五官屯，直接纳粮。

打牲乌拉衙门所辖土地范围涉及今吉林省永吉县中部、北部，舒兰县西部，九台县东部，榆树县南部以及蛟河、双阳部分地区，管界周围五百里，村屯二百多处，男妇五万余口。

打牲乌拉总管衙门负责进项的贡品大约分为几类：

渔猎产品：东珠、鲟鳇鱼、貂、虎、鹿、野猪、熊等

飞禽：鹰、雕、鹅、鹊鸟、鸽子、寒鸦、雀、雉等

采集植物：人参、百合、山药、韭菜、小根菜、松子、松塔、鱼笋及靰鞡草等

农作物：小米、稗子米、铃铛麦、高粱米、荞麦等

淡水鱼类：蜃、鳖、细鳞鱼、鳟鱼、鲢鱼、鲤鱼、草根鱼、翅头白鱼、蝶鲈鱼、"三花五罗"（鳌花、鳊花、鲫花和哲罗、法罗、

---

① 今吉林市龙潭区乌拉街满族镇。

雅罗、铜罗、胡罗）

蜂蜜、东珠每年送一次到京师、盛京（沈阳），松子、鲟鳇鱼等每年送两次到京师、盛京，而"上用鲟鱼、各色尾鱼"十一月初旬恭进，月底至京。

这些特产，除了供皇家祭祀、食用外，也用于宗室臣工的赏赐。内务府将符合进贡级别、数量的产品收储后，剩余部分允许在北京市场出售。

此外，各亲王在打牲乌拉八旗相应旗中也有相应名额的打牲丁。这就意味着他们与内务府一样，也能按时得到来自打牲乌拉的特产，不过等级、数量稍逊而已。《打牲乌拉全书》卷一《新定各旗领催至牲丁等额数》：

采珠，正红旗……内康亲王珠轩达三名，打牲丁八十一名。顺

1921年俄罗斯人在黑龙江捕获的鲟鳇鱼

承郡王珠轩达一名，打牲丁二十七名……厢红旗……多罗平郡王珠轩达一名，打牲丁二十七名。

捕鱼右翼

正红旗……内康亲王打牲丁三十六名，顺承郡王打牲丁二十名……厢红旗……多罗平郡王打牲丁七名……以上食十二两饷银。

东珠，即产于松花江、黑龙江、乌苏里江、鸭绿江及其流域的珍珠，因相对于南方产，称东珠、北珠。清朝，东珠主要用于朝珠和相关服饰的使用。

朝珠是清朝特有的饰品，共108颗，代表一年12个月、24节气、72候；每27颗小珠间，穿入大珠一粒，称分珠，共四颗，象征春夏秋冬四季；胸前三颗称佛头；背后垂一颗，称背云（长约65至70厘米，与清代男子辫子长度相当），寓意一元复始。朝珠两侧有三串小珠，称记捻，表示一月30天，佩戴时，两串在左、一串在右为男；两串在右、一串在左为女。

朝珠挂于颈项，垂于胸前。佩戴时，"背云"垂于背部，"佛头"在颈后，前胸的珠子以三个结珠作中心对称，"纪捻"随朝珠垂于胸前。

《清会典》规定，自皇帝、后妃到文官五品、武官四品以上，皆可配挂朝珠。朝珠的材质在《清文献通考·王礼》与《清会典·礼部四·仪制清吏司》中相应记载，根据等级，佩戴朝珠的颜色、数量、质料各有规定：

皇太后、皇后朝服御朝珠三盘，东珠一、珊瑚二；吉服御朝珠一盘，绦皆明黄色。皇贵妃朝服用朝珠三盘，蜜珀一、珊瑚二；吉服用朝珠一盘,绦亦明黄色。贵妃、妃朝珠绦用金黄色,余与皇贵妃同。皇子朝珠,不得用东珠,绦金黄色;亲王、郡王朝珠制同。

贝勒下至文五品、武四品官、奉恩将军、县君、额驸、京堂翰詹科道、侍卫及礼部、国子监、太常寺、光禄寺、鸿胪寺所属官应用朝珠者,绦皆石青色。

皇子福晋朝服用朝珠三盘,珊瑚一、蜜珀二;吉服用朝珠一盘,绦皆金黄色;亲王福晋、固伦公主、和硕公主、郡王福晋、郡主、县主朝珠制同;贝勒夫人下至乡君朝珠制亦同,惟绦用石青色;民公、侯、伯夫人下至五品命妇,朝珠三盘,珊瑚、青金石、绿松石、蜜珀随所用,绦皆石青色。

朝珠绦用丝线编织,皇帝、皇后和皇太后用明黄色绦;全绿和金黄色绦为王爷所用;武四品、文五品及县、郡官为石青色。①

官员们所佩戴的朝珠,除了皇帝赏赐外,通常自己置备。置办不起的,只能用旧货或替代品。甚至有置办不起朝珠的,只好买一挂琉璃珠充数。

（三）《红楼梦》京师满汉风俗的相关书写

《红楼梦》第五十三回《宁国府除夕祭宗祠 荣国府元宵开夜宴》

---

① 根据不同的场合,戴不同质地、不同颜色的朝珠,皇帝祭圜丘（天坛）时,穿蓝色朝服,佩戴青金石朝珠;祭方泽（地坛）时,穿明黄色朝服,佩戴琥珀或蜜腊朝珠;在日坛举行朝日礼时,穿红色朝服,佩戴红珊瑚朝珠;在月坛举行夕月礼时,穿白色朝服,佩戴绿松石朝珠。命妇穿着吉服,参加祈谷、先蚕古礼时,只需佩挂一盘朝珠;若遇重大朝会,如祭祀先帝、接受册封时,必须穿着朝服,并佩挂三盘朝珠,正面一盘佩于颈间,另外两盘朝珠从左右肩斜挂交叉于胸前。男子任何场合都只需佩挂一盘朝珠。

写年底贾珍"门下庄头乌进孝"进京进贡,单子上写着:

大鹿三十只,獐子五十只,狍子五十只,暹猪二十个,汤猪二十个,龙猪二十个,野猪二十个,家腊猪二十个,野羊二十个,青羊二十个,家汤羊二十个,家风羊二十个;

鲟鳇鱼二个,各色杂鱼二百斤;活鸡、鸭、鹅各二百只,凤鸡、鸭、鹅二百只;野鸡、兔子各二百对;

熊掌二十对,鹿筋二十斤,海参五十斤,鹿舌五十条,牛舌五十条,蛏干二十斤;

榛、松、桃、杏穰各二口袋;大对虾五十对,干虾二百斤;

银霜炭上等选用一千斤、中等二千斤,柴炭三万斤;

御田胭脂米二石,碧糯五十斛,白糯五十斛,粉粳五十斛,杂色粱谷各五十斛,下用常米一千石;

各色干菜一车;

外卖粱谷、牲口各项之银共折银二千五百两。

除了文学需要上的增减夸饰外,其余的物品都是典型的打牲乌拉进贡特产。

乌进孝进京所需时间,与打牲乌拉京师进贡(十一月初启程)也相差无几。书中写道:

贾珍道:"你走了几日?"乌进孝道:"回爷的话,今年雪大,外头都是四五尺深的雪,前日忽然一暖一化,路上竟难走的很,耽搁了几日。虽走了一个月零两日,因日子有限了,怕爷心焦,可不赶着来了。"

"雪大……耽搁了几日",故路上行走时间用了"一个月零两日",则正常情况下,路上用时不耽搁,行程当在二十二、二十三天上下。

祭祀上,汉人多祭神主,满人则多祭影像(除了祭祖外,满人还祭斗——祭天,祭生殖神);祭祀时,汉人以男人参与,而满人祭祀,则男女皆可参加,且以女性萨满为主导。《红楼梦》中将此两种习俗进行了有机的结合,将神主祭祀与影像祭祀分写,先写"五间正殿"内的神主祭祀:

里边香烛辉煌,锦幛绣幕,虽列着神主,却看不真切。只见贾府人分昭穆排班立定:贾敬主祭,贾赦陪祭,贾珍献爵,贾琏贾琮献帛,宝玉捧香,贾菖贾菱展拜垫,守焚池。青衣乐奏,三献爵,拜兴毕,焚帛奠酒。礼毕,乐止,退出。

再写"正堂上"的影像祭祀:

影前锦幔高挂,彩屏张护,香烛辉煌。上面正居中悬着宁荣二祖遗像,皆是披蟒腰玉;两边还有几轴列祖遗影。贾荇贾芷等从内仪门挨次列站,直到正堂廊下。槛外方是贾敬贾赦,槛内是各女眷。众家人小厮皆在仪门之外。每一道菜至,传至仪门,贾荇贾芷等便接了,按次传至阶上贾敬手中。

贾蓉系长房长孙,独他随女眷在槛内,每贾敬捧菜至,传于贾蓉,贾蓉便传于他妻子,又传于凤姐尤氏诸人,直传至供桌前,方传于王夫人。王夫人传于贾母,贾母方捧放在桌上。邢夫人在供桌之西,东向立,同贾母供放。直至将菜饭汤点酒菜传完,贾蓉方退出下阶,归入贾芹阶位之首。

凡从文旁之名者，贾敬为首；下则从玉者，贾珍为首；再下从草头者，贾蓉为首；左昭右穆，男东女西；俟贾母拈香下拜，众人方一齐跪下，将五间大厅，三间抱厦，内外廊檐，阶上阶下两丹墀内，花团锦簇，塞的无一些空地。鸦雀无闻，只听铿锵叮当，金铃玉佩微微摇曳之声，并起跪靴履飒沓之响。

一时礼毕，贾敬、贾赦等便忙退出，至荣府专候与贾母行礼。

本回"蒙古王府藏"《石头记》回前总批颇可令人思议读《红楼梦》的难处与妙处：

除夕祭宗祠一题极博大，元宵开夜宴一题极富丽，拟此二题于一回中，早令人惊心动魄。

不知措手处，乃作者偏就宝琴眼中款款叙来。首叙院宇匾对，次叙抱厦匾对，后叙正堂匾对，字字古艳。槛以外，槛以内，是男女分界处；仪门以外，仪门以内，是主仆分界处。献帛献爵择其人，应昭应穆从其讳。是一篇绝大典制。

文字最高妙是神主看不真切一句，最苦心是用贾蓉为槛边传蔬人，用贾芷等为仪门传蔬人。体贴入微。

噫！文心至此，脉绝血枯矣。

第四节　宗学、亲友

一、亲友、宗学

（一）亲戚往来

传统时代，最重亲缘。

一个祖宗传下的人，一定要多走动、多互助，这才是一个祖宗传下来的人应该的样子。

相对于汉人民人，旗人本就处在宗族社会的原始阶段，加之，收入多，居所聚集，最重宗族内的交往。一年里，各种节俗、红白喜事，都要随喜走动，以亲亲睦族。《红楼梦》第五十二回《俏平儿情掩虾须镯　勇晴雯病补雀金裘》中，写道：

麝月笑道："病的蓬头鬼一样，如今贴了这个，倒俏皮了。二奶奶贴惯了，倒不大显。"说毕，又向宝玉道："二奶奶说了：明日是舅老爷生日，太太说了叫你去呢。明儿穿什么衣裳？今儿晚上好打点齐备了，省得明儿早起费手。"

宝玉道："什么顺手就是什么罢了。一年闹生日也闹不清。"说着，便起身出房，往惜春房中去看画。

"一年闹生日也闹不清"，九个字写出了世家大族一年中活动的主要内容，雪芹家也是这样：姑父的生日、姑妈的生日、二姑父的生日、二姑妈的生日、表哥的生日、表嫂的生日、表弟的生日、侄子的生日……

这是红事,结婚呢、生孩子呢、孩子生长中的种种讲究呢,白事呢。总之,大族人家的一年总是在各种来往中度过。

(二)鄂比、对联、题壁诗

从乾隆八年(1743)开笔《红楼梦》,雪芹就投入到紧张的写作中。

到乾隆十一年(1746)前后,《红楼梦》已经有了雏形。写作成了曹雪芹最快乐的事情。因此,社交、听戏都变得没那么有吸引力了,连到侍卫上去点卯,也让他觉得乏味。

京师照例是春旱夏涝,天气让人难以忍受。

雪芹不时抽空回香山。

四月下旬某日,雪芹回到香山,闲来读书,不觉想起鄂比送他的一副对联:"远富近贫,以礼相交天下有;疏亲慢友,因财绝义世间多。"

鄂比,是去年雪芹在香山认识的一位朋友。①

鄂比,也是旗人,住香山正白旗靠近四王府地方(一说住镶白旗)。这二位,都好酒,又都是性情中人,看不惯官场上的种种,因此,话颇能谈得来。

两个人离得也不远,当中就隔几百米,走几步就溜达到了。因为合得来,雪芹但凡回香山,总要邀鄂比痛饮一番。

一日,两人在酒馆饮酒闲谈,偶然谈及世间人情冷暖,惹得唏嘘连连。

鄂比道:"如今之世,世态炎凉,人心不古,嫌贫爱富,真真

---

① 吴恩裕:《曹雪芹佚著浅探》载:"据传,乾隆时有满洲人名灵坤者,善画画,居香山正红旗,闻雪芹名而造其居,一见相契,其后并为雪芹借住于皇顶庙内。"可见,鄂比和灵坤似为一人,概大、小名有别耳。

是:'远富近贫,以礼相交天下有;疏亲慢友,因财绝义世间多。'"

雪芹觉得有理,连声叫好,道:"这说的好,小怡亲王有一首《君马黄》,有两句云:'论心投分应交人,如何交富不交贫?世情轻薄都若此,贫富移心真可耻。'得了,我再给你背两句。他这首《君马黄》这么写的:

君马黄,我马白。
马色虽参差,同君共大陌。
论心投分应交人,如何交富不交贫?
世情轻薄都若此,贫富移心真可耻。
君不见,洛阳市上数家楼,五陵裘马少年游。
千金一掷不回顾,豪情百尺谁堪侪。
一朝冷落繁华已,贫富原来无定耳。"①

鄂比道:"不想这小王爷倒也是个性情中人。"
雪芹道:"确实如此。不过这也都是从圣贤书里出来的。《论语·学而第一》中,夫子、子贡论交不是说么:

子贡曰:"贫而无谄,富而无骄,何如?"
子曰:"可也。未若贫而乐,富而好礼者也。"
子贡曰:《诗》云,'如切如磋!如琢如磨',其斯之谓与?"
子曰:"赐也!始可与言《诗》已矣,告诸往而知来者。"

想到鄂比,看看桌子上的笔墨,曹雪芹拿起笔,在砚台里蘸了

---

① 弘晓《明善堂诗集》卷六。

蘸，走到西墙壁下，把鄂比谈及的对联写在了墙上，不过，雪芹稍微修改了一下：

远富近贫，以礼相交天下少；疏亲慢友，因财而散世间多。

因写的文字是个菱形，曹雪芹又在对联末，加了"真不错"三个字。

一日，曹雪芹翻看《东周列国志》，翻看到"富贵途人骨肉亲，贫贱骨肉亦途人。试看季子绍裘敝，举目亲人尽不亲。"感慨所见世间人情冷暖，提笔将这段文字也抄录在墙上，不过，也是稍作了修改：

富贵途人成骨肉，贫贱骨肉亦途人。试看季子绍裘敝，举目虽亲尽不亲。

落款题："岁在丙寅清和月下旬，偶录于抗风轩之南几，拙笔学书。"

（三）右翼宗学

曹雪芹需要更多的时间去观察、体贴、享受、体味生活，他也需要更多的时间去思考、写作、修改。挪到一个相对清闲的位置，有更多的时间写作，就成为了雪

曹雪芹故居"题壁诗"局部（一）

曹雪芹故居"题壁诗"局部（二）

芹必须要考虑的事情。①

社会嘛，自然是制度是制度，运作是运作。不管哪个社会，也避免不了法律条文下面的人情。

曹雪芹一生自然受福彭扶持居多，毕竟二人的关系、年龄放在这里。先是入咸安宫官学，后是行走平郡王府，接下来到西郊、回城担任侍卫等等，没有福彭的关照，都且得等着排号、磨时间呢！

虽然，福彭已经较少参与国家大事，但是平郡王的铁帽子还在，与当今皇帝的关系依然亲密无间，给表弟换个闲差，不过是举手之

---

① 张永海的传说，曹雪芹"大约在乾隆十一年到十三年间，他就不干（内廷侍卫）了。"

劳而已，当下就安排了个家人拿自己名帖，到外边忙活去了。

下面的人如何不拍王爷的马屁，再说人家要的又不是什么肥差？！如同《红楼梦》里写到的，在表兄的帮助下，雪芹在离禁城不远、王府不远的右翼宗学"轻轻谋了"一个职位。①

二、宗学、友人

当时虎门数晨夕，西窗剪烛风雨昏。

——敦诚：《寄怀曹雪芹霑》

（一）右翼宗学的瑟夫

西周时代，在"天子"宫门上画虎以示威武，因而称宫门为"虎门"；又在宫门外设立学府，教育官僚子弟，后代遂以"虎门"代称国学。

清代的宗学设于雍正二年（1724），"左、右两翼官房，每翼各立一满学、一汉学。"《八旗通志》记载说：

> 王、贝勒、贝子、公、将军，闲散之十八岁以下子弟，有愿在家读书者，听其在官学子弟，或清书，或汉书，随其志愿，分别教授。十九岁以上，已曾读书之宗室有愿读书者，亦听其入学。

---

① 曹雪芹曾在宗学就职，系从民间口碑传承下来的，而"虎门"二字代指宗学，系吴恩裕先生考证出来的；曹雪芹与敦氏兄弟在虎门结识，有诗文为证。或者认为，以曹雪芹的身份，不能到任职宗学。这种观点完全没有考量曹雪芹是否借助了亲族的关系，《红楼梦》作者对此等关系甚为熟知。

正如果毅亲王允礼在《宗学记》中写到的:"(皇上)念我宗室子弟,尤教育所宜先,特谕设立东、西二学于禁城之左右。自王公庶位以及凡百属籍者,其子弟愿学则入焉。即周官立学于虎门之外,以教国子弟之意也。"①昭梿《啸亭杂录》卷九《宗学》则云:

雍正中,特设宗室左、右翼各学,拣王公等专管。岁时,钦派大臣考其殿最,……皆设宗室总管、副管各一人,以司月饷公费等事。三岁考绩,授七品笔帖式,以为奖励。……满教习用候补笔帖式,汉教习用举人考取,皆月有帮糈,四时特赐衣缕,以御寒暑。

为了保证宗学的教学质量,皇帝命特选宗室四人为正教长,十六人为副教长。"教授人员于各部院司官中书内拣选四员,每翼分与二员,教习清书;令礼部拣选教习四员,每翼分与二员,教习汉书。"此外,"骑射亦属紧要,行文兵部,令于闲散官及护军校、护军内拣选善骑射者四员,每翼分与二员。于官学内修一箭道,读书之暇,教习骑射。"②

清书、汉书、骑射这些科目对曹雪芹来说,都算不得什么:曹家的家教,就是"读书射猎,两不相防。"清书、汉书、骑射,在曹家都是必不可少的日常学习科目。这时候,让曹雪芹拿起来督导学生,是再简单不过的事情。

雪芹去的是右翼宗学(以紫禁城为中心,八旗分作东西或者左右两翼)。

---

①《八旗文经》卷三十六,辽宁古籍出版社,1988年。
②《八旗通志》卷四十九《学校志四》。

这座宗学位于西单牌楼石虎胡同,东距紫禁城、前距平郡王府都不过几百米的距离而已。根据香山旗人的传说,曹雪芹在右翼宗学担任"瑟夫"一职。"瑟夫",是满语的汉语音译,意思就是教师①。

(二)宗学、友人、夜谈

在这里,雪芹又认识了一帮新朋友。其中,就有敦敏、敦诚兄弟。

敦敏(1729—1796),字子明,号懋斋,努尔哈赤第十二子英亲王爱新觉罗·阿济格五世孙,理事官爱新觉罗·瑚玐长子,少曹雪芹十二岁。乾隆九年(1744),十六岁的敦敏进入右翼宗学读书,二十年,在宗学考试中列为优等。二十二年,随父亲管理山海关税务,在锦州任职。两年后,因母亲逝世,敦敏守丧京师。②

敦诚(1734—1791),字敬亭,号松堂,敦敏之弟,过继亡叔宁仁为嗣。乾隆九年,十一岁的敦诚与哥哥敦敏一起入右翼宗学。乾隆二十年,宗学考试,列为优等,以宗人府笔帖式记名。敦诚在《先妣瓜尔佳氏太夫人行述》中写道:"乙亥(乾隆二十二年),宗学岁试,钦命射策,诚随伯兄试于虎门。"讲的就是他在右翼宗学读书的这段经历。乾隆二十二年,受父命在喜峰口松亭关管税务,年二十四岁。两年后,返回北京闲居。三十三岁补宗入府笔帖式,旋授太庙献爵。四十岁丁母忧。卒年五十八岁。

---

① 民间传说,曹雪芹在宗学任"瑟夫"(教员),也有些专家认为,曹雪芹在宗学大概只是一个抄写文字、整理文案事务的笔帖式。

② 乾隆三十年,敦敏三十七岁,授右翼宗学副管,四十六岁升总管。五十四岁因病辞官。

也就是说，曹雪芹与敦氏兄弟交往是在乾隆十三年后。乾隆十三年至十六年间，是三人同在右翼宗学之时。

说起来，曹雪芹与敦氏兄弟还算有些历史渊源：正白旗未收归皇帝亲将之前，隶于正白旗的曹家曾归阿济格、多尔衮管辖。

敦敏、敦诚兄弟虽是宗室子弟，但因阿济格在多尔衮死后欲图摄政，受到顺治皇帝的厌弃，他的子弟自然也就难以受到皇帝的赏识、重用。

敦氏兄弟的经历，与曹家倒颇有些相似，他们的家族都曾有过辉煌的过去，但到他们这代都未能为皇帝重用，也就无法在政治上施展抱负；加上，哥儿几个都受过良好的教育，又都是旗人，因而，也就比较谈得来。

白天要上课，晚上就成了畅聊的时间。

宗学的窗下，一盏油灯照亮着整个屋子，曹雪芹坐在当中，侃侃而谈，神情潇洒，就像扪虱畅论天下的一代奇人王猛（前秦丞相）一般，敦氏兄弟及一帮宗族子弟围坐一旁，听得入神。

敦氏兄弟和雪芹的那些朋友一样，对雪芹的学识都很钦佩，对雪芹的诗才尤其钦佩。他们觉得，雪芹"笔有奇气"，能够冲破前人樊篱，不受拘束，诗风与素有诗界鬼才之称的李贺相似①。在敦诚的哥哥敦敏看来，雪芹诗才如同三国时代才高八斗的曹植一样，在这班朋友中，他就像驽马中的麒麟，鸦雀间的凤凰。

---

① 敦诚：《寄怀曹雪芹霑》："爱君诗笔有奇气，直追昌谷破篱樊。"《挽曹雪芹》云"牛鬼遗文悲李贺，鹿车荷锸葬刘伶。"说明雪芹好饮酒，人生态度洒脱，有类晋人刘伶，诗风则类似唐人李贺，善于突破前人规范。《四松堂集付刻底本》，北京图书馆出版社，2006年。

像他的祖、父一样，雪芹不惟诗才出众，更是个文武皆能之人。据他朋友们的诗文记载，雪芹能诗善画，既会舞剑，又善操琴①。

性放达、好饮酒，非凡的才能和理想的不得伸展，使得雪芹的脾气如同他的酒量一样大，对看不上的"假道学"、糊涂蛋、"禄蠹"，他总是白眼相向。

敦诚的《赠曹雪芹》中写道："司业青钱留客醉，步兵白眼向人斜。"②唐人郑虔有才名，但生活贫困无着，经常骑马到司业苏源明处饮酒，醉则返。"步兵"用魏晋阮籍故事，阮籍喜欢饮酒，传说为了能喝到好酒，选择作步兵校尉的低级官职，故世称"阮步兵"。阮籍性狂傲，见权贵常以白眼视之，表示看不起（与青眼有加相对）。

敦诚以苏源明自比，说曹雪芹天性像阮籍一样，不仅好酒，而且狂傲不羁，是一个性情中人。虽说是用典，但写雪芹的狂傲却是极切的。

这完全倒像曹寅的转世了，曹寅当年与一干朋友有"燕市六酒徒"的称号，又好谈吐，在各场面上，侃侃而谈、目中无人，颇有六朝文人的风范。

三、骚达子

出众的才华、不羁的个性、风趣的谈吐、王爷的表弟……种种原因，使得曹雪芹在宗学里迅速拥有了一批年龄不等的朋友。

---

① 张宜泉《伤芹溪居士》云："北风图冷魂难返，白雪歌残梦正长。琴裹坏囊声漠漠，剑横破匣影铓铓。"

② 敦敏《题芹圃画石》云："傲骨如君世已奇，嶙峋更见此支离。醉余奋扫如椽笔，写出胸中块垒时。"《懋斋诗钞》，上海古籍出版社，1984年。

这些人或者家族背景相似，或者文化素养、喜好、个性为人相投，甚至有些人都存在圈套圈的亲戚关系，他们常聚在一起，谈论诗文、饮酒听曲①。他们也会谈到各自所知的各种奇闻轶事，当然也偶尔谈到东直门内胡家圈胡同俄罗斯佐领下"罗刹鬼"的奇形怪状。甚至找了关系，组一拨人，前往参观。

俄罗斯佐领的正名为镶黄旗满洲都统第四参领第十七佐领。这个佐领是由顺治、康熙年间归附、俘虏的俄罗斯人丁组成的，男丁百余人。《钦定八旗通志》卷三《旗分志三》载：

第四参领第十七佐领，系康熙二十二年将尼布绰等地方取来鄂罗斯三十一人及顺治五年来归之鄂罗斯伍朗各里、康熙七年来归之鄂罗斯伊番等编为半个佐领，即以伍朗各里管理。后二次又取来鄂罗斯七十人，遂编为整佐领。

"尼布绰"就是尼布楚（今俄罗斯涅尔琴斯克），位于涅尔恰（Nercha）河畔，地处中、俄、蒙三国交界处，清朝与俄罗斯曾在此交战。康熙二十八年（1689），中俄双方使团在尼布楚签订条约，同意以额尔古纳河、格尔必齐河为界，并将尼布楚地区划入俄罗斯国版图。

一百余名俄罗斯人到达北京后，清政府为之建造房屋，集中安置，并将一些监狱犯罪妇人配给为妻，少数官僚娶满蒙女子。经过

---

① 敦诚、敦敏、明琳、明义、弘晓、弘㬙、墨香都是宗族子弟，但在政治上并不得势，正是和雪芹一样"胸有块垒"之人，同时，他们又多文采，文艺素养也很全面，一起饮酒赋诗，谈古论今。正是这样品性和交往，他们成了雪芹《风月宝鉴》《红楼梦》的最早读者。

数十年的混血,随着时间的推移,北京满汉人的习俗、着装也多少影响了这些俄罗斯人的生活,不过,这些居住在北京的俄罗斯人在相貌、服饰、习俗仍然保留着俄国人的一些特点,与北京城内的满汉人等多有差异。

这些"奇异人"的形象,曹雪芹看在眼中,记在心头。《红楼梦》第四十九回《琉璃世界白雪红梅 脂粉香娃割腥啖膻》中,曹雪芹写道:

一时,史湘云来了,穿着贾母与他的一件貂鼠脑袋面子、大毛黑灰鼠里子、里外发烧大褂子,头上带着一顶挖云、鹅黄片金里、大红猩猩毡昭君套,又围着大貂鼠风领。黛玉先笑道:"你们瞧瞧,孙行者来了。他一般的也拿着雪褂子,故意装出个小骚达子来。"

所谓"骚达子"①,就是"哨达子"(СОЛДАТ),是俄国人对步兵、小兵的称呼,为作战需要,着衣较旗人更为紧身。

这些进入中国的俄罗斯人在乾隆时代的形象,不得而知,但有相应的资料,可供参考。

乾隆十六年(1751)六月初一日,明发上谕,令各地督抚访其所属族民及外夷番众服饰、风俗绘图,进呈军机处,以备御览。其中,亦有俄罗斯男、女形象。②

---

① 吕朋林:《"骚达子"释源》,《东北师大学报》1985年04期;何新华:《〈红楼梦〉骚达词义考析》,《红楼梦学刊》2014年04期。
② 乾隆二十二年(1757)正月初十日,大学士傅恒等装潢完竣进呈御览(彩绘绢本,共四册,每册封面和封底为金丝楠木,每幅图均以满文、汉文两种文字说明),名《职贡图》——现藏于法国国家图书馆。

被林黛玉称呼"小骚达子",看曹雪芹写史湘云反应:

> 湘云笑道:"你们瞧我里头打扮的。"一面说,一面脱了褂子。只见他里头穿着一件半新的、靠色三镶领袖、秋香色盘金、五色绣龙、窄裉小袖、掩衿银鼠短袄,里面短短的一件水红装缎、狐肷褶子,腰里紧紧束着一条蝴蝶结子、长穗五色宫绦,脚下也穿着脚下也穿着麀皮小靴,越显的蜂腰猿背,鹤势螂形。
>
> 众人都笑道:"偏他只爱打扮成个小子的样儿,原比他打扮女儿更俏丽了些。"

《职贡图》中的俄罗斯人

湘云对自己"男孩子打扮"十分满意,又不忌讳黛玉之称她"小骚达子",紧瘦的穿着使得湘云形象"蜂腰猿背,鹤势螂形",身材尽显。

四、什刹海、天香楼

右翼宗学的日子,无忧无虑。

雪芹也不想什么仕途,他的学问当然足以应付他的工作。闲来无事，经常与朋友们彻夜长谈，对酒当歌、不觉夜半，归宿无门，就寄身寺观。敦诚在后来写的《寄怀曹雪芹霑》里回忆这段日子，无限感慨，因而写道："当年虎门数晨夕，西闯剪烛风雨昏。"

雪芹还跟这些朋友们到附近的酒馆聚饮，各大寺观游览，听取高僧大德精妙的禅理。什刹海一带寺观林立，留宿寺观也是常有的事情，据说，他还曾醉倒在朋友家的马厩中酣然大睡。相传，雪芹岳父家就住在右翼宗学附近，他曾在那里留宿过。

当然，正事不能耽误。

《红楼梦》的创作在有条不紊地进行，结构在不断地调整，文字也在不断地润色。

作侍卫时结识的朋友、亲戚家的亲友、宗学里的朋友都不时跑来，询问小说的进度。有时候，稿子看不到，着急的读者，就拉住雪芹，问他下一回的故事情节，由读者变成了听众。

什刹海西岸有一座大杏楼，菜做得干净，味道也好，是附近有名的酒楼，闲暇之际，这帮朋友不时到那里打打牙祭、扯扯闲篇儿。久而久之，老板、小伙计都认识了这群喜欢聊天的公子们。

雪芹端坐人群当中，手里擎着酒杯，一堆人围在四座，他高兴的讲述着，精妙的言语如春风拂过脸颊一般。

每当此时，雪芹宽大的脑门上就泛着兴奋而自得的光辉。每个人都沉浸在故事的进展和人物的命运之中，一天也

什刹海、钟鼓楼

就不知不觉中过去了。

周而复始,这样的事情在酒馆一遍遍地上演。

有时候,自己馋了,或者被朋友们催得没有办法,雪芹就扬言道:"欲快睹我书不难,以南酒、烧鸭享我,我即为之作书。"①

每到这种时候,他就可以当个座上宾,大块朵颐了。酒肉是吃了,但请客者也未必能很快看到稿子;实在逼得急了,他就将后面故事梗概拿来敷衍一下。

五、鹡鸰之悲、棠棣之威

> 以自古未闻之奇语,故写成自古未有之奇闻,此是一部书中大调侃寓意处,概作者实因鹡鸰之悲,棠棣之威,故撰此闺阁庭帏之传。
> ——"甲戌本"《脂砚斋重评石头记》第二回
> 《贾夫人仙逝扬州城 冷子兴演说荣国府》"眉批"

就在《红楼梦》的写作有条不紊进行时,一件意想不到的事情发生了。

乾隆十三年(1749)十一月十八日,平郡王福彭病死家中,享年四十一岁。乾隆皇帝对这位昔日同学怀有很深的感情,非常悲伤朋友的早亡,他颁发谕旨称:

> 平郡王宣力有年,恪勤素着。今闻患病薨逝,朕心深为轸悼。

---

① 裕瑞:《枣窗闲笔》,上海古籍出版社,1984年。

特遣大阿哥携茶酒住奠,并辍朝二日。

福彭的死,使雪芹失去了一位难得的良师益友。

从雪芹回到京师那一天起,他就在方方面面受到表哥的关照,他的经历、他的故事、他的收藏、他的教育、他的扶持……如今,他竟驾鹤西去,年龄不过四十岁而已,按说正是人生辉煌的时候,如何不让雪芹垂泪涟涟;不过,雪芹还不能显出过分的悲伤,因为还要安慰年老的姑妈。

福彭死后,平郡王爵位由福彭长子庆明承袭。乾隆十五年,承袭王位只有两年的庆明薨,爵位由堂弟庆恒(福秀之子)承袭。

生老病死,人之常情。

数年之间,亲人陆续离世,雪芹已经麻木了生死;但是,堂弟棠村、表哥福彭的死还是给雪芹多情的心灵造成了极大的打击,毕竟这两人跟自己的情感太过亲近。《红楼梦》第二回《贾夫人仙逝扬州城　冷子兴演说荣国府》中写宝玉平日行径:

只一放了学,进去见了那些女儿们,其温厚和平,聪敏文雅,竟又变了一个。因此,他令尊也曾下死笞楚过几次,无奈竟不能改。每打的吃疼不过时,他便"姐姐""妹妹"乱叫起来。

"甲戌本"《脂砚斋重评石头记》眉批写道:"以自古未闻之奇语,故写成自古未有之奇闻,此是一部书中大调侃寓意处,概作者实因鹡鸰之悲,棠棣之威,故撰此闺阁庭帏之传。"

所谓"鹡鸰之悲,棠棣之威",系用《诗经》典故。《诗经·棠棣》云：

> 棠棣之华，鄂不韡韡。凡今之人，莫如兄弟。
> 死丧之威，兄弟孔怀。原隰裒矣，兄弟求矣。
> 脊令在原，兄弟急难。每有良朋，况也永叹。

诗歌用棠棣和脊令作喻，表现了兄弟间最为亲密的感情和作者对这种感情深切的体会。

佛经成了一段时间雪芹的寄托——这也是中国传统知识分子在遭遇逆境时的最常规选择。

脂砚斋深知，雪芹与棠村、福彭兄弟的关系，以及这种关系对曹雪芹《红楼梦》创作和其中情节的关系，故在书中写宝玉与姐妹情感处作有此批。

虽然，"脊令之悲，棠棣之威"不是雪芹著述《红楼梦》的根本原因，但堂弟、表哥的死，确实极大的影响了雪芹的思想和他的文学创作。

从崇文门到平郡王府，从平郡王府到皇宫、皇家园林，从侍卫到瑟夫，十数年间，曹雪芹或主动或被动的进行着自己的角色变换，体味着人生的苦辣酸甜。

这种曲折的经历见闻，既是他《红楼梦》创作的动因，也为他的《红楼梦》创作提供了宝贵的素材。

第五节 离 城

> 他在宗学既受老派教师的排挤,心里很不痛快,就想《红楼梦》已经写出了一些,还不如不教这书,到乡下一心写《红楼梦》去哩。乾隆十六年,他就离开宗学,搬到西郊来住了,不知道他是自己辞的,还是宗学解职的。
>
> ——《张永海谈曹雪芹的事迹》[①]

一、觉悟、离城

(一)看不惯假道学

时光如梭。

至乾隆十六年(1751),《红楼梦》百二十回的大书已经基本成形就绪。

随着时间的推移,雪芹想到了离开……

说起来,宗学的日子,也还不错,有说得过去的薪俸,也有知心的友人,离平王府、礼王府也都近,但曹雪芹还是觉得压抑。

毕竟装正人君子的人太多了,他受不了这个。

正人君子不招人烦,假正人君子才招人烦。

明清时代,侮辱一个知识分子,最狠的话不是"宁无后乎",而是"假道学""名教罪人"。

[①]《曹雪芹在西山口碑资料》,吴恩裕:《曹雪芹丛考》,上海古籍出版社,1980年。曹雪芹到香山的时间,学界素有争论。张伯驹认为,正白旗三十九号西墙上"题壁诗"的书体、诗格,"断为乾隆时代无疑。"《张伯驹词集》,文物出版社,2008年。

《红楼梦》中,贾宝玉特别烦恼与进士出身的贾雨村相见,特别烦恼与人谈仕途社会前程,原因何在呢?就在他对这群假君子嘴脸的不齿。

(二)离群还是随顺

对待社会上的种种世俗,明达者不过三种选择:不接触、无所谓、接触但保持自我。《孟子·公孙丑上》借分析伯夷、柳下惠的为人方式,表明了自己(儒家君子)的态度:

伯夷,非其君不事,非其友不友;不立于恶人之朝,不与恶人言;立于恶人之朝,与恶人言,如以朝衣朝冠,坐于涂炭。推恶恶之心,思与乡人立,其冠不正,望望然去之,若将浼焉。是故,诸侯虽有善其辞命而至者,不受也。不受也者,是亦不屑就已。

柳下惠,不羞污君,不卑小官。进不隐贤,必以其道。遗佚而不怨,阨穷而不悯。故曰:"尔为尔,我为我,虽袒裼裸裎于我侧,尔焉能浼我哉?"故由由然与之偕而不自失焉,援而止之而止。援而止之而止者,是亦不屑去已。

孟子称:"伯夷隘,柳下惠不恭。隘与不恭,君子不由也。"孟子认同向往的是孔子那般"虽千万人吾往矣"的态度与做法(甚至以自己的行为方式引导社会和大众),看不上"伯夷隘,柳下惠不恭"。

但是,对大多数有信仰、有坚持的人来说,"伯夷之隘"(不屑就已)无疑是最不跌破自己底线、且容易做到的办法。

曹雪芹向往自由的、无所羁绊的人,他羡慕"竹林七贤"的风度,尤其喜欢阮籍的为人,纵酒狂歌、白眼向人,故自命名"梦阮"。曹霑自号雪芹,就是为了表达这种离群索居、隐居自足的心态。

(三)赤子之心、不忍、修齐治平

《红楼梦》第一百十八回《记微嫌舅兄欺弱女 惊谜语妻妾谏痴人》中,宝玉与宝钗争论所谓"赤子之心"(针对于学习之后的社会人而言)的理解:

宝钗道:"我想你我既为夫妇,你便是我终身的倚靠,却不在情欲之私。论起荣华富贵,原不过是过眼烟云,但自古圣贤,以人品根柢为重。"

宝玉也没听完,把那书本搁在旁边,微微的笑道:"据你说人品根柢,又是什么古圣贤,你可知古圣贤说过'不失其赤子之心'。那赤子有什么好处?不过是无知无识、无贪无忌。我们生来已陷溺在贪嗔痴爱中,犹如污泥一般,怎么能跳出这般尘网?如今才晓得'聚散浮生'四字,古人说了,不曾提醒一个。既要讲到人品根柢,谁是到那太初一步地位的?!"

"赤子之心"见《孟子·离娄下》,云:"孟子曰:'大人者,不失其赤子之心者也。'"《老子》五十五章:"含德之厚比于赤子"。

"贪嗔痴爱"见唐佛陀多罗译《圆觉经》。先是,佛陀告弥勒菩萨,众生因"恩爱贪欲,故有轮回","欲脱生死,免诸轮回,先断贪欲,及除爱渴。"说偈语云:

弥勒汝当知，一切诸众生，不得大解脱，皆由贪欲故，堕落于生死。若能断憎爱，及与贪嗔痴，不因差别性，皆得成佛道。

但是，宝玉对经典的了解并不"究竟"，而执着于所谓的脱离"贪嗔痴爱"，不知"清净随顺"（圆觉，也即道家之清静无为，儒家之不离诚敬）。《圆觉经》分析解释各种"所谓随顺"的问题所在，首先是"夫随顺觉性"：

一切众生从无始来，由妄想我，及爱我者，曾不自知念念生灭，故起憎爱，耽着五欲。若遇善友，教令开悟净圆觉性，发明起灭，即知此生，性自劳虑。若复有人劳虑永断，得法界净。即彼净解，为自障碍，故于圆觉而不自在。

"菩萨未入地者随顺觉性"表现为："一切菩萨见解为碍。虽断解碍，犹住见觉，觉碍为碍，而不自在。"

佛陀认为："有照有觉，俱名障碍，是故菩萨常觉不住，照与照者，同时寂灭。"见识横亘心中，不充其见，即不能随顺天地大众无碍。"如来随顺觉性"表现为：

一切障碍，即究竟觉：得念失念，无非解脱；成法破法，皆名涅槃；智慧愚痴，通为般若。菩萨外道所成就法，同是菩提，无明真如无异境界，诸戒定慧及淫怒痴俱是梵行。

众生国土，同一法性，地狱天宫，皆为净土。有性无性，齐成佛道。一切烦恼，毕竟解脱。法界海慧，照了诸相，犹如虚空。

也就是说，世间任何事情、见解，对修行者都是智慧根源，关键在于修行者以何种态度看待它。

诸菩萨及末世众生当有"随顺觉性"："居一切时，不起妄念，于诸妄心，亦不息灭，住妄想境，不加了知。于无了知，不辩真实，彼诸众生闻是法门，信解受持，不生惊畏。"妄念、妄心，即是基本生存需要之外的生理、心理需求，即所谓淫（过多的需求）。

"浮生聚散"四字见《全唐诗》卷五六九之李群玉《重经巴丘追感开成初，陪故员外从翁诗酒游泛》诗："浮生聚散云相似，往事微茫梦一般。"这里指人生无常。

针对宝玉的赤子说，宝钗以圣贤的"不忍"说解释"赤子之心"：

宝钗道："你既说'赤子之心'，古圣贤原以忠孝为赤子之心，并不是遁世离群、无关无系为赤子之心，尧舜禹汤周孔时刻以救民济世为心。所谓赤子之心，原不过是'不忍'二字。若你方才所说的，忍于抛弃天伦，还成什么道理？"

"不忍"见《孟子·离娄上》，孟子曰："圣人既竭目力焉，继之以规矩准绳，以为方员平直不可胜用也；既竭耳力焉，继之以六律正，五音不可胜用也。既竭心思焉，继之以不忍人之政，而仁覆天下矣。"又见于《孟子·公孙丑》。孟子曰：

人皆有不忍人之心。先王有不忍人之心，斯有不忍之政矣。以不忍人之心，行不忍人之政，治天下可运之掌上。

所以谓人皆有不忍人之心者，今人乍见孺子将入于井，皆有怵惕恻隐之心，非所以内交于孺子之父母也，非所以要誉于乡党朋友也，非恶其声而然也。

也就是说，大众的基本（非少数个体）人性（正常状态下）是社会存在、教育、政治的基础，体贴它，随顺它，社会就会大同了。

由"人的无利恻隐"出发，孟子认为，无恻隐之心、无羞恶之心、无辞让之心、无是非之心的都不是正常人，进而指出："恻隐之心，仁之端也；羞恶之心，义之端也；辞让之心，礼之端也；是非之心，智之端也。"将恻隐之心与儒家教育的仁义礼智连接起来："人之有是四端也，犹其有四体也。"

所谓"不忍"即是人性（赤子之心）中固有的"恻隐"之心。由不忍到修身、齐家、治国、平天下，这正是儒家论人性、为学、为人、行政一以贯之（《中庸》"天命之谓性，率性之谓道，修道之谓教"）的道理逻辑。

薛宝钗学贯三教，以儒家为基，故以"人品""不忍""救世济民"为根本。正因为如此，"脂批"作者才推许宝钗为"知命知身，识理识性，博学不杂"，正"可称为佳人"者。①

对宝钗的话，宝玉点头笑道："尧舜不强巢许，武周不强夷齐。"这即是孟子所谓的伯夷、柳下惠、儒家君子异同之论。

"尧舜不强巢许，武周不强夷齐。"这是人的不同选择，与宝钗所谓"把尧舜周孔称为圣贤"并无矛盾，不过保全自我，还是救济

---

① 《红楼梦》第八回《比通灵金莺微露意　探宝钗黛玉半含酸》"甲戌夹批"。

天下，因人因时而动。故而，《论语·公冶长》中孔子称赞宁武子的为人：

宁武子，邦有道则知，邦无道则愚，其知可及也，其愚不可及也。

真正的智者，当愚则愚，其愚非愚，正是大智慧；随顺世间，如水之就高下，才是真智慧。

曹雪芹写作《红楼梦》时、创造《红楼梦》中时代时（乾隆初，皇帝折节就学，力求治世），都是"邦有道"则宁武子"则知"的时候，因此，宝钗对宝玉所谓的"尧舜不强巢许，武周不强夷齐"表示明确反对，原因在于：

宝钗不等他说完，便道："你这个话益发不是了，古来若都是巢许夷齐，为什么如今人又把尧舜周孔称为圣贤呢？！况且你自比夷齐，更不成话，伯夷叔齐原是生在商末世，有许多难处之事，所以才有托而逃。当此圣世，咱们世受国恩，祖、父锦衣玉食，况你自有生以来，自去世的老太太以及老爷太太视如珍宝。你方才所说，自己想一想是与不是。"

宝玉听了也不答言，只有仰头微笑。宝钗因又劝道："你既理屈词穷，我劝你从此把心收一收，好好的用用功。但能搏得一第，便是从此而止，也不枉天恩祖德了。"

宝玉点了点头，叹了口气说道："一第呢，其实也不是什么难事，倒是你这个'从此而止，不枉天恩祖德'却还不离其宗。"

三教的归一思想，曹雪芹何时了悟，我们不得而知，但就《红楼梦》的立意、空空道人的前后转变、《红楼梦》相应描写，其苗头当在乾隆七、八年间，而其成熟则当在乾隆十三、十四年前后。

实际上，当我们回头了解曹雪芹的主张，了解他的祖父曹寅好禅、舅祖李煦主道的知识认同，我们就能够了解传统时代家族文化对个人认知潜移默化的影响，了解其作品的主张。

所以在宝玉、宝钗争辩"赤子之心"时，书中又写道：

那宝玉拿着书子，笑嘻嘻走进来递给麝月收了，便出来将那本《庄子》收了，把几部向来最得意的，如《参同契》《元命苞》《五灯会元》之类，叫出麝月、秋纹、莺儿等都搬了搁在一边。宝钗见他这番举动，甚为罕异，因欲试探他，便笑问道："不看他倒是正经，但又何必搬开呢。"

宝玉道："如今才明白过来了。这些书都算不得什么，我还要一火焚之，方为干净。"宝钗听了更欣喜异常。只听宝玉口中微吟道："内典语中无佛性，金丹法外有仙丹。"

"内典语中无佛性，金丹法外有仙丹。"这完全是禅宗的主张，要求排除一切文字和外象上对"人性"的束缚、回到人性的原点，即"赤子之心"（没有生存之外过多的欲望）。

（四）胸中块垒

传统时代，贫、穷非一事。

贫，财富不足；穷，志不达。

不能在政治上一展自己才华，光耀门庭，是雪芹一生的残恨、毕生的块垒。

说残恨、块垒，也许并不恰当，那更多的是一种对自己慈悲不得行于天下的伤痛。

或者说，这是一切圣贤看得开、放不下的心结。

"立身行道，扬名于后世，以显父母"之所以重要，《孝经·开宗明义章第一》中解释道：

子曰："先王有至德要道，以顺天下，民用和睦，上下无怨。汝知之乎？"

曾子避席曰："参不敏，何足以知之？"

子曰："夫孝，德之本也，教之所由生也。复坐，吾语汝：'身体发肤，受之父母，不敢毁伤，孝之始也；立身行道，扬名于后世，以显父母，孝之终也。夫孝，始于事亲，忠于事君，终于立身。《大雅》云：无念尔祖，聿修厥德。'"

因为自己的认知、修行得到大众的认可和实施，流行于世间，世人读其书，欲知其人，自然也就"扬名于后世，以显父母"了，这当然是大孝。

对自己的书能够传世，曹雪芹心中是有信心的，但让他感到没有信心的是，人们能否读懂他的书："都云作者痴，谁解其中味？"说不尽的心酸满把。

有时候，心有所感，雪芹也多少会感到失落，"醉余奋扫如椽笔,写出胸中块垒时"是这种情况的真实写照;然而,清醒时,他又会体味到"人生如梦、万境归空"的真谛:封侯拜相又如何,为官一方又怎样,到头来,还不是"纵使千年铁门槛,终须一个土馒头"。

放下吧,回到西山去,到那里享受自由,那里的山川溪流、那里的暮鼓晨钟、那里纯朴的乡亲,都是那样的让人留恋,况且,《红楼梦》还需要继续修改和整理,妻子也需要自己的照顾。

乾隆十六年(1751),喜动不喜静、厌倦了按时点卯的曹雪芹,终于辞去了右翼宗学的职务,离开了工作了四年的右翼宗学,回到香山正白旗居住。

二、白旗生活:正白旗、健锐营、曹雪芹

门头村里好为家,文艺源泉岂浪夸。金玉红楼终是梦(父老传言,曹雪芹曾在附近法海寺出家为僧),镰刀碧野遍地花。

东流巨浪今朝北,霜降香山叶染霞。瓜果齐歌丰产日,高天一弹吐光华。

——一九六四年十月二十三日老舍《致郭老》①

在过去的几年中,香山发生了不少大事,都跟皇上的行为有关,自然也影响到香山的居民。

---

① 1964年,著名作家老舍在门头村体验生活。10月23日,老舍致书郭沫若,中有《致郭老》一诗,诗注中提到,香山百姓告知曹雪芹在法海寺出家为僧之事。

（一）香山静宜园的建立

乾隆十年（1745），皇帝令在香山建造园林，瞬间，香山人来车往，山间喧闹不已。

乾隆十一年正月，"奉旨，香山行宫命名为静宜园。"① 同时，静宜园增设"千总二，把总四，外委六，额外外委三，兵五百八十名。"②

所谓千总，系清代绿营兵编制，营以下为汛，以千总、把总统领之，称"营千总"。千总为正六品武官，把总为七品武官。外委，清代武官名，初为额外委派，后成定制，外委千总正八品，外委把总正九品，额外外委从九品。

乾隆十三年，扩建碧云寺，增建五百罗汉堂、金刚宝座塔——是年十一月，曹雪芹的表哥福彭逝世。

（二）香山健锐营的建立与旗营、碉楼的修造

静宜园的兴建，改变了香山的面貌。

乾隆十四年，香山另一件大事则改变了香山地区的面貌。

乾隆十二年，四川西北地区大金川土司莎罗奔攻击朝廷驿站，朝廷征讨，因其地山高林密，当地番民骁勇善战，清军屡败。十三年，皇帝在京西金山建造碉房，在前锋营、护军营官兵中选拔能征惯战之人，习练攻碉技艺，号"飞虎云梯兵"，并分批发往前线。

乾隆十四年，金川土司后勤不支，投降，清军陆续撤军，皇帝令征讨四川金川土司、返回京城的云梯兵一千名驻扎香山地区，名

---

① 《内务府则例·奉宸院·静宜园》，清内府抄本。
② 《光绪顺天府志》卷一，北京古籍出版社，1987年。

张若澄静宜园二十八景图卷

健锐营。

健锐营以静宜园为中心，分左右两翼，沿着金山、香山、木兰坨、万花山、寿安山、金山沿线驻扎。乾隆十四年五月，皇帝作《御制实胜寺碑记》，详细叙述自己的考虑：

记不云乎，反本修古，不忘其初。

云梯之习犹是志也，而即以成功，则是地者岂非绥靖之先声、继武之昭度哉？！因命择向厄材建寺于碉之侧，名之曰"实胜"。

夫已习之艺不可废，已奏之绩不可忘。于是，合成功之旅立为健锐云梯营，并于寺之左、右建屋居之，间亦依山为碉，以肖刮耳勒歪之境。

"已习之艺不可废，已奏之绩不可忘。"也就是说，保证云梯兵的战斗力、纪念金川之役的胜利，是乾隆决定建立健锐营的两大初衷。

除了建造了数千间营房、印房、团城阅武亭等旗营设施外，还

健锐营全图

在各旗营高坡上建造碉楼。

从金川前线俘虏来的金川藏民集中在万安山脚下居住,名番子营。健锐营内的六十余座碉楼就是金川俘虏建造的。乾隆十五年,皇帝作《御制番筑碉诗》,诗序写道:"是营(健锐营)皆去岁金川成功之旅,适金川降虏及临阵俘番习工筑者数人,令附居营侧。"

这一仗,清军损兵折将,被打得生疼,皇帝在诗中自我安慰、并对建造碉楼的土番冷嘲热讽,云:

番筑碉,筑碉不在桃关之外,乃在实胜寺侧西山颠。狼卡稽颡归王化,网开三面仁恩昭。叔孙名子不忘武,伙飞早已旋星轺。俘来丑虏习故业,邛笼令筑拔地高。昔也御我护其命,今也归我效其劳。

番筑碉,不惟效劳,而乃忘其劳。魋结环耳面颊颥,嗜酒喜肉甘膻臊。但得酒肉一醉饱,浑忘巴朗卡撒其故巢。其妇工作胜丈夫,粉不能白尧且么。不藉绳墨与规矩,能为百尺森岧峣。①

整个香山地区,八个旗营先后建造起六十八座碉楼,上三旗(正黄、镶黄、正白)每旗各建九座,下五旗每旗各建碉楼七座,正黄旗外八旗印房(总管八旗事务办公处)四角各建碉楼一座。这些碉楼只有两座为五层碉,其余的都是三层或者四层②。

碉楼又分死、活。实际上,在金川地区,所有的碉楼都是用来居住、寄存粮食、瞭望之用,可以从内部沿着楼梯层层而上,无所谓死活。不过,健锐营碉楼主要是用来训练士兵攻占使用,所以除了极少的碉楼内部有楼梯、可以攀登外,绝大多数都是实心的死碉楼。

碉楼建造在每旗的高坡上,分外扎眼。碉楼下,或者是各旗的档房,或者是各旗长官的居所。

整个香山山湾里,瞬间就建立起两千多间旗营(旗营、村落杂处)、六十八座碉楼,寂静的香山,瞬间就变得热闹起来。

(三)健锐营的扩大和引水石槽的建设

乾隆十五年,皇帝命令健锐营"日以参领一人,前锋校、前锋十名守卫静宜园宫门。"十八年,皇帝下令扩大健锐营规模:"增设骁骑千名,盖造官、兵营房两千一百五十间。"③

建设无日无夜。

---

① 乾隆十五年《御制番筑碉诗》,《日下旧闻考》,北京古籍出版社,1983年。
②《清会典事例·工部·营房·京师营房》,《日下旧闻考》,北京古籍出版社,1983年。
③《清会典事例》卷四百二十八,《日下旧闻考》,北京古籍出版社,1983年。

健锐营团城演武厅

如果说，静宜园的建造不干曹雪芹的生活，健锐营的扩建则极大地影响了曹雪芹的生活。

旗人携带妻、子驻扎，荒凉的香山在瞬间涌入了数千官兵，合计妻、子五六千人。他们靠俸禄生活，香山的商业和物价随之有了一个翻天覆地的变化。

三、《红楼梦》的修改、传播与亲友的批评

（一）《红楼梦》的修改与传播

再次回到了香山脚下旗营的曹雪芹，已经看淡了一切，偶尔心中仍会有波澜，但他已经决定在此长居，再不打算干些什么与仕途发生干系的事情了，他要在这里过自己的生活，完成《红楼梦》的最后写作与修订。

经历过太多事情的雪芹,对世事看得已经相当明白。他自己清楚地知道,当今这个时代,并没有给他这样恃才傲物的人留下什么机遇;但是,作为旗人,他又不能像普通百姓自食其力,自由的从事自己喜欢的活动。因此,安心写作、颐养天年,让自己过得快乐些是最好的选择。

除了旗营差事上按时点卯,《红楼梦》的修改成为雪芹生活中最主要的事情。闲暇时,就逗逗儿子、喝喝酒;要么,就到外面跟附近百姓聊一聊,虽无甚大的激情,生活也倒逍遥自在。

几位知心朋友也不时到西郊来,陪雪芹喝喝酒,聊聊天,当然,不时催问《红楼梦》的进展也是免不了的事情。有时候,雪芹熬不过,就让他们将刚刚改就的文稿取走,阅读抄录完毕,再将旧稿送回,换取新稿。

(二)土番、公道老、胡斯来

《红楼梦》写作、整理工作并不轻松,不但有文字上的调整,也有结构上和内容上的改动。如《红楼梦》第六十三回《寿怡红群芳开夜宴　死金丹独艳理亲丧》中写道:

宝玉道:"芳官之名不好,竟改了男名才别致。"因又改作"雄奴"。芳官十分称心,又说:"既如此,你出门也带我出去。有人问,只说我和茗烟一样的小厮就是了。"宝玉笑道:"到底人看得出来。"芳官笑道:"我说你是无才的。咱家现有几家土番,你就说我是个小土番儿。况且人人说我打联垂好看,你想这话可妙?"

这"土番"二字却不是混指,而是特指生活在万安山法海寺的那些金川俘番。

《平定两金川方略》载:"赞拉、绰斯甲布、布拉克底、巴旺、瓦斯等处,其男、妇俱跣足披发、步行山,官书称为'甲垄部',各土司民人俱呼之为'土番'。"所谓"甲垄部",就是嘉绒部,也就是生活在四川西北(今阿坝藏族羌族自治州部分县域)的嘉绒藏族。

终曹雪芹一生,并未远到川西北,他笔下的"土番"形象即是来源于生活在万安山上的金川"番子"。

番子营山坡上就是法海寺(建于元朝初,有顺治皇帝"敬佛碑",题名"痴道人"),山坡下不远处就是门头村(为门头沟运煤骆驼进京休息处,商业极为繁华)、礼王坟(礼亲王代善家族墓园)。

乾隆十六年(1751),曹雪芹定居香山后,不时到法海寺、卧佛寺、八大处等名刹游览,一来瞻仰古佛真容,欣赏寺观里的美景,二来也与寺僧谈论一下佛理。有时,他也会到"番子营"看一眼,了解一下异域风情,并在修改《红楼梦》时,将土番的形象写入其中。

西山旗地里,生长着一种叫作"公道老儿"的草。这种草,根

清人《三山五园图》上礼王坟、门头村、番子营、法海寺

法海寺顺治皇帝御书"敬佛"碑

番子营后的护坡遗址

扎得深,而且携带一种菌类,不宜清除。香山一带,用它作为田地划界的天然界碑,可以算是地界最公正的评判人,故称之为"公道老儿"①。

雪芹觉得好玩,便也顺手将其写进书里。《红楼梦》第六十七回《见土仪颦卿思故里 闻秘事凤姐讯家童》中,贾宝玉对袭人说"你就是会平事的公道老儿。"②取的就是香山这种草的特性。

《红楼梦》第二十六回《蜂腰桥设言传心事 潇湘馆春困发幽情》中,写薛蟠生日,请贾宝玉赴宴:

---

① 舒成勋口述、胡德平整理:《曹雪芹在西山》,文化艺术出版社,1984年。2006年6月5日,全国工商联书记胡德平到曹雪芹纪念馆参观"乾隆金川之役与曹雪芹、《红楼梦》"展,在曹雪芹纪念馆接待室采访了普安淀村老人许存志。据许介绍,公道老儿"香山这边没什么,当年,门头村那一带往南就有了,就在地中间,你要是往它那边靠,它就往你这边长,要不怎么叫公道老呢,它就是喜欢软土。越软越长。北辛庄以北,瑞王坟以西有。现在归公社,一连成片就没有了。"

② 圣彼得堡藏《石头记》。

一面说，一面来至他书房里。只见詹光、程日兴、胡斯来、单聘仁等并唱曲儿的都在这里，见他进来，请安的，问好的，都彼此见过了。

詹光等人都是贾府清客，曹雪芹对他们如此命名，取"沾光""成日兴""胡斯赖""善骗人"的谐音。

所谓胡斯赖，一说据潘荣陛《帝京岁时纪胜》"五月时品"："杏质而李核者，为胡撕赖、蜜淋噙。"人以此名，盖称其人表里不一。香山百姓传说则称，香山有一种果子，叫做"胡斯赖"，大洼一带这种果子最为有名。它是由苹果和槟子嫁接而成的，外表鲜红饱满，果肉却干涩无汁。旗人送礼常配送几个做样子、装门面，是中看不中吃的意思。[①]

也就是说，曹雪芹给这位贾府清客取名"胡斯来"，要么说他"绣花枕头"，有名无实，要么说他表里不一。

（三）《红楼梦》的传播与题名

城里的亲朋好友，如曹氏家族、昌龄家族、福彭家族、李鼎家族外，还有弘晓家族、敦敏、敦诚、张宜泉、明琳、明义、于景廉、孔梅溪、吴玉峰、松斋、鉴堂等人都是《红楼梦》的早期读者和传播者。

这些人多是旗人，普遍具有较高文学欣赏能力，政治上也不甚得意，因而，在为人处世上与曹雪芹很有些相近。正是因为这一点，他们能够了解雪芹的思想，了解他在《红楼梦》想要表达的主题。

[①] 舒成勋口述、胡德平整理：《曹雪芹在西山》，文化艺术出版社，1984年。

实际上，早在雪芹初作《红楼梦》时，他们中的很多人就跟雪芹有过接触，听过雪芹讲述故事的梗概，甚至也看到过雪芹早期稿子的片断；也持续保持对《红楼梦》创作的关注。不过，直到此时，《红楼梦》基本创作完毕，他们才能比较集中地看到雪芹的故事。

吴玉峰看过后，为书稿题名为《红楼梦》；而山东人孔梅溪则为之题名为《风月宝鉴》，目的是纪念雪芹死去的堂弟曹棠村。

孔梅溪跟雪芹、棠村结识较早，他知道雪芹创作过一部短篇《风月宝鉴》，也知道棠村曾为《风月宝鉴》作序，阐述、评点雪芹这部作品的主旨和文学价值。因此，看到了这部由《风月宝鉴》改扩而来的《红楼梦》时，自然想起了死去的棠村和棠村曾为之作序的《风月宝鉴》。

第五章 隐居西郊

（四十至四十八岁）

乾隆十九年（1754）至乾隆二十七年（1765）：曹雪芹四十至四十八岁

第一节 妻子亲友

《红楼梦》写完了，曹雪芹了了一件大事，他把自己想说的说明白了。别人能不能看得懂，他倒没抱多大的希望。

陪太太、哄孩子、串亲戚成了他的主要生活。

自然的，亲友也会来访、来信，饮酒，说一说京师的新闻、不公，访古探幽、聊聊《红楼梦》，就成了他们聚会的主要内容。不过，从《红楼梦》的传播情况来看，曹雪芹并未将八十回后内容转给友人抄录。之所以如此，大概与他觉得后四十回还有改动空间有关。

一、妻子、地藏沟

乾隆十八年初（1753），也就是《红楼梦》整理工作即将完成的时候，雪芹的发妻死在了正白旗。

从雪芹的年龄和当时结婚的情况推测，她死的时候，年龄也不过三十五、三十六岁。我们到现在也不知道，她姓甚名谁。

从雪芹的身份和旗人的婚嫁习俗来考察，她应是内务府包衣汉人家的女儿——从香山旗人代代口传的资料里，我们知道，她生得很漂亮，年纪很轻时就嫁给了雪芹。

在过去的二十年中，他们夫唱妇随，过着令亲戚朋友们羡慕的生活。现在，她走了，离开了这个曾经给过她幸福，也曾给她痛苦的世界，留下了她亲爱的丈夫和可爱的儿子。①

雪芹的妻子不愿远离亲爱的丈夫、儿子，她请求雪芹把她葬在西山，葬在他们生活过的地方。这样，她能看着他们爷俩生活。按照妻子的意愿，雪芹把妻子葬在了正白旗东北角的地藏沟中。

地藏沟是一条不大的山谷，谷口有一座不大的地藏王菩萨庙，这座山谷因此得名。地藏沟里住着一户姓刘的，靠替各寺管理庙产和为旗营打马草为生。刘家后面有一片空地，是正白旗的"义地"。

所谓"义地"，是旗里购买、用以埋葬贫苦旗人的地方，属于公产，本旗人选用墓穴不用花钱购买。

---

① 1963年，张永海传说，曹雪芹之妻死于正白旗中；又云，曹于乾隆二十年夏搬出正白旗。由此可知，其妻死于乾隆二十年前。《南鹞北鸢考工志》中叙及于景廉来访，未见雪芹之妻，则雪芹之妻应死于老于来访之前；又，《南鹞北鸢考工志》曹雪芹自序写于乾隆二十二年（1757）清明前三日，序中云："数年来，老于业此（以扎糊风筝为业）已有微名矣。"既云数年，可知，老于之访雪芹，应在三、四年前。由此推断，于景廉访曹雪芹应在乾隆十七、十八年。

地藏沟的山上长满了松柏枣栗,一年四季都是绿的,即使在冬天,也比别的地方漂亮些。山脚下,一股清泉从地下汨汨而出,汇成小溪,穿谷而出,从正白旗的边上流进河滩。

二、曹雪芹、僧舍、曹𫖯

曹雪芹一生精读不少圣贤名著,也见过了太多的人间悲凉,对生活早就看淡了;但是,"无情未必真豪杰",妻子的离去还是给他极大的打击,整个世界似乎都变得灰暗起来。他把儿子寄托到叔叔那里,频繁的到各寺庙中游逛,寻求精神上的安慰。

西山地区系太行山进入北京的余脉,尤其是八大处、香山一带,山脉从西北蜿蜒而来,山林密布、泉水叮咚、幽静环境,历来是北京僧众修身养性的首选之地,尤其是明清以来,寺观林立,所谓"北京六百寺,西山居其半。"碧云寺、法海寺、十方普觉寺、香山寺等皆是皇家寺庙,规模宏伟,其它如五华寺、玉皇顶等小寺庙,更是随处即是,不可胜计。

雪芹对佛理本有研究,平时也喜欢到寺庙里跟僧人喝茶聊天,因而,人们在寺庙里往往能看到他的身影。友人说他"寻诗人去留僧舍",正是这种生活状态的真实写照。

不过,雪芹并没有真正将思想和精力放到"出世"中去,天生的个性和年幼的儿子,也不允许他长久过这样的生活。经过了几个月的低潮后,雪芹就把自己"搬出"了寺庙。

三、都云作者痴、谁解其中味：经典的目的、指向与传播悖论

曹雪芹想到了别人看不懂他的书。

他们只会把《红楼梦》看作一部写得好的小说。

实际上，曹雪芹把他一生的学问、所有的人生见闻，思考所得，都写进了《红楼梦》中。

这部书既是他的十年心血，更是他人生数十年的心血："字字看来皆是血，十年辛苦不寻常。"

写小说，是不得已的事情："市井俗人喜看理治之书者甚少，爱适趣闲文者特多。"

曹雪芹对他的读者能否看懂自己的苦心，并没有抱有什么希望"都云作者痴，谁解其中味"，就是他无奈的哀叹。

不过，这也没有办法，任何大著述总是不容易为社会大众理解的。但是，之所以明明知道著述难以被大众理解，却还要写，是因为这里还有通达知道、不爱不贪与慈悲关怀的区别。

《圆觉经》论轮回、断轮回云："善男子，一切众生从无始际，由有种种恩爱贪欲，故有轮回……众生欲脱生死、免诸轮回，先断贪欲及除爱渴。"又云佛菩萨何以说经、拯救大众方式：

善男子，菩萨变化示现世间，非爱为本，但以慈悲，令彼舍爱，假诸贪欲而入生死。若诸末世一切众生能舍诸欲及除憎爱，永断轮回，勤求如来圆觉境界，于清净心便得开悟。

舍欲望、修清净是根本，但世人在读经典过程中，由于因缘、慧根、用功的不同，绝大多数人往往不能深入、正确理解经典的根

本精神，而为经文具体文字（字面）所缚。

关于悟道、修行与读经经典与否的辩证关系，《六祖坛经·机缘品》中有着明确的解释和说明：

僧法达，洪州人，七岁出家，常诵《法华经》。来礼祖师，头不至地。祖诃曰："礼不投地，何如不礼。汝心中必有一物。蕴习何事耶？"曰："念《法华经》已及三千部。"

祖曰："汝若念至万部，得其经意，不以为胜，则与吾偕行，汝今负此事业，都不知过，听吾偈曰：礼本折慢幢，头奚不至地？有我罪即生，亡功福无比。"

……汝今当信佛知见者，只汝自心，更无别佛。盖为一切众生，自蔽光明，贪爱尘境，外缘内扰，甘受驱驰，便劳他世尊从三昧起，种种苦口，劝令寝息，莫向外求，与佛无二，故云开佛知见。吾亦劝一切人，于自心中，常开佛之知见。世人心邪，愚迷造罪，口善心恶，贪嗔嫉妒，谄佞我慢，侵人害物，自开众生知见。

若能正心，常生智慧，观照自心，止恶行善，是自开佛之知见。汝须念念开佛知见，勿开众生知见。开佛知见，即是出世。开众生知见，即是世间。汝若但劳劳执念，以为功课者，何异牦牛爱尾。"

达曰："若然者，但得解义，不劳诵经耶？"

师曰："经有何过，岂障汝念，只为迷悟在人，损益由己，口诵心行，即是转经。口诵心不行，即是被经转。听吾偈曰："心迷法华转，心悟转法华。诵经久不明，与义作雠家。无念念即正，有念念成邪。有无俱不计，长御白牛车。"

达闻偈，不觉悲泣，言下大悟，而告师曰："法达从昔已来，实未曾转《法华》，乃被《法华》转。

曹雪芹写《红楼梦》一面说："我这一段故事,也不愿世人称奇道妙,也不定要世人喜悦检读,只愿他们当那醉淫饱卧之时,或避世去愁之际,把此一玩,岂不省了些寿命筋力?就比那谋虚逐妄,却也省了口舌是非之害,腿脚奔忙之苦。"一面又说:"都云作者痴,谁解其中味?"

谁解《红楼梦》中味?如何解得《红楼梦》中味、解味又当如何?且看六祖指示:"心迷法华转,心悟转法华。诵经久不明,与义作雠家。"

曹雪芹怕人读《红楼梦》,囫囵吞枣,不知所以,又恐惧人读《红楼梦》,如法达"未曾转《法华》,乃被《法华》转"。以致于丧失对人生的正确态度。

真是左右为难,踌躇再三。

四、脂砚、畸笏

曾见抄本,卷额本本有其叔脂研斋之批语,引其当年事甚确。

——裕瑞:《枣窗闲笔》

使言《石头记》之为书,情之至极,言之至恰,然非领略过乃事,迷陷过乃情,即观此,茫然嚼蜡矣,不知其神妙也。

——"庚辰本"《脂砚斋重评石头记》第十八回《隔珠帘父女勉忠勤 搦湘管姊弟裁题咏》"脂批"

(一)定稿与批评

《红楼梦》还没有彻底整理完。

这部书是自己一生的心血,一定要把它写好、改好。

在寺庙待了几个月后,曹雪芹搬回了正白旗的家中,一边儿教养儿子,一边儿继续《红楼梦》的整理。

亲友们不断取走文稿,又不断将文稿送还给雪芹。由于亲友们在阅读时多有感慨,因此,他们就用朱笔在稿子上随手写下不少文字。于是,雪芹的《红楼梦》成了一部"怪书",一部写满了批语的怪书。

经过广泛听取意见和反复思考、修改,到乾隆十八年(1753)秋,这部"披阅十载,增删五次"、六七十万字的大著终于完工了。

(二)叔叔、脂砚、昌龄、李鼎

在文稿上留下批语和署名最多的有两个人:脂砚与畸笏。

裕瑞在《枣窗闲笔》中写道,他曾经见过《红楼梦》的抄本:"卷额本本有其叔脂砚斋之批语,引其当午事甚确。"

裕瑞虽与雪芹两不相识,但裕瑞的舅舅明琳、明义兄弟却与雪芹关系不错。裕瑞自云:"闻前辈姻亲有与之交好者"。可知,他对曹雪芹和《红楼梦》的了解应该是从父母那里知道的,而裕瑞的父母对雪芹的了解,则很可能是从明琳、明义那里听来的。因此,裕瑞对雪芹和《红楼梦》的一些记载,应该是切实可信的。

雪芹有两个叔叔,一个是曹𫖯,再一个就是昌龄。当然还有舅爷李煦的两个儿子李鼎、李鼐,也住在京师。

按《红楼梦》中批语口气,署名"畸笏"的当即是曹𫖯;那么,按与曹雪芹的辈份、交往,另一位署名"脂砚斋"或者就是昌

脂砚

龄了①。

富察·昌龄是曹寅妹妹与傅鼐的儿子,系雍正元年(1723)进士,累官至翰林院侍讲学士,嗜爱藏书。名士纳兰性德的通志堂,素以藏书丰富著称,而昌龄的谦益堂藏书虽然在数量上稍逊通志堂,但单若文本的"精粹"而言,却比性德的通志堂更胜一筹。

昌龄的精粹藏书,相当一部分就是得自雪芹的爷爷曹寅。

在昌龄的书房里,藏有一方珍贵的砚台,昌龄爱之若宝。

这块砚台侧面刻有小分书一行"脂研斋所珍之砚,其永保",其形制如下:

珊瑚红漆盒,制作精致。

清乾隆尺宽一寸九分,高(长)二寸二分,盒底小楷书款"万历癸酉姑苏吴万有造",盒上盖内刻细暗花纹薛素素像,凭栏立帷前,笔极纤雅;右上篆"红颜素心"四字,左下"杜陵内史"小方印,为仇十洲之女仇珠所画者。

---

① 为曹雪芹之叔,且与曹雪芹熟稔、当有交往的,除了昌龄,曹雪芹舅爷的长子李鼎似乎也是脂砚斋的一个备选人。

砚质甚细,微有胭脂晕,乃鱼脑纹,宽一寸五分许,高一寸九分许。砚周边镌柳枝,旧脂犹存。①

"万历癸酉",即万历元年(1573)。杜陵内史,即明代著名画家仇英之女仇珠。

砚背刻行草五绝,云:"调研浮清影,咀毫玉露滋。芳心在一点,余润拂兰芝。素卿脂研。王穉登题。"

王穉登(1535—1612),字伯谷,号松坛道士,苏州长洲(今江苏苏州)人,明朝后期文学家、书法家,著有《吴社编》《弈史》《吴郡丹青志》。素卿,即当时名妓薛素素。素素,一字润卿,工诗能书,兰竹人物、花卉、草虫、刺绣无不精通,且喜驰马挟弹,百不失一,著有《南游草》。《列朝诗集小传》载其轶事云:

素素吴人,能画兰竹,作小诗,善弹走马,以女侠自命,置弹于小婢额上,弹去而婢不知。广陵陆弼《观素素挟弹歌》云:"酒酣请为挟弹戏,结束单衫聊一试,微缠红袖袒半鞲,侧度云鬟掩双臂。侍儿拈丸着发端,回身中之丸并坠,言迟更疾却应手,欲发未停偏有致。"自此,江湖侠少年皆慕称薛五矣。

少游燕中,与五陵年少挟弹出郊,连骑邀游,观者如堵。

被抄家前,曹家曾将不少财产偷偷转移,其中,不少善本古籍、金银细软就被转移到昌龄、福彭的家里。昌龄手里那些从曹寅那里得来的古籍善本就是明证。这种情况,在《红楼梦》中也有反映。

---

① 丛碧:《脂砚斋所藏薛素素脂砚》,《社会科学辑刊》1979年01期。

《红楼梦》第七十五回《开夜宴异兆发悲音　赏中秋新词得佳谶》写道：

尤氏从惜春处赌气出来，正欲往王夫人处去。跟从的老嬷嬷们因悄悄的回道："奶奶且别往上房去。才有甄家的几个人来，还有些东西，不知是作什么机密事。奶奶这一去恐不便。"

尤氏听了道："昨日听见你爷说，看邸报，甄家犯了罪，现今抄没家私，调取进京治罪。怎么又有人来？"老嬷嬷道："正是呢。才来了几个女人，气色不成气色，慌慌张张的，想必有什么瞒人的事情也是有的。"尤氏听了，便不往前去，仍往李氏这边来了。

大概就在那时，随着曹寅的藏书一起，这方砚台就被转移到了昌龄手中。昌龄喜欢这方砚台，并以它给自己的书斋定名为"脂砚斋"。

乾隆十九年（甲戌，1754）时，昌龄将《红楼梦》书稿拿去，连同亲朋原有的批语全部抄写一遍，进行仔细赏阅、评批。①

昌龄批阅《红楼梦》，"偶有所得，即笔录之，非从首至尾阅过复从首加批"，因此，在同一文字处不止一次的出现意思类似或者相反的批语。

自乾隆十九年（甲戌，1754）至乾隆二十五年（庚辰，1760）的八年间，昌龄先后四次评阅《红楼梦》；不过，大概因为身体的原

---

①《红楼梦》第一回《甄士隐梦幻识通灵　贾雨村风尘怀闺秀》："至脂砚斋甲戌抄阅再评，仍用《石头记》。"

因，到乾隆二十四年以后，他就很少再批阅《红楼梦》了。①

昌龄很看重自己的点评，为了区别以往"诸公"的批评，他把自己抄录评点这个本子称作《脂砚斋重评石头记》。②

李鼎嗜好串戏，在苏州时，光戏装就花了几万银子。回到京师后，依赖旗人银米为活。"庚辰本"《脂砚斋重评石头记》第十八回《隔珠帘父女勉忠勤　搦湘管姊弟裁题咏》中写"贾蔷忙答应了，因命龄官做《游园》《惊梦》二出。龄官自为此二出原非本角之戏，执意不作，定要作《相约》《相骂》二出"，此处有条"脂批"，大概是李鼎所作：

按今之俗语云："宁养千军，不养一戏。"盖甚言优伶之不可养之意也。大抵一班之中，此一人技业稍有出众，此一人则拿腔作势，辖众恃能，种种可恶，使主人逐之不舍，责之不可，虽欲不怜，而实不能不怜；虽欲不爱，而实不能不爱。

余历梨园子弟广矣，各各皆然，亦曾与惯养梨园诸世家兄弟谈议及此，终皆知其事而皆不能言。今阅《石头记》，至"原非本角之戏，执意不作"而语，便见其恃能压众，乔酸娇妒，淋漓满纸矣；复至"情悟梨香院"一回，更将和盘托出，与余三十年前目睹身亲之人，现行于纸上。

使言《石头记》之为书，情之至极，言之至恰，然非领略过乃

---

① （韩）崔荣澈：《清代红楼梦研究》，云"乾隆二十四年（己卯）冬月后，就不易发现由他（脂砚斋）署名的批语了。民国七十九年（1990），国立台湾大学博士论文。

② 关于"诸公"的理解，得益于蔡义江先生《红楼梦是怎样写成的》一书，北京图书馆出版社，2004年。

事,迷陷过乃情,即观此,茫然嚼蜡矣,不知其神妙也。

(三)曹頫、功德寺、《红楼梦》

曹頫也很关注雪芹的生活,关注《红楼梦》的创作。曹頫唯一的儿子棠村离世早,雪芹又是他一手看大的,因此,曹頫跟这个侄子很亲。名虽叔侄,实则与父子无异。

乾隆二十二年(丁丑,1757)左右,曹頫之妻病逝于崇文门外——曹寅之妻李氏及雪芹之母马氏应该早于此时病逝。这时,曹頫再也没有什么值得挂念的事情。稍加收拾,带一个仆从,离开京师,移居西郊,寄住玉泉山下功德寺中。①

功德寺建于元代,时名大承天护圣寺。明宣德二年(1427),更名为功德寺。随着时间的推移,功德寺周围居民渐多,逐渐形成一个村落。至晚到明朝嘉靖年间,"功德寺"就开始作为村落的名称出现在文献中。

说起这功德寺,还真和曹家有些渊源。

曹寅有《畅春苑张灯赐宴归舍恭纪四首》,其一云:"久惭衰兵承貂珥,乍眩庆红列只孙。放仗几家笼蜜炬,缓归骑马月中村。"又曾填词《明月逐人来》,词中自注云:"自御苑与高渊公踏月归村寓。"康熙年间的御园,指的就是位于海淀丹棱沜的畅春园。曹寅词正文云:

西村柳叶,东村松叶,同来看玲珑秋月。溪桥宜月,胸次还如月,岂惜为君频说。长念龙楼待漏,一丸冷雪,偏难过玉阑百折。

---

① 《南鹞北鸢考工志》附文《瓶湖懋斋记盛》云,乾隆二十三年八月,敦敏先后两次前往白家疃访问曹雪芹,不遇。腊月二十一日,雪芹、敦敏在城中相遇。雪芹云,八月,他和于叔度在叔父寄居的寺庙扎糊风筝。

功德寺山门与门前石兽

今宵瞥见，便已经奇绝，莫待萧萧华发。

"玉阑百折"句下有注："时寓功德寺"。

可见，曹寅诗词中提到的月中村、村寓、功德寺，指的都是功德寺村。

康熙一朝，皇帝常住畅春园。当时，各大臣为了上朝方便，多在附近购置房产。雪芹的舅祖李煦就在畅春园东南不到一里远的太平庄置有房产：瓦房四十二间、马厩房八间。[1]供往来苏州、北京奏

---

[1] 曹寅妻兄李煦曾任第一任畅春园总管，在附近的太平庄有瓦房四十二间，马厩房八间。雍正元年，李煦被革职抄家时，这些房产也被没收。

折递送的仆人居住、换马,进京陛见,皇帝若驻畅春园,自己也住在这里。

曹寅担任内务府郎中时,曾奉皇帝之命,负责督造畅春园附园西花园、附属园林圣化寺相关工程;加之,出任江宁织造后,多有进京陛见事宜,按照常理,他在畅春园附近也应置有房产,但是,何以不住自己的房子、或者借助李煦的房子,而要跑到功德寺寓住呢?

曹寅晚年对佛教很热衷,他在江南时,曾为不少寺庙大量捐献田产。颇疑曹家在功德寺村的房舍很可能舍给了功德寺。[①]这样,曹家就成了寺里的大施主。

这时的曹𫖮,除了侄儿雪芹,身边再也没有亲近的人,因而,离开城里的旧居,搬到西郊来居住。至于城里的房子,不知道是卖掉了,还是租了出去。

自从雍正十三年(1735)底出狱后,曹𫖮便以"畸笏"为号,表示自己废人一个,要远离官场。到西郊以后,他便有较多的时间来阅读、欣赏雪芹的著述,在他批评《红楼梦》的文字后,他写上"畸笏""老朽""畸笏老人""畸笏叟"的名号,表示这是他的看法。如《红楼梦》第十三回《秦可卿死封龙禁尉 王熙凤协理宁国府》回前("靖批")曹𫖮写道:

"秦可卿淫丧天香楼",作者用"史笔"也。老朽……因命芹溪删去"遗簪""更衣"诸文,是以此回只十页,删去天香楼一节,少

[①] 清初,旗人捐献房产土地给寺庙的行为非常普遍,屡禁不止。很多寺庙的碑刻,都有旗人捐献土地、房产的记载。

却四五页也。

可见，在曹雪芹的《红楼梦》的原稿中本有"遗簪""更衣"等文字，但是，在畸笏的要求、命令下，雪芹只好删去了这些文字。畸笏何以对书中关于秦可卿的"遗簪""更衣"文字如此在意呢？

在传统社会，大家族最重两件事为祭祀与教育。惟祭祀可以凝聚家人，惟教育能够发达家族。《红楼梦》中的贾府"自国朝定鼎以来，功名奕世，富贵传流"，已历百年，但祭祀、教育这两件关系家族根本的大事却一直未能得以保证："祖茔四时祭祀，无一定钱粮；家塾虽立，无一定供给。"因此，本回中，秦可卿死前，向荣国府的内当家人王熙凤交待说：

莫若以我定见，趁今日富贵，将祖茔附近多置田庄、房舍、地亩，以备祭祀，供给之费皆出自此处，将家塾亦设于此。合同族中长幼，大家定了则例，日后按房掌管这一年的地亩、钱粮、祭祀、供给之事。如此周流，又无争竞，亦不有典卖诸弊；便是有了罪，凡物可入官，这祭祀产业连官也不入的，便败落下来，子孙回家读书、务农，也有个退步，祭祀又可永继。

曹頫认为，秦可卿魂托凤姐贾家后事二件，是立家之本，非安富尊容坐享之人所能想到。当年，曹家若有如此安排，不至落得一败涂地。正是从这种家族经历和家族意识出发，曹頫认为秦可卿不该有"淫丧天香楼"的结局。因此，他命雪芹将这一段文字全部删除。

不过，雪芹虽然遵从了叔父的要求，删除了可卿"遗簪""更衣"的文字，但为了不影响可卿在整部小说中的作用，他仍然巧妙地运用了"史笔"，以"暗寓褒贬"的"春秋笔法"，隐讳的点明了可卿与公公贾珍的不伦之事：他写可卿死时，"彼时合家皆知，无不纳罕，都有些疑心。"秦可卿停灵七七四十九日，于"天香楼"设坛作法。"甲戌本"《脂砚斋重评石头记》在此两处批道："九个字写尽天香楼事，是不写之写。""删却，是未删之笔。"

另外，一些回忆往事的批语往往也是曹頫批下的。如第十七回《大观园试才题对额　荣国府归省庆元宵》中"宝玉听了，带着奶娘小厮们，一溜烟就出园来"一句下，批道："不肖子弟来看形容。余初看之，不觉怒焉，概为作者形容余幼年往事。因思彼亦自写其照，何独余哉。信笔书之，供诸大众同一发笑。"

第二节　迁　居

雪芹为人谦和，他在香山的乡间游走，替那些平民百姓做了不少好事，人们都喜欢他，有什么事情也愿意跟他商量。听他讲故事、说《红楼》，成为大家闲时打发时间、娱乐生活的插曲。

不过，在那些旗兵那里，雪芹受到的是另一番待遇：雪芹刚回香山居住时，人们以为，他会凭借关系和自己的一身本事再度出人头地，或者安安分分的当兵吃粮，对他倒还客气。

但是，时间一长，这个疯疯癫癫，大脾气的公子，开始引起很多人的非议：他不当差，到时领钱粮，这也就罢了；偏偏他跟营子外的汉人打得火热。前任佐领在时，对他关照有加，大家无可奈何；如今，新长官对他白眼相向，一群人开始落井下石，处处为难，雪芹在营里的日子开始难过起来。①

一、公主坟、北上坡、镶黄旗

　　乾隆二十年春天雨大，他（曹雪芹）的房子塌了，不能再住下去……鄂比帮他的忙，在镶黄旗营北上坡碉楼下找到两间东房，同院只住一个老太太。曹雪芹是在那里续娶的，新娶的妻子年纪很轻，文化很低。北上坡靠近玉皇顶，坡上坡后都是狼道，很荒凉。

　　　　　　　　　　——吴恩裕：《张永海谈曹雪芹的事迹》

　　雪芹在营子里自然是有些"不正常的"，普通旗人不过练武、值班，战时出征，他却是营子里、营子外到处晃。时间长了，各种闲话就多了。

　　乾隆二十年（1755）春天雨大，曹雪芹在正白旗的房子漏雨。雪芹决定搬到旗营外面去居住，一来，免得跟新长官产生无谓的冲突；另外，也考虑到跟朋友们的交往方便。

　　敦氏兄弟、鄂比、张宜泉等一干朋友常来西郊相聚，出入旗营都要登记，雪芹在营子里进进出出总是有些不便。搬出来，不管是

---

　　① 考虑雪芹搬出正白旗，迁往镶黄旗上坡居住的原因，是一件难以解释的事情。张永海说，"曹家是被抄家的人，平时人家拿他当坏人，房塌了也没人给他收拾。"但是，常规的讲，旗营里的人们非亲即故，旗人被抄家又被启用也是经常的事情。因此，不会因为雪芹家里被抄，营里人就会对他进行排斥和冷遇。张永海先生所述故事，是香山百姓代代相传而来，亦非空穴来风。笔者认为，雪芹的"各色"和继任长官的冷遇，才是雪芹搬出正白旗的真正原因。

朋友相聚，还是随处活动、进城，都会自由些。①

鄂比帮他的忙，在镶黄旗营外北上坡碉楼下找到两间东房，同院只住一个老太太。这个地方，曾经埋葬过一位明代的公主，百姓也俗称它为公主坟；因为是在碧云寺下来河沟北面的一个坡地上，也有人管它叫北上坡。

曹雪芹的这个住所，西面是碧云寺，后面就是玉皇顶。那个时候，这里人还很少——旗营、村落多在东部、南部，坡后就是狼道，很是荒凉。②

在这里，曹雪芹又开始了另外一项创作，那就是《南鹞北鸢考工志》的编写。

说到这部书的编写缘由，还得追溯到三年前友人于景廉的来访。

二、风筝、《南鹞北鸢考工志》

我在一九七八年十一月患病后，在休养期间，于一九七九年二月十三日偕同中央气象局研究气象的骆继宾同志（现已奉派去瑞士担任中国驻联合国气象组织的工作）和中国社会科学院的魏晓岩同志前往水电科学院水利史研究室，由该室朱更翎等同志接待，看了

---

① 旗营房屋本是国家公产，不许买卖转让，但到康雍时期房屋的抵押和转让已经成为一种并不罕见的事情，尤其到乾隆以后，这种状况愈发普遍。在香山百姓口碑中，曹雪芹系乾隆二十年从香山正白旗旗营搬到镶黄旗营上坡居住的。

② 曹雪芹在西山的生活居住地主要有两个，即正白旗营故居和镶黄旗营上坡故居，这里居住时间都在十年以上；在白家疃生活的时间大约在一年左右，至于门头沟、杏石口、蓝靛场等地，不过是临时借住罢了。敦敏《访雪芹不值》"野浦冻云深，柴扉晚烟薄。山村不见人，夕阳寒欲落。"写的就是镶黄旗的曹雪芹旧居。

乾隆史上述那些年代的《晴雨录》，并座谈了这个问题。

据骆继宾同志讲，乾隆时期建国门气象观测台所用的测雨器，"只能较准确地测量直接从它上面落下来的雨、雪量的大小，环绕着测雨器周围的面积扩大就越不准确。至于要知道较大范围降雨、雪的面积，它就根本不能测出。如果要知道较远地方同时降雨、雪与否，那就必须依赖当地的汇报。"

我问他，建国门下雪，故宫、西直门也下雪，西直门以外的西郊下不下雪，它能不能测出来呢？他说，不但当时那种测雨器不能，就是有望远镜也看不到。他说自古至今的气象测量也只能是测量降雨量，而不是测它的面积。

——吴恩裕:《论废艺斋集稿的真伪——兼答陈毓罴、刘世德两同志》

乾隆十八年（1753）年关将近，旗里、村里都热闹起来，打酒买肉、写春联、清房子，各家都忙得不亦乐乎。

曹雪芹也不例外，妻子逝世不久，他还沉浸在悲痛之中，但是，祖宗总是要祭的，于是，拿出些银子，到街上买些祭祖的用品、过年的年货，拿回来收拾。到了下午，忽然听得有人敲门。出来一看，原来是好友于景廉来访。

于景廉，字叔度，本南京人氏，从征西北，不幸伤足，旅居京师，以卖画为生。叔度在京娶妻生子，因家中孩子多，自己的收入仅能维持温饱，并无积蓄。结果，这年底，画的生意也不好，挨了几天，家中再也找不出任何可吃的东西，一家老小眼巴巴的看着他。看看儿女那期盼的眼神，于景廉急得直想上吊，他带上门出来，想到外边走走、散散心。

本来只想散散心，没想到，在浑浑噩噩中，不知不觉就出了西直门。于景廉没漫无目的地逛荡，结果，一抬头，竟然发现走到了青龙桥。再往前不远，就是好友雪芹居住的正白旗，不如去讨个主意，实在不行再死不迟。

主意打定，于景廉赶往正白旗去寻雪芹。

寒暄毕，两人坐下说话。谈及家中近况和过年的准备，于景廉喟然长叹，以实相告："雪芹，实不相瞒，家里已经三天没生火了，我今儿早晨出门，啥也没敢说，只说出门儿找朋友帮忙。实在没招，我也不想回去了。"

曹雪芹听罢，道："老于，不着急，你今儿个，也甭回去了，先住我这里，咱们再想想办法，不管怎么说，咱也得把这个年先过了。"

"咳，太麻烦你了，老给你找麻烦。"

"君子有通财之义，你我朋友，何来此言？来来来，先吃饭，吃完了，我们再想办法。"

吃过晚饭，两人喝过茶，在炕上躺下闲话。"老于，最近城内可有什么新闻没有？"雪芹道。

"新闻倒不曾听得"，老于叹了口气，"总是富者愈富，贫者愈贫了。听说，一家王府公子喜好风筝，为了买一个上好风筝，一掷数十金。唉！数十金够我一家老小过半年的了。"

"哦"，雪芹坐起来，"竟有此事？要真这么着，我倒有个办法。"言毕，雪芹披上衣服，来到书桌边，"老于，我会扎风筝你不知道吧。我这里竹纸俱全，我帮你做几个，明天你拿去给那公子看看，不过，别说是我做的。"

"好，好……"

曹氏风筝之黑锅底　　　　　　　曹氏风筝之三多九如

明日起来，雪芹又到朋友家借到几两银子，连同风筝，一并给于景廉拿走。

老于走后不久，西郊就下起雪来，钱大的雪花飘飘洋洋的下了好几天。转眼，就到了除夕。

这天，雪芹正按旗里的风俗准备祭祖、过年，不意，于景廉赶着一头毛驴从外边进来。驴的身上驮着两个箩筐，装满了鸡鸭蔬菜等过年物品。另外，还有两坛雪芹喜欢的黄酒。

"哎，你这是？"雪芹何等聪明，道："风筝卖掉了？"

老于抖抖身上的雪，[1]高兴的回答："没错，风筝卖掉了，不光卖掉了，还卖了个好价钱。真没想到，您的三个风筝竟卖了一大包银

---

[1] 有人以为，清代建国门设有气象观测台，而这里并没有该年下雪的纪录，因而，该年西郊也不可能下雪，《废艺斋集稿》中"是岁除夕，老于冒雪而来"的记载，也是后人在不清楚当时气象的情况下伪造的，《废艺斋集稿》一书自然也出自后人的伪造。实际上，建国门气象观测台没有乾隆十八年除夕下雪记载，与该年除夕香山一带（香山一带泉水密布，山环水抱，容易降水）是否有过下雪"几乎没有"关系。又，2008年春，西郊大雪，而城内仅有零星雪花，亦能证明吴恩裕先生当年的判断是正确的。

子，那家的几个朋友见了，也都说好，说城里做风筝的那些老师傅也干不出您这活来，真是绝了，都让我再做了送过去！"

"是吗？要这么着，得空我再帮你做几个就是。"

"哪能老麻烦你，以后要是得空，您教我做。来，先不说这个。今儿，我也不回去了，陪你一起过个肥年。"

初一，于景廉返回京城。后来，也跟着雪芹学做风筝。他的字画装裱铺就挂着自己做的风筝售卖，日子比以前好了很多。

于景廉是个有心人，手也巧，又能绘画，他比着雪芹扎制的风筝学习扎绘，很快就掌握了其中的要领，一段时间后，他做出来的风筝已经很像模像样了。于是，他又请雪芹为他多绘制几个新的样式和图样。

南北方气候不同，为了使风筝既美观，又实用，雪芹根据北方风烈的特点，进行形制上的改造，将维持风筝平衡的屁帘（两条长条带子）改成燕子的尾巴；他还根据北方人的喜好，把很多吉祥如意的祝福与愿望绘进风筝图谱之中。

看于景廉竟能靠卖风筝改善生活，曹雪芹打心里高兴。

时间一长，雪芹便有了将自己所知风筝扎糊技术编订成册，用来帮助残疾人为生的想法。于是，他又到处搜求，分门别类，绘制图谱，编定歌诀。

这本书里收录的风筝，既有南方风筝，也有北方风筝，绝大部分都是当时社会上存在的典型样式，故而，曹雪芹把它叫作《考工志》。当然，这里面也有曹雪芹设计的新图样，包括按照北京天气进行的结构改造等等。

乾隆二十二年（1757）三月，这部收集风筝图谱、做法的书籍终于完成了。为了不掠人之美，强调自己只是搜集记载，曹雪芹给这部书定名为《南鹞北鸢考工志》。

在《南鹞北鸢考工志》"序"中，曹雪芹写到了事情的来龙去脉和自己的想法。先写玩物与物欲的关系、圣贤的教导：

玩物丧志，先哲斯语非仅警世之意也。

夫人为物欲所蔽，大则失其操守，小则丧其廉耻。岂有志进取之士所屑为者哉！风筝于玩物中微且贱矣，比之书画无其雅，方之器物无其用，业此者岁闲太半，人皆鄙之，今乃哓喋不休，勾画不厌，以述斯篇者，实深有所触使然也。

接下来，回忆事情的来由：

曩岁，年关将近，腊鼓频催，故人于景廉（字叔度，江宁人，从征伤足，旅居京师，家口繁多，生机艰难，鬻画为业）迂道来访，立谈之间，泫然涕下。自称："家中不举爨者三日矣，值此严冬，告贷无门。小儿女辈牵衣绕膝，啼饥号寒，只令人求死不得者矣。"闻之怆恻于怀，相对哽咽者有间。

噫！斯时余之困惫也久矣，虽倾囊以助，何异杯水车薪，无补于事，势需另行筹借。因挽使留居稍待，以期转假他处，济其眉急。夜间，偶话京城近况，于称"某邸公子购风筝，一掷数十金，不靳计值。似此可活我家数月矣。"言下慨然。适余身边竹纸皆备，戏为之扎风筝数事；复称贷两日，摒挡所有，仅获十金，遗其一并携去。

是岁除夕，老于冒雪而来，鸭酒鲜蔬满载驴背。喜极而告曰："不想三五风筝，竟获重酬，所得当共享之，可以过一肥年矣。"

接下来，曹雪芹对于景廉学习风筝扎糊后的境遇很感慨：

方其初来告急之际，正愁无力以助，其间奔走营谋，亦殊失望，愧助无功。不想风筝竟能解其急也！

爰思古之世，鳏寡孤独废疾者皆有养也，今者如老于其人，一旦伤足不能自活，岂不转乎沟壑也几希。

其风筝之为业，真足以养家乎？数年来，老于业此已有徽名矣（识者皆昵呼之曰"于癞子"），岁时所得亦足赡家，因伊时时促余为之谱定新样。

最后，说明自己正是因为受到于景廉学习风筝之后可以自养的现实，想将此功德推广开来：

感此，实触我怆怀，于是，援笔述此《南鹞北鸢考工志》，意将旁搜远绍，以集前人之成，实欲举一反三而启后学之思，乃详察起、放之理，细究扎、糊之法，胪列分类之旨，缕陈彩绘之要，汇集成篇。

斯以为，今世之有废疾而无告者，谋其有以自养之道也。

时丁丑清明前三日，芹圃曹霑识①

---

① 1968年，孔祥泽将他描摹的曹雪芹《南鹞北鸢考工志》自序双勾拿给吴恩裕。1971年，在正白旗三十九号老屋墙皮之下发现了友人赠送给曹雪芹"题壁诗"。1975年，张伯驹看过题壁诗照片后指出，题壁诗为乾隆时代作品。孔祥泽、黄庚对题壁诗和曹雪芹自序双钩的书法进行比较，认为确系一人所书。

三、徙居白家疃

有小溪阻路,隔岸望之,土屋四楹,斜向西南,筑石为壁,断枝为椽,院堵不齐,户牖不全,而院落整洁,编篱成锦,蔓植杞藤……有陋巷箪瓢之乐,得醉月迷花之趣。

——敦敏:《瓶湖懋斋记盛》

(一)白家疃贤王祠

白家疃位于寿安山后,跟正白旗就隔着一道山梁——同归正白旗管辖。

这里"泉甘林茂",景色宜人。怡亲王允祥生前曾到这里"田猎",并建有别墅田园,以为"憩息之所"[①]。

雍正八年(1730)五月,允祥病逝,安葬于涞水——这块墓地是雍正皇帝为了表彰允祥的功绩而特别赐予的。六月,雍正皇帝谕告大学士等,云:

从前,怡亲王常在朕前奏称白家疃一带居民忠厚良善,深知感激朝廷教养之恩,今王薨逝,而彼地居民人等感念王之恩德,愿自备资本,建立祠宇,岁时致祭。吁请恳切,足征王之遗爱在人,而民风醇厚,亦即此可见。

朕欲将白家疃数村地丁钱粮永远蠲免,以为将来祭祀香火之资,并使良民永沾恩泽。尔等确议具奏。

[①] 雍正十年,内大臣内务府总管户部左侍郎治望修:《敕建白家疃和硕怡贤亲王祠碑》。

大学士等马上按照皇帝的旨意,前往白家疃进行调查。经过调查,他们发现"白家疃等十村庄,具呈建祠之乡民,共三百余户,内有田土者甚少。"而附近则有"入官田土三十余顷,需人耕种。"因此,他们给皇上建议:

不若将此数村人口酌量多寡,派拨地亩,令其事事管业,每年除办祭物外,俾得均霑余润,所有应纳钱粮,永远蠲免,庶于乡民俱有裨益。

皇帝如何不准?!

于是,白家疃等附近村庄农民,很多从无地的农民变成了允祥祠堂的"坟户"。

(二)曹雪芹、白家疃、治病

乾隆十六年(1751),曹雪芹移居西山后,也常抽空到白家疃看看。每逢节日祭祀,弘晓兄弟从城里赶来。每到这时,他们就能在十方普觉寺或白家疃聚上一聚。

雪芹发现,香山一带医馆不少,但能看得起病的人还是很少。于是,他就地取材,利用当地出产的药材,为那些无钱治病的百姓看病开药。

乾隆十九年,香山又热闹起来。

原来,皇帝嫌玉泉山没有瀑布,令人以石槽引寿安山樱桃沟、碧云寺卓锡泉、香山双清泉水,到玉泉山。沿途地势低洼处,建造石墙,置槽墙上,东济玉泉山。

到乾隆二十年,引水石渠建好,泉水沿着石槽,到达玉泉山西

自樱桃沟至玉泉山的引水石渠

门,北拐,形成飞淙阁、挂瀑檐,并形成了涵漪斋、涵漪湖、东岳庙等西部景区。于是,香山地区沿着河滩外侧出现了两道高大的石墙,沿墙则栽植了数量众多的柳树。①

（三）移居白家疃

乾隆二十二年（1757）冬,雪芹偶过白家疃,经过一位朋友家。闲谈之中,就提到了看病的事情。朋友问道,自己的姨妈因哭泣导致目盲,不知能不能治？

原来,这位朋友的姨妈夫家姓白,儿子出生时,丈夫就已去世。夫家并无任何土地财产,幸而她有制做嫁衣的技艺,故以代人制嫁衣为生。好容易,儿子长到二十岁,眼看就能够娶妻生子,延续香

---

① 乾隆二十三年（1758）,皇帝下令"裁撤静宜园护军官兵,交健锐营官兵守卫。"于是,香山一带原有的所有护军都被裁撤,相应的,他们原有的营房也都被并入健锐营中。香山一带所有驻军及营房也都被标以"健锐营"的名目。乾隆二十八年（1763）,"由护军营移驻健锐营护军一千名。"《清会典事例》卷四百二十八。

火,竟又染病而亡。白夫人只好为大姓人家作佣人,维持生存。丧子之痛,使她不胜悲伤,终日以泪洗面,竟至于泪尽目损,不能视物,被主家辞退,依靠外甥生活。

曹雪芹了解到情况,急忙请出白媪。白媪已经五十多岁,面貌清瘦。雪芹帮将白媪请到窗前明亮之处,仔细看过,道:"虽然严重,但尚可医治。这样,我给你留一纸药方,按我写的方子用药。另外,我这里还有二两银子,你拿去抓药吧。"

一家人赶忙向雪芹拜谢行礼,雪芹自回山前北上坡。临行前,雪芹还告诉他们自己会不时过来,察看病情。

转眼过了新年。

第二年春天,白媪的眼睛终于重见天日。雪芹见白媪的眼睛已经治好,就想到附近的村子转一转,顺便帮那些看不起病的人家看一看。

一日,曹雪芹向白媪一家言及,告诉他们自己将要到附近村子转转,也给其他村子的百姓看看病。白媪知道后,便托外甥向雪芹表示:"与其曹先生到处奔波,不如在白家疃住下。这样,附近村庄有病无医的人来看病也方便,也免了曹先生四处奔波,借宿不便。我家祖茔的树木已经成材,愿意供先生盖房之用。"

经白媪及外甥再三劝说,雪芹答应在白家疃住下行医。[①]白夫人的外甥便邀了几个乡亲,一起伐树建房,没几天,房子就盖起来了。

房子盖在河边,共计四间,斜向西南,"筑石为壁,断枝为椽,垣堵不齐,户牖不全,而院落整洁,编篱成锦,蔓枝杞藤。"一座小石桥,把小河的东西两边连接起来。

---

① 曹雪芹:《废艺斋集稿·南鹞北鸢考工志》附文敦敏《瓶湖懋斋记盛》。

白夫人的外甥还用剩余的木料为雪芹简单置办了几件家具，雪芹自己画几纸字画悬挂起来，顿时屋子里显得亮堂起来。

房子紧靠小溪，溪中水流淙淙，躺在床上，就能听到溪水缓缓流过发出的声响。雪芹再三说明，只是借住，过三、五个月，这边病人少了，他还得搬回镶黄旗北上坡的房子住。敦敏在《瓶湖懋斋记盛》记载：

二十世纪五六十年代的白家疃小石桥

又月余，芹圃未至，渴念不已，策马再访，遇白媪于门，而谓余曰："何不巧之甚耶？前数日，雪芹回，见君名帖，欣然谓老身曰：'与君为至交，久拟谋面，因友人邀作臂助，未容抽身；事毕即将进城回谒也。想亦未料及君之再至。两日前，又去其友人处矣。'"……

时，白媪煨芋以饷，并为述徙此经过：初，媪有一子，襁褓失怙。夫家无恒产，依十指，为人作嫁衣。儿已弱冠，竟染疫死。彼遂佣于大姓，不复有家矣。去冬，哭损双目，乃至被辞，暂依其甥。既无医药，又乏生资，已濒绝境。适遇雪芹过其甥处，助一药石，

今春能视物矣……①

北上坡的房子紧靠着军营,家里也没有什么贵重的东西,曹雪芹倒不怕有人惦记。曹雪芹专门去了一趟功德寺,把儿子寄托给叔叔照看一段时间。他又抽时间进了趟城,把自己即将徙居白家疃的事儿跟几个朋友说一声儿,免得有人再到镶黄旗去找自己,枉走了道路。②

四、生死与生活

可巧连日有王公侯伯世袭官员十几处,皆系荣宁非亲即友或世交之家,或有升迁,或有黜降,或有婚丧红白等事,王夫人贺吊迎送,应酬不暇,前边更无人。他二人便一日皆在厅上起坐。

——《红楼梦》第五十五回
《辱亲女愚妾争闲气　欺幼主刁奴蓄险心》

彼时,人生的容易,死的也容易。

旗人的生活往往就在各种红白喜事中度过,伴随着的喜悦、悲伤也很快流逝。变,似乎才是生活的主旋律。

---

① 吴恩裕:《曹雪芹丛考》卷二《新发现的曹雪芹传记材料》第二篇《南鹞北鸢考工志的附录:敦敏〈瓶湖懋斋记盛〉残文校补》,上海古籍出版社,1980年。

② 敦敏《瓶湖懋斋记盛》载:"春间,芹圃曾过舍以告,将徙居白家疃。值余赴通州迓过公,未能相遇。"曹雪芹移居白家疃的说法,学界响应者少,但是田野调查发现,不少父老确实知道一些曹雪芹在白家疃施药救人的事情,吴恩裕、端木蕻良都曾访到相关传说。如此,孔祥泽口述之《废艺斋集稿》《瓶湖懋斋记盛》应确有依据,否则,断不能处处皆能与口碑相合也。

即如曹雪芹的平王府表兄弟们来说，不时的伤逝就是生活中的常事。

曹雪芹的姑父老平郡王纳尔苏先后有四个妻子：嫡福晋曹氏，也就是曹雪芹的亲姑母；妾朴氏，玛琉之女；妾吕氏，吕奎之女；妾徐佳氏，徐降福之女。

纳尔苏先后有七个儿子，曹氏先后生下了其中的四个孩子，其他福晋、妾所生三个男孩全都没活过六岁。曹氏所生的四个儿子倒好，基本多能成年，也是先后中年即逝，其中，三个兄弟陪伴了曹雪芹的十数年的北京生活：

表哥福多罗平郡王福彭，生于康熙四十七年六月二十六日，乾隆十三年十一月十三日午时薨，年四十一岁，谥曰敏。一子多罗平僖郡王庆明。

表哥福秀，康熙四十九年闰七月二十六日生，乾隆二十年七月二十二日午时溢逝，年四十六岁，照固山贝子品级殡葬。三子：第一子多罗克勤良郡王庆恒，过继福彭名下，承平郡王爵位，第二子庆锡，第三子庆瑞。

表弟福靖，三等侍卫、奉国将军。康熙五十四年九月二十四日生，乾隆二十四年四月十六日辰时卒，年四十五岁。

表弟福端，康熙五十六年七月十五日生，雍正八年八月十九日卒，年十四岁。

其他亲戚或长寿或短寿，但总有人不时死去，当然也不断有新生命出生。

在各家亲戚的红白喜事中，曹雪芹在京师与香山间不时的奔波、感慨，感受人生的无常，富贵如烟云，物不可得，时不可待……

人总有生生死死。

多了，也就习惯了。一次次痛哭过后，生活仍要继续，还要回到正常生活状态。其间，不时而来的小欢笑、大喜事，更是点缀了平凡的生活。

五、笔山、绘画

读书人自然有书、有书房。书房里，笔墨纸砚外，另有些笔山、水注、用以把玩的小玩意儿，曹雪芹自然也不例外，他本来好这个，又懂，朋友往来、市场淘换、自己动手制作……总之，来源多多。

（一）"高山流水诗千首，明月清风酒一船"笔山

笔山是旧日文人案头的文玩之一种，除了用铜、瓷制作之外，也有玉石制作的，玉制的多重视雕工，石制的则取天然。曹雪芹曾以黄蜡石制一笔山，长五六寸，笔山底面呈新月形，刻有双行十四字，竖读，文云："高山流水诗千首，明月清风酒一船。"这两句题诗是从明末黄周星诗"高山流水诗千轴，明月清风酒一船。借问阿谁堪作伴，美人才子与神仙"[①]改来的。

"高山流水"用"伯牙钟期"相知相和典故，"明月清风"则用《南史·谢譓传》"入吾室者，但有清风；对吾饮者，唯当明月"话头（这是谢譓表示自己"不妄交接，有时独醉"）。以船载酒最早的典故大约要属《晋书·毕卓传》。"诗千首"暗用晚唐诗人杜牧

[①] 朱彝尊：《静志居诗话》，人民文学出版社，1990年。

曹霑笔山及拓片

《登池州九峰楼寄张祜诗》"谁人得似张公子,千首诗轻万户侯"意。

曹雪芹更其一字,刻在黄石底部。字作篆体,且采旧"古文奇字"(小篆),印记作阳文,有边框,略参古鉨印。

(二)拳石

曹雪芹的书桌上有顽石一块,形类拳头。平时作摆件陈设,偶尔也会拿起来把玩一番,或者写字时,做镇纸使用。

一日,雪芹把玩拳石,忽生感慨,即时口占,云:

爱此一拳石,玲珑出自然。
溯源应太古,堕世又何年。
有志归完璞,无才去补天。

不求邀众赏,潇洒作顽仙。①

"有志归完璞,无才去补天。不求邀众赏,潇洒作顽仙。"可做作者自叹看。这段文字与《红楼梦》第一回《甄士隐梦幻识通灵 贾雨村风尘怀闺秀》对看,颇有意味:

原来,女娲氏炼石补天之时,于大荒山无稽崖练成高经十二丈、方经二十四丈顽石三万六千五百零一块。娲皇氏只用了三万六千五百块,只单单的剩了一块未用,便弃在此山青埂峰下。谁知此石自经煅炼之后,灵性已通,因见众石俱得补天,独自己无材不堪入选,遂自怨自叹,日夜悲号惭愧。

一日,正当嗟悼之际,俄见一僧一道远远而来,生得骨格不凡,丰神迥别,说说笑笑来至峰下,坐于石边高谈快论。先是说些云山雾海神仙玄幻之事,后便说到红尘中荣华富贵。

此石听了,不觉打动凡心,也想要到人间去享一享这荣华富贵,但自恨粗蠢,不得已,便口吐人言,向那僧道说道:"大师,弟子蠢物,不能见礼了。适闻二位谈那人世间荣耀繁华,心切慕之。弟子质虽粗蠢,性却稍通,况见二师仙形道体,定非凡品,必有补天济

---

① 1965年,孔祥泽将"曹雪芹题画石诗"抄给吴恩裕,据孔祥泽自述,其外祖父富竹泉《考槃室札记》载:"某年,曾于某贝子家中见曹雪芹诗画笔记多种,其中,有曹所绘巨石一幅。"其上题诗云:'爱此一拳石,玲珑出自然。溯源应太古,堕世又何年。有志归完璞,无才去补天。不求邀众赏,潇洒作顽仙。'"1974年,吴晓铃从中国书店收到署名"富竹泉"著《考槃室诗草》一书,书中"收录"有"曹雪芹题画石诗"。遂以为此诗断为富竹泉所作,与曹雪芹无关。按,孔祥泽自述,其舅(富竹泉之子)富德荣民国年间抄录其父、其姊诗文出售,此《诗草》即出自他手。

世之材，利物济人之德。如蒙发一点慈心，携带弟子得入红尘，在那富贵场中、温柔乡里受享几年，自当永佩洪恩，万劫不忘也。"

二仙师听毕，齐憨笑道："善哉，善哉！那红尘中有却有些乐事，但不能永远依恃，况又有'美中不足，好事多魔'八个字紧相连属，瞬息间则又乐极悲生，人非物换，究竟是到头一梦，万境归空。倒不如不去的好。"

这石凡心已炽，那里听得进这话去，乃复苦求再四。二仙知不可强制，乃叹道："此亦静极思动，无中生有之数也。既如此，我们便携你去受享受享，只是到不得意时，切莫后悔。"石道："自然，自然。"那僧又道："若说你性灵，却又如此质蠢，并更无奇贵之处，如此也只好踮脚而已。也罢，我如今大施佛法助你助，待劫终之日，复还本质，以了此案。

《红楼梦》中，石头耐不得寂寞，下凡历劫；而现实中，曹雪芹见惯了红尘，已经决定归隐自在了。

六、会于景廉处

往岁，戏为于景廉扎风筝，后竟以为业。嗣复时时相要，创扎新样。年来，又促我逐类定式，撰而为谱，欲我以艺活人也。前者同彼借家叔所寓寺宇扎糊风筝，是以家居时少，以致枉顾失迓也。

——敦敏：《瓶湖懋斋记盛》

敦敏之《瓶湖懋斋记盛》一文，俞平伯先生见之，函余曰："《懋斋》一文，详尽生动，诚为佳作，若芹圃其人呼之欲出矣。"

——吴恩裕:《俞平伯谈〈瓶湖懋斋记盛〉》①

乾隆二十三年(1758)春,进城以后,曹雪芹先到敦敏家。

很不巧,敦敏到通州拜访过子龢去了。曹雪芹便把自己即将徙居的事情告诉家人,让他们转告敦敏。随后,他又到了明琳、弘晓家,说明情况,也请他们帮着跟相熟的朋友互相告知一声。

敦敏回家后,家人就把雪芹将要徙居白家疃的事情告诉了他。山后的白家疃有怡贤亲王祠堂,允祥生前对曹家关怀有加。这一点,敦敏是清楚的。

七月,敦敏的舅舅钮公从福建回京,带回来不少字画。纽公很欣赏敦敏"布衣以傲王侯"的气度,便请他一起欣赏这些字画,还将敦敏看中的几张慷慨相赠。

敦敏对字画鉴定,尤其是对古画的鉴定,并不精通,他想到,曹雪芹精通此道,便抽出时间,先后两次到白家疃访问雪芹。

不料,当时,曹雪芹正和于景廉在山前叔父寄宿的寺庙赶制风筝,因而,敦敏两次相访,都未能与雪芹谋面。

入冬之后,西郊一带,雨雪频仍,郊行不便,敦敏拜访雪芹的时间,也只得一再拖延。一日,过子龢到敦敏府上拜访。敦敏便跟他谈及鉴定字画、自己两访雪芹不遇的事情。

过子龢道:"鉴定字画,雪芹自是行家,可是,既然他不得闲,何不请董先生来给看一看?"

过子龢所说的董先生,就是供职于宫廷的画家董邦达。敦敏、敦诚这些宗室子弟跟董邦达都很熟。

---

① 吴恩裕:《曹雪芹佚著浅探》,天津人民出版社,1979年。

敦敏觉得，过子龢说得有理，董邦达既是熟人，也是行家，雪芹既然没空，请董邦达来给看看也是一样。

简短节说，敦敏派人拜访董邦达，说明鉴定字画之事，约定腊月二十四在敦敏德懋斋赏画饮酒。

搁往年，京城的腊月总是酷寒无比，不知怎的，今年却有些反常，气温一直没能降下来。

二十一日，晴暖异常。为了准备懋斋一会，敦敏带个仆人，出了家门，准备到外边选两坛儿好黄酒。行至菜市口，顺路进了一家南纸铺，买了几刀生、熟宣纸，又要了十几只大、小毛笔。

刚一出门，就听到一阵爽朗的笑声，听起来，觉得声音颇为熟悉。循声望去，发现其中一人正是雪芹。

原来，雪芹进城访友。本要到于景廉家看看，结果，路上碰到一位朋友。两下相见，很是亲热。朋友执意要请雪芹小酌一番，由于时间较紧，又逢年关，雪芹急着完事回去，婉言谢绝，相约年后再聚。两人正在争执不下，引得不少路人驻足观看。

《废艺斋集稿·南鹞北鸢考工志》曹霑自序"双钩"

见此情景，敦敏赶忙上前相见。两人多时未见，十分喜悦。给两位朋友互相介绍过，雪芹道："两承惠顾，都未能相见，十分抱歉。我这次进城，争相前往拜访，没想到在这里相遇，真是巧。"于是，跟相约同饮的朋友约定，择日再聚。

雪芹、敦敏二人挽臂同行，且行且言："前些年，我给于景廉扎过几个风筝。没想到老于竟能靠扎糊风筝度日谋生。这两年，叔度不时找我，让我帮他绘制风筝新样。尤其最近一年，时常催促。圣人讲，立德、立言、立功。我想，我们旗人多少有饭吃，吃不上饭的人可不少，与其让他们算卦坑蒙拐骗，不如我教他们点技艺。我就平日留心，按类别绘制风筝样式，画成图谱，想教给那些身有残疾不能自养的人。上次，你到白家疃，我正跟叔度在家叔寄寓的寺庙中赶制风筝。因此，在家的时候少，烦你两次相访，都未得相见。抱歉、抱歉。"

敦敏遂将舅舅纽公自福建返京，带回字画土产，敦敏拜访，送给敦敏几张字画，几张署名元、明两朝之人，自己素来很少在古玩字画鉴赏上下过功夫；加之，长久未与雪芹相见，故而，先后两次相访，目的就是请他进城一聚之事告诉雪芹。敦敏还告诉雪芹，他已约了董邦达。今天，到这里，就是为聚会购买黄酒。

听敦敏说完，雪芹说道："坊间卖的南酒，都不怎么样。前段时间，有个朋友送我几坛上好南酒，我都寄放在于景廉那里了。既有相聚之事，恰巧我也得到老于那里，可以取两坛来用。"

二人说说笑笑，不觉行程过里，来到一处旧裱糊铺。于景廉一见雪芹等人来访，十分欣喜，急忙让座，寒暄一刻，又忙着去烧水煮茶。安排好后，于景廉让雪芹陪敦敏说话，推门走了出去。

这时，雪芹把自己写的《南鹞北鸢考工志》一书拿给敦敏。① 但见，彩绘风筝图谱"绚丽夺目，人物栩栩，光明曝照，曾所未睹。"敦敏看得津津有味，连声赞叹。

这时，门轴转动，于景廉从门外进来，手里提着各种酒肴，还有一条活蹦乱跳的鲜鱼。

于景廉对敦敏道："公子与芹圃相交多年，恐怕不知道，芹圃还擅长烹制南方菜品，只是平时他不下厨罢了。今儿个，我们就请他给我们做道拿手菜。"

雪芹道："好，好，也到了饭口上了，我就献个丑。"一面说，一面把于景廉手里的鱼接过来。于景廉跟着把买回的各样菜肴拿到厨下。

回到大堂，于景廉把雪芹给他扎制的风筝样品拿给敦敏欣赏。十来个风筝一摆开，整个小屋里都放满了。但见，风筝鲜艳夺目，光彩照人。敦敏赞叹不已。

---

① 1944年，孔祥泽曾见曹雪芹《废艺斋集稿》，并用双钩摹写其中《南鹞北鸢考工志》曹公"自序"。通过对比题壁诗、曹雪芹书箱与曹雪芹《南鹞北鸢考工志》自序文字，认为题壁诗确系曹雪芹所书。对于曹雪芹的书法，孔祥泽认为："从曹公手书墨迹来看，他写的是流畅的章草。经过我多年的揣摸判断，我认为曹公的书法底子是汉隶。曹公在书写篆、草、行、楷各体文字中，均把汉隶那种古朴刚劲的笔法带进诸体之中，尤其是那种逆笔反折横走的锋势，都自然溶于诸体的点、划、波、磔、横、竖之中。在楷书方面，他崇尚蔡邕的'太学碑'，蔡邕是汉末的大书法家，他的楷书是汉隶向今楷过渡的一种楷书。在草书方面，他宗师汉代的章草，章草就是一种带汉隶味道的草书。在篆书方面，曹公也是用汉篆而厌弃秦篆。治印、题画、刻股他也常用汉简、帛书的篆、隶。总之，曹公的书法艺术是汇流了汉代诸体的艺术风格。他在清代，却有着浓厚的宗汉思想。他不喜欢唐、宋、元、明的时尚之体。但这并不排斥他模仿别人的书法风格，例如他在题画时，就往往根据画者的风格，配以对应的书法题字。"舒成勋口述、胡德平整理：《曹雪芹在西山》，文化艺术出版社，1984年。

看罢风筝，敦敏跟于景廉坐下闲聊，知道于景廉家住东城，这处铺面是朋友的，朋友病死京师，家人扶柩南返，将此处铺面托他照看。

不一刻，雪芹将酒菜陆续端上桌来。最后上来的，是一道扣着大碗的盘子。三人围桌坐下。只见，雪芹将扣在大盘上的大碗拿起，把酒碗里的黄酒往鱼上倒了一点。瞬时，鱼香四溢。

敦敏仔细看时，见鱼身用刀划出道道切口，用油炸过，乍看上去，宛若蚌壳一般。鱼身上，铺以笋干等物。曹雪芹拿筷子把鱼的肚子撬开，只见，里面一堆小丸子，看起来，有十多个，晶莹剔透。

三人边吃边聊。席间，敦敏再次谈到二十四日的懋斋之会，邀请于景廉一同前往，除了要看那几幅古画，还想请大家一起看看雪芹的风筝绝技。

酒足饭饱，闲坐一会儿。敦敏雇辆车，将几坛黄酒和曹雪芹扎的十来个风筝放上车，跟于景廉告辞，同雪芹一同返回懋斋。

七、懋斋集会

> 过公指宓妃问曰："前立者谁也？"余应曰："吾公视其为真人也乎？实亦风筝。"过公就前，审视良久，谓余曰："尝闻刍灵偶俑之属，与人逼似者，不可迩于寝室，防不祥也。倘系夜间，每能吓人至疾。"余曰："敬闻命。原俟董公审阅，当即收之。"
>
> ——敦敏：《瓶湖懋斋记盛》

来到敦敏之懋斋居处，雪芹才知敦诚仍在松亭关公干，未得返京，甚是怀念。敦敏对雪芹的《南鹞北鸢考工志》很感兴趣，一面与雪芹聊天,一面快读其书。

观看书中绘图,阅读其中文字,敦敏又是惊奇,又是兴奋,虽知雪芹多才,却不知雪芹精通此艺,对他以技养人的想法更是赞不绝口。

民间素有"二十三,赶小年;二十四,写大字"的说法。腊月二十四这天,家家贴上新书的春联,祈求吉祥。

这天一早,街上就人声喧闹起来。

敦敏命家人将雪芹的风筝悬挂起来,等候大家到来欣赏。结果,闹了半天,挂的歪七扭八。没法看,没办法,还得请教雪芹。

雪芹让人寻来三根长绳,系在檐下,把十来个风筝一一悬挂在绳索上。因为雪芹鱼做得好,敦敏烦请雪芹到厨下、指导府里的厨师做鱼。

不久,过子龢先到。与敦敏寒暄过后,过子龢问道:"子明,干嘛买了这么多风筝啊?"敦敏赶忙解释,这些风筝都是从于景廉那里借来的,都是曹雪芹的样式,挂起来,就是想饭后请大家一起欣赏。

过子龢指着门口,小声问道:"这位女子是谁?以前从未见过,倒是面生,怎么跑到这里来了?"

敦敏哈哈大笑:"过公把它当成人了么?这也是雪芹扎制的风筝啊。"

过子龢就近观看,赞叹不已。与雪芹见过,众人坐下聊天,等董邦达到来。

半个时辰过去,敦敏派去的仆人把董邦达接来。敦敏给大家相互引见,不免又是一番寒暄。稍事休息,敦敏派人把画作取来,大家一起观看。

他们先看有宋人李龙眠署名的一幅《如意平安图》。这是一幅工笔绘画，画上一个胆瓶，里面插着两枝荷花，衬有三个荷叶，胆瓶里还插着几支青竹；胆瓶旁边，有一盆灵芝，灵芝旁的托盘里盛着佛手等水果。画的右上角处，写着"如意平安"四个字，画的左下角印着两枚闲章。

董邦达道："鉴别字画真伪，还需多听雪芹的高见。"

雪芹忙道："余殊孤陋，所见甚少，哪里担得起老前辈如此的称誉，还请老前辈多加指教。"

董邦达捋捋胡须，道："此画下了一番功夫，用色亦可，雪芹，你看呢？"

雪芹道："以画说，这幅画不逊于元人写生上品；但若论真伪，我哪里敢在老前辈面前妄加月旦？"

董邦达说："雪芹既以为此画系仿元人笔意之作，何不明言：'此非李公麟真迹'耶？"

过子龢忙问："芹圃何以知其为仿元人之作？"

曹雪芹回答说："这不难，李公麟不喜写生花卉，而以白描人物著称于当时，下笔挥毫如铁线迂回，后人少有偌大笔力；况且，此幅之胆瓶已是元代式样，宋朝人怎么会提前知道元代胆瓶的样式？"

董邦达不住点头，说："荷花、竹叶插于胆瓶之中，固是实地写生，灵芝、佛手则是画手虚拟，两者在格调上也不相容。李公麟为有宋一代名手，怎么会这么画呢！雪芹之论，诚为卓见。"

雪芹对敦敏说："明人商祚之《秋葵彩蝶图》是真迹，足资珍藏。其它诸作笔力不恶，但是，可惜都题上了前人之名，以抬高声

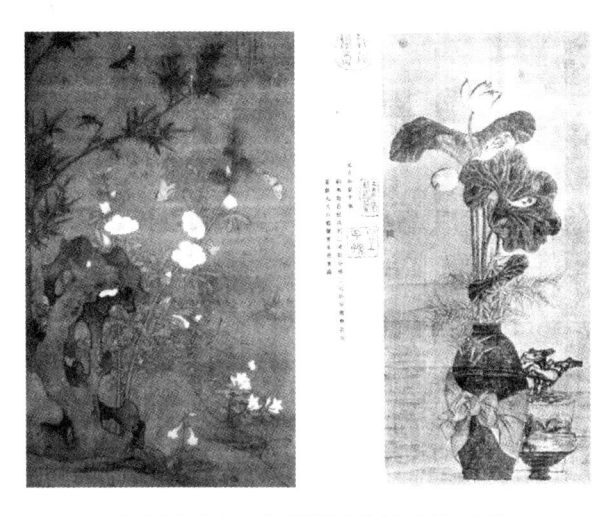

曹雪芹目鉴之《秋葵彩蝶图》《如意平安图》

价。这种务虚名的风气，明人已开其端矣。"①

大家坐下喝茶，闲聊，等着吃饭。不一时，时近正午。敦敏让厨下上菜，又招呼大家入席就座。不一会儿，酒菜摆好。敦敏以主人身份祝酒，感谢大家，预祝新年。

席间，觥筹交错，好不热闹。敦敏向在座诸位谈到雪芹写作《南鹞北鸢考工志》一书的原由、经过。董邦达不禁感慨："好一片济世活人之心，当世知芹圃者能有几人？"

---

①《元人如意平安图》公开发表于1965年2月14日香港《大公报》的《艺林》副刊上；而《秋葵图》则在同年11月出版的《中国历代名画集》中首次刊出，但是，一直没有引起人们的注意。就在《秋葵图》刊出的同一个月，"姚文元《评海瑞新编历史剧》一文出笼，阴险地揭开文革序幕，顿时整个神州大地都陷于惶惶不可终日，人人不能自安之中。"（胡德平：《〈瓶湖懋斋记盛〉再谈》）直到1972年，孔祥泽才将他在1944年从《废艺斋集稿》中看到的这段故事告诉吴恩裕。吴恩裕的文章发表后，这段故事才被人们熟知。吴恩裕：《曹雪芹丛考》，上海古籍出版社，1980年；孔祥泽：《曹雪芹的风筝艺术》，北京工艺美术出版社，2004年。

敦敏招呼大家品尝吃菜，指着一道鱼，对董邦达道："董公，这道鱼可是雪芹亲自下厨做的，味道好得很，大家一起尝尝。"

大家夹菜品尝，又引来一片赞叹之声。

"不过，诸位，你们可没我前两天的口福。"敦敏笑嘻嘻的说，"要是能买到新鲜鳜鱼，味道比这个可就又好多了。"

"哦？"董邦达等人一并停下筷子，看着敦敏。

看着大家惊奇的眼神，敦敏道"雪芹用新鲜鳜鱼做一道'老蚌怀珠'，味道奇鲜无比。"

"老蚌怀珠？"

"是一道南味，将鱼身改刀，做成蚌状，佐以笋片，鱼腹之内盛以雀卵。味道鲜美，无与伦比。"

董邦达叹道："雪芹真天下奇才，无所不能。昔年，谢灵云有言：'天下才共一石，子建独得八斗。'雪芹就是我大清的子建啊。"

曹雪芹忙道："老前辈，谬赞了，这些都是小玩意儿，雪芹哪里当得起？"

酒足饭饱，大家坐着喝茶。敦敏道："雪芹，过公还想看看你放风筝呢。"

过子龢道："只可惜，天不作美，今日无风。看来，我们是看不到雪芹放风筝的绝技了。"

"这个，过公倒不用担心"，雪芹说道："今日老天作美，下午必然有风，风力正合适放。"

同桌的端隽道："难道雪芹要学诸葛亮借东风不成？"

雪芹笑道："我哪里会借什么风？不过，今天老天爷一定会给风的。诸位放心，未时，必有和风自西而东。申时，转为西南风。"

敦敏听了，笑嘻嘻的调侃道："我只知你能算卦，不知竟也能算风。此时,一丝风也没有,风将何来?"

雪芹见大家都似不信,解释道:"今儿早晨,劲风起于丑时,转于寅时;入卯时,见和风由西北而转北;天明则变成东北风。此京师风向之常律,故可断言,稍等一会儿,必定会有风的。"①

听雪芹说完,大家将信将疑。

又一刻,盘羹撤下,大家一起欣赏雪芹的《南鹞北鸢考工志》。只听得,窗户上糊着的纸发出沙沙的声音。这时,小童跑进来道:"诸位爷,外边起风了。"

董邦达、曹雪芹等人到门口一看,风果然已经起来了,绳子上挂的风筝,正随着风左右摇摆。

端隽道:"雪芹真是活诸葛啊。"

"诸位,既然起风了,我们也不要负了老天爷的一片苦心。走,我们到外边放风筝去吧。"敦敏催促道。

大家一人拿一个,来到外边的空地上。大家公推雪芹先行施放,展示技艺。雪芹放起一只苍鹰,很快,苍鹰升空,直上青云。忽见曹雪芹把线上下扯动了一下,苍鹰跟着一俯一仰。忽地,雪芹把手高高一举,然后,又猛地向地下一蹲身,以右手点地。只见这鹰在天上扑喇喇一个翻身,犹如电掣之势,头朝下、尾朝上一直冲向地面。

大家看得忘情,不禁惊呼:"哎呀!赶紧拉起来,撞地上了!"

说时迟,那时快。就在那鹰离地不过二三尺光景的时候,只见,曹雪芹平身向前猛一甩手,随着扔出一把线,只一带手,那鹰立刻

---

① 古代,一天化为十二个时辰,以晚上的十二至一点为丑时,下两个小时为寅时,以此类推。

返过头来,直冲霄汉。

大家看得目瞪口呆,对雪芹的风筝放飞绝技赞不绝口。敦敏感慨道:"雪芹编订《考工志》,苦心经营,他的风筝扎糊技艺一定会流传千古,只是,他施放风筝的这门绝技,恐非常人能学得到啊。"

董邦达接言道:"不是亲见,谁能相信人间竟有此种神技。"

雪芹忙道:"这也没啥,不过借风卸风罢了。"

这时,小童带着于景廉走来。

敦敏忙给大家引见,道:"叔度,如何此时方到,中午大家等你一起吃饭,却怎的不来?"

于景廉连忙致歉,寻话搪塞。原来,于景廉因为伤足,沦为装裱匠人谋生,自以为已经脱离文人行列,不愿再跟这些文人雅士一桌谈论。

于景廉又带来几个风筝请大家欣赏,其中一件"比翼燕"深深吸引了董邦达。董邦达走向前去,望着风筝看了半天,指着风筝翅膀处飞向花丛的一只彩蝶道:"雪芹,这种笔法,我却未见,不知你是从何学得呀?"

"哦,老前辈,这是不得已的办法。您看,这两种颜色过于接近,容易相犯混淆。我看过西洋画,觉得他们的用色确有其独到之处。这里的这处画法,我管它叫'迷笔',就是用了西洋绘画的用色法,又结合我国传统的画法画的。老前辈,见笑了。"

"我说呢,有似曾相识之感,而我中国绘画又无此法。以伪代真,移幻于实,雪芹啊,你这可是独创啊。嗯,好,好。"停了一刻,董邦达又道:"子䲔,你看这只蝴蝶,它是落在了花上,还是没落在花上?"

"孚公,我看这蝴蝶的样子,不象画的,倒象贴上去的。"

"你们到近处来看。"

敦敏、过子龢急忙近处观看,那蝴蝶确实是画上去的。董邦达拉着二人向后退了几步,那蝴蝶似乎活了起来,有"飞离地面,凌空翩跹"之感。

敦、过二人正在奇怪,董邦达道:"这就是'迷笔'的妙处啊,真前所未有的画法。"再看《南鹞北鸢考工志》里的"比翼燕"图谱,细细品味,当看到"宓妃"时,董邦达道:"此色彩诚为奇绝,何以如此鲜明,如阳光曝照?"

雪芹道:"历来绘画事物颜色,无非深浅而已,据说唐代王维有'复色明暗'绘法,但因其画作流传世间甚少,不知道他的'复色'是怎样处理的。我家有《织造色谱》,里面有西洋染色的记载,将它的优点拿来,用他色代替主色,分出阴阳、辨出深浅,就是这个效果了。"

"雪芹,真奇才也。"董邦达道,想了想又说:"雪芹,你可愿到画苑谋个差事?我有朋友在那里主事,看我的面子,我想,谋个差事,倒也不难。"

孔祥泽摹曹雪芹画蜻蜓

"孚公,雪芹之心已被白云留住。"①

"原来如此。"董邦达若有所悟,停顿了片刻,又道:"这风筝为什么扎成人形呢?"

"北方多烈风,一向得用拍子(风筝尾巴下坠长绳),才能保证风筝平稳,放飞不致倾斜;不过,这种做法很不方便,也不好看。我想,北方人喜欢燕子,燕子表示春归大地,便要以燕子做个风筝,但是软翅的话,不能做大。风一大,就容易刮断。因此,我把风筝硬膀的上下双条对扎,以'三停三泻'之法调整比例,既可省掉风筝的长尾巴,又便于吃硬风。一试,果然不差。另外,我想用风筝喻人,既可观,又有生活味道。故而,做出肥燕,以像男子;制出瘦燕,比喻女人;比翼燕,就是夫妻……"

说话耗时间,冬日天又短,很快就到了傍晚。

晚饭由端隽做东,大家找一家好的鲁菜馆子吃饭。席间,董邦达感慨万分,赞扬雪芹学识渊博、技艺精湛,且有兼济天下之心,欲借《考工志》一阅,愿意作一篇序文;又云:"今日之集,固乃千载一遇,虽兰亭之会,未足奇也。"并叮嘱敦敏也要写一篇文章,记述今日之事。

敦敏谦道:"我本不擅为文,若今日敬亭在,必有佳文,虽然如此,我还是会勉强为之。若今日之聚不形诸文字,必成过眼云烟,吾心亦有所不忍也。"

……

附:《南鹞北鸢考工志》董邦达《序》

---

① 雪芹拒绝"苑招"的故事,香山民间口碑资料也有记述。

尝闻教民养生之道，无论大术小术，均传盛德，因其旨在济世也。扶伤救死之行，不论有心无心，悉具阴功，以其意在活人也。曹子雪芹悯废疾无告之穷民，不忍坐视转乎沟壑之中，谋之以技艺自养之道，厥功之伟，曷可计量也哉！

观其名，是书之为《南鹞北鸢考工志》也。不曰谱，而曰志，曰考工，是则不欲攘他人之功。其自谦抑也，可谓至矣。称南北而略东西者何也？寓纬于经也。概扎糊绘放四艺者，乃风筝之经。是书之作，意重发扬，故能集前人之成，撮要提纲，苦心孤诣，以辟新途，而立津梁，实欲其后学之思，诱导多方，惨淡经营，更变常法，而为意匠。所期者，举一反三，不使囿于篇章，其为人谋也，可谓忠矣。

董邦达《三希堂记意图》

斯书也，所论之术虽微，而格致之理颇奥；所状之形虽简，而神态之肖维妙。观其以天为纸，书画琳琅于青笺；将云拟水，鱼蟹游行于碧波。传钲鼓丝竹之盛于天外，效花雨红灯之趣于空中。其运智巧也，可谓神矣。

愚以为济人以财，只能解其燃眉之急；济人以艺，斯足养其数口之家矣，是以知此书之必传也。与其谓之立言，何如谓之立德。

己卯正月，孚存董邦达序

八、访张宜泉

从懋斋回香山的途中,雪芹顺便去了一趟海淀,去拜访好友张宜泉。

张家原是汉军旗人,乾隆年间,出旗为民。张宜泉幼时,父母亡故,兄嫂不容,强迫分家,所谓"亡家剩一身"。其后,张宜泉书剑飘零,游行于京师四方。后来,于海淀一带设馆授徒。

雪芹与宜泉的相识,纯系偶然。雪芹作侍卫期间,不时在圆明园附近游玩,海淀、大有庄一带都是常去之处①。

大有庄,原名穷八家。据说,早年只有八家村民,以打鱼采菱为生,生活自然不富裕,故得了个"穷八家"的名。皇家在其东北不远处修建圆明园,尤其是圆明园八旗护军建立后,附近一下子多了万把人,旗人又好吃喝,村里人不时将一些水产卖于旗人兵丁,日子渐渐好起来,南来北往的经商人口也越聚越多;加之,园子里的各种工程不时需要夫役,这里逐渐成为一个颇有规模的大村。

喜好游玩的雪芹,在这里结识了一些穷朋友。有一次,雪芹在海淀朋友家闲坐,和主人谈天,一个消瘦的中年人走进来。经主人介绍,雪芹方知,此人在附近设馆授书,名叫张宜泉,也是旗下人出身。

宜泉能诗善饮,高谈雄辩,亦自视甚高。二人坐下一聊,竟有相见恨晚之感,从此往来不绝,成为好友。

见到雪芹到来,宜泉喜不自禁。两人坐下,雪芹便谈及懋斋集

---

① 乾隆皇帝觉得"穷八家"一名不吉利,而且村里人沾及皇家恩泽,日子都过得不错,于是,命改名为"大有庄"。

清漪园（颐和园）与六郎庄一带的京西稻

会一事，并说到董邦达邀请自己到画苑之事。"那你答应了没有？"张宜泉问道。

"张兄，你我本不是做官的料。官场上，低头哈腰的事情，你我做得来么？我要是想过那种日子，当日也就不会从宗学出来了，还是这样野鹤闲云的好！"

"宗学里，上面还有管着的，你自然不会舒服；到画苑，直接面对皇上，倒不会那么麻烦。"

听宜泉如此说，雪芹呵呵一乐，答道："都一样，宜泉，阎立本不让儿子学绘画，那不是没有原因啊！"

"原来如此。咳！且不管他那个，来，看看我刚写的东西。"张宜泉从桌子上拿起一叠诗稿递给雪芹。雪芹拿着诗稿，来到窗口，欣赏起来。

晚上，二人秉烛饮酒，谈论故事，好不自在。一夜无话。第二天一早，曹雪芹离开海淀，过青龙桥，往功德寺去见叔叔，接儿子回家。

雪芹走后，张宜泉不禁想起雪芹谢绝董邦达邀往画苑事情，感慨不已，提起笔来，写下一首诗：

题芹溪居士 姓曹名霑，字梦阮，号芹溪居士，其人工诗善画。
爱将笔墨逞风流，庐结西郊别样幽。
门外山川供绘画，堂前花鸟入吟讴。
羹调未羡青莲宠，苑召难忘立本羞。
借问古来谁得似，野心应被白云留。

唐太宗时，著名画家阎立本供奉内廷，皇帝命他画鸟，他匆忙赶来，累得浑身流汗，俯在池边作画，看看四周的座客，感到羞愧难当；唐玄宗赏识李白诗才，曾亲自为他做羹，所谓"以七宝床赐食，御手调羹"①，但李白最终不见重用。

张宜泉以此二典，说明曹雪芹既不羡慕李太白受到的宠幸，也忘不了当年阎立本受到的屈辱。要说他的这种修养和情操与前代哪一位先贤相似，也只有自称"一片野心，已被白云留住"的宋人陈

---

① 李冰阳：《草堂集序》，《李太白全集》，上海辞书出版社，2013年。

抟可以相较了。①

第三节 南游、再娶

一、南 游

一九七三年二月，我在《文物》上发表了《曹雪芹佚著及其传记材料的发现》一文后，曾接得镇江江慰庐同志于同年五月六日来信。信中告诉我，他的朋友告诉他说，有一位沈君，现年五十多岁，幼年在扬州读书，他的先人时居瓜洲镇，沈君曾告他的朋友，谓他家里世代珍藏着一幅《红楼梦》作者曹雪芹所绘的《天官图》。沈君说，乾隆某年曹雪芹因事由北京去江宁，取道扬州、镇江。行至瓜洲，天气突变，封江停航，曹被阻于江的北岸，滞留瓜洲镇上。沈君当时是瓜洲的大姓，久慕雪芹之名，延为上宾，热情款待。因宾主相得，雪芹在瓜洲留居一月有余，才渡江去江宁。行前，曾作《天官图》一幅以贻主人。沈家对这张画世代珍藏，视为瑰宝，并嘱其后人妥为保存。一九七八年秋，我去镇江，见到了江同志和该图收藏者的弟弟沈星甫，据谈实有其事。

——吴恩裕：《论芳卿是曹雪芹的续妻以及续娶的年代等问题》②

---

① 《唐才子传》卷十载，唐末陈抟举进士不第，隐居华山云台观，入宋，数次谢绝官府的征召，其谢表云："数行丹诏，徒教彩凤衔来；一片野心，以被白云留住。"所谓野心指自然状态，不受任何束缚的状态。张宜泉以此典形容他曹雪芹，说明此时曹雪芹早已断绝了富贵名利之心。

② 吴恩裕：《曹雪芹佚著浅探》，天津人民出版社，1979年。江慰庐、凌和《曹雪芹、〈红楼梦〉和镇江、瓜州的关系》，《红楼梦学刊》1980年第03辑。

转过年来（乾隆二十四年，己卯），雪芹从一位自南方来京的友人处听说，自己的表妹李大姑娘流落江南，心焦如焚，急欲有江南一行。①

（一）李煦抄家、洛瞎子

雪芹的这位李氏表妹，是李煦的孙女，与雪芹可谓青梅竹马，二人本有大好姻缘，孰料造化弄人，雍正帝清除政敌、查处亏空，李、曹两家先后败落，二人天各一方，多年来不得相见。

当年，李家抄家时，当地官员感李煦平日照顾之恩，曾有藏匿李家家人之事。有三名妇女被山东昌邑人（李煦之父李士桢，本名姜士桢，山东昌邑人，明末，被满人俘虏入旗，成为李西泉继子；李煦堂弟姜焯为徐州知府）"洛瞎子"窝藏起来。九月三十日，江南江西总督查弼纳奏查李煦家人郭藏书并未藏纳李煦家产之事。皇上朱批云：

---

① 乾隆二十五年，敦敏有《芹圃曹君霑别来已一载余矣，偶过明琳养石轩，隔远闻高谈声，疑是曹君，急就相访，惊喜意外，因呼酒话旧事，感成长句》一诗——按照敦敏《懋斋诗钞》的编年顺序，该诗系于乾隆二十五年。敦敏称，与雪芹"别来已一载余矣"，言"别来"，而不言"未见"，则雪芹曾与敦敏告别之事可知。又，曹雪芹在明琳家中高谈，而院外可闻，知曹雪芹、明琳等高谈当在院中，则时间当在六、七月间，则曹雪芹与敦敏相别当在乾隆二十四年三、四月间。敦敏诗系于乾隆二十五年。卷单行（即顾斌）:《敦敏〈懋斋诗钞·东皋集〉残卷综论》："《懋斋诗钞·东皋集》的版本现已发现的有三种：一是，1947年，周汝昌于燕京大学图书馆发现的清末富察恩丰辑《八旗丛书》之《懋斋诗钞·东皋集》抄本，今藏美国哈佛大学图书馆（下文简称'哈佛藏本'）。二是，1954年，吴恩裕从编《八旗艺文编目》的恩华氏家里发现的《懋斋诗钞·东皋集》的稿本，今藏国家图书馆（下文简称'国图藏本'）。三是，2014年，笔者于北京大学图书馆发现的《八旗丛书》中《懋斋诗钞·东皋集》抄本之副本，此本同于哈佛藏本。" http://blog.sina.com.cn/s/blog_3fc23a0f0101kby1.html。

为李煦一案,尔始终未尽心,且多负于朕。即便派来京城折价之人,均已替换,而重要人员亦不知派往何处。尔随便办理而已。因为都已经及时巧饰,朕亦无可奈何了。①

不久,洛瞎子等人在京师落网,皇帝降旨,"命内务府衙门明白咨行,将在京师之洛瞎子,连同他的妻孥,送往山东巡抚,转交昌邑县看守。"②

当年,查抄李家时,雍正皇帝命两江总督查弼纳将李煦家人、奴仆发卖,得钱偿还亏空。苏州士人以为,李煦一家都是旗人,说不定哪一天就能翻身,到时没法收场,因而,等了挺长时间,无人敢买。查弼纳没有办法,于雍正二年(1724)闰四月初一日给皇帝上折,奏请将李煦家人押送上京,由内务府来办理。皇上准奏,查弼纳得旨后,派人将李家老

《昌邑姜氏族谱》对通州李士桢墓记载

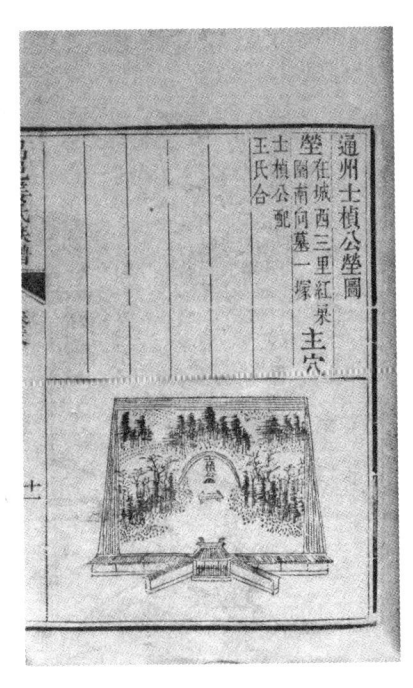

---

① 雍正二年十一月十二日《两江总督查弼纳奏报李煦案内郭臧书等人口供折》。虽然,查弼纳反复辩白,但是,相应案犯有人逃跑或被替换,却是实有其事。曹雪芹的表妹,可能就是那个被上报为死亡的幼女,也有可能在此前后被人窝藏起来,所以,后来能够平安嫁人,丈夫死后,又得以入京,寻找雪芹。

② 十二月二十六日,两江总督查弼纳奏报,李家奴仆肖兴元夫妻,以家人王三夫妻之名,顶替自己夫妻之名,而自己随李鼎夫妻入京照顾主人。

小二百多人分批统统送往京师。①

按现在的文献来看,李家被查抄,在苏州的"随从李煦之家属十四名口"②,而这些人被解送北京后,竟然只剩下了"妇孺十口"③。

皇帝大发雷霆,他认为,有司监管有误,应予惩处;但是考虑到主犯尽在,皇帝也无意再加追究,只能无可奈何的说:"因为(尔等)都已经及时巧饰,朕亦无可奈何了。"这没了的四个人中就有这位李大姑娘。

(二)南下、遇阻

多少年来,雪芹一直在试图寻找表妹,结果总是让他失望,没有得到一点线索。不意,竟然无意间得知她的消息。把儿子托付给叔父,跟几位朋友打过招呼,办好相关手续后,雪芹便匆匆踏上了赶往江南的行程。

曹雪芹寻妹心切,一路上,风餐露宿,未敢稍作停息。经过一个多月的跋涉,终于来到了大江边上的瓜州渡口。④

不巧,大江上风起大浪,雨雾迷蒙,所有的船只都停止了行驶。

没有办法,曹雪芹只能先在瓜州住下来,待天晴之后,再行过江。他顺着街道溜达,想寻找一个客栈住下。远远看见一面绣着

---

① 雍正二年闰四月初一日《两江总督查弼纳奏请将李煦家人押送内务府折》。
② 《有关苏州织造李煦被抄家及审拟史料》"雍正元年六月十四日"条。
③ 《有关苏州织造李煦被抄家及审拟史料》"雍正二年十月十六日"条。
④ "靖藏本"《红楼梦》第四十一回《栊翠庵茶品梅花雪 怡红院劫遇母蝗虫》"眉批"道:"妙玉偏僻处,此所谓'过洁世同嫌也'。他日,瓜州渡口各示劝惩,红颜固不能不屈从枯骨,岂不哀哉!"可知,在曹雪芹的早期本子中,本有妙玉瓜州渡口"红颜屈从枯骨之事"。

"沈家老店"的望子正迎风飘扬。雪芹决定,暂住此处,等候时机过江。

不料,大雾数日不散。逛了逛街道,每日无聊,雪芹只能躺在屋里看看书,或者在店里要点酒肴,自斟自饮。

一日,曹雪芹坐在小桌前饮酒,耳朵里听着旁边人们的闲谈。忽然一个衣着鲜亮的中年人走进屋来,三四个家人跟在后面。雪芹想,这人怕是镇上的富家子弟,也未在意,只顾自己低头饮酒。却见,不少吃酒的都纷纷站起来,朝那人打躬作揖,"沈老板""沈老板"的寒喧声此起彼伏。雪芹才知道,进来的人,敢情是这家店的主人。

那店主人作了一遛罗圈揖后,眼睛朝自己这边扫了一圈,竟举步向曹雪芹这桌走了过来。

"这位兄台,在下沈铭,这家小店是我的,兄台英姿不凡,定非常人,不知能否一叙?"那中年人道扬手抱拳道。

雪芹见人家给自己说话,忙站起来,抱拳作揖,道:"敝姓曹,单字名'霑'。沈老板客气。"

"莫非曹楝亭织造子孙乎?"那人接着问到。

"欸……正是,正是。听店主此话,莫非沈家祖上有认识我祖上者不成?"雪芹疑惑道。

沈老板吩咐家人:"快回去告诉夫人,让她收拾房子,就说有贵客相访。"回过头,来对雪芹说:"令祖曹公为官江宁时,往来于大江两岸,于两岸百姓多有恩泽,吾祖曾为办理丝务。公家有变,吾祖告子孙,若有曹氏子弟落难于此,必倾所有而济之。多年来,不曾的半点音信,不意今日得以相见。"

"原来如此。"

沈铭殷勤邀请雪芹到家居住，雪芹推辞不得，只好收拾了东西，一同向沈家大宅走去。

沈家为本地大户，房屋田产不计其数，刚才雪芹饮酒的那条街，竟然有半条街都是他们家的买卖。到了沈家，只见楼宇高耸，仆从众多，俨然大族模样。进得家来，安排雪芹住下，每日饮酒说话。

住了数日，雪芹就要起身，沈家上下强留多住些时日。雪芹不忍拂其好意，只得再住下来。

一日，雪芹正在屋里闲坐，沈铭从外面走了进来，道："公子，我上午到店里，听伙计说，前两日，有一女子在店里停留过，说起来，颇似您说过的表妹，说是要前往京师。"

"哦？"雪芹忽地站起来，"难道表妹已经渡江，前往京师寻我去了不成？"

沈铭接话道："公子即已至此，隔岸即是金山，江宁、苏杭近在咫尺，何不故地重游？况且，伙计所说之人，未必即是令妹。我看，不如这样：过些日子，我派个可靠家人随您渡江，一来寻找令妹，确认其是否真的已经渡江北上；二来顺便游览江南山水，您看如何？"

雪芹听完，沉吟了一会儿，道："看来，只能如此了，只是多有叨扰，雪芹心中实在不忍。"

"曹兄这样说，就是见外了。正好沈某有一事相求，不知当说否？"

"沈兄但讲无妨。"

"曹兄大才，不知能否为小弟留一墨宝，以为纪念。"

"曹某正有此意，还要借用沈兄笔墨一用。"

沈铭赶忙布置下去。一时，二人来到书房，笔墨纸砚都已备好。只见，曹雪芹看看纸张尺寸，想一想布局，抓起笔来，刷刷点点……不一刻，一幅《天官图》就呈现在面前。

只见，那天官，神态逼真，栩栩如生。工笔与小写意结合的正好：粗疏处，一笔带过；细微处，胡须发丝，根根可见。天官一条腿迈开，似乎要走下纸面一般。

沈铭啧啧称赞不止。

雪芹道："叨扰多日，无以为报，我也不长于画画，《天官图》一幅，聊作纪念。"

"曹兄既已用笔，还请再为弟留下墨宝。"

"此易事耳，只是我的笔墨不值银子。"说罢，曹雪芹换一支笔，笔起笔落，为沈铭写下几幅字、联。

耽搁几日，沈铭安排一名家人陪雪芹从瓜州上船，渡江南行：先向镇江金山，后转苏州去了。

雪芹找遍了苏州、扬州，也没得到表妹的下落。好在，雪芹幼时认识的朋友有些还在，反复打听，他才知道，表妹确已北上京师了。既然如此，也就不急在一时了，雪芹又顺便访了几个朋友，随后，乘船到金陵，遍览秦淮之地。

一日，沈家的家人给曹雪芹雇好了船，道："曹爷，主人家交代过，您回京时，让小人代雇船只。所有的事，您都不用管，钱，我已经付过了。"转过脸来，对船家道："好好伺候着，回来，我们家爷重重有赏。"

雪芹与伙计分手，一路行舟，北返京师。

这一日，船终于到了张家湾，这就算到了京师，因为不过半天儿，雪芹就能进城了。于是，阔别一载，雪芹又回到了他熟悉的京城。

二、再　娶

　　一九六一年十二月廿七日下午，与黄觉非先生同赴琉璃厂荣宝斋，晤田宜生君。偶谈及曹雪芹，田君谈兴遽高。尝告余，彼曾闻其友人言，曹败落时，曾与《红楼梦》之史湘云在西直门外三元里（或三元栈）胡同开设酒馆，状至艰窘，并亲为接待往来客人云……又，田君云："上海文史馆陈病树先生知有关曹雪芹之传说颇多。"据陈云，曹有好友在热河，每返北京则邀雪芹于朝阳门外一酒馆饮酒云。"

——吴恩裕：《曹雪芹佚著浅探》①

　　笔者在搜访曹雪芹史料中，曾听说有关曹雪芹所娶妻子及妻家的传说，几种说法不同……其中一段为雪芹之妻为李煦孙女，她诞生在苏州。另一则材料，在《红楼梦散论》中收有张次溪《记齐白石谈曹雪芹和〈红楼梦〉》，其中提及，齐白石于光绪二十九年癸卯（1903）在西安樊樊山幕中，一次听一位旗籍的朋友谈："曹雪芹娶李氏寡居的表妹。"

——徐恭时：《哪无一个解思君——李煦史料新探》

（一）西直门外酒馆

　　进得城来，曹雪芹来不及拜访朋友，赶忙找到相熟的几个穷哥们儿，请他们帮忙寻找李大姑娘。

　　这些穷哥们儿，别的本事没有，但是人多势众，要说找人，那可是他们的一绝，比衙门里还管用。其中，有一位就是专门的包打

---

① 吴恩裕：《曹雪芹佚著浅探》，天津人民出版社，1979年。

清末西直门外

听,消息灵通得很。

几天后,雪芹终于得到了回信,有人在西直门外一家酒馆中看到一位姑娘,很可能,就是雪芹离散多年的表妹。①

闻知消息,曹雪芹急忙赶往西直门。在那家小酒馆中,曹雪芹见到了自己日思夜想的表妹。兄妹相见,抱头痛哭。待收住泪水后,李大姑娘给雪芹引见店主。

当时,李大姑娘到京后,多方打听,听说雪芹移居京西。打西直门经过时,碰巧与店主人相遇。于是,店家让李大姑娘在店中住下,自己一面联系小主子,一面前往香山探访消息。到香山一问,才知道雪芹往南方去了。

大家坐下说话,说到这些年的经历,唏嘘不已。

这时,已届年关了。

---

① 民间传说,曹雪芹在西直门外开设酒馆,亲自为客人端酒布菜。敦敏《赠芹圃》云:"燕市哭歌悲遇合,秦淮风月忆繁华。"可知,雪芹兄妹的相认,似应是在京师。

（二）养石轩内

转过年来（乾隆二十五年，庚辰），雪芹进城拜访亲友，怡王府、平王府自不必说，是要先去拜会的，昌龄府上也得去，从这几家出来，正好顺路，便先到了明琳的养石轩。

哥儿几个坐在院中，置酒谈天，聊一些京师的新闻，听雪芹讲一些江南见闻。正说得高兴，碰巧，敦敏从养石轩外路过，听到院内的高谈阔论，听口音、口气，便怀疑雪芹从江南归来，急忙进院相看，见果是雪芹，惊喜意外。

大家见敦敏到，非常高兴，连忙招呼他坐下，让他一起听雪芹讲故事，又一面让童子速速上酒。于是，几人复又坐下，把盏叙事。雪芹便又将寻得表妹之事告知大家，又讲些江南趣事。敦敏后来有诗记载此日之事，云：

芹圃曹君霑别来已一载余矣。偶过明君琳养石轩，隔院闻高谈声，疑是曹君，急就相访，惊喜意外，因呼酒话旧事。
可知野鹤在鸡群，隔院惊呼意倍殷。
雅识我惭褚太傅，高谈君是孟参军。
秦淮旧梦人犹在，燕市悲歌酒易醺。
忽漫相逢频把袂，年来聚散感浮云。

其中，"秦淮旧梦人犹在"一句，说的正是雪芹江南一行、寻得表妹之事。

后来敦敏对曹雪芹南游和寻得表妹的事情颇为感慨，又作诗感叹云：

短檠独对酒频倾,积闷连宵百感生。
近砌吟蛩侵夜语,隔邻崩雨堕垣声。
故交一别经年阔,往事重提如梦惊!
忆昨西风秋力健,看人鹏翻快云程。①

这"往事重提如梦惊"指的就是雪芹表妹一家当年的遭遇。如今,老天爷开了眼,有情人终成眷属,看明日的日子,自然会一帆风顺:"忆昨西风秋力健,看人鹏翻快云程。"

曹雪芹又听说,去年,小怡亲王弘晓组织家人、幕友抄写了《石头记》,并有人再就他的本子抄录评批。②

(三)再婚、书箱

雪芹从江南回来,并寻得表妹的消息,很快在朋友间传开。他们素来知道,雪芹与李大姑娘的感情,既感慨造化弄人,又都替雪芹感到高兴,两人现在又都没有家室,便撺掇他们尽早择日完婚。

请示过叔叔,择定了黄道吉日,在亲戚朋友们帮助下,二月某日,雪芹和李大姑娘举办了简朴的婚礼。结婚这天,亲朋好友们各自带着礼物来北上坡,③有的带来鸡鸭鱼肉,有的封几锭银子,张宜

---

① 敦敏:《闭门闷坐感怀》,《懋斋诗抄》。
②《脂砚斋重评石头记》的"己卯本"前有"己卯冬月定本"字样,而且,此本避康熙帝玄烨的"玄"字、雍正皇帝胤禛的"禛"字,不惟如此,此本抄写文字还避怡亲王允祥的"祥"字、避小怡亲王弘晓的"晓"字,说明此本出自乾隆时期的怡王府。
③ 在张永海的故事中,"曹雪芹是在那里(镶黄旗营)续娶的。"可知,曹雪芹很快就搬出了白家疃,重新回到镶黄旗北上坡旧居。

泉送来的礼物别致,是一对书箱并一轴字画。①

酒席上,自然少不了诗赋唱和,这是他们相聚必有的节目,今天这样特殊的日子,作诗自然更是不可或缺。

趁着酒兴,张宜泉站起身来,道:"芹溪,今天是你的好日子,愚兄以此一对书箱为贺。适才,诸位都问,为何这对书箱都是素面?现在,我就把我的想法说出来,不过需借你的妙手。"②

闻听此言,大家都感到惊奇,不知道张宜泉要搞什么名堂。鄂比道:"噢!你且说来听听。"

张宜泉道:"芹溪以石自喻,李姑娘名里则有一个'兰'字。我想,可以画一丛兰花,旁边依着顽石,形式上虽是因旧制,但在芹溪,却有深意;又合《石头记》中'木石前盟'的说法。至于诗文,我想可以这样写:《题芹溪居士》:'并蒂花呈瑞,同心友谊真。一拳顽石下,时得露华新。'诸位以为,如何?"③

"好",敦诚道,"宜泉兄才情过人,所思极有情趣。"

张宜泉接着说:"芹溪跟李姑娘这件喜事,委实不易。我想,芹溪多才,雕刻又是极好的,将来,让他自己把诗、画刻到书箱上,也是一个纪念。"

---

① 张行家传一对黄松木书箱,上刻"芹溪居士""拙笔"字样,其箱盖背面有五行墨迹。1977年,孔祥泽曾比较《废艺斋集稿》曹雪芹"序"双钩、正白旗村三十九号题壁文字和书箱文字,他认为,三者文字在书法上有着内在一致性:不管是楷书、行书还是草书,都以汉隶为功底。2008年,公安部文检专家李虹亦认为,三者出于一人之手。

② 雪芹有数号,有人各据所好称之。

③ 邓遂夫主张此书箱为曹公自置,根据书箱上的诗歌口气,笔者推测,书箱与诗歌有可能是张宜泉所赠,而书箱上的诗歌与兰草,则有可能是曹公自己雕刻上去的。"一拳顽石下,时得露华新"的诗句,是有感于咫尺之遥的香山"一拳石"而发。

"我还说呢,送一对书箱,还是素面的,"鄂比插言道:"宜泉兄雅士风流,所想极有道理。"

"要说雅士风流,还属雪芹。普天之下,文人才子固多,然若论才情、风流当推雪芹为第一。"

"缪赞、缪赞",曹雪芹忙摆手,道,"来,诸位,我们干一杯,请。"说着,端起酒杯。一饮而尽。

雪芹放下酒杯,走到书桌前,道:"难得宜泉兄的好主意,我先把他说的勾出来。"雪芹拿出一张宣纸铺好,抓起支笔,蘸蘸墨汁,在纸上勾画起来。不多时,雪芹放下笔。大家看时,见纸上笔墨淋漓,兰花清秀,石头傲骨嶙峋,一似雪芹平时所作。

挪开那纸《兰石图》,曹雪芹换过一支笔,饱蘸墨汁,刷刷点点,写下了"《题芹溪居士》:并蒂花呈瑞,同心友谊真。一拳顽石下,时得露华新"几行字。

敦敏道:"芹圃总是不改本色,但是宜泉此诗本是贺你婚姻,将来还要刻到书箱上去,何必又将石头画得如此?也罢,我也为你这幅画配首诗吧。"想了一会儿,道:"有了,题为《题芹圃画石》,云:'傲骨如君世已奇,嶙峋更见此支离。醉余愤扫如椽笔,写出胸中块垒时。'"①

大家又是一阵叫好。敦诚端起酒来,道:"各位,古人云:'自古圣贤多寂寞,唯有饮者留其名。'今日是雪芹大喜之日,我们不

---

① 吴恩裕《曹雪芹佚著浅探》云:"一九六五年二月三日,刘培华偕沈信夫来访。据沈君言,其友人孔祥泽已故外祖父稚竹泉字稚川,作画时署"金台三畏",生平写有札记多种,均系手稿。其中之一即《考槃室札记》,记中载曹雪芹诗画佚文数条,其一条云:"某年曾于某贝子家中见曹雪芹诗画笔记多种,其中有曹所绘巨石一幅,并自题诗云:'爱此一拳石,玲珑出自然。溯源应太古,(未完)

曹雪芹书箱"芹溪处士"字样

曹雪芹书箱"乾隆二十五年"落款

可为①这些乌七八糟的事情毁了心情。来,喝酒。"

一直没有说话的于景廉道:"诸位,雪芹不得做官,未必是件坏事。"他停了停,看着大家,又道:"自古哪个真才子能把官当好的,太白、老杜且不必说,就是'孔圣人'也被个劳甚子的官位弄得狼狈不堪。古人又云,千古功业,无非立德、立功、立言,然而何其难也?雪芹《南鹞北鸢考工志》立不世之功;《石头记》传百世之言。

(接排)堕世又何年。有志归完璞,无才去补天。不求邀众赏,潇洒作顽仙。'"又云,他曾晤张政烺先生,据云:"一九四六年端午节前,琉璃厂书商持画一幅求售,画为一条屏,中绘巨石,左侧有由上首至下段之题诗,最下为署名。名曰'梦阮',并有图章一方,亦曰'梦阮',书贾称系作《红楼梦》之曹雪芹所绘。张以既无曹字,亦无雪芹字样,故未置信。迨近年由张宜泉《春柳堂诗稿》中得知雪芹字梦阮后,张始晤该画实出雪芹之手,大悔不置。"不知两者所云是否系一作品。天津人民出版社,1979年。

有此二功,又何必言'块垒'乎?"①

鄂比拍案叫好,"老于,你这一番话,可真谓句句金石啊。来、来、来,我敬你一杯。"丁丁当当的碰杯声和高谈阔论声再次在小院中响了起来。

不久后,曹雪芹寻空,便把《兰石图》和张宜泉的《题芹溪居士》刻在了书箱盖上。

第四节 交 游

曹君芹溪携来李奉常仿云林画六幅质予,并索便书。秋灯残酒,觉烟云浮动在尺幅间,因随写数行。他时见谷斋,不知以为何如也。生香老人再笔。②

——陈浩题李白《秋登宣城谢朓北楼》诗后跋

传统时代,琴棋书画是每个知识分子的必备技能,不过有人在某些方面特别突出因而名世而已。曹雪芹的爷爷曹寅既是书法高手,复善诗歌戏曲。

曹雪芹自然也是能诗善画,友人或称其诗风似李贺,或称其有才,在诸友人中"鹤立鸡群"。大家相聚,也往往是诗酒唱和、诗画雅集。

---

①《左传·襄公二十四年》:"太上有立德,其次有立功,其次有立言,虽久不废,此之谓不朽。"立德、立言、立功就成为中国传统社会知识分子的最高追求。
②《自怡悦斋书画录》(道光十四年甲午刊本)卷十九"册页类"第一件为《李谷斋墨山水陈紫澜字合册》,《合册》第八幅著录有陈浩书李白《秋登宣城谢朓北楼》诗后跋云如是。朱新华《关于曹芹溪的一则史料》,上海《文汇报》2011年3月30日。

一、曹雪芹、陈浩与《李谷斋墨山水陈紫澜字合册》

夏间,曹雪芹进城办事,顺便拜访了几个朋友。在友人处,曹雪芹得到一套著名画家李世倬画作。

李世倬(1687—1770),清汉军正蓝旗人(一说正黄旗汉军),字天章、汉章、天涛,奉天(今辽宁沈阳)人,著名指头画家高其佩外甥,曾任太常寺太常,人称"李太常",累官至副都御史。长于山水、人物、花鸟、果品,各臻其妙,系当时著名画家。

李世倬与怡王府关系极为密切:允祥是正蓝旗旗主,而允祥的女婿福增格、怡王府西席张宾鹤都是李世倬十数年的至交。又,与李世倬同为高其佩书画学生的甘士调,其叔甘国基

李世倬画作

系曹寅表兄。① 故而,对李世倬其人,曹雪芹想来也应当是熟悉的。

这套画作,是李世绰仿元末明初画家、诗人倪瓒(号云林子)的山水画六幅。这套画到曹雪芹手中的时候,第六图上已经有了乾隆二十四年五月(时间落款为"己卯夏午月又二日")钱维城(乾隆十年状元、奉旨分理京城五城平粜事宜)的题词了。

---

① 黄一农《曹雪芹现存诗画考》,《红楼梦研究辑刊》2015 年第 2 辑(总第 11 辑)。

钱维城（1720—1772），初名辛来，字宗磐，一字幼安，号纫庵、茶山，晚号稼轩，江苏武进人。书法苏轼，画初从陈书学写意折枝花果，后学山水，经董邦达指导——曹雪芹、敦敏与董邦达熟悉，遂成名手，供奉内廷。著有《茶山集》。

想到友人陈本敬好书画，其父陈浩也是书画名家，曹雪芹便抽了个空，拜访了一下陈氏父子。

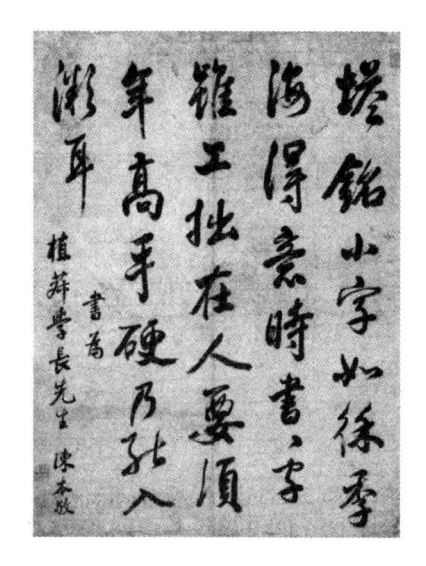

陈本敬书法

陈浩（1695—1772），字紫澜，号未斋，雍正二年（1724）进士，官少詹事，室名生香书屋，自称"生香老人"，工书法，时人称其书得苏轼墨妙。著有《生香书屋诗集》《生香书屋文集》《恩光集》。陈本敬，字仲思，直隶昌平人，陈浩次子，乾隆二十五年（1760）进士，后官翰林院检讨。

乾隆二十四年时，陈浩受聘于河南开封大梁书院，任山长（院长）职。乾隆三十年十一月初三日，河南巡抚阿思哈《为请将书院山长陈浩再留二三年事折》中写道：

河南省城设有大梁书院……现今山长系原任詹事府事臣陈浩，于乾隆二十四年起，至今掌教已经七载。臣见其品端学邃，教法精勤，远近生徒来学众，俱能循谨读书，颇无放诞佻达之习……抑臣更有请者，该山长陈浩虽年已七，精神颇健，在院年久，尽心训迪，为诸生所悦服，一时不得更代之人，合无仰恳皇上恩准，将浩再留二三年，俾其踊跃振兴，共相淬励。

乾隆三十年十一月初九日奉朱批："着再留二年。钦此。"①

可知，乾隆二十四年起，陈浩任河南省城大梁书院山长近十年。

按，陈浩《生香书屋诗文集》有《辛巳正月，客汴城，庚华小阮送水仙数本……》《庚辰六月十八日，自汴城入都，渡河后，回寄书院诸子》诗，②可知乾隆二十五年（庚辰1760）六月间陈浩曾经回京，其后一首为《重九，至保阳，寄家书作》，其中云："离家三日即重阳"，指出乾隆二十五年九月六日即已离京返豫。

《李谷斋墨山水陈紫澜字合册》上，陈浩题李白《秋登宣城谢朓北楼》诗后短跋云：

曹君芹溪携来李奉常仿云林画六幅质予，并索便书。

秋灯残酒，觉烟云浮动在尺幅间，因随写数行。他时见谷斋，不知以为何如也。

生香老人再笔。③

---

① 第一历史档案馆：《乾隆朝书院档案·下》，《历史档案》2012年第04期。
② 刘广定：《陈浩、周于礼未与曹雪芹交游之证》，《红楼梦研究辑刊》2016年第1辑。
③《自怡悦斋书画录》（道光十四年甲午刊本）卷十九"册页类"第一件为《李谷斋墨山水陈紫澜字合册》，《合册》第八幅著录有陈浩书李白《秋登宣城谢朓北楼》诗后跋云如是。朱新华《关于曹芹溪的一则史料》，上海《文汇报》2011年3月30日。

《李谷斋墨山水陈紫澜字合册》上，陈浩的题词落款"辛巳秋日"。按，辛巳即乾隆二十六年（辛巳，1761）。

乾隆二十五年作题词，时间落款却是乾隆二十六年，想来陈浩"辛巳秋日"的落款，当是应雪芹之要求、有意而作的。

实际上，陈浩、钱维城与曹雪芹的表叔昌龄也都有相应的关系。《熙朝雅颂集》卷三十九叶三载："昌龄，字晋蘅，一字谨斋，兵部尚书傅鼐子，满洲人。雍正癸卯进士，改庶吉士，散馆，授检讨，累官翰林院侍讲学士。"雍正癸卯，即雍正元年（1723）。陈浩是雍正二年（1724）甲辰科进士，钱维城是乾隆十年状元，曾官侍读学士、侍讲学士，与昌龄似都可以产生交集。

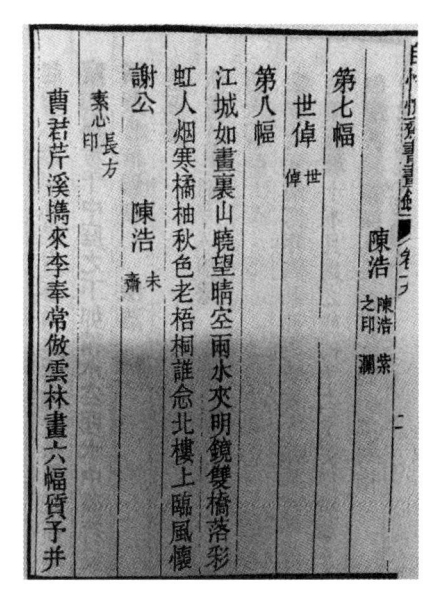

陈浩题李白《秋登宣城谢朓北楼》诗后跋

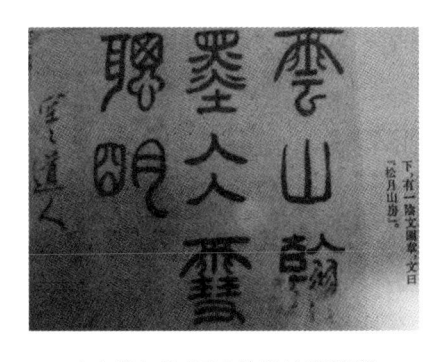

空空道人书"云山翰墨 冰雪聪明"

二、新工作又紧接着展开

魏宜之君为余言,一九三一年前后,天津王某以微值购得画一幅。画为老松人物,题曰"燕市酒徒",下署"雪芹",又下为二闲章。另一边则有"红楼梦主"一章。按雪芹居健锐营时,固尝鬻画,赵常恂曾致余函,谓其字画于清末尚有人收藏。"

得魏宜之君藏"云山翰墨、冰雪聪明"八字篆文,谓为雪芹所书。按,篆文并不工,然信手写来,亦自有致。下署"空空道人",有"松月山房"阴文小印一方,刻技尚佳,色淡朱。翰字稍损,"明"字月边下者有描处。见之者,邓之诚先生谓纸确为乾隆纸,而印泥则不似乾隆时物,概乾隆时之印泥色稍黄云云。余谓倘能断定为乾隆纸,则印泥不成问题。概不唯此印印泥本即为浅朱,即使为深朱亦不能必其为非乾隆时物。"空空道人"四字行书,笔意甚健,此十二字果为雪芹所书否,虽不可定,然一九六三年二月晤张伯驹先生,谓空空道人四字与其昔年所见雪芹题《海客琴樽图》之字都是那个路子云。

——吴恩裕:《曹雪芹佚著浅探》[①]

[①] 孔祥泽君说:"他在一九四四年看到《集稿》时,曾经把曹雪芹画的几个印纽和边款摩了下来。尤记一九七六年孔祥泽君告诉我:"他当时看到《集稿》每册书上都盖了两个同样的图章。一个是'画外人玩',圆形,阳文。另一个是'燕市酒徒',方形,阴文。当时他虽将他们描摹下来,惜于近年来失掉了。"他还记得一九四四年描摹下来不久,又有日本人金田氏手上看到过这两个原章。经赵雨山、关广志等请治印专家寿石工(名玺)鉴定一下是否同盖在《集稿》各册上的两章为同一的两章。据相查后,字形、大小完全一致。寿石工又从石的情况上判断,认为是原章无疑。"吴恩裕:《曹雪芹佚著浅探》,天津人民出版社,1979年。

（一）整理手工艺

婚后，夫妻二人你敬我爱，日子过得很是舒心。

这段时间，是曹雪芹最近几年最快乐的时候。

《南鹞北鸢考工志》的事情还没有完结，雪芹还得把它继续搞下去。

李大姑娘对这个也很感兴趣：一来，她喜欢这些漂亮的风筝，二来，看到它们，就能回想起幼年时两人放风筝时的情景。

李大姑娘帮助雪芹整理画好的图谱，也帮雪芹回忆那些已经记不太清的内容。见妻子高兴，雪芹自然也很欢喜，便不时请她帮忙回忆、绘制一些东西。

闲时，俩人就聊聊天，联联诗，有时候，也一起合作画点东西。

（二）京师灾荒

天下承平，京师的人口越来越多，穷人当然也是越来越多了。

京师这个地方，多有灾荒，或旱或涝、或震或虫、或雹或火，总是隔三差五闹点事，搅动人们的生活。

乾隆皇帝继位以来，京师无年不旱、无年不涝（春旱夏涝），乾隆十一年又发生了一场大地震，百姓饥饿、死伤在所难免，即便官家不时救济，一来时间上总是滞后，二来那些救济也不过让受灾百姓不死而已。

穷则独善其身，达则兼济天下。

曹雪芹虽穷，还想为那些苦难深重的人搭一把手。

平日里，就那点银子、米，想帮也不过是杯水车薪。现在，因于景廉的事情，倒是激发了他做点事情的想法。

（三）《废艺斋集稿》

雪芹又把自己原来刻过的一些印章和图谱拿给妻子看。李姑娘很高兴，劝雪芹将其所学其他技艺也整理出来，像《南鹞北鸢考工志》一样，整理成册，教给那些没有谋生能力的人。

雪芹觉得有理，本来，编《南鹞北鸢考工志》就是为了教残疾人学作风筝谋生，可不能人人都作风筝吧？既然这样，干吗不把其他技艺也写作整理出来呢？

对妻子的这个建议，雪芹非常赞成。考虑到这部书的写作目的和自己的工作是收集整课，雪芹给这部书起名为《废艺斋集稿》。

材料当然有不少。雪芹早年就在自家的书房里看到过很多。雪芹的爷爷就是当时著名的藏书家，他曾收藏、刊刻过《琴史》《梅苑》《糖霜谱》《声画集》，编著过《居常饮馔录》。《四库全书总目提要·谱录类·食谱之属存目》就著录了该书：

《居常饮馔录》一卷……是编以前代所传饮膳之法，汇成一编：一曰宋王灼《糖霜谱》，二、三曰宋东溪遁叟《粥品》及《粉面品》，四曰元倪赞《泉史》，五曰元海滨逸叟《制脯鲊法》，六曰明王叔承《酿录》，七曰明释智舷《茗笺》，八、九曰明灌畦老叟《蔬香谱》及《制蔬品法》。中间《糖霜谱》，寅巳刻入所辑《楝亭十二种》，其它亦颇散见于《说郛》诸书云。

雪芹自幼即爱好广泛，喜好问东问西，经常缠着家里的厨娘、仆役，学这学那；加之，又能博览群书，看到很多类似的内容，回到京城后，又见过诸多工艺匠人，看到什么有意思的东西，总要想办法学会弄懂。

《废艺斋集稿》孔祥泽手录条目

正是因为这种特殊的爱好和广博的技艺，在写作《红楼梦》中那些相关手艺、知识时，他才能那么如鱼得水，毫不费力。①

现在，他要把自己了解到的这些技艺，用通俗易懂的语言整理出来，教给那些身有残疾的人，让他们学得一门手艺，以维持生存。

以前没事的时候，为了打发空闲时间，雪芹就刻制过不少图章。虽然，搬过几次家，但是，这些印章和图谱大部分都完整保留下来了。现在，既然要搞一部手工艺的实用书籍，不妨就先从这些做过基础工作的技术着手。

---

① "护花主人"王希廉《新评绣像红楼梦全传》云："一部书中，翰墨，则诗词歌赋、制艺尺牍、爱书戏曲以及对联匾额、酒令灯谜、说书笑话，无不精善；技艺，则琴棋书画、医卜星象及匠作构造、栽种花果、蓄养禽玉、针黹烹调，巨细无遗，件件具有，可谓包罗万象，囊括无遗，岂别部小说所能望见其项背？"

雪芹把原有的印谱进行整理，划分类别，再找出有代表性的印谱补充进来，写出各种类型印文的技术要点。

这项工作进行得很顺利，半年以后，就有了一个基本的模样，雪芹给它起名为《蔽芾馆鉴印章金石集》。

（四）编织、书箱

接下来，雪芹要编纂的是编织部分。

别的事情，妻子帮不上忙，可要说到编织，她可是个行家。心灵手巧的李姑娘回忆在江南看到过的那些编织图样，一件件地把它们绘制出来。芳卿不仅整理了编织纹样草稿，还整理了不少织锦纹样，她把这些稿子统统放进了张宜泉送的那两个箱子里。

为了方便残疾人的学习，曹雪芹还为这些纹样配上了通俗易懂的诀语。

看着厚厚的稿本，雪芹很高兴，他感激妻子的支持，取笔蘸墨，顺手在书箱盖背面写下几行墨迹：

为芳卿编织纹样所拟诀语稿本
为芳卿所绘彩图稿本
芳卿自绘编锦纹样草图稿本之一
芳卿自绘编锦纹样草图稿本之二
芳卿自绘织锦纹样草图稿本

三、种芹人曹霑画册

闲来时候，曹雪芹曾陆续画过一套册页，内容是瓜果蔬菜之类，表达隐居乡里的意愿和快乐。

全册设色写意画八幅,除了自题一幅外,其他每幅,雪芹都请友人在左侧题写了题诗。①

第一幅所绘为山芋。钤一长方印。附题行书七绝(明末福建女诗人王虞凤《春日闲居》)一首:"浓阴柳色罩轻纱,风送炉烟一缕斜。庭草黄昏随意绿,子规啼上木兰花。"落款题名为"絧斋闵大章"。后钤白文"闵大章印"、朱文"元音"方印。引首钤"汶水"长方印。

第二幅画一个萝卜。钤一椭圆形印章。附题行书七绝一首:"翠叶离披覆垅头,表朱内玉实深秋。膏粱饱尝闲鱼肉,曾识田家至味否。"落款题名为"絧斋闵大章"。后钤白文"闵大章印"、朱文"元音"方印两方。引首钤"汶水"长方印。

第三幅画残荷。钤一长方印。附题楷书诗句:"红衣落尽渚莲愁。"(出唐赵嘏《长安晚秋》)后落款"岁乾隆辛巳夏日,客京华旅次,歇尊者拈句"。

第四幅画茄子、番茄。附题行书杜甫五律《春夜喜雨》:"好雨知时节,当春乃发生。随风潜入夜,润物细无声。野径云俱黑,江船火独明。晓看红湿处,花重锦官城。"落款题为"杜工部句,闵大章"。后钤白文"大章之印"、朱文"元音"方印两方。引首钤"汶

---

① 《种芹人曹霑画册》高31.5厘米,宽29.4厘米,今藏贵州省博物馆。赵竹:《〈种芹人曹霑画册〉真伪初辨》,《贵州文史丛刊》1988年第4期。画册原为晚清陶廷杰藏。按,陶廷杰(1785-1856),字子俊、涵之,号莲生,清贵州都匀府(今都匀市)人。嘉庆十八年(1813)拔贡,次年进士,入翰林院授庶吉士,历任翰林院编修、山西主考官、广东学使等职,累官至陕西巡抚等职,其人秉性刚直,为官清廉,振兴教育,喜诗文、善书法。《画册》以紫檀木为封面,贴有绫质行书题签"种芹人曹霑画册",落款为"光绪壬辰年秋月忘忧山人玩","文革"前,陶氏后人持《画册》请贵州省博物馆陈恒安先生鉴定,后由馆方向陶氏后人酌价收购。

《种芹人曹霑画册》第六幅西瓜图并曹霑题词

水"长方印。

第五幅画怪石,上生幽兰,旁衬海棠。钤一椭圆形印章。附行书李清照海棠词《如梦令》("昨夜雨疏风骤,浓睡不消残酒。试问卷帘人,却道海棠依旧。知否,知否?应是绿肥红瘦。")。落款题"仲思陈本敬"。后钤"陈""本敬"白文方印,"仲思"朱文方印三方。引首钤"玉壶冰"长方印①。

第六幅画西瓜。钤一长方印。附题行书七绝:"冷雨寒烟卧碧尘,秋田蔓底摘来新。披图空羡东门味,渴死许多烦热人。"落款题:"种芹人曹霑并题",钤两公分见方隶书石刻印章"曹霑"。引首钤一长方朱印。

第七幅画江畔渔翁纵鱼鹰捕鱼。钤一长方印。附行书七律(金

---

① 顾斌在《红楼梦研究辑刊》2013年第2辑(总第7辑)发表《贵州图书馆藏〈种芹人曹霑画册〉考释》一文,将《种芹人曹霑画册》与《李谷斋墨山水陈紫澜字合册》第八幅著录的陈浩书李白《秋登宣城谢朓北楼》诗后跋合并对考。

《种芹人曹霑画册》第八幅石头灵芝并题词

党怀英《渔村诗画图》):"江村清境皆画本,画里自传诗语工。渔父自醒还自醉,不知身在画图中。"落款题为"辛巳夏日,陈本敬"。后钤"陈""本敬"白文方印和"仲思"朱文方印三方。引首钤"玉壶冰"长方印。

第八幅画峭石、灵芝。署"竹堂",钤一圆形印章。附题隶书五律:"片玉钟山岳,仙芝秀草莱。是谁涂抹出,灵异此中开。"落款题:"辛巳夏六月,铭道人题"。

《画册》第六幅瓜图落款为"种芹人曹霑并题",题西瓜题词云:

冷雨寒烟卧碧尘,秋田蔓底摘来新。
披图空羡东门味,渴死许多烦热人。

"披图空羡东门味"中"东门味"三字典出"东陵瓜"。《史记·萧相国世家》载:"召平者,故秦东陵侯。秦破,为布衣,贫,种瓜

于长安城东。瓜美,故世俗谓之"东陵瓜",从召平以为名也。"北京西瓜成熟时间正是农历秋时,《本草纲目》载:

时珍曰:"按,胡峤《陷虏记》言:'峤征回纥,得此种归,名曰西瓜。'则西瓜自五代时始入中国,今则南北皆有,而南方者味稍不及,亦甜瓜之类也。二月下种,蔓生,花、叶皆如甜瓜,七、八月实熟。"

画作题诗中有"秋田""冷雨寒烟"正写其时。

陈本敬系雪芹友人,其人可考,而歇尊者、闵大章、铭道人,因无资料,尚不知其何人,待考。

四、游广泉寺

君诗曾未等闲吟,破刹今游寄兴深。
碑暗定知含雨色,墙觕可见补云阴。
蝉鸣荒径遥相唤,蛩唱空厨近自寻。
寂寞西郊人到罕,有谁曳杖过烟林。

——张宜泉:《和曹雪芹西郊信步憩废寺原韵》

自从搬到公主坟,平时活动就不用再受营子里规定的约束,曹雪芹的活动自由了很多,朋友们再来找他也方便多了。朋友相聚,照例是找个酒馆喝酒聊天,或者,到附近的山上寺庙转转。

当然,也会谈到《废艺斋集稿》和《红楼梦》。

一日,好友张宜泉自海淀来访。坐一会儿,张宜泉提议,出去走走。

俩人出了门，沿着万花山东侧山坡北行，走到卧佛寺，西折，往樱桃沟方向走去。

他们沿山道行走，很快就到了隆教寺。到了隆教寺，就能看到泉水，水流颇大，能听到哗哗的水声。隆教寺下侧有一道石槽，将沟里的泉水引向山下，经十方普觉寺，从正白旗打个湾儿直向玉泉山去了。这就是乾隆十九年（1754）建造的引水石槽。

十方普觉寺，也就是卧佛寺，位于寿安山脚下，始建于唐贞观初年。

元朝，英宗皇帝耗费巨资，用红铜为寺里铸造了一座重达五十万斤的卧佛造像，其造型之大、工艺之巧，堪称绝世之作。明代，皇帝屡次赐钱赐经，太监则利用这里的小环境，为皇家养植牡丹。于是，这寺里的娑罗树、卧佛、牡丹、泉水吸引了不少游客，香客纷至沓来。

明清鼎革，寺僧逃散，兴盛一时的卧佛寺失去往日风采。雍正八年（1729），怡贤亲王允祥重修该寺。但是，佛祖并没有能够保佑这位为大清改革作出重大贡献的王爷，卧佛寺大修工程开始不久，身心俱疲的允祥病死京师。修缮寺庙的事情落在了他的儿子、继任怡亲王的弘晓身上。工程断断续续地进行了五年，到雍正十二年底基本修复完毕。雍正皇帝命自己最欣赏的无阂永觉禅师超盛前来主持法席，并亲自撰写碑文，记述寺庙的沿革、允祥修建寺庙的缘起，并给寺庙赐名为"十方普觉寺"①。

---

① 唐初，该寺供奉一座檀香木卧佛。自元英宗熔铸铜卧佛以来，寺内两座卧佛并卧，持续时间达三百余年。在这次大修时，那座唐代檀香木卧佛不翼而飞。颇疑它被移进了城内寺庙。

从隆教寺沿山路上行二三里，就是樱桃沟中最大的寺庙五华寺。

五华寺始建于金朝大定年间，是金世宗修建的、供道士炼制金丹的地方。金元时代，曾为白云观下院，这里不仅多次举办打醮仪式，尹志平等高道皆葬于此。元代，佛教势力兴起，遂为寺庙。乾隆初，小怡亲王弘晓随皇帝到十方普觉寺时，还单独来了趟五华寺，拜会寺里的方丈。

五华寺东侧有一龙王庙，五华寺隔山沟是孙承泽退谷，南面有圆通寺、太和庵。五华寺、圆通寺之间一道长岭突起，沿山路上去，就是广泉寺。①

早在明代中晚期，广泉寺就已成废寺，但是这里的泉水却因其高在半山，在北京是顶有名的。孙承泽《天府广记》记玉皇顶泉水时说："殿侧有满井，水可手掬。西山山顶之井，广泉寺与此为二，谷中瀹茗取给二井。"

正是因为这井水，广泉寺而有了名声，因此，寺虽废而人不绝。加上，这里地僻山幽，可远眺谷中景色与西山落日，雪芹经常溜达到这里，一个人坐上一阵子。

通往广泉寺的这道山岭，路陡弯多，攀登上来，颇是累人。雪芹和张宜泉在路边各找了一条木棍，以为支撑。

爬上岭来，耗费了两人不少气力，宜泉小几岁，身体却比不了雪芹，走得又急，不禁气喘吁吁。俩人坐在寺门外的井台上，歇息一番。雪芹环顾一番，道："宜泉兄，看样子，一会儿要下雨哩。"

---

① 从樱桃沟如笠亭北，沿一条石路上行，约600多米，路旁有古井一眼，即广泉寺寺门外的古井。井建在山坡上，深十余米，井壁以青石砌就。井台上覆两块石板，上有"广泉古井"四字，左下侧刻有中华**字样，为民国周肇祥所刻。

广泉寺门外古水井

"没错儿,云气重得很。"宜泉接口道。

"不光这个,你看。"雪芹指着不远处一块倒着的石碑,"石碑上有湿气,正往外渗水,这就是要下大雨的迹象了。"

心情不错的雪芹忽然有了诗兴,随口吟出一首《西郊信步憩废寺》[①]。张宜泉听罢,沉吟片刻,就着雪芹诗的韵脚,作了一首《和曹雪芹西郊信步憩废寺原韵》,作为回应,诗云:

君诗曾未等闲吟,破刹今游寄兴深。
碑暗定知含雨色,墙舣可见补云阴。
蝉鸣荒径遥相唤,蛩唱空厨近自寻。

---

① 似乎上天就想只让曹雪芹的《红楼梦》传下来,《废艺斋集稿》残存寥寥,与张宜泉《西郊信步憩废寺》、与敦诚的《佩刀质酒歌》都没有流传下来,我们只能借助张、敦的和诗去想象一下曹公当时的形象。

寂寞西郊人到罕，有谁曳杖过烟林。①

广泉寺所处的位置在山腰，山顶上的太阳还挺高，这里就已经有些暗了。

二人深知，这时候，沟里已经不见光线了，一会儿，大雨一来，各山头雨水四集谷中，雨水顺势而下，再想出谷可就难了，二人不敢久留，连忙曳杖下山。

五、寻诗人去留僧舍

碧水青山曲径遐，薜萝门巷足烟霞。
寻诗人去留僧舍，卖画钱来付酒家。

——敦敏：《赠芹圃》

这段时间，雪芹的生活很充实，教儿子读书识字，整理《废艺斋集稿》，跟妻子说话游戏，占据了他绝大多数的时间。

朋友们也会不时到香山来，张宜泉住的近，还好说一些，城里的敦氏兄弟、明氏兄弟，包括弘晓兄弟要来一趟就没那么容易了，毕竟从城里到香山少说也有几十里地。尤其是知道他正忙于《废艺斋集稿》的写作，这段时间大家到香山来得也没那么频繁了，雪芹呢，进城的次数

---

① 因诗中有"寂寞西郊人到罕"句，很多专家便认为曹雪芹居住的地方很是荒芜，周围没有人家，这和正白旗39号附近比较繁盛的景象不合。因此，曹雪芹移居西郊之后，应该住在居废寺不远的樱桃沟一带。殊不知，曹雪芹和张宜泉是在无事的情况下，信步走到广泉废寺的，这寂寞的西郊距离曹雪芹居住地有着相当的距离，并不是写曹雪芹居住地的环境。

就更少了。张宜泉有一首《怀曹芹溪》诗，就反映了这种情况：

似历三秋阔，同君一时别。
怀人空有梦，见面尚无期。
扫径张筵久，封书倩雁迟。
何当常聚会，促膝话新诗。

几位方外的朋友，也记挂着他，因为离得近，倒不时派人邀他到寺里品茗闲坐。

一日，某寺的方丈派人来，邀他到寺里一坐。于是，雪芹上去，二人一谈就是一天。晚上，雪芹也没回家，干脆就住在了寺里。

第二天半晌，雪芹正准备告辞回家，却见敦敏家的小童从寺外跑了进来。一问，才知道，敦敏、敦诚来访他，听说他到寺里来了，便叫小童前来相请。

雪芹回来，两边行礼见过。寒暄过后，他们决定到峒峪村的酒馆坐坐。①

香山脚下旗人营房与汉民房屋相间而设，由于旗营内的兵丁与家人不准经商，附近聚集的汉民和聚集而来的回民、蒙古人等，纷纷在旗营附近经营各种小商业。镶黄旗与正白旗间的峒峪村关帝庙小酒馆，位于卧佛寺前香道边上，人来人往，是嗜酒的雪芹经常光

---

① 峒峪村原址在北京市植物园展览温室后一带，至今这里还生长着三棵古槐，据说这里就是雪芹和朋友们一同饮酒聊天的峒峪酒馆。

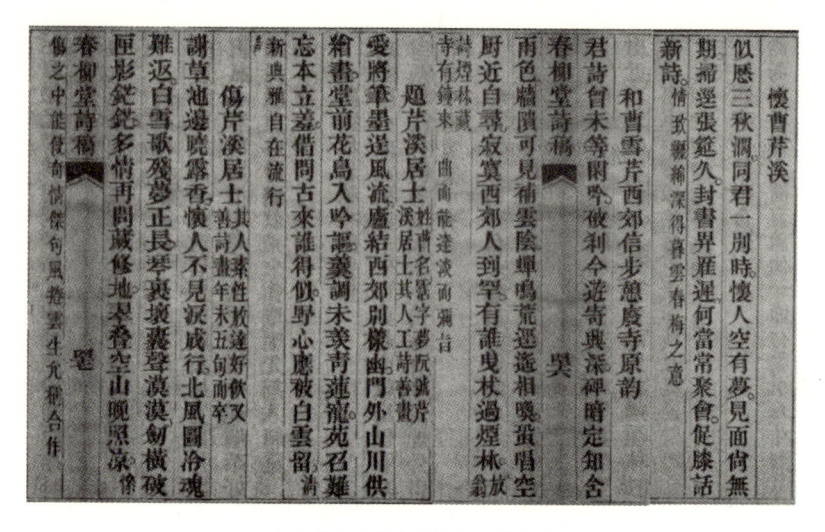

张宜泉《春柳堂诗稿》涉雪芹诗

顾的地方。①

哥儿仨来到酒馆，正碰到前来打酒的鄂比，四人一起坐下。鄂比道："你们不知道，雪芹在香山混出名来了？"

敦敏听罢，不免感到惊奇，忙问鄂比，到底是怎么回事。

鄂比道："如今天下太平，兵戈不兴。这不，香山这边旗人也开始玩儿鸟了。人家养的都是画眉、百灵，雪芹倒养了一只蓝靛颏。这玩意儿香山到处都是，你说他能玩儿出什么来。人不服不行，还真让他玩出来了。他这只蓝靛颏声音洪亮、婉转动听，又会打嘟噜。它一叫，把人家的画眉、百灵都比下去了。大家都说，二爷不光人能言善辩，养个鸟儿哨得都比别人养得鸟哨得好，还叫人活不呀？

---

① 佟峪百姓讲，"卖画钱来付酒家"的故事，就发生在佟峪的小酒馆里。敦诚的《赠曹雪芹》："满径蓬蒿老不华，举家食粥酒常赊。"则写到了雪芹镶黄旗的居所和他赊酒的佟峪酒馆。

说什么'个儿爷的靛颏——又哨起来了。'"

"那是，雪芹的脑袋就是个大匣子，不管您找什么，都能找得着。"敦诚道。

雪芹道："哪有您说的那么玄，前两天还沾您的光，混了个酒饱呢。"

原来，前两天，曹雪芹和鄂比经过峒峪村酒馆，酒瘾难熬，便进来找地儿坐下。结果，一翻口袋，哥俩儿谁也没带钱。

得，那就先赊着吧，反正月底也关银子。鄂比扯嗓子喊道："店家，来碗酒。"

伙计赶忙跑过来，道："三爷，您老说什么，我没听清楚，就一碗酒？"伙计疑惑的看着他们两位。

曹雪芹接过话来："怎么，一碗酒不卖啊？"

"卖、卖。"伙计急忙到柜上端酒。

两人你一口我一口的对饮起来，一碗喝完，再要一碗。俩人喝了五碗酒，站起身来，雪芹道：'掌柜的，先记上帐吧。'

掌柜的先是一怔，低声道："二爷的前帐还没清呢，咱们小本生意。"意思是这次不能赊了。

鄂比想了想，顺手把曹雪芹白包袱里的纸笔取出来，收拾下桌子。就在饭桌上铺好纸，饱蘸笔墨，挥笔在纸上画了几杆风竹。鄂比画完，把笔交给了曹雪芹。

雪芹接过笔，又在纸上抹了几笔怪石，对掌柜的说声："咱们明儿见。"便与鄂比扬长而去。

过了两天，曹雪芹又去喝酒。酒馆儿掌柜笑嘻嘻地迎出来，道："二爷，您跟三爷那张画，有人给十两银子。我给您出手了。银子都在这儿呐。"

曹雪芹道:"二两银子清以前的酒帐,剩下的,先存在柜上吧。"①

曹雪芹说完,四人哈哈大笑。哥儿几个谈笑风生,饮酒作赋。敦敏作了一首《赠芹圃》,诗写道:

碧水青山曲径遐,薜萝门巷足烟霞。
寻诗人去留僧舍,卖画钱来付酒家。②
燕市哭歌悲遇合,秦淮风月忆繁华。
新愁旧恨知多少,一醉酕醄白眼斜。

敦诚则作《赠曹雪芹》一诗,云:

满径蓬蒿老不华,举家食粥酒常赊。
衡门僻巷愁今雨,废馆颓楼梦旧家。
司业青钱留客醉,步兵白眼向人斜。
何人可与猪肝食,日望西山餐暮霞。③

---

① "这段故事是佟峪村的屠夫单老二最爱讲的'一碗酒'故事,流传至今也不知道有多少年了。所以说,'卖画钱来付酒家'不是卖画得钱还酒帐,旗人不准做生意,更没有公开卖画这么一说。舒成勋述、胡德平整理:《曹雪芹在西山》,文化艺术出版社出版,1984年。

② 清代旗人靠政府发放银米生活,旗人称这种收入为"铁杆老米树",意思是说只要大清在,旗人就会有旱涝保收的收入。正是由于这个原因,旗人尤其是清前期,他们普遍有一种天然的优越感,买东西并不当时结账,让做买卖的汉人记账,月底旗里发银子的时候,再行结账。故而,敦诚诗中云"赊",并以此感慨曹家昔年辉煌的逝去和雪芹此时生活的困顿——跟当年相比、跟富家相比。若云"举家食粥酒常赊"系写实,"日望西山餐暮霞"之句则不可解,也无法理解敦诚、敦敏、明琳、明义、弘晓等宗室子弟与雪芹的关系。

③ 蔡义江认为,敦氏兄弟两诗同韵,系乾隆二十六年(1761)秋兄弟二人同到西山访问雪芹,归后所作。

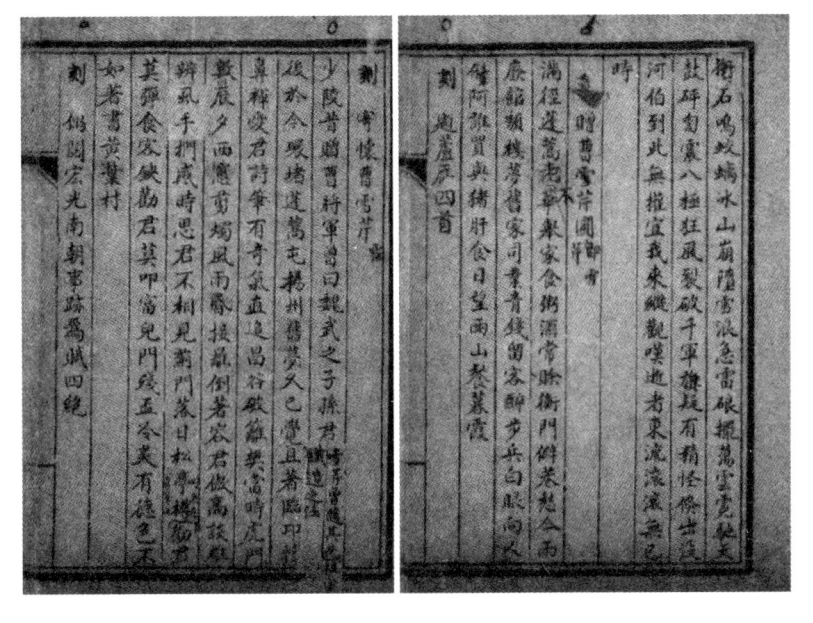

敦诚《四松堂集》涉雪芹诗

不知不觉，半天的时间一晃就过去了。

太阳挂到西山顶的时候，敦敏、敦诚兄弟二人才打马回城。

六、独坐幽篁图

乾隆二十七年（壬午，1762），一众不寻常的友人从城里到香山踏青，并拜访雪芹。

之所以说，这一众友人不寻常，是因为这一干人中，有皇子，有官员，有画家，也有亲戚。

来的这波人是皇八子永璇、钱大昕、倪承宽、那穆齐礼、钱载、观保、蔡以台、谢墉等人。

除永璇、那穆齐礼、观保、曹雪芹等旗人外,其余尽是江浙俊秀,尤其是钱大昕,在当时学问家中最称一流,天文地理、琴棋书画、金石考古无一不通。时年66岁的王冈曾在董邦达处谋事,因为敦敏的关系,曹雪芹与董邦达算是相识,又增加了一层关系。

雪芹是福彭的表弟、弘晓的友人,这层身份,大家自然知晓。痛聊一番后,众人为雪芹胸有锦绣、扪虱雄辩的风采感佩不已。

作为画家的王冈,更是倾心不已,当场挥毫,为曹雪芹做一幅《独坐幽篁图》:画像正中,一人依石独坐,身后为竹林,有溪水流过,像主左前另有一石,上置琴一、卷轴三。

印章是吃饭的家伙,随身携带,在画作的右下角写上"旅云王冈写"款,在下面钤上小印二方,朱文"冈""南石"。

大功告成。

大家纷纷叫好,逐次题词其上。①

王南石绘《"雪芹"独坐幽篁图》上诸人信息表

姓名	乾隆二十七年(壬午,1762)身份
雪芹	内务府正白旗包衣汉人,"咸安宫官学生",时四十八岁
王冈	江苏南汇人,谋食于雪芹"友人"董邦达,六十六岁
永璇	乾隆皇帝第八子,十七岁
那穆齐礼	满洲正白旗人,翰林院庶吉士
观保	内务府满洲正白旗人,咸安宫官学生,翰林院掌院学士,五十一岁
钱大昕	江苏嘉定人,翰林院侍读,三十五岁
倪承宽	浙江钱塘人,太仆寺少卿,五十一岁
钱载	浙江秀水人,右春坊右庶子,五十五岁

---

① 此图1927年于上海现世,时人颇多有记述。

续表

姓名	乾隆二十七年（壬午，1762）身份
蔡以台	浙江嘉善人，翰林院修撰，三十四岁
谢墉	浙江嘉善人，上书房行走，四十四岁

七、聚敦诚处

余昔为白香山《琵琶行传奇》一折，诸君题跋不下数十家，曹雪芹诗末云："白傅诗灵应喜甚，定教蛮素鬼排场。"亦新奇可诵。

——敦诚《鹪鹩庵笔麈》

秋晓，遇雪芹于槐园，风雨淋涔，朝寒袭袂。时主人未出，雪芹酒渴如狂。余因解佩刀沽酒而饮之。

——敦诚《佩刀质酒歌》

王冈绘《曹雪芹独坐幽篁图》摹本

次年（乾隆二十七年，1762）夏，敦诚邀雪芹等众多好友到自家西园观剧。

原来，敦诚根据白居易的《琵琶行》作了一折《琵琶行传奇》，使自家小戏演排起来，自己颇感满意。这次聚会，一是请大家欣赏自己的剧作，二来是大家许久未聚，一起聚聚。

敦诚的西园，位于今西城区顺城街东，原本是敦诚九叔祖经照的园子。

经照，字定庵，其子宁仁早卒，便过继敦诚为嗣。经照"雅有谢公之癖，中年哀乐，晚岁陶情，家有梨园，日征歌舞。"①为了排演歌舞的方便，经照还叫人在园子中修建了供家中梨园演戏的餐霞楼。②乾隆九年（1744），经照卒，此园遂归敦诚所有。③

一时，诸人到齐。敦诚招呼大家到餐霞楼就坐，童子端上茶水干果点心，众人观看敦诚家蓄小戏演出《琵琶行传奇》。敦诚心细，还特意让人把《传奇》的本子多抄了几份，观戏诸人手一份。

看过敦诚的本子和小戏的表演，大家赞不绝口。敦诚便请在座诸位在自己的本子上题诗助兴。敦敏作《题敬亭〈琵琶行〉后二首》，诗云：

西园歌舞久荒凉，小部梨园作散场。
满谱新声谁识得，商音别调断人肠。
红牙翠管写离愁，商妇琵琶溢浦秋。

---

① 敦诚：《先祖妣瓜尔加太夫人行述》。
② 恒仁：《月山诗集》卷一《上定斋叔父集太白句》云："餐霞楼上动仙乐，美人更唱舞罗衣。舞罗衣，扬清歌，金樽渌酒生微波。"乾隆刻本。可知，餐霞楼即是西园中用以演戏的地方。
③ 月山系敦诚叔父。恒仁：《月山诗集》卷一《西园秋霁》诗一，其三子桂圃注"西园在家宅墙西，先叔祖花园也。"

读罢乐章频怅怅，青衫不独湿江州。"

雪芹亦有诗相赞，惜全诗不存，仅余最后两句，云："白傅诗灵应喜甚，定教蛮素鬼排场。"从数百年前人白居易的角度立意，称赞该戏，敦诚认为，雪芹题诗"新奇可诵"，有唐人李贺之诗风。

傍晚，大家纷纷散去，敦诚留雪芹在西园小住。

从敦诚这里出来，雪芹又在城里盘桓了几日，才返回家中。

八、知君诗胆昔如铁

九月，雪芹又进了趟城。

先去了于景廉那里，待了两天。

这天，雪芹起个大早，赶往宣武门内太平湖侧的敦敏槐园。

不料，刚出门时还只偶尔飘个雨星儿的天上竟稀稀拉拉地下起小雨来。亏得出门时，雪芹在于景廉那里拿了把伞，赶忙撑开，然而，秋天的小风吹来，仍然感到身上发凉。

雪芹来到槐园，却见大门紧闭，用手一推，里面是插着的。原来，敦敏昨晚贪杯，早晨贪睡，尚未起床。拍几下门，也未见仆人来开门。又不好大声叫嚷，正在无措，却见敦诚从远处走来。

二人相遇，互道平安，敦诚见敦敏未醒，雪芹又"酒渴如狂"，便请雪芹到不远的酒馆喝酒。

掌柜的见敦诚到来，赶忙相迎。这个点儿，酒馆还没开始营业，不过，这是老主顾，只得让厨师凑几个菜来。

不一刻，酒肴上来，二人开怀畅饮。雪芹喝到兴头处，用手敲击木桌，打出节奏，作长歌，感谢敦诚的"及时酒"。敦诚也作《佩刀质酒歌》，以为回应，云：

秋晓，遇雪芹于槐园，风雨淋涔，朝寒袭袂。时主人未出，雪芹酒渴如狂。余因解佩刀沽酒而饮之。雪芹欢甚，作长歌以谢余，余亦作此答之。

我闻贺鉴湖，不惜金龟掷酒垆。
又闻阮遥集，直卸金貂作鲸吸。
嗟余本非二子狂，腰间更无黄金珰。
秋气酿寒风雨恶，满园榆柳飞苍黄。
主人未出童子睡，斝干瓮涩何可当？
相逢况是淳于辈，一石差可温枯肠。
身外长物亦何有？鸾刀昨夜磨秋霜。
且酤满眼作软饱，谁暇齐亩分低昂。
元忠两襦何妨质，补济缊袍须先偿。
我今此刀空作佩，岂是吕虔遗王祥。
欲耕不能买犍犊，杀贼何能临边疆？
未若一斗复一斗，令此肝肺生角芒！
曹子大笑称快哉，击石作歌声琅琅。
知君诗胆昔如铁，堪与刀颖交寒光。
我有古剑尚在匣，一条秋水苍波凉。
君才抑塞倘欲拔，不妨斫地歌王郎。

敦诚诗中多处用典，用古人的言行与雪芹的言行进行类比，赞扬雪芹的好酒和为人。

贺鉴湖，即唐代著名诗人贺知章，因其家住会稽（浙江绍兴）鉴湖旁，因而，人们称之为贺鉴湖。天宝初年，李白自四川至长安，把自己的诗作拿给贺知章看。当贺知章读到《蜀道难》一诗时,不禁对李白的诗才大为惊叹,以为天上仙人下凡。于是,和李白整日饮酒,钱不够了,就把自己身上的金龟(三品以上大员身上的配饰)取下来换酒。

阮遥集,是晋代阮籍的孙子阮孚,他曾有过解金貂、换酒饮用的举动。"作鲸吸",像鲸鱼吸海水那样,形容喝酒的狂放和数量大。

战国时代的淳于髡滑稽善辩,他曾对齐威王说:"臣饮一斗亦醉,一石亦醉",到底能喝多少,要看喝酒时的环境和心情,归结到最后:"酒极则乱,乐极则悲。"齐威王听罢,知道淳于髡是借饮酒讽谏自己,遂罢长夜之饮。

"谁暇齐鬲分低昂"句是说,不管酒的好坏,喝好尽兴为是。齐鬲谐音"脐膈",古人说,好酒可以到脐,浊酒则只能到膈。

"元忠两褥何妨质,补济缊袍须先偿"两句,则用东魏李园忠、三国孙济故事。李元忠只有两条褥子,也要拿去换酒;孙济是孙权的叔叔,曾说"寻常行坐处,欠人酒债,欲质此缊袍偿之",意思说拿袍子抵酒债的意思。

"岂是吕虔遗王祥"句用晋吕虔故事。吕虔和王祥是好朋友,吕虔有一把好刀,占卜者说谁佩戴此刀,就可位至"三公"之位,吕虔就把刀赠与王祥。

唐杜甫《短歌行赠王郎司直》云:"王郎酒酣拔剑斫地歌莫哀,我能拔尔抑塞磊落之奇才。"敦诚反用其义,鼓励雪芹说,你的才能被压抑,倘若想振起,不妨乘酒拔剑斫地,击节而歌,唱出内心的激愤。

"君才抑塞倘欲拔,不妨斫地歌王郎。"敦诚自然是好意。不过,这时候,雪芹早已把世事人情勘透,平常对他来说,才是平常的。

酒足之后,二人重回懋斋。

这时,敦敏已经起床,洗漱完毕,见雪芹、敦诚进来,忙让座上茶。谈及方才之事,三人不禁大笑,急招童子布置酒肴,重新饮过。

第五节 《废艺斋集稿》

> 孔祥泽云:日人所购之《废艺斋集稿》曾在敌伪时期之《武德报》报社存放过。杨凤亭曾于一九四四年在该社见此八册书。余于一九六五年许曾为此事访杨于其半壁街住所,证实此说。
> ——吴恩裕:《杨凤亭曾见〈废艺斋集稿〉》[①]

一、《废艺斋集稿》

在妻子的帮助下,《废艺斋集稿》的编写工作有条不紊地展开。讲脱胎的、织补的、印染的、雕刻竹制器具的都一点点地整理

[①] 当时参与抄录《废艺斋集稿》的人,"虽然现在孔祥泽外都已去世出,但在一九六四年,我却同赵雨山先生面谈过。赵曾在中华人民共和国成立前的北京大学图书馆工作,那时我们并不相识。我们的谈话证实了他参加过一九四四年描摹抄录《考工志》,并知他自己家里除了有些曹雪芹的风筝图式、歌诀外,还收藏着曹雪芹的六册《此中人语》,每册都是用口语说明了制造一种工艺的方法的。"除赵雨山外,吴恩裕还"曾访问过另外一位一九四四年抄摹时的目击者金福中老先生两次,他已于一九七八年十二月逝世。另外,还有哈魁明先生,他家三世做风筝,兼做勤行——即卖回民小吃的行业。中华人民共和国成立前,他家扎得风筝曾在巴拿马赛会上得过三次金质奖章。他亲口告诉我,他的风筝也是曹雪芹传下来的样式,他家本来藏有风筝做法的文字的资料,惜于一九六六年遗失了"。吴恩裕:《曹雪芹佚著浅探》,天津人民出版社,1979年。

出来，妻子自告奋勇担当其中烹饪部分的撰写。①

除了《废艺斋集稿》的创作，雪芹就和妻子下下棋，教儿子读书，日子好像回到了二十多年前，那时候新婚燕尔、意气风发、夫唱妇随，是何等的惬意，这一切回来了。

有时候，雪芹又觉得老天对自己不薄，不能为官作宰，佐天子理万民，却能让自己有一个美好的晚年，也算是"失之东隅、得之桑榆"吧。

雪芹教了几个徒弟，城里学风筝的于景廉、敦敏的弟弟慧哥儿②，香山学泥塑的关德荣、关德诚，都学得有模有样。

关家哥俩儿都是老满洲，老姓瓜尔佳氏，家里没落后，搬到香山来住，平时没事儿，就跟雪芹学些玩意儿。先教些简单的手艺，让他们熟手入门。两个学生的悟性都不错，泥塑的手艺学得很快，不久，就能塑得一手好活了。尤其是德荣，水平更高一些。

最后，雪芹教他们学习人物雕塑，这是泥塑中难度最大的一项手艺。需要注意的要点讲说明白，练几次手后，雪芹便让他们给自己塑像，以便具体指出问题的所在。

先后塑了三次，雪芹都不满意，直到第四次，哥儿俩塑得才有

---

① 据《废艺斋集稿》抄录者孔祥泽先生说，《废艺斋集稿》前面文字皆出自雪芹之手，而最后一部分写烹调的字迹娟秀，似出自女子手笔。张行先生收藏的黄松木书箱箱盖后写有"为芳卿编制纹样所拟诀语稿本"字样五行墨迹，孔祥泽认为与《废艺斋集稿》雪芹文字一致。冯其庸也考证说，曹雪芹书箱后盖上的"五行书目"，"书法的用笔起落波挑完全同于《废艺斋集稿》中的《南鹞北鸢考工志》曹雪芹《自序》的笔迹。拿这五行题字与已发表的自序的一页双勾本对照，可以看出，其中如语、之、为、所、自等字写法完全相同。"详见冯其庸：《二百年来的一次重大发现——关于曹雪芹的书箧及其它》，《红楼梦学刊》1980 年第 1 期。

② 吴恩裕：《曹雪芹佚著浅探》载："北京世代以风筝为业的哈魁明同志说，于家最后一代是个女的，已死。据说，于家还有于叔度传下来的《南鹞北鸢考工志》的'于氏本'。"天津人民出版社，1979 年。

些模样了。看完兄弟二人的作品后,雪芹评价道:"此次所塑,貌则似矣,但眉骨、眼窝、准头、法令、口角等处虚实不当。"

何以会这样呢?雪芹接着讲道:"概塑人之要,首重神情,此塑面颊无煞纹,二目空凝,故神意迷惘。貌虽似而神殊,此则所以失也。"另外,"冬衣之外更着罩褂,其纹理本不易取巧,而素时主次不紊,用环扣之法,故不觉繁缛。破叠绉之格,乃免于板滞。"

雪芹怕哥儿俩灰心,又忙着安慰二人,虽然做得还不够逼真形象,但是,已经比寻常泥塑匠人做得好多了,希望二人继续努力。

除了技法,雪芹还告诉他们,要学会抓住所塑对象的本质特征。唯有这样,塑像才能栩栩如生。以自己为例:"余之双眉尾散,故绘时宜前重后轻,以轻毫丝染眉梢,以示尾散之不聚资财也。"

听了雪芹的话,哥俩恍然大悟,得到了师傅的赞许,自信心也恢复了很多,于是,更加勤勉,重新塑过,一次塑得比一次好。到了乾隆二十六年(辛巳,1761),哥俩儿终于做出了第七稿。做完后,赶忙拿到师傅那里。看完这次的塑像后,曹雪芹终于满意了,他对哥俩说:

此塑神情甚佳,大异往昔,非尽力求貌似者矣,惜乎躯体适度,腿短臂长,故襟覆膝露,肘坠握强,衣纹则绸布不分,乃白璧之微瑕,留之以为鉴,不亦宜乎?①

---

① 吴恩裕:《曹雪芹佚著浅探》载:"中国历史博物馆美术部的曹肇基同志告诉我说:'中国的泥塑艺术,远在清朝以前就有塑得同本人极肖的高手了。该馆的泥塑专家余庠同志则听说过,泥人德是当时北京西郊一带的泥塑名手。'结合这两点来考虑,我们可以说,泥人德这个曹雪芹像应该是同他本人的面貌差不多的。这个塑像的正面和王南石画的那幅《幽篁图》中雪芹的脸型很相像。我一向认为,王绘为真。这次比较一下,两者的相近,使我更加坚信王绘是真的了。只是塑像的脸长些、瘦些,而王绘稍圆些,也胖了些——也许变圆些是由于雪芹胖了一些。相反,塑像同陆厚信的"雪芹先生"像却相差很远,也看不出有什么主要相同之处。"

哥俩儿觉得师傅说得非常有道理，把这尊塑像带回家去。为了长期保存，哥俩儿还给上了层釉，用窑火再烧了一烧。

那个时候，清政府为了保存八旗的尚武之风，不许旗人尤其是满洲八旗经商，因而，关氏兄弟学泥塑也就图个好玩儿，没事儿给亲戚朋友塑一个。不想，慢慢儿的，就出了名，不仅在香山，连城里的一些达官贵人也都请他们给塑像，后来，竟还闯出个"泥人德"的名号。①

经过几年的辛苦，到乾隆二十七年（1762）年夏秋之际，《废艺斋集稿》终于完工了。这让雪芹大大轻松下来。

《废艺斋集稿》分装成八册，包含了治印、风筝扎糊、编织、脱胎、织补、印染、竹制品和扇骨的雕刻、园林设计、烹饪等诸项技

---

① 泥人德塑曹雪芹像藏于香港（后移居美国）学者黄庚之手，他将照片寄给他的父亲、协和医院大夫黄振泰。一九七七年七、八月份，吴恩裕与黄振泰有过接触。"据黄大夫讲，原像是乾隆时曹雪芹的一个姓德的徒弟塑的，像的座下刻些字，现只知有"辛巳年制"四字。辛巳是乾隆二十六年，则此像当是雪芹生前由这个德某给他塑的。德某是谁呢？据黄大夫说，他姓关，名德荣，因泥塑手艺高，当时就有"泥人德"之称，又说，这个塑像曾藏朱光沐家。朱光沐是张学良的属下，此人现在何处，不得而知。"吴恩裕：《曹雪芹佚著浅探》，天津人民出版社，1979年。又，高阳《大陆红学的内幕》一文原载于1978年11月28、29日《联合报》，文云，至台省亲的秦羽说，曹雪芹像系其母于50年代初为旅居印度的杨鼎勋教授买的，系从大陆来的工艺品，除曹雪芹外，还有屈原、武松等。按：泥人德系清代泥塑名手，此中国历史博物馆泥塑专家余庠所固知也。黄庚之曹雪芹像曾经张学良属下朱光沐藏过，后为黄庚所藏；而秦羽所谓之曹像系其母50年代为杨鼎勋所购。其间故有其矛盾之处也。既然中华人民共和国成立初，香山尚有泥人德之后裔，二像抑或皆出自其家耶？一系祖传，一为自塑，前后流落至香港，分别为黄、杨收藏，而秦羽将其混二为一耶？

艺。烹饪技艺是妻子的大作,其他部分都由雪芹亲自操刀完成。①

雪芹《集稿》完工的消息,很快在朋友中间流传开来,他们纷纷借阅观看,雪芹也欣然允诺,同时,邀请他们分别为各部题写序言,并将意见一并写到书稿之上,以便于他将来整理时参考。②

附:吴恩裕《曹雪芹佚著浅探》之《江宁织造局的织机》

一九七八年四月十七日,我从北京去南京、扬州、瓜洲、镇江、苏州等地,做有关曹家、曹雪芹本人的传说、文献和文物的调查……

有一天,伯胤同志到我住的白下路寓所来看我,③偶然谈到《废艺斋集稿》残存无几,都觉得很可惋惜。我告诉他,最近我又得到了曹雪芹讲编织的一段残文,其中有些术语看不懂。如什么"挑花""捽花"之类还可以懂,但如"花本"一词,则虽自以为懂了,而实则是误解,至于"职工蹲于提花架上"一语中的"蹲""提花"等词,就完全不懂了。

伯胤同志听到曹雪芹也有讲织锦的东西,非常高兴。他说,我不大懂得那些词句,等过一两天他陪我参观两部织机时,一看就懂了。他告诉我,他在北京大学历史系的毕业论文就是研究中国纺织

---

① 吴恩裕:《曹雪芹佚著浅探》载:"据抄存者说,除讲做菜的一部分文字字迹是另一个人写的外,其余的七卷都是一个人的笔迹,估计可能是雪芹的亲笔。"天津人民出版社,1979年。

② 吴恩裕:《曹雪芹佚著浅探》载,据抄存者说:"首卷有不少旁人写的序,笔迹各不相同,他只记得并抄下了董邦达为《南鹞北鸢考工志》写的一篇序。各册书端还有不同笔迹的批语,其中也有董邦达的,旁人的抄存者回忆不起来了。"天津人民出版社,1979年。

③ 宋伯胤系南京博物院研究纺织工艺的专家,是中国历史博物馆王宏钧介绍给吴恩裕的。

业的发展史的。近几年，他给《文物》杂志写了些这方面的文章，他说康雍乾时代的江宁织造局所用的织机是沿袭明朝的图式，整个清代没有大多改变，比起西方织机当然不及，但它也自有特点，而且结构也十分复杂。南京有两处这种织机进行生产：一处在尧化门，有十架；另一处在胭脂巷，有两架。后者是开放的，允许国内外人士参观；前者从事织锦生产，产品出口外销。据说，外国人专门要这种土机的生产品，不要新式西法机器的产品。

我们第一次去参观大概是在四月二十日，同去者有宋伯胤同志、静兰和我……宋伯胤同志告诉我，真正在那里织的人是坐在下面，腿部和机的下身都在坑里，而机的上部很高，几乎达到天花板了。在上部的中间一处有一块木板，伯胤同志告诉我说，那块木板叫"拽花坐板"，是挑花工人所坐的地方，但在清朝康雍乾时代，曹雪芹所看到的却是工人蹲在那里。曹雪芹讲编织的残文讲："织工蹲于提花架上"，恰好正是雪芹那个时代提花工人操作的实况。"蹲"则是当时写真的语言，这一点又可以证明残文的真实性。所谓"花本"，也不是画在纸上钉成本子的花样，而是用两种不同的线结成的花样：一种是丝线，作画本的经线，也叫脚子线；另一种是棉线，作画本的纬线，也叫耳子线或过线。用这两种线挑成，亦即编制成各种花样，这一大束用丝线、棉线编成花样，就叫做花本……

《云锦史略初稿》上说，机房是不让人随便进入的。曹雪芹是织造的儿子，是小少爷，他当然可以进入；但是，能够熟悉关于织锦上述那么详细的情况，我看五岁是做不到的，结合他幼年就有对风筝、雕刻那些工艺的广泛兴趣，十二三岁的曹雪芹是完全可以熟悉他常常目击操作的云锦工艺的。在这里我们可以说，又得到了一个曹雪芹是十三以后才回北京的佐证。

织锦的挑花和操作工人们中,历代相传一些指导他们设计和操作的歌诀……我们由新发现的两个书箱中的第二个刻兰的背面曹雪芹"为芳卿编制纹样所拟诀语稿本"这条手迹,可知编织也有诀语或歌诀。证之《云锦史略初稿》也是如此。例如,关于云锦图案的创作方法,就有这样八句口诀:

量体定格,依才取势。行枝趋叶,生动得体。
宾主呼应,层次分明。花清地白,锦空均齐。

二、聚 饮

朝游北海朋盈座,暮宿南州玉满林。

——张宜泉《为过友家、陪饮诸宗室、阻雪城西,借宿恩三张秀书馆作》

转眼到了深秋,敦敏再一次来到西山拜访雪芹。

非常不巧,雪芹又不在家。

敦敏怅然若失,只得打马回城。晚上,敦敏闲坐,想起与雪芹许久不见,今日访之不遇,很是郁闷,提笔作了一首《访曹雪芹不值》,云:

野浦冻云深,柴扉晚烟薄。
山村不见人,夕阳寒欲落。

几天后,雪芹回到家中,听太太说起敦敏来访。

雪芹想到,确实许久没有和城里的朋友们一聚了。过了几天,雪芹抽空进了趟城，遍访朋友，相叙思念之情，相约某日西山相会。

日子一天天过去，很快到了雪芹邀聚的日子。朋友们从各个方向赶到公主坟雪芹的居所。

来的这些朋友，彼此有的相熟，有的还是头次见面。每有一个朋友进门，雪芹都给大家引荐一番。

等到人齐，雪芹取出几两银子，写一张字帖，叫儿子到买卖街，去叫几个盒子菜，自己坐下来，陪朋友们聊天。

先是谈些新近发生的事情，又海阔天空的闲谈一刻，不一会儿，大家的谈话主题就回到诗词曲赋上来……

中午，酒楼的伙计送来了雪芹要的盒子，弘晓带来的厨子也把厨下做的菜肴一道道端上来。大家移座，边吃边聊。席间，酒筹交错，谈笑风生。

吃过中饭，喝会儿茶，大家寻些游戏玩耍一番。

坐到半下午，就见天慢慢地阴了下来。看着天色不好，大家又要回城，于是，纷纷起身告辞。京里来人都是骑马，宜泉住海淀，虽说不远，但毕竟是走着来的，所以，也不敢耽搁，起身离去。

朋友们离开不久，雪花就飘落起来。一开始，只是不大的雪片儿，不料，越下越大，到后来竟下起钱大的雪花来，慢慢的，苍色的山峦渐渐发起白来。

这天，宜泉没能够赶回家中，风大、雪大、路途难行，恰好有个朋友在功德寺村坐馆，张宜泉就去打扰他去了。后来，张宜泉有《为过友家，陪饮诸宗室，借住恩三张秀书馆作》，[①] 诗云：

---

① 张宜泉：《春柳堂诗稿》。

踏雪移筵地别寻,留恋非只为知音。
朝游北海朋盈座,暮宿南州玉满林。
风起难停帘际响,云寒不散砌前荫。
酕醄尽醉残樽酒,独依松窗调素琴。

第六章 魂归青山兮（四十八到四十九岁）

乾隆二十七年至乾隆二十八年：曹雪芹四十八到四十九岁

第一节 没有定局的后四十回

曹子雪芹出所撰《红楼梦》一部，备记风月繁华之盛，概其先人为江宁织府，其所谓大观园者，即今随园故址。

——明义：《题红楼梦二十首》序[1]

---

[1] 孔祥泽君见告，袁（滌庵）浙江剡溪人，张作霖时任东北北票煤矿董事长，一九五四年病逝于北京。据云：该写本前八十回尚完整，字极佳，但大小不一率，且或写于账本之上，每一二回分定一册，有眉批、夹批、朱文、墨迹亦不一律。正文中涂改之迹甚多，八十回后虽无完好之正文，但有备忘性质之纲要，有时用数语说明内容，或记某人与某人有何对话等等。吴恩裕：《曹雪芹佚著浅探》，天津人民出版社，1979年。

一、后四十回

日月如梭，展眼就到了年底。

雪芹心里感叹，又是一年过去了。这时，他真正体会到孔子当年在川上发出感叹的那种真意："逝者如斯夫，不舍昼夜！"

按说，《废艺斋集稿》完工了，曹雪芹可以放松一下，享受生活，可是，他还是闲不下来。

因为，《红楼梦》八十回后的文字还需要进一步的加工和确定，这是他十来年一直牵挂的事情。

乾隆十八年（1753），《红楼梦》刚整理完时，他就对八十回后的情节和文字不够满意，但朋友们都纷纷催促，没有办法，他只好让他们把前八十回文字拿去抄录。因此，朋友们都知道曹雪芹的《红楼梦》已经写完，但是，谁也没看过他的后四十回，最多也不过从他嘴里听到过一些故事梗概而已。

雪芹本来打算尽快完成《红楼梦》后半部分的整理，不料，这年年底于景廉的来访打乱了他的计划，他只好暂时放下《红楼梦》的整理工作。

孰料，这一放就是八九年。先是，应于景廉之邀写作《南鹞北鸢考工志》，接着又忙于南方之行和《废艺斋集稿》的写作，一直拖到今天。

想到自己这部投入无数心血的作品还是一个"残品"，雪芹心里有些惭愧。

现在，总算没有事情了，可以腾出时间，好好把自己的"大事"料理一下。

想起来容易，但真操作起来却有种种难度，曹雪芹对《红楼梦》

后半部分的创作总是难以满意,他不断推翻自己的既成创作,大脑中的一种"悖论"折磨着他:

他既不能让宝玉和他的姐妹们永远待在大观园中享受无忧无虑幸福——在《红楼梦》第三回中他已经为她们设定了"千红一窟、万艳同悲"的必然悲剧":黛玉偿还情债"泪尽而亡",宝钗则要忍受"一个人的婚姻",宝玉要做回神瑛侍者的身份,到警幻仙姑那里销号……

但是,他又不忍让她们一个个在悲痛中凋落。如何结局,才能合乎前因,合乎自己的心境,竟是一个很难的事情。

不同结局的故事和结局被撰写出来,又被一个个陆续推翻。①

贾宝玉总得再归太虚幻境,甄宝玉则要光复门庭,两个面貌一致的人因为家庭、因果的不同,从不同的方向表达对人生的态度。《红楼梦》第一百十五回《惑偏私惜春矢素志 证同类宝玉失相知》二玉初见,一个是家历变故、面对社会、知道以往执着于排斥社会做法的不通,一个是仍在红楼之梦中执着于自我:

那甄宝玉素来也知贾宝玉的为人,今日一见,果然不差,"只是

---

① 《红楼梦》第一回《甄士隐梦幻识通灵 贾雨村风尘识闺秀》:"曹雪芹于悼红轩中批阅十载,增删五次,纂成目录,分出章回,则题曰《金陵十二钗》,并题一绝云:'满纸荒唐言,一把辛酸泪。都云作者痴,谁解其中味。'"可见,《红楼梦》是写完了的。裕瑞《枣窗闲笔》云:"《红楼梦》一书,曹雪芹虽有志于作百二十回,书未告成即逝矣。诸家所藏抄八十回书及八十回书后之目录,率大同小异。"乾隆五十四年(1789)舒元炜云:"核全函于斯部数,尚缺夫秦关。"古谓"百二秦关"。可知,曹雪芹社会上流传出的《红楼梦》有一百二十回的目录,只有八十回的内容,即便与曹家关系密切的怡王府的抄本也只有八十回,究其原因,曹雪芹并没有把《红楼梦》八十回后内容传播出来,否则,乾隆五十六年之前断不会出现没有一个版本有八十回后文字的现象。

可与我共学,不可与你适道,他既和我同名同貌,也是三生石上的旧精魂了。既我略知了些道理,怎么不和他讲讲。但是初见,尚不知他的心与我同不同,只好缓缓的来。"便道:"世兄的才名,弟所素知的,在世兄是数万人的里头选出来最清最雅的,在弟是庸庸碌碌一等愚人,忝附同名,殊觉玷辱了这两个字。"

贾宝玉听了,心想:"这个人果然同我的心一样的。但是你我都是男人,不比那女孩儿们清洁,怎么他拿我当作女孩儿看待起来?"便道:"世兄谬赞,实不敢当。弟是至浊至愚,只不过一块顽石耳,何敢比世兄品望高清,实称此两字。"

甄宝玉道:"弟少时不知分量,自谓尚可琢磨。岂知家遭消索,数年来更比瓦砾犹残,虽不敢说历尽甘苦,然世道人情略略的领悟了好些。世兄是锦衣玉食,无不遂心的,必是文章经济高出人上,所以老伯钟爱,将为席上之珍。弟所以才说尊名方称。"

贾宝玉听这话头又近了禄蠹的旧套,想话回答。贾环……便说道:"弟闻得世兄也诋尽流俗,性情中另有一番见解。今日弟幸会芝范,想欲领教一番超凡入圣的道理,从此可以净洗俗肠,重开眼界,不意视弟为蠢物,所以将世路的话来酬应。"

甄宝玉听说,心里晓得"他知我少年的性情,所以疑我为假。我索性把话说明,或者与我作个知心朋友也是好的。"便说道:"世兄高论,固是真切。但弟少时也曾深恶那些旧套陈言,只是一年长似一年,家君致仕在家,懒于酬应,委弟接待。后来见过那些大人先生尽都是显亲扬名的人,便是著书立说,无非言忠言孝,自有一番立德立言的事业,方不枉生在圣明之时,也不致负了父亲师长养育教诲之恩,所以把少时那一派迂想痴情渐渐的淘汰了些。如今尚欲访师觅友,教导愚蒙,幸会世兄,定当有以教我。适才所言,并非虚意。"

后五回中，贾宝玉再遭变故，终于不再执着于自己亏欠的女儿之泪，先报答贾政、王夫人、薛宝钗一干希望，最终魂归太虚。

二、入　京

好枉故人驾，来看小院春。

——敦敏：《小诗代简寄曹雪芹》

日子总得要过。

文章搞得完搞不完，都得过年。

既到了年头上，日子该怎么过还得怎么过，曹雪芹割肉打酒、买来纸烛香烟，把叔叔接到家中，一家子欢欢喜喜过了一个团圆年。

年后（乾隆二十八年（1763），癸未），走亲访友，一晃就是半月。直到过了十五，这年才算过完。

元宵过后，雪芹重新拾起笔来……

这一天，敦敏派小童送来一封信。雪芹打开一看，是一首小诗，题作《小诗代简寄曹雪芹》，云：

东风吹杏雨，又早落花辰。
好枉故人驾，来看小院春。
诗才忆曹植，酒盏愧陈遵。
上巳前三日，相劳醉碧茵。

雪芹一看"上巳前三日"几个字,就明白了。

原来,三月初一是敦敏生日,今年是敦敏三十整岁。看来,敦敏要借生日,请大家聚一下。

这种事是推不得的,一来敦敏是自己的好友,又逢整岁生日,再说,自己最近也没那么忙,雪芹让小童给敦敏带话:届时一定赴约。

敦敏不缺钱,送别的,他也未必喜欢,雪芹想想,还是送他一幅自己的字画为好。雪芹如何赴约、会上如何热闹,自不必提。

按,或者以为,友人来诗,曹雪芹看完后,必须亲自回诗,敦敏还必须将这一事情写入诗中、收入诗集。

实则,这是不懂时代、不懂作诗的"想当然"思维。

诗集从来不是日记,不是所有诗歌全部收录,而诗歌也不是凡事皆入诗。

又云,曹雪芹此时已死,而敦敏不知。

一面说,曹雪芹与敦敏关系密切,一面又说,敦敏不知道曹雪芹之死。这种思路叫作"辩论",不叫"研究"。不提也罢。

第二节 伤 逝

一、丧 子

三月里一切如常,一过夏天,城里就闹起了天花。

天花这东西,传染性极强,在那个时代确是痼疾,虽然,已有了人工植痘的技术，但毕竟没有那么普及，效果也有待改善，死于天花的人比比皆是。这种病还有一个特点，得病之人一旦能扛过去，就具备了终身免疫的能力，永远不会受到这种疾病的二次侵袭。当年，圣祖仁皇帝就是因为出过天花而得以继承大统的。

开始，情况尚属乐观，天花只是零星出现，并没有太过于扩大的态势，孰料，过了没多长时间，城里的天花就开始大规模蔓延开来。天花一厉害，城里人心惶惶，不少有亲戚、有房子的城里人跑到郊区避难。

实际上，这些从城里跑出的"移民"，有的已经被这种可怕的疾病盯上了，只是，出来的时候身染疾病的迹象还不明显罢了。于是，不久以后，西郊也开始有人遭难了。

雪芹和妻子早就出过天花，已经具备了免疫能力，自然没什么可害怕的，但是，十岁的儿子却还没有出痘，危险随时可能降临到他的身上。夫妇俩只得放下手中的所有事情，精心照料孩子，以免发生任何不测。

在俩人的悉心照顾下，儿子没有染上天花，这让雪芹两口子大大松了口气。不料，没过多久，雪芹发现儿子有些不太正常，一把脉像，吓了他一跳，不知怎的，孩子竟然得了白喉。[1]

白喉也是一种传染病。清人郑梅涧《重楼玉钥》载白喉病症，云：

白喉乃由热毒蕴结肺、胃二经，复由肠寒，下焦凝滞，胃气不

---

[1] 张永海：《曹雪芹在西山的传说》："(曹雪芹的)儿子闹嗓子，得了白口糊，到中秋那天就死了。曹雪芹晚年得子，儿子死了非常悲痛，天天到地藏沟他儿子的坟上去哭他。"《北京日报》1963年4月18日第3版。

能下行,而上灼于肺。咽喉一线三地,上当其行,终日蒸腾,无有休息,以致肿且滞,溃见闭矣。

雪芹非常焦急,他的一生经历了太多的苦痛与无奈,现在,儿子是他唯一的寄托和希望,他害怕失去他,他不知道万一真的失去儿子,他将怎样面对剩下的岁月。雪芹到处查书,想尽一切办法,治疗儿子的病症,但是,救得人病,救不得人命。雪芹毕竟没有回天之力,儿子的症状还是愈发地加重了。

到了八月十二那天,儿子的面色苍白、喘气变得困难,眼看没有指望了。雪芹的心凉了,到这时候,他已不抱任何希望,只盼着儿子能熬过八月十五,一家人再过一个团圆节,让儿子再看一眼人间的月亮。

躺在床上的孩子喘息的声越来越难,就在八月十五,就在月亮升起的时候,那艰难的喘息声停止了……

二、伤 逝

雪芹一生遍历苦楚,早年无父、中年丧妻、晚来丧子,人生三苦他都占全了。空有一身本领的他,在现实中得不到施展的舞台,看过那么多悲欢离合,他早已洞察了世事,看轻了生死。在《红楼梦》中,他借那疯癫落脱、麻屣鹑衣的跛足道人之口,写道:

世人都晓神仙好,惟有功名忘不了!
古今将相在何方?荒冢一堆草没了。
世人都晓神仙好,只有金银忘不了!

终朝只恨聚无多,及到多时眼闭了。
世人都晓神仙好,只有姣妻忘不了!
君生日日说恩情,君死又随人去了。
世人都晓神仙好,只有儿孙忘不了!
痴心父母古来多,孝顺儿孙谁见了?

他又借甄士隐之口解释道:

陋室空堂,当年笏满床,衰草枯杨,曾为歌舞场。蛛丝儿结满雕梁,绿纱今又糊在蓬窗上。说什么脂正浓,粉正香,如何两鬓又成霜?昨日黄土陇头送白骨,今宵红灯帐底卧鸳鸯。金满箱,银满箱,展眼乞丐人皆谤。正叹他人命不长,那知自己归来丧!

训有方,保不定日后作强梁。择膏粱,谁承望流落在烟花巷!因嫌纱帽小,致使锁枷扛,昨怜破袄寒,今嫌紫蟒长:乱烘烘你方唱罢我登场,反认他乡是故乡。甚荒唐,到头来都是为他人作嫁衣裳!

话是如此说,然而,看得开不等于放得下。

自古而今,又有几人真正放下了,佛祖一辈子教人的不就是"放下"两个字么?无情未必真豪杰,情感敏感丰富如斯的雪芹,接受不了这自天而降的灾难。

他被酒摧残得本已虚弱的身体,再也承受不住这人世间最大的苦痛,变得越发孱弱起来。他原本圆胖的脸颊一下子就消瘦了好多,大大的头颅上深陷的眼窝、高耸的鼻梁和突起的颧骨,让他看起来有些可笑。

雪芹的精神越发地不好，净光四射的眸子再也没有了光彩。好容易捱到年底，眼看着就不行了。

除夕之夜，羸弱不堪的雪芹终于合上了双眼，离开了这个让他痛苦和哀叹的世界，抛下了他的妻子，也抛下了他最终都未能让自己满意的后四十回《红楼梦》。享年四十九岁。

三、余音：寡妇飘零、书页散落

光绪二十九年（1903），齐白石在西安陕西臬台樊樊山幕中，听到一位旗籍的朋友说："曹雪芹娶李氏寡居的表妹，这位表妹嫁给曹雪芹后没多久，雪芹死了，她又孀居，伶仃孤苦，在人家帮佣为生。"

——张次溪:《记齐白石谈曹雪芹和〈红楼梦〉》

雪芹的死留给家人、朋友无尽的苦痛，但对他自己而言，死亡倒是一种解脱，与社会的格格不入、结发妻子的早死、世态的炎凉，早就让他对人生没有了留恋，儿子是他最后的希望。现在，希望没有了，他也就没有了再活着的理由。

雪芹走了，永远地离开了这个充满狡诈与肮脏的红尘世界，留下的是一部"白雪歌残"《红楼梦》和"泪迸荒天"的无尽哭泣。

芳卿与曹雪芹的亲友将雪芹葬在地藏沟，葬在他妻儿的身边。

一切事了，芳卿呆呆地坐在小屋里，欲哭无泪。

她毫无表情、神态麻木地坐在炕上，打开炕尾的炕箱，她看见箱子里的书稿，那是他们一起商定整理过的文字，睹物思情，看到这些文稿，就想起了他们一起生活时的情景，想起他们一起玩过扶

地藏沟正白旗义地（传曹雪芹埋身处）

乩游戏……

所有的一切，仿佛就发生在昨天。

许久，许久，她忍住泪水，想一想，把箱盖搁在炕桌上，用颤抖的手拿起毛笔，在砚台里蘸一蘸墨，在雪芹写下的"五行书目"下写下一串文字：

不怨糟糠怨杜康，乩谅玄羊重可伤。
丧明子夏又逝伤，地坼天崩人未亡。

她停下来，想一想，将"丧明子夏又逝伤，地坼天崩人未亡"句轻轻勾去，在下面写道：

睹物思情理陈箧,停君待殓鬻嫁裳。
才非班女书难续,义重冒□□□□。

最后一句还未写完,她就觉得不妥,于是,轻抬纤手将最后两句删去。略加思索,她接着写道:

织锦意深睥苏女,续书才浅愧班娘。
谁识戏语终成谶,窀穸①何处葬刘郎。

南北朝时,才女苏蕙"识知精明,仪容秀丽。"十六岁时,嫁与秦州刺史窦滔。后来,窦滔镇守襄阳,携宠姬赵阳台赴任,一去不返,音信全无。苏蕙独守空房,悔恨自伤,用五色丝线,在纵横八寸的织锦上织一首"回文诗",派人送给窦滔。窦滔读后,将赵阳台送到关中,并派车将苏蕙接到襄阳团聚。

芳卿是个识大体的女子,在她看来,历史上的苏蕙是那么的聪慧,但是,她那备受世人赞誉的回文之诗也不过是她挽回丈夫欢心而搞出的小聪明而已。圣人云:"穷则独善其身,达则兼济天下。"表哥跟自己虽未显达,但是,他们所做事情却是兼济天下的行径。

这书箱还是她与雪芹结婚时张宜泉送来的贺礼,现在,物是而人非,看着箱子里的《石头记》《废艺斋集稿》,芳卿不禁泪如雨下……

雪芹死了,西山不再值得留恋,去投奔别的亲人吧。

---

① 窀穸(zhūn xī):"墓穴"的意思

收拾了简单的行囊，告别了相邻，一辆车载着芳卿、向京城而去，身旁的包裹里是她简单的行李；另一个包裹里，是《红楼梦》后四十回、《废艺斋集稿》的稿子。

这是曹雪芹留给她的唯一值得保存的东西。

十数年后，这些东西将会再次出现。

《废艺斋集稿》转入礼王府，《红楼梦》几经辗转，不断散落，后四十回，被一个叫作程伟元的陆续收得，这是在乾隆五十三、四年前后；而《废艺斋集稿》再次在社会上出现，是在二十世纪的四十年代。

跋：身后与今日

一

《红楼梦》最早在曹雪芹的亲友间传抄。

亲友复有亲友，亲友的亲友复有亲友……

于是，《红楼梦》在上层旗人和官员中间逐渐获得流传。至乾隆三十三年（1768），永忠"因墨香得观《红楼梦》小说"并作"吊雪芹三绝句 姓曹"时——墨香，敦敏的叔叔，乾隆皇帝侍卫，乾隆皇帝的堂弟弘旿（瑶华道人）已经"闻之久矣"。

必须指出的是，有清一朝，《红楼梦》从来没有在中央层面查禁过，只有江苏、浙江、安徽等地官员，应当地乡绅之请，一度查禁《红楼梦》。

二

又一个问题是，何以早期旗人所见都是八十回《红楼梦》，现存早期抄本也没有一部，哪怕有八十回后一回文字？

这就不禁让人感到疑惑：芳卿此后生活如何，她手中雪芹的书稿最后托付给了谁？

可能的线索是，芳卿的父亲李鼎、叔叔李鼐家族当时仍在京师生活，其叔爷辈有的生活在通州，有的仍在京师为官。

另外，可知的是，程伟元前后十年间陆续收得三十余卷八十回后《红楼梦》文字，而至清末，《废艺斋集稿》才从礼亲王府流出。

三

乾隆五十年前后，超级红谜程伟元感慨于《红楼梦》有一百二十回目录、只有前八十回内容，发愿寻找后四十回文字，数年间，陆续得二十余卷。

某日，于收购古玩字画、珠宝古籍的打鼓担上发现一堆书稿，粗略一过，发现系《红楼梦》八十回后文字，共十余卷。与前自己陆续所得二十余卷可以合榫，遂邀友人高鹗共同整理，并补做部分，成一百二十回。

乾隆五十六年（1791）冬，程伟元将一百二十回《红楼梦》以木活字摆印出版，前附以程伟元序、高鹗叙，并版画与文人题词，名《新镌全部绣像红楼梦》。

次年，复对旧本整理，程、高序后加以"引言"，再做摆印。

二本之间相隔二月余、异文两万余。

四

活字印刷使得《红楼梦》的传播由抄本时代转入印本时代，整个社会上能够接触《红楼梦》的读书人迅速增多。

三、五年间，京师士大夫家庭几乎家家皆有了《红楼梦》。著名经学家、山东人郝懿行《晒书堂笔录》卷三载："余以乾隆、嘉庆间人，都见人家案头必有一本《红楼梦》。"

阅读带来讨论与评点。得舆《京都竹枝词》称嘉庆年间："闲谈不说《红楼梦》，读尽诗书是枉然。"而李放《八旗画录》记载光绪年间京师《红楼梦》传播情况云："光绪初，京朝上大夫尤喜读之，自相矜为'红学'云。"

五

1921年6月28日，胡适致顾颉刚信云：

> 大学学生王小隐说，曹雪芹的子孙现住济南，已改旗姓，但旗谱上尚有"五世祖雪芹府君"，其家又有雪芹遗稿抄本。我已叫他去搜求，不知有效否。如真系"五世祖"，则雪芹为寅之孙无疑。若能得遗稿，我真要狂喜了。

此王小隐后为天津著名报人。

余友人刘瑞军，其妻济南人，姑母家据传系曹雪芹家族后人，惟不知是直系还是旁系。

周汝昌也曾提到曹雪芹确有后代存于世上，他在《曹雪芹传》里记载道：

尚先生在张伯驹先生八旬寿筵上告诉我，他知道有关曹雪芹的一些事情……他说，在他少年时，家中有一位曹大哥，名叫曹久恭。两姓自早关系亲密，而这位久恭大哥因自己无家，就在尚家居住，如一家人，也就排了"久"字。

此人性格不同常人，平常不喜言笑，落落不群，但人实温厚谦和，富有文才学识。所以全家皆以大哥呼之，都很尊重。有一次因看《红楼梦》，问起他来，向他请教一些问题，他表现得神色有异，拒绝解答，只言"不谈这个！……"

过了许久，又偶然回到这个话题时，执意要他讲讲，他被迫无奈，才告诉了尚先生一些秘谈。

这位曹大哥说，他自己原是雪芹的后裔，雪芹当日是与一个丫鬟生了一子，但不为家族承认其合法地位，摒而不收。雪芹逝后，正妻所之幼子既已先殇，所以只遗下这一支"谱外"的旁生弱苗。一直单传到久恭。此事已无人知，他自己也不愿提起，言罢有凄然不乐之色。①

---

① 周汝昌著：《曹雪芹传》，百花艺术出版社，2003年。这个故事是尚养中先生提供的。尚先生是清初平南王尚可喜的后人，他这一支也住过太平湖、花园宫等一带地方。他说年羹尧家也在太平湖左近，和敦敏家也相距不远——两家是姻亲。周先生还说："我听完了这些情事，不禁为之慨然怅然。今据尚先生所传，略述梗概，以供研考。如我转述有出入，有走失原话之处，当以将来披露的原文为准。"

"又一线索说,还有二少女,其家庭是北京最早兴办女学的,此二女一亦流落天津,沦为贱业,早卒;另一在某高干家做保姆,尚有。"①

六

至于曹雪芹的遗物,吴恩裕先生在《曹雪芹丛考》中写道:

陶北溟先生告诉过我,抗日战争爆发之前他在武昌看见过曹雪芹化画的扇面《海客琴樽图》,上面还有他自题的一首绝句。张政烺同志对我说,他在一九四六年看见过署名"梦阮"画的一幅石,画旁从有从上端直到下端的题诗。魏宜之先生说一九五四年有人以曹雪芹的书简求售,并看见过曹画的《抚松远眺图》。②

近年,复知曹雪芹与陈浩、陈本敬父子交好。清代张大镛《自怡悦斋书画录》卷十九《册页类》著录第一件藏品《李谷斋墨山水陈紫澜字合册》(纸本)(十一幅),第八幅陈浩书李白诗后跋云:

曹君芹溪携来李奉常仿云林画六幅质予,并索便书。秋灯残酒,觉烟云浮动在尺幅间,因随写数行,他时见谷斋,不知以为何如也。生香老人再笔。③

---

① 周汝昌著:《曹雪芹新传》,外文出版社,1997年。
② 吴恩裕:《曹雪芹丛考》,上海古籍出版社,1980年。
③ 朱新华:《关于曹芹溪的一则史料》,《文汇报》2011年3月30日。

又，贵州省博物馆藏"种芹人曹霑画册"，上有"陈本敬""曹霑并题"字样，其书法与香山正白旗三十九号院西墙文字笔迹一致。

凡以上种种，皆未可轻易放过，皆应做深入探究。余撰有《曹雪芹文物研究》一书，谈曹雪芹相关文物的研究原则、细节儿、矛盾、逻辑等等，可与本书对看，知我撰述之道理何在、勇气何在。

曹雪芹不是我的祖上，他的《红楼梦》销售也不能为我带来效益，我的工作也完全可以不用写曹……

古人云：知我者谓我心忧，不知我者谓我何求？

余作《曹雪芹传》于十年前，今改版作此，自谓十年读书、研究有所得益，有所进步，是耶非耶，质之读者评定可也。

樊志斌
二〇二〇年四月十日

附：雪芹年谱

康熙五十四年（1715）一岁

六月，生于苏州织造府，父亲曹颙，母亲马氏。家人为之取名"霑"，典出《诗经·小雅》"既优既渥，既霑既足"句。

康熙五十六年（1717）三岁

受教于叔父曹頫，以《百家姓》《千字文》发蒙。

康熙五十八年（1719）五岁

始读《诗经》《春秋》《史记》诸书籍，古人诗文集间有涉猎。

康熙五十九年（1720）六岁

读祖父曹寅刻印之《全唐诗》《佩文韵府》，所著之《楝亭集》《楝亭十二种》《居常饮馔录》等进行接触，经年而熟。

康熙六十一年（1722）八岁

十一月十三日，康熙皇帝薨于海淀畅春园，皇四子胤禛继位，以明年为雍正元年。

十二月初，康熙皇帝驾崩、皇四子胤禛继位消息传到江南。织造府为老皇帝举哀。

本月中，皇帝谕令户部全面清查亏空。

雍正元年（1723）九岁

正月十四日，中央设立会考府，负责核实各部院奏销。

雍正二年（1724）十岁

随着年龄增大，曹霑好奇心日强，除日常读书、习武外，时常到织造署观看工人织锦，并学习风筝扎糊等术。

雍正五年（1727）十三岁

皇帝全国范围内清除亏空，叔父曹頫为之所困，为防止皇帝的抄家，曹頫有藏匿、转移财产之举动。

本年，皇帝准备对西北准噶尔用兵。

雍正六年（1728）十四岁

曹頫因骚扰驿站、转移家产罪被抄家查办，所有南省家产赏于继任江宁制造隋赫德。曹家北返京师，居崇文门外蒜市口外十七间半。

雍正八年（1730）十六岁

按照规定，曹霑此年成丁，结婚、寻差诸事都被提到日程上。至平郡王福彭府当差，除日常读书不懈，帮助福彭处理部分文案工作。

雍正十年（1732）十八岁

十一月，接任曹頫为江宁织造的隋赫德被革职卸任。离任之前，隋赫德将雍正皇帝赏给的扬州房产地亩出售，共得银五千两。回到北京，隋家将从南方带回的几件古董，托在廊房胡同开古董铺的沈四卖掉。雪芹与姑父等人商议，勒索隋赫德。

雍正十一年（1733）十九岁

正月，隋府将三千八百两银子分两次送到平郡王府。三月，福彭派遣两名护卫到隋府，云："你借给老王爷银子，小王爷已经知道了，嗣后，你这里若再使人来往，或借给银子，若叫小王爷听见时，必定参奏，断不轻完。"并未提及还银之事。

十月，纳尔苏敲诈隋赫德事败露。命有司审讯，据隋赫德的儿子富彰供认："从前，曹家人往老平郡王家行走；后来，沈四带六阿哥到我家，向我父亲借银使用。"

十一月，负责本案的内务府本欲同宗人府等部门严审，定拟"绥赫德、纳尔苏之罪"，不意，初七日接到上谕："绥赫德着发往北路军台效力赎罪。若尽心效力，着该总管奏闻；如不肯实心效力，即行请旨，于该处正法。钦此。"

雍正十二年（1734）二十岁

因涉及勒索隋赫德案，被安排到香山正白旗任职，严加看管。

雍正十三年（1735）二十一岁

结识鄂比，得鄂比"远富近贫，以礼相交天下少；疏亲慢友，因财绝义世间多"联，书于房内。识香山景物，著《风月宝鉴》。

八月二十三日，雍正帝薨于圆明园，遗诏皇四子宝亲王弘历继承大统。弘历命福彭协理总理事务，这一机构为雍正帝丧期内最高中枢机构。

九月初三日，弘历正式继位，定以明年改元"乾隆"，发布"恩诏"，"八旗及总管内务三旗包衣佐领人等内，凡应追取之侵贪挪移款项，倘本人确实家产已尽，着查明宽免。"曹𬀩骚扰驿站案内所欠银两三百二两二钱即在宽免之列。

乾隆元年（1736）二十二岁

三月初十，新皇以福彭为正白旗满洲都统。半个月后，"福彭着于郡王爵上记录三次。"

在表哥安排下，曹雪芹回京任侍卫。结识一帮贵族子弟，当值、聚会、喝酒、听戏、谈诗、游赏不辍。

乾隆四年（1739）二十五岁

皇帝大治宗室攀附庄亲王允禄案。审案中知，废太子允礽子理亲王弘晳有悖逆之心，命圈禁于景山。此案给曹雪芹的思想以很大的冲击，促使他进一步考虑人生的意义。

乾隆五年（1740）二十六岁

始构思《红楼梦》。

乾隆八年（1743）二十九岁

《红楼梦》开笔。

乾隆十一年（1746）三十二岁

本年地震。

雪芹辞去侍卫之职，到右翼宗学任职，认识敦诚、敦敏兄弟。有对酒当歌、秉烛夜谈，不觉夜半，归宿无门，寄身寺观诸事。

乾隆十三年（1748）三十四岁

十一月十八日，福彭病死家中，享年四十一岁。乾隆皇帝遣大阿哥茶酒往奠，辍朝二次，致祭二次，建碑。

乾隆十四年（1749）三十五岁

一百二十回《红楼梦》基本成形。

乾隆十六年（1751）三十七岁

《红楼梦》经再三修改，基本完工，亲朋开始借阅八十回稿本，并在稿本上书写批评意见。雪芹辞去右翼宗学职务，重返香山正白旗居住。

乾隆十八年（1753）三十九岁

妻卒，葬于地藏沟正白旗"义地"。年末，友人于景廉来访，雪芹为之借银以渡难关,并为其扎制风筝。

乾隆二十年(1755)四十一岁

春天雨大,雪芹正白旗房顶坍陷,将该房转手他人,移居镶黄旗北上坡。于景廉促使雪芹为他扎制风筝新样。

乾隆二十一年(1756)四十二岁

于景廉促使雪芹将风筝分门别类,撰成一书。雪芹开始《南鹞北鸢考工志》的写作。

乾隆二十二年(1757)四十三岁

《南鹞北鸢考工志》完工,雪芹自己为书作序。

乾隆二十三年(1758)四十四岁

春,入城,拜访敦敏等友人,告以移居白家疃事。

腊月二十日,入城看望敦敏、于景廉等人,二十四日,与董邦达会于敦敏之懋斋,有鉴定字画之事。

乾隆二十四年(1759)四十五岁

与敦敏等一干好友告别,有南方一行。

自南方返京师,与西直门外得见表妹。

乾隆二十五年(1760)四十六岁

过明琳养石轩,遇敦敏。搬回镶黄旗,与表妹成亲。

乾隆二十六年（1761）四十七岁

好友张宜泉来访，同游退谷，有《西郊信步憩废寺》诗赠宜泉。

乾隆二十七年（1762）四十八岁

夏间，至敦诚西园观"小部梨园"演《琵琶行传奇》，题诗，末句云："白傅诗灵应喜甚，定教蛮素鬼排场。"

秋，访敦敏于槐园。时敦敏未起，巧遇敦诚，共饮于酒家，因未带银两，敦诚遂以身挂宝刀为质，买酒畅谈，雪芹作长诗以谢，敦诚作《佩刀质酒歌》为和。

乾隆二十八年（1763）四十九岁

二月末，敦敏有《小诗代简寄曹雪芹》诗送来，邀其于三月初一日进城饮酒赏春。是日，系敦敏三十正寿。

八月，其子不幸患白喉，亡于中秋，葬于地藏沟。其后，雪芹感伤成疾。除夕夜，卒。享年虚岁四十九，周岁四十八。

通靈寶石
絳珠仙草

图书在版编目（CIP）数据

曹雪芹传：全二册 / 樊志斌著 . —北京：北京联合出版公司，2021.4
ISBN 978-7-5596-4470-1

Ⅰ.①曹… Ⅱ.①樊… Ⅲ.①曹雪芹（1715～1763）－传记 Ⅳ.①K825.6

中国版本图书馆CIP数据核字（2020）第142528号

曹雪芹传（全二册）

作　　者：樊志斌
题　　签：赵　珩
出 品 人：赵红仕
责任编辑：申　妙
封面设计：芥子设计＋黄晓飞
出版发行：北京联合出版有限责任公司
　　　　　北京联合天畅文化传播有限公司
社　　址：北京市西城区德外大街83号楼9层
邮　　编：100088
电　　话：（010）64243832
印　　刷：固安县云鼎印刷有限公司
开　　本：787mm×1092mm　1/32
字　　数：363千字
印　　张：16印张
版　　次：2021年4月第1版
印　　次：2021年4月第1次印刷
ISBN 978-7-5596-4470-1
定　　价：98.00元（全二册）

文献分社出品
未经许可，不得以任何方式复制或抄袭本书部分或全部内容
版权所有，侵权必究